经以院士
担任备未
贺教育部
科技司项目
必至至繁

图书在版编目（CIP）数据

全面建设小康社会进程中的我国就业发展战略研究/曾湘泉等著.—北京：经济科学出版社，2010.10
（教育部哲学社会科学研究重大课题攻关项目）
ISBN 978-7-5058-9848-6

Ⅰ.①全… Ⅱ.①曾… Ⅲ.①就业问题-研究-中国 Ⅳ.①D669.2

中国版本图书馆CIP数据核字（2010）第168548号

责任编辑：周秀霞
责任校对：徐领柱
版式设计：代小卫
技术编辑：邱　天

全面建设小康社会进程中的我国就业发展战略研究
曾湘泉　等著
经济科学出版社出版、发行　新华书店经销
社址：北京市海淀区阜成路甲28号　邮编：100142
总编部电话：88191217　发行部电话：88191540
网址：www.esp.com.cn
电子邮件：esp@esp.com.cn
北京中科印刷有限公司印装
787×1092　16开　24.25印张　450000字
2010年10月第1版　2010年10月第1次印刷
ISBN 978-7-5058-9848-6　定价：62.00元
（图书出现印装问题，本社负责调换）
（版权所有　翻印必究）

课题组主要成员

（按姓氏笔画为序）

丁大建　　牛　玲　　卢　亮　　毕先萍
刘彩凤　　杨玉梅　　杨伟国　　易定红
卿石松　　崔钰雪

编审委员会成员

主 任 孔和平　罗志荣
委 员 郭兆旭　吕　萍　唐俊南　安　远
　　　　 文远怀　张　虹　谢　锐　解　丹

总　序

哲学社会科学是人们认识世界、改造世界的重要工具，是推动历史发展和社会进步的重要力量。哲学社会科学的研究能力和成果，是综合国力的重要组成部分，哲学社会科学的发展水平，体现着一个国家和民族的思维能力、精神状态和文明素质。一个民族要屹立于世界民族之林，不能没有哲学社会科学的熏陶和滋养；一个国家要在国际综合国力竞争中赢得优势，不能没有包括哲学社会科学在内的"软实力"的强大和支撑。

近年来，党和国家高度重视哲学社会科学的繁荣发展。江泽民同志多次强调哲学社会科学在建设中国特色社会主义事业中的重要作用，提出哲学社会科学与自然科学"四个同样重要"、"五个高度重视"、"两个不可替代"等重要思想论断。党的十六大以来，以胡锦涛同志为总书记的党中央始终坚持把哲学社会科学放在十分重要的战略位置，就繁荣发展哲学社会科学做出了一系列重大部署，采取了一系列重大举措。2004年，中共中央下发《关于进一步繁荣发展哲学社会科学的意见》，明确了新世纪繁荣发展哲学社会科学的指导方针、总体目标和主要任务。党的十七大报告明确指出："繁荣发展哲学社会科学，推进学科体系、学术观点、科研方法创新，鼓励哲学社会科学界为党和人民事业发挥思想库作用，推动我国哲学社会科学优秀成果和优秀人才走向世界。"这是党中央在新的历史时期、新的历史阶段为全面建设小康社会，加快推进社会主义现代化建设，实现中华民族伟大复兴提出的重大战略目标和任务，为进一步繁荣发展哲学社会科学指明了方向，提供了根本保证和强大动力。

高校是我国哲学社会科学事业的主力军。改革开放以来，在党中央的坚强领导下，高校哲学社会科学抓住前所未有的发展机遇，紧紧围绕党和国家工作大局，坚持正确的政治方向，贯彻"双百"方针，以发展为主题，以改革为动力，以理论创新为主导，以方法创新为突破口，发扬理论联系实际学风，弘扬求真务实精神，立足创新、提高质量，高校哲学社会科学事业实现了跨越式发展，呈现空前繁荣的发展局面。广大高校哲学社会科学工作者以饱满的热情积极参与马克思主义理论研究和建设工程，大力推进具有中国特色、中国风格、中国气派的哲学社会科学学科体系和教材体系建设，为推进马克思主义中国化，推动理论创新，服务党和国家的政策决策，为弘扬优秀传统文化，培育民族精神，为培养社会主义合格建设者和可靠接班人，做出了不可磨灭的重要贡献。

自2003年始，教育部正式启动了哲学社会科学研究重大课题攻关项目计划。这是教育部促进高校哲学社会科学繁荣发展的一项重大举措，也是教育部实施"高校哲学社会科学繁荣计划"的一项重要内容。重大攻关项目采取招投标的组织方式，按照"公平竞争，择优立项，严格管理，铸造精品"的要求进行，每年评审立项约40个项目，每个项目资助30万~80万元。项目研究实行首席专家负责制，鼓励跨学科、跨学校、跨地区的联合研究，鼓励吸收国内外专家共同参加课题组研究工作。几年来，重大攻关项目以解决国家经济建设和社会发展过程中具有前瞻性、战略性、全局性的重大理论和实际问题为主攻方向，以提升为党和政府咨询决策服务能力和推动哲学社会科学发展为战略目标，集合高校优秀研究团队和顶尖人才，团结协作，联合攻关，产出了一批标志性研究成果，壮大了科研人才队伍，有效提升了高校哲学社会科学整体实力。国务委员刘延东同志为此做出重要批示，指出重大攻关项目有效调动各方面的积极性，产生了一批重要成果，影响广泛，成效显著；要总结经验，再接再厉，紧密服务国家需求，更好地优化资源，突出重点，多出精品，多出人才，为经济社会发展做出新的贡献。这个重要批示，既充分肯定了重大攻关项目取得的优异成绩，又对重大攻关项目提出了明确的指导意见和殷切希望。

作为教育部社科研究项目的重中之重，我们始终秉持以管理创新服务学术创新的理念，坚持科学管理、民主管理、依法管理，切实增强服务意识，不断创新管理模式，健全管理制度，加强对重大攻关项目的选题遴选、评审立项、组织开题、中期检查到最终成果鉴定的全过程管理，逐渐探索并形成一套成熟的、符合学术研究规律的管理办法，努力将重大攻关项目打造成学术精品工程。我们将项目最终成果汇编成"教育部哲学社会科学研究重大课题攻关项目成果文库"统一组织出版。经济科学出版社倾全社之力，精心组织编辑力量，努力铸造出版精品。国学大师季羡林先生欣然题词："经时济世　继往开来——贺教育部重大攻关项目成果出版"；欧阳中石先生题写了"教育部哲学社会科学研究重大课题攻关项目"的书名，充分体现了他们对繁荣发展高校哲学社会科学的深切勉励和由衷期望。

　　创新是哲学社会科学研究的灵魂，是推动高校哲学社会科学研究不断深化的不竭动力。我们正处在一个伟大的时代，建设有中国特色的哲学社会科学是历史的呼唤，时代的强音，是推进中国特色社会主义事业的迫切要求。我们要不断增强使命感和责任感，立足新实践，适应新要求，始终坚持以马克思主义为指导，深入贯彻落实科学发展观，以构建具有中国特色社会主义哲学社会科学为己任，振奋精神，开拓进取，以改革创新精神，大力推进高校哲学社会科学繁荣发展，为全面建设小康社会，构建社会主义和谐社会，促进社会主义文化大发展大繁荣贡献更大的力量。

教育部社会科学司

前 言

展现在读者面前的《全面建设小康社会进程中的我国就业发展战略研究》一书是我们承担教育部哲学社会科学研究重大课题攻关项目"全面建设小康社会进程中的我国就业发展战略研究"（项目批准号：04JD0019）的最终研究成果。从2004年竞标课题成功并启动研究工作至今，已经有5个年头。回顾5年来的研究工作，收获颇多，也感触颇深。

最大的感受是，人们越来越认识到就业以及就业研究工作的迫切性和重要性。从2008年下半年至今，大学生和农民工就业形势异常严峻，社会各界对就业问题的关注度达到了前所未有的地步。应当说，人们对"就业是民生之本"的认识越来越清晰，并已达成共识。在就业以及就业研究工作的价值日益凸显的今天，作为理论工作者，我们为能承担这一重大课题研究工作深感荣幸，倍感意义重大。

值得关注的是，近年来，伴随着经济形势的快速变化，就业形势也出现了一些新的变化和特点。从前些年经济两位数的高速增长，实际增长率超过潜在增长率，高通胀给社会带来巨大的不安，发展到2008年开始受国际金融危机影响，外贸出口大幅度下降，国内总需求极度萎缩，就业形势似乎在一夜之间发生了根本逆转。"民工荒"变为"民工慌"，"刘易斯拐点"一下子好像不见了。2008年下半年以来就业形势恶化的状况，再一次提醒我们，作为世界上劳动力众多的国家，就业问题始终是一项长期而艰巨、困难而复杂的任务。举一个极端的例子，美国与我们的国土面积差不多一样大，我们目前有5亿多农业劳动力，而美国仅有200多万。假如下一步我们要推行土地流转制度，加速城市化，设想一下面对农业劳动力的转移，要解决中国城市化过程中岗位创造问题，那将是多么巨大的挑战！我们切不可因为短期经济高速增长所带来的劳动力市场紧张，而得出中国劳动力供求状况，特别是就业基本形势将会发生根本逆转的错误判断。也正因为如此，从研究的角度看，我个人认为，基于基本国情和资源禀赋的长期就业战略探讨，比起热衷于聚焦短期突出现象的关注，要显得更有价值。

从理论研究的角度认识，就业既是现代宏观经济学理论研究、政策分析涉及的重大命题，更是劳动力市场经济分析，即劳动经济学关注的焦点。作为一个从计划经济转向市场经济，劳动力市场并不发达的国家，我们既有20世纪初，皮古在《失业论》中所谈到的"摩擦性"或"自愿性"的失业，也有20世纪30年代大危机后，凯恩斯在《就业、利息与货币通论》中所提出的"有效需求不足"产生的"周期性失业"，还有计划经济体制残留的"隐性失业"，以及向市场经济转变过程中的"隐性就业"。事实一再证明，没有经济的高速增长，就业无从谈起，但仅仅靠经济的高速增长也不能完全和自动地实现充分就业。严重的摩擦性失业、结构性失业，即所谓"自然失业率"困扰劳动力市场的现象，并不因为有两位数的增长而会自动缓解。

本书选取了影响我国就业问题的关键变量，针对当前和今后影响劳动力市场就业的突出问题，展开了系统和深入的探讨。

第一章"全面建设小康社会进程中的我国就业战略研究"认为，如何抓住和用好2020年前的重要战略机遇期，实行促进就业的长期战略和政策，以便进一步扩大就业，是我国当前和今后长时期面临的重大课题。通过文献研究、深度访谈、问卷调查、统计分析和计量等研究方法，对我国宏观就业形势和挑战、就业失业测量、宏观政策（汇率、对外贸易和技术进步）与就业促进、城市化与农村劳动力转移就业、人力资源建设与青年就业战略、劳动力市场中介与就业促进，以及国外就业政策与发展战略等问题进行了深入和系统的研究和探讨。基于对全面建设小康社会进程中的我国就业战略背景的分析结论，提出了"一平台、二提高、三统筹、四加强和五完善"的就业发展战略思路。即构建面向市场的就业失业测量体系平台，为就业战略政策提供科学、及时、准确的信息服务；提高经济的可持续增长能力，加强政策的整合程度，实现经济发展和就业增长的统一；统筹城乡经济和劳动力市场发展，促进农村劳动力转移就业；加强人力资源能力建设，提高劳动者就业能力，减少结构性失业；完善政府促进就业的公共服务职能，降低摩擦性失业等。

第二章"我国劳动力供给变动预测分析与就业战略的选择"研究表明，在2020年以前，我国的劳动力资源总数将呈现高—低—高的阶段性变动，经济活动人口数量将逐步下降，不同年龄结构的劳动者供给数量也会发生不同的变化。尽管如此，就业压力仍然很大。面对劳动力市场情况的变化，政府应该相应地调整就业政策：改善劳动者的就业质量；提升劳动者的就业能力；关注经济的持续增长能力；提高各项政策的整合程度等。上述政策的实施要在保持劳动力市场弹性的基础上，注意政府的规制力度。

作为商业周期理论的重要组成部分，自然失业率是一个有价值的分析概念，它简化了宏观经济政策的讨论和选择。然而在中国，这一概念并没有得到广泛应用，主要因为其真实值并不明确。第三章"我国的自然失业率：测量与解析"，在回顾国外测量模型的基础上，基于可变参数的假设，构建包含自然失业率变动过程和菲利普斯曲线关系的状态空间模型。模型假定：自然失业率为一随机游走变量；通货膨胀由通胀惯性、需求的周期性变动和供给冲击变量决定。本章构建了六个有差异的模型，应用卡尔曼滤波方法估算出1992~2004年随时间变动的自然失业率曲线。实证分析的结果显示，自1992年以来，中国具有不断升高的自然失业率，并在2002年达到最大值。其后，自然失业率一直在4.8%~5.6%的范围内波动，相对稳定。通过回顾10年来劳动力市场的主要变化，本章从几个方面对自然失业率的上升作出了解释，结构转变的加快和青年就业问题的突出为其主要原因。因此，加强失业者培训体系建设，完善劳动力中介服务体系，对青年就业予以关注成为促进就业的政策取向。

第四章"建立面向市场的就业与失业测量体系"，针对计划经济向市场经济转变过程中，我国劳动力市场出现公布的就业和失业数据与劳动力市场实际状况不相吻合的现象，通过文献研究、历史回顾、深度访谈、计量模型构建和计算等方法，对这一现象进行了深入分析和探讨。本章认为，国家应当从战略的高度重视劳动力市场测量，特别是就业和失业的测量体系的建设。尽管经过10年的探索，我国劳动力调查制度已经获得长足的进步，但与宏观经济研究和政府宏观经济政策制定规范化和科学化的要求相比，我国就业和失业测量体系的构建仍有待于进一步完善。本章从理论分析、历史总结、体系设计和实证研究等方面对我国就业与失业测量进行了系统的探讨。本章表达了对就业和失业测量的一些重大理论问题的观点；从企业就业调查、职位需求测量和灵活就业统计等多维度提出了未来我国就业和失业测量体系建设的架构和设想；在实证研究部分，对我国自然失业率的水平进行了测算，分析了我国劳动力参与率下降的原因，并就目前我国政府采用的登记失业率指标进行了评价。本章特别强调，我国就业和失业测量体系的建设，既要学习和吸收发达市场经济国家的经验和做法，更要正视我国是一个发展中国家，要更深入地研究和探讨发展中国家就业和失业测量的一些特点和规律。

伴随着我国经济形式的多元化发展，企业就业测量成为一个紧迫的现实问题。第五章"企业就业测量体系的现状、问题及重构"，采用文献法和访谈法，总结出我国企业就业测量存在的三大突出问题。一是测量体系和管理体制。我国企业就业测量体系是分类分块的，包括劳动统计报表制度、私营个体工商注册登记和乡镇企业统计三部分；但是三者之间测量标准不相一致，既不能简单相加形成完整的企业就业，也无法进行准确的横向比较。我国企业就业测量管理体制属于高度集中型政府统计体制，但在实际管理过程中存在着一定的松散，这也是目前我国就业统计数据失真的原因之一。二是测量方法。调查方式主要包括全面调查和行政记录两种方式，较为单一；测量周期主要包括季度和年度，测量的灵活性与时效性不够；样本管理没有类似国外企业登记系统的样本框维护，不能及时跟踪企业变化情况。三是测量指标。我国企业就业测量指标设置显得较为繁杂，且与国际相比仍存在着缺漏与不足。在问题分析的基础上，本章对我国企业就业测量体系重构、测量信度、测量瓶颈等问题进行了进一步的探讨。结合我国企业就业状况，本章提出应该从四大维度构建我国企业就业测量指标：就业水平、就业成本、就业活力和就业效率。根据我国的现实状况，本章认为我国可以通过二阶段步骤实现企业就业测量体系的重构。

灵活就业是我国经济的一大特点，而对它的测量一直缺乏深入的研究。第六章"建立全国统一的灵活就业调查体系"认为，伴随着灵活就业在我国比重的不断上升，对灵活就业的统计问题也日益重要，但我国目前还未将灵活就业的测量纳入正式的统计体系中。一方面，由于灵活就业表现形式复杂，学术界与实际统计部门对灵活就业的统计概念与界定标准没有定论，对现有的估算结果众说纷纭；另一方面，对于灵活就业的测量分散在现有的一些调查统计中，包括企业就业定期报表制度、人口抽样调查与政府的行政记录，这三个来源的数据不仅存在交叉，而且加总不能得出灵活就业的总量数据，数据信度也较低，不能反映灵活就业的真实情况。同时，与非正规就业相比，我国灵活就业比非正规就业涵盖范围更广，既包括非正规就业，也包括正规就业，所以并不能直接应用国际上对非正规就业的测量定义与方法。鉴于此，我国应在明确界定灵活就业的统计标准的基础上，建立以劳动力调查为基础的灵活就业统计体系，运用法律政策监管情况、雇员情况、工作稳定性、工作地点、劳动关系与劳动保护归属等指标，将灵活就业调查模块附于劳动力调查中，并通过为灵活就业人员提供社会保障、职业培训与劳动保护等方面的优惠措施，增强被调查者的内部动力，从而提高调查数据的真实性。

宏观政策（汇率、对外贸易和技术进步）对就业的影响，即宏观经济与就业战略一直是国内外劳动经济学界关注的重大问题。第七章"汇率变动、宏观经济与就业战略"研究表明，开放经济条件下的总需求－总供给模型表明，人民币汇率变动通过进出口和利率影响总需求，通过中间产品进口影响总供给，从而通过需求和供给两个渠道影响劳动力市场就业。本章利用1980～2006年的年度数据，通过向量自回归（VAR）模型（广义脉冲响应函数和方差分解），实证分析了人民币实际有效汇率、货币供给和政府消费支出与就业增长之间的动态关系。研究发现，人民币实际有效汇率升值抑制就业的增长，扩张性的货币供给促进就业增长，但财政消费支出增加则不利于就业的增长。更重要的是，人民币实际有效汇率变动对就业增长的影响要大于货币供给和财政消费支出对就业增长的影响。基于上述研究结论，本章对我国的就业促进战略提出了几项政策建议。

随着中国加入世贸组织（WTO），中国经济越来越受到国际贸易的影响。因此，研究对外贸易对我国就业的影响已显得十分必要。第八章"对外商品贸易对我国就业的影响"采用资本约束模型和产出约束模型两种方法，估计了1978~2007年对外商品贸易对我国就业的影响。实证分析结果显示，资本存量、国内生产总值（GDP）、工资和出口导向率对就业有着显著的影响，进口渗透率对就业没有影响。出口对我国就业有着积极的影响，但贸易结构的转变对就业的消极影响已经开始显现。资本存量和产出对就业的促进作用有所下降，工资的提高减少劳动力需求。本章认为，应当继续发挥劳动力密集型产品出口对就业的促进作用，增强产业内贸易对就业的促进作用，鼓励外资企业在国内的投资，创造就业机会。

随着我国失业问题的日益严峻，技术进步对就业的影响持续成为社会各界争议的焦点。第九章"技术进步对我国就业影响的理论与实证研究"，基于演进视角，从产业结构和劳动力技能结构两方面系统明确技术进步对就业影响的研究框架；进而基于翔实的数据资料、揭示改革开放以来技术进步对我国就业的影响，并提出相应的对策建议。本章的基本发现是，改革开放以来，在制度变迁基础上，我国通过技术引进、自主技术创新等路径大力促进技术进步，加速我国工业化进程，从两个层面对就业产生了深远的影响：一是使得三次产业乃至工业内部主导产业结构更替，促进产业就业结构变迁；二是促进劳动力内在劳动执行技能和劳动概念技能的逐渐分离，新技术总体上延展了低技能劳动力的技能、引致劳动力技能结构变动，总体呈现技能退化倾向。当前，我国总体上处于工业化中期，制度变迁的滞后及历史原因使得工业化进程存在显著的地区差异，致使结构性失业将长期存在；同时工业发展总体的技能退化倾向和"中国制造"危机的反差，预示着传统工业化模式濒临困境，影响着我国未来经济和就业的持续增长。为此，迫切需要基于深化改革、促进技术与制度的匹配，实现技术进步与就业增长的统一。指导原则是基于科学发展观构建我国就业战略，具体而言，包括以技术进步为导向，基于制度变革和技术创新，转变经济增长方式和工业化模式，实现地区工业化均衡发展，建立技术进步利益共享机制，实施人力资本积累政策等。

国内普遍认为加快城市化发展是解决农村劳动力非农就业的有效途径。第十章"城市化进程、就业促进与农村转移就业战略"，分析了城市化促进就业的方式。通过与中国非农化水平的比较发现，改革以后，我国城市化的进程是滞后的。这种滞后状况对20世纪90年代以来的农村劳动力进城就业造成了一定的不利影响。针对这种情况，本章提出了相应的政策建议：增强城市的"吸力"，加大农村地区的"推力"，制定合乎国情的城市化发展策略。

当前我国社会经济快速发展，而我国高等教育和职业技术教育改革相对滞后，培养的青年学生在就业时存在较大的就业能力缺口（Gap），致使劳动力市场形成明显的失业—空缺（U-V, Unemployment-Vacancy）状态，出现了大学生就业难、高级技工短缺等一系列社会问题，青年就业已经成为我国小康社会就业战略研究的重点领域。附录三"青年学生就业能力提升和青年就业战略研究"分析了大学生和职业技术学校学生的就业能力缺口及其成因，认为应从社会经济大环境中去审视和讨论教育改革问题，明确提出"提升学生就业能力"的教育发展目标，通过一系列举措缓解当前和今后青年学生的失业，特别是结构性失业的压力。

第十一章"劳动力市场中介组织的发展与就业促进"，在对已有的劳动力市场中介问题研究成果回顾的基础上，通过对北京、上海和石家庄等地284个招聘单位、3 165位在职人员、1 321位求职者（其中882位失业者）进行问卷调查以及对部分单位及求职者进行深度访谈，对我国劳动力市场中介组织的发展历史和现状，就业者和失业者选择的工作搜寻渠道及其决定因素，社会关系、公共就业中介、劳务派遣、网络等在个人工作搜寻过程中所占的比重及其对促进就业的影响效果，我国目前公共就业服务组织面临的突出问题等进行了系统和全面的理论分析和实证研究。研究发现，我国劳动力市场不断开放，匹配方式发生转变，中介的作用日趋上升；社会关系网络成为求职者寻求就业信息的重要渠道，但求职效果却因人而异；求职者基于个人特征选择不同的求职渠道；就业中介组织通过提供信息等发挥对就业的促进作用；信用差、信息缺乏、服务针对性不够等因素制约我国中介组织对就业促进作用的发挥。本章还对加强我国人力资源管理的基础设施和平台建设、公共就业服务机构和队伍的建设、在公共就业服务管理中推行绩效管理的制度和方法、加大对公共就业服务组织自身宣传力度和完善法律及法规等提出了一系列的政策建议。

第十二章"工作搜寻、市场中介与就业促进"，通过对北京、上海和石家庄等地求职者工作搜寻渠道选择的实证研究，探讨了当前我国求职者工作搜寻渠道、劳动力市场中介发展与就业促进的关系问题。研究发现，求职者选择工作搜寻渠道并非是随机的，而是与求职者个人的不同特征有关，并且在劳动力市场中介发育状况和劳动力市场环境不同的地区，具体表现也不同。本章指出，应在不同地区，针对具有不同特征的求职者，采取更加有效的促进就业对策。

劳动力市场中介组织在促进劳动力流动和就业方面正扮演着日益重要的角色。随着网络经济的迅速发展，网络招聘已经成为中介组织最主流的服务方式。第十三章"中介组织网络招聘能力提升策略"，运用实证研究的方法，重点探索如何通过提升中介组织的网络招聘能力来促进就业。通过调查我国中介组织网络招聘现状及其效果，分析了影响求职者和企业使用中介组织网络招聘的关键因素，评价中介组织的网络招聘能力的标准体系、中介组织的网络招聘对于区域就业的促进作用。最后提出提升中介组织的网络招聘能力的具体策略，并分析了中介组织网络招聘的未来发展趋势，及今后需要进一步研究和解决的问题。

随着我国就业服务市场体系的初步形成，公共就业服务机构在缓解我国就业压力，调和结构性失业方面的基础性地位日益彰显。但与之不相适应的是，我国公共就业服务人才队伍素质较低、数量偏少、服务在低水平上简单重复，导致公共就业服务机构的服务水平、服务方式和服务内容等都处于粗放型运作阶段。第十四章"建设专业化与职业化的我国公共就业服务人才队伍"，从总结分析已有研究文献和国外知名的就业服务行业人员素质模型入手，将国际教育与职业指导协会（IAEVG）的11项核心素质指标作为参照点，提出建设专业化与职业化的我国公共就业服务人才队伍。基于实际调研与访谈，提出了影响我国公共就业服务机构发展的三大因素。我国公共就业服务机构人才素质提升应以机构职能、服务对象需求和服务规范化为导向，走专业化与职业化的人才队伍建设道路。依据问卷调查结果，将机构专业人员所应具备的10项核心素质按照重要性和迫切性两个维度划分为低阶能力需求和高阶能力需求，并提出政府应大力推动构建我国公共就业服务从业人员的素质模型，以此作为公共就业服务机构招聘甄选员工和专业化培训的指导标准。

从劳动力市场一般规律来观察，我国的就业问题与世界各国的情况有类似的一面，参考和借鉴世界各国促进就业的战略、政策和改革措施，对研究和解决我国的就业问题具有十分重要的意义。附录一"世界就业发展趋势和就业战略"，回顾和总结了近100年来就业理论的产生和发展，世界就业发展趋势、西方主要发达国家（特别是美、日、欧等国家和地区）就业战略及政策的发展变化趋势。研究结果发现，随着社会经济的发展，就业经历了一个从依靠市场机制自动调节就业，到政府干预促进就业，再到从劳动力供需两方面综合治理的轨迹；20世纪90年代以来，发达国家、转型国家和发展中国家的就业形势更加恶化，具体表现为失业率上升，长期失业、隐性失业和不充分就业问题突出；世界就业发展趋势的特点和挑战是，就业结构调整加快、就业模式多样化、就业稳定性下降；面对就业发展趋势和挑战，各国政府纷纷将促进就业置于国家发展的战略地位，在加强人力资源建设、强化就业服务体系和完善劳动力市场的法制化建设等方面，做了大量工作，对促进就业产生了积极作用。国外就业战略和政策及其实施经验，为我国就业战略的制定提供了良好的依据和参考。

在过去的5年中，本课题的研究工作能够顺利进行，得益于中央和地方各级政府部门，以及企业和求职者多方的支持和帮助。同时，我们也期望这些研究成果能够被转化和采用。近年来，我本人有幸应邀出席中共中央政策研究室、国家劳动和社会保障部、国家教育部、国家统计局等单位组织召开的有关就业政策的制定和咨询活动。在国家"十一五"劳动和社会保障事业规划纲要的研究过程中，多次参加有关会议，就有关问题发表意见。本人还应邀担任该《纲要》专家评审组的组长，主持了向国务院呈报的《国家劳动和社会保障事业"十一五"规划纲要》最终稿专家组审定和评议工作。本书附录二"全面建设小康社会就业战略的若干问题思考"提出，在全面建设小康社会进程中，需要建设劳动力市场基础信息平台，提高劳动者的就业能力，强化政府促进就业的公共服务职能，加强劳动力市场规制等。这些重要研究结论和政策建议，是我们对《国家劳动和社会保障事业"十一五"规划纲要》内容的解读，也反映了本研究成果被采纳和吸收的情况。

本书附录还收录了两篇英文文章。"Job Search, Labour Market Intermediaries and Employment Promotion: the Evidence from China"发表在国际劳工组织研究所主办的 International Labor Review（《国际劳工评论》）(SSCI) 上。该杂志创建于1921年，是国际劳工组织的标志性学术期刊，目前以英文、法文和西班牙三种文字在全球范围内发行。在这篇文章中，我们提交的有关中国就业者和失业者工作搜寻渠道的研究方法和成果，对国际上了解我国劳动力市场的实际运行状况，有着一定的参考价值和意义。另外一篇英文文章是我本人受原人事部有关司局委托，代表中方赴日本千叶市参加亚太经合组织（APEC）人力资源高峰论坛的发言稿。包括美国、日本、中国在内的21个经济体的代表出席了本次会议。我在大会上以《青年就业：中国就业战略研究的关注点》为题报告了我们对青年就业战略的一些研究结论。这对增加亚太地区各经济体了解当前中国大陆就业环境和就业形势的变化，特别是就业政策的重点，都起到了一定的推动作用。

尽管本研究课题取得了一系列的成果，部分成果被刊登在《国际劳工评论》、《中国社会科学》等国内外权威的学术期刊上，一些政策建议也被国家有关部门在制定有关就业政策时采纳和吸收，但我们的研究工作离最初确定的研究目标仍有一定距离。确实，中国的劳动力市场，中国的就业和失业状况与发达国家的情况不尽相同，在某种程度上，应该说更为复杂和多变。但我认为，与其说我们面对的是一个复杂的中国劳动力市场、一个不易把握的中国就业和失业环境，还不如说，我们的研究工作有待深入。从国际的研究经验来看，有许多重要的研究领域和问题在我们这里仍应引起高度的关注。比如，从微观角度对工作岗位创造的机理和政策方面缺乏研究。再如，劳动力市场存在着大量的歧视现象，大大影响到困难群体的就业状况。如何正确认识劳动力市场歧视的机理，以及提出应对政策，乃至于法律架构等，也未能取得实质的研究进展。还有，作为一个发展中的国家，我们存在着大量的非正规经济和非正规就业，这使得用国际上通用的就业和失业测量标准，很难测量和判断我们的就业和失业状况。正因此，我认为，本项课题的研究仅仅是一个起点，绝不会是研究工作的终点。

有众多的单位和个人为我们开展研究工作提供了直接或间接的帮助。在此特别应当感谢的是：国家人力资源和社会保障部就业司、国家统计局人口与劳动统计司、河北省石家庄市就业服务局、北京市海淀区劳动和社会保障局、北京市人才交流服务中心、北京市亦庄工业开发区劳动和社会保障局、江苏省无锡市人才服务交流中心、江苏省苏州工业园区劳动和社会保障局、国际劳工组织北京局等。

衷心地感谢国家人力资源和社会保障部张小建副部长多年来对我们研究工作的亲切关怀和大力支持。感谢路进局长、于法明司长、田小宝院长、张志斌处长、宋长青研究员等提供的研究帮助和支持。感谢蔡昉教授、李实教授、姚先国教授、赖德胜教授、杨一勇研究员等多次参加我们的研讨会议、贡献他们的学术思想和智慧。感谢中国就业研究所的各位同事杨伟国、易定红、唐旷、丁大建、李丽林、徐芳、耿林，博士后王霆、毕先萍，博士生赵立军、卢亮、牛玲、刘彩凤、崔钰雪、夏祖浩、卿石松、周禹、杨玉梅、李洪坚、王剑等参与课题设计、问卷调查、数据处理以及报告撰写等工作。最后，感谢经济科学出版社全体编辑人员对本书所做的编校出版工作，感谢周飞的文字校对工作。毫无疑问，本书是中国就业研究所各位同仁鼎力合作的见证，也将成为今后我们继续为中国的就业理论和政策实践做出贡献的最大工作动力。

摘　要

在全面建设小康社会的进程中，如何实施扩大就业的长期发展战略，实现经济发展与就业增长的协调，是我国当前和今后较长时期面临的重大课题。本课题通过文献研究、深度访谈、问卷调查、统计分析和计量等研究方法，对我国宏观就业形势和挑战、就业和失业测量、宏观政策（汇率、对外贸易和技术进步）与就业促进、城市化与农村劳动力转移就业、人力资源建设与青年就业战略、劳动力市场中介与就业促进，以及国外就业政策与发展战略等问题进行了系统和深入的研究和探讨。本书研究的主要结论如下：

当前和今后一段时间，我国的就业形势依然严峻，既有总量问题，又存在严重的摩擦性和结构性失业问题。2020年以前，我国的劳动力资源总数将呈现高—低—高的阶段性变动，经济活动人口数量将逐步下降，不同年龄结构的劳动者供给数量也会发生不同的变化，但我国劳动力供给总量仍将维持在一个较高水平。解决我国的就业和失业问题，既要重视经济的持续高速增长，创造更多的岗位需求，又要发展劳动力市场，深化改革，着力降低不断升高的"自然失业率"。

现行的就业和失业测量体系滞后于整个经济活动客观现实的要求，难以反映我国劳动力市场的真实状况。计划经济时代反映单位就业的调查指标，大大低估了我国的就业水平；为失业保险服务的城镇登记失业率指标，既不能反映我国劳动力失业的状况，也难以进行国际比较；灵活就业的测量还没有纳入正式的统计体系中。

竞争性汇率、出口增长是就业促进的有效手段，而技术进步则对就业的产业结构和技能结构具有重要影响，宏观政策对就业的促进作用存在改善余地。人民币实际有效汇率升值抑制就业的增长,扩张性的货币供给促进就业增长,但财政消费支出增加则不利于就业的增长。出口对我国就业有着积极的影响,但贸易结构的转变对就业的消极影响已经开始显现。改革开放以来,我国通过技术引进、自主技术创新等路径大力促进技术进步,促进了就业产业结构的变迁,但技能退化倾向影响着我国未来经济和就业的持续增长。城市化进程严重滞后,导致进城农村劳动力就业需求的损失,又由于配套制度的不完善和进城就业权益得不到保障,这种状况对20世纪90年代以来的农村劳动力进城就业造成了一定的不利影响。

高等教育和职业技术教育改革相对滞后经济社会快速发展,培养的青年学生在就业时存在较大的就业能力缺口,出现了大学生就业难、高级技工短缺等一系列社会问题,青年就业已经成为小康社会我国就业战略研究的重点领域。劳动力市场不断开放,就业匹配方式发生转变,就业中介组织通过提供信息等发挥着对就业的促进作用。公共就业服务中介组织开放程度在不断提高,就业促进作用日趋上升,但信用差、信息缺乏、服务针对性不够,以及公共就业服务人才队伍建设落后等因素制约着其作用的发挥。

基于在全面建设小康社会的进程中劳动力供给总量压力巨大、结构问题突出,就业测量和统计基础设施落后,劳动者就业能力不足,就业中介服务不强等问题,本书提出了"一平台、二提高、三统筹、四加强和五完善"的就业发展战略思路,即构建面向市场的就业失业测量体系平台,为就业战略政策提供科学、及时、准确的信息服务;提高经济的可持续增长能力,加强宏观经济政策的整合程度,实现经济发展和就业增长的统一;统筹城乡经济和劳动力市场发展,制定合乎国情的城市化发展战略,促进农村劳动力转移就业;加强人力资源能力建设,提高青年学生就业能力,减少结构性失业;完善公共就业服务职能,在公共就业服务机构中推行绩效管理制度、制定和完善公共就业服务法律法规等制度措施,进一步发挥就业服务中介组织的就业促进作用,降低摩擦性失业。

Abstract

Under the important strategy to build a Well-off society, how to implement a long-term strategy to promote employment and policies to achieve economic development and employment growth in the coordination of our country are major issues we are facing for a long period in both current and future. This book focuses on some issues with systematic and in-depth study and discussion through literature research, in-depth interviews, questionnaires, statistical analysis and measurement, which are the employment situation and challenges under our country macroeconomic circumstances, the measurement of employment and unemployment, macroeconomic policies (exchange rate, foreign trade and technological progress), employment promotion, urbanization and the transfer of rural labor, human resource development, the employment strategy of adolescent, labor market intermediaries and employment promotion, and foreign employment policy and development strategies.

We get the following conclusions. Employment situation in China remains severe, and there are both the total problem and serious frictional and structural unemployment problem which is so-called "natural rate of unemployment" problem. By 2020, the total number of China's labor resources will show a "high-low-high" phases change, the number of economic population will gradually decline, and the labor supply with different age structure will change differently. But, the total labor supply in China will remains at a high level. Since 1992, the natural rate of unemployment was rising all the time, and it reached its maximum in 2002.

Current measurement system for employment and unemployment lags behind the real requirements of economic activities, and it is difficult to reflect the real situation of China's labor market. Employment survey indicators from a unit in planned economy underestimated the levels of employment greatly. The registered urban unemployment rate indicators for unemployment insurance services not only fail to reflect the situation of the unemployed labor force, but also become difficult to be used in international comparisons. A flexible employment measurement has not been incorporated into the official statistics system.

Competitive exchange rate and export growth are effective means of employment promotion, and technological progress has an important impact on industrial structure and skills structure of employment. There are limited effects which macro-policy has on employment promotion improvement. Real appreciation of exchange rate of RMB will curb the employment growth, and the expansion of money supply will promote employment growth. But the increase of financial consumer spending is not conducive to employment growth. Export has a positive impact on employment, but the changes in trade structure have a negative impact on employment and it began to appear. Since reform and opening up, our country has promoted technological improvement and industrial structure changes of the employment greatly, through the introduction of technology, self-promoting technological innovation. But, the degradation of skills tends to affect our country's future economic and employment growth. The process of urbanization lags behind the economic growth seriously, resulting in losses of the demand for migrant rural labors, and because of imperfect matching system and that the employment interests of the city are not guaranteed, the result has an adverse effect on rural laborers' transfer to cities since 1990s.

Higher education and vocational education reform is lagging behind the rapid economic and social development, and there is a big competency gap in young students' employment. A series of social problems appeared, such as difficulty in the employment of University Students. Youth employment has become the focal point of employment strategy in a well-off society. The labor market opens up continually, the way of job matching has changed, the employment intermediary organization plays an important role in promoting employment through the provision of information. The intermediary organization for public employment services continues to improve the degree of openness, and its role of employment promotion is increasing. But its bad credit, lack of information, untargeted services, the slowly developed personnel system in the public employment service and other factors constrain its positive role.

Based on enormous stress of total labor supply in the process of building a moderately prosperous society, structural problems existed, undeveloped employment measurement methods and statistical infrastructure, lack of employability and problems in intermediary services, this book puts forward the "one platform, two improve, three co-ordinate, four strengthen, five perfect" employment development strategies, which means building a market-oriented employment and unemployment measurement system platform to provide employment policy with scientific, timely and accurate information services; Enhancing the degree of integration of macroeconomic policies to achieve economic development and employment growth in the unified; Coordinating urban and rural economic and labor market development and developing the development strategies of urbanization in line with national development in order to promote the transfer of rural labor; Strengthening human resources capacity, and improving employability of young students in order to reduce the structural unemployment level; Improving the public employment service functions, promoting the implementation of performance management system in the public employment service agencies, and developing and improving the laws and regulations and other measures in public employment service system in order to enhance employment service intermediary organizations' role in promoting employment, and reduce the frictional unemployment.

目 录

第一篇
总论　1

第一章 ▶ 全面建设小康社会进程中的我国就业战略　3

一、问题的提出　3

二、文献回顾　4

三、研究内容和方法　7

四、研究结论　11

五、就业战略政策建议　21

第二篇
就业预测与测量　33

第二章 ▶ 我国劳动力供给变动预测分析与就业战略的选择　35

一、研究现状　35

二、劳动力供给变动趋势的预测分析　37

三、劳动力供给变化的结论与就业政策的选择　47

第三章 ▶ 我国的自然失业率：测量与解析　54

一、自然失业率的理论渊源　55

二、测量方法的演进　56

三、国内的实证研究　59

四、实证分析　60

　　五、实证结果与变动解析　62

　　六、结论　69

　　七、研究限制与未来的方向　71

第四章 ▶ 建立面向市场的就业与失业测量体系　72

　　一、研究背景　72

　　二、国内外研究现状　73

　　三、研究目标和研究方法　80

　　四、研究结论　83

第五章 ▶ 企业就业测量体系的现状、问题及重构思路　90

　　一、研究背景　90

　　二、国内外研究现状　91

　　三、研究目标与研究方法　93

　　四、我国企业就业测量存在的问题　94

　　五、对问题的进一步讨论　96

　　六、企业就业测量指标体系的构建：四大维度　99

　　七、我国企业就业测量体系重构的二阶段实施建议　103

　　八、结语　105

第六章 ▶ 建立全国统一的灵活就业调查体系　106

　　一、研究背景与意义　106

　　二、文献综述　107

　　三、研究任务、研究方法与技术路线　109

　　四、研究结论　109

　　五、建立全国统一的灵活就业调查体系　113

第三篇

宏观经济与就业　117

第七章 ▶ 汇率变动、宏观经济与就业战略　119

　　一、文献回顾与问题的提出　120

二、分析框架　121

三、计量模型与数据来源　124

四、实证分析结果　126

五、结论与就业促进战略　132

第八章 ▶ 对外商品贸易对我国就业的影响　137

一、研究背景　137

二、研究现状　138

三、模型构建　141

四、数据来源　142

五、计量分析结果　146

六、结论和讨论　147

第九章 ▶ 技术进步对我国就业影响的理论与实证研究　149

一、研究背景和基本观点　149

二、理论分析及其历史应用　151

三、技术进步对我国就业影响的实证分析　157

四、我国就业前景及对策建议　168

第十章 ▶ 城市化进程、就业促进与农村转移就业战略　171

一、城市化过程中的就业促进　172

二、城市化发展水平与农村劳动力进城就业　177

三、结论与政策建议　182

第四篇

劳动力市场中介与就业　187

第十一章 ▶ 劳动力市场中介组织的发展与就业促进　189

一、问题的提出　189

二、文献回顾　190

三、研究内容和方法　194

四、研究结论　195

五、关于加强公共就业服务体系建设的几点政策建议　204

第十二章 ▶ 工作搜寻、市场中介与就业促进　207

　　一、引言　207
　　二、国内外研究现状　208
　　三、研究目标与假设　209
　　四、问卷设计与样本数据　210
　　五、实证分析及结果解释　217
　　六、研究结论和政策建议　220
　　七、研究限制与有待进一步研究的问题　223

第十三章 ▶ 中介组织网络招聘能力提升策略　225

　　一、研究背景　225
　　二、网络招聘的国内外研究综述　226
　　三、研究问题与研究方法　229
　　四、研究结论　230
　　五、网络招聘的发展趋势及需要进一步研究的问题　244

第十四章 ▶ 建设专业化与职业化的我国公共就业服务人才队伍　247

　　一、问题的提出　247
　　二、国外就业服务从业人员素质模型借鉴　249
　　三、确立公共就业服务机构专业人员素质提升的三大导向　257
　　四、我国公共就业服务机构专业人员所应具备的核心素质　263
　　五、政策建议　266
　　六、研究局限与未来研究建议　267

附　录　269

　　附录一　世界就业发展趋势和就业战略　271
　　附录二　全面建设小康社会就业战略的若干问题思考　284
　　附录三　青年学生就业能力提升与就业战略　289
　　附录四　Job Search, Labour Market Intermediaries and Employment Promotion: The Evidence from China　300
　　附录五　Youth Employment, the Major Subject Chinese Employment Strategy Study Should Focus on　305

参考文献　315

Contents

Part 1

Introduction 1

Chapter 1 Employment Strategy for Building a Well-off Society 3

1. Question 3
2. Literature 4
3. Contents and Methods 7
4. Conclusion 11
5. Recommendations Employment Strategy Policy 21

Part 2

Forecast and Measurement of Employment 33

Chapter 2 Analysis and Forecast of Chinese Labor Supply Change and Selection of Employment Strategy 35

1. Questions 35
2. World Economic and Employment Trends 37
3. Employment Promotion Strategy and Policy in other Countries 47

Chapter 3 NAIRU in China: Measurement and Analysis   54

    1. Theoretical Sources   55

    2. The Evolution of Measurement   56

    3. Empirical Study in China   59

    4. Empirical Analysis   60

    5. Empirical Results and Changes Analysis   62

    6. Conclusion   69

    7. Limitations and Future Directions   71

Chapter 4 Research on the Market-Oriented System Construction of Employment and Unemployment Measurement   72

    1. Background   72

    2. Literature Review   73

    3. Objects and Methods   80

    4. Conclusions   83

Chapter 5 Chinese System of Employment Measurement in Establishment: Current Situation, Problems and Reconstructing Suggestion   90

    1. Background   90

    2. Literature Review   91

    3. Objects and Methods   93

    4. Problems in Employment Measurement   94

    5. Further Discussion   96

    6. Enterprise Employment Measurement Index System: Four Dimensions   99

    7. Two-Stage Implementation of Enterprises Measurement System Reconstruction   103

    8. Conclusions   105

Chapter 6 Building a National Survey System of Flexible Employment   106

    1. Background and Significance   106

    2. Literature Review   107

    3. Contents, Methods and Technology Route   109

4. Conclusions 109

5. Setting up a Unified and Flexible National Employment Survey System 113

Part 3
Macro-Economic and Employment 117

Chapter 7 Real Exchange Rate, Economic Policy and Employment Strategy 119

1. Literature Review and Questions 120
2. Framework 121
3. The Measurement Model and Data Sources 124
4. The Results of Empirical Analysis 126
5. Conclusions and Employment Promotion Strategies 132

Chapter 8 The Effects of Trade on Chinese Employment 137

1. Background 137
2. Literature Review 138
3. Model 141
4. Data Sources 142
5. Results Analysis 146
6. Conclusions and Discussion 147

Chapter 9 The Effects of Technological Progress on Chinese Employment: Theoretical and Empirical Research 149

1. Background and Concepts 149
2. Theoretical Analysis and Its Historical Application 151
3. Empirical Analysis of The Effect 157
4. Prospects and Suggestions 168

Chapter 10 Urbanization Process, Employment Promotion and Rural Labor Forces' Employment in Cities 171

1. Urbanization in the Course of Employment Promotion 172
2. Urbanization Level and Employment of Rural Laborers in Cities 177

3. Conclusions and Policy Recommendations　182

Part 4
Labor Market Intermediaries and Employment　187

Chapter 11　Development of Labor Market Intermediary and Employment Promotion　189

1. Questions　189
2. Literature Review　190
3. Contents And Methods　194
4. Conclusions　195
5. Policy Recommendations　204

Chapter 12　Job Search, Labor Market Intermediaries and Employment Promotion: The Evidence From Beijing, Shanghai And Shijiazhuang　207

1. Introduction　207
2. Literature Review　208
3. Objects and Assumptions　209
4. Questionnaire Design and Data　210
5. Empirical Analysis and Results　217
6. Conclusions and Policy Recommendations　220
7. Limitations and Further Research　223

Chapter 13　Strategy to Enhance Intermediary Organizations' Capacity of the Network Recruitment　225

1. Background　225
2. Literature Review on Network Recruitment　226
3. Questions and Methods　229
4. Conclusion　230
5. Trends and Further Research　244

Chapter 14 The Development of Professional Public Employment Service Personnel   247

1. Questions   247
2. Learn from Foreign Model   249
3. Guides for Enhancing Public Employment Agency Competences   257
4. Core Competences   263
5. Policy Recommendations   266
6. Research Limitations and Recommendations for Future Research   267

Appendix   269

1. World Employment Trends and Employment Strategy Research   271
2. Thinking about Employment Strategy for Building a Well-off Society   284
3. Employability Promotion of Youth Students and Youth Employment Strategy   289
4. Job Search, Labour Market Intermediaries and Employment Promotion: The Evidence from China   300
5. Youth Employment, the Major Subject Chinese Employment Strategy Study Should Focus on   305

References   315

第一篇

总 论

第一章

全面建设小康社会进程中的我国就业战略[*]

一、问题的提出

全面建设小康社会是党和国家所提出的2020年奋斗目标,是全国各族人民的根本利益所在。如何抓住和用好2020年前的重要战略机遇期,实行促进就业的长期战略和政策,以便进一步扩大就业是我国当前和今后长时期面临的重大课题。研究全面建设小康社会进程中的我国就业战略,不但对推动中国劳动经济学理论研究的不断发展和完善十分重要,更对我国宏观经济发展目标和全社会稳定,并最终实现全面小康社会这一战略目标具有重要意义。

改革开放以来,我国经济和就业环境发生很大的变化,在全面建设小康社会进程中,就业促进存在以下几个方面的挑战:一是改革开放以来,我国经济出现了"高增长、低就业"或就业弹性下降的现象,1980~2006年实际GDP[①]平均增长率为9.67%,但就业增长率则从1980年的3.26%降到2006年的0.758%。二是随着我国开放程度的加大,外贸依存度的逐年提高,进出口占GDP的比重由1980年的12.54%提高到2006年66.85%,也就是说,目前我国经济发展大约2/3靠对外贸易。但是,随着近年来我国经常项目和资本项目双顺差的持续扩大,人民币升值的压力和呼声日益高涨。我国经济受外部经济状况的影响,以及

---

[*] 本章是课题研究的总报告。由曾湘泉和卿石松执笔。

[①] 实际GDP由名义GDP除以GDP缩减指数(2000年=100)得到,GDP和就业数据都来源于2007年《中国统计年鉴》,GDP缩减指数来源于IFS数据库。

来自外部的风险越来越大。三是我国的经济发展方式转变，以及产业结构和劳动力技能结构升级的压力越来越大，与这些变化相伴随出现了结构性失业问题，如下岗、大学生就业难、农民工就业问题等。如何提升劳动者就业能力以适应技能结构需求的压力越来越大。因此，在内外部压力都存在的情况下，如何实施扩大就业的发展战略，完善积极的就业政策和加强就业公共服务，从而实现宏观经济和就业的一致增长已经成为我国重要的战略目标。

　　对全面建设小康社会进程中的宏观就业形势和主要问题的把握是研究的基础。对 2020 年前劳动力供给总量和我国 20 世纪 90 年代以来的自然失业率进行了预测和估计表明，我国的就业问题既存在总量压力大，又存在结构性失业突出的问题；我国传统的就业测量体系落后于我国经济社会的发展要求，不能真实、客观地反映我国劳动力市场供需形势的问题，导致政府对劳动力市场供需形势难以进行准确把握和判断；如何实现经济发展、出口增加、技术进步和就业的一致增长是我们面临的最大挑战，为此需要深入了解汇率变动、贸易增长和技术进步与就业之间的关系，对我国就业导向的宏观经济政策、汇率政策和贸易政策等提出了相应的建议；城市化和农业劳动力转移是"城乡统筹发展"和全面建设小康社会面临的又一挑战，需要深入研究和分析城市化发展水平与农村劳动力进城就业的关系，对促进农业劳动力转移提出政策建议；在全面建设小康社会的过程中，由于经济结构调整和劳动力市场的变化，以及工作经验和技能的不足，大学生等初次进入劳动力市场的青年就业问题已经成为就业战略研究关注的重点领域；针对我国摩擦性失业和结构性失业突出的问题，需要对国内外劳动力市场中介组织的起源和发展、功能与作用进行了分析，并就完善我国劳动力市场中介等公共就业服务体系提出对策建议；发达国家和地区的就业发展战略和政策有很多值得我们学习和借鉴，有必要对美国、欧盟等国家劳动力市场就业政策、就业服务和就业立法的效果和启示进行分析和借鉴。

　　总之，结合全面建设小康社会的重大战略目标，对我国就业领域的重大现实问题进行了比较深入和系统的研究。将有助于我们正确认识全面建设小康社会进程中的就业形势和面临的挑战、为实现经济发展与就业的一致增长，最终实现充分就业的战略目标提供政策支持。

二、文献回顾

　　就业发展战略在国际劳工组织（ILO）以及其他国际组织推动下，在理论研究和实际应用中都获得了较大发展。国际劳工组织每年发表由《劳动力市场关键指标》、《全球就业趋势》和《世界就业报告》构成的系列报告，通过建立由

20个指标构成的劳动力市场关键指标体系、分析全球及八个主要地区的劳动力市场趋势和所面临的挑战,及时、准确地了解世界劳动力市场的主要特征、最新发展以及存在的问题,以此作为对就业战略研究的基础。国际劳工组织对就业战略的具体研究分别从劳动力市场分析与政策、全球化与就业、宏观经济与发展政策、贫困与收入四个角度进行。对劳动力市场的分析侧重于如何在劳动力市场的灵活性与就业稳定性之间寻求平衡,以及创造更多的体面劳动(Gaëlle, 1999; Auer and Popova, 2003; Tchetvernina, 2001; Kwiatkowski et al., 2001; Beleva and Tzanov, 2001; Nesporova, 2002; Fortuny et al., 2003; Auer, 2007)。全球化是制定就业战略的宏观背景。相关研究分析全球化对发达的工业化国家以及发展中国家的就业分别产生的影响,并具体分析外国直接投资的增加对劳动力市场的作用(Kinaman and Ridder, 2002; Goldar, 2002; Rasiah, 2002; Palma, 2003; Lipsey, 2004; Ernst, 2005; Auer et al., 2006)。从宏观经济与发展政策的角度对就业战略进行研究,主要讨论宏观经济政策与劳动力市场政策的相互作用,经济增长与就业的关系(Nesporova, 2002; Ghose, 2004; Campero, 2004; Bhaduri, 2005; Epstein, 2007)。收入分配与消除贫困是就业战略研究的另一个重要角度。"工作中的穷人"这一概念使就业与贫困相结合,相关研究分析国家收入水平与分配方式对贫困的影响程度,从而寻求消除贫困、减少"工作中的穷人"的途径(Liker, 2002; Majid, 2003; Karshenas, 2004; Heintz, 2006)。近年来,青年就业战略问题已经成为关注的焦点,ILO从2004年开始,已经发布了3期《世界青年就业趋势》(Global Employment Trends for Youth, 2004, 2006, 2008)。研究领域集中于分析青年失业的原因及后果(O'higgins, 2001; Mlatsheni and Rospabe, 2002),以及就业能力转换与提升(Brewer, 2004)、创业精神激励(Schoof, 2006)等青年就业促进战略。

以各国劳工部为代表的政府机构组织了大量的研究力量长期关注本国的就业战略问题,尤以美国劳工部和欧盟委员会最为突出。美国劳工部制定的"2006～2011年就业战略计划"(Strategic Plan for Fiscal Years 2006～2011),欧盟在1997年6月通过的《阿姆斯特丹条约》中首次将就业问题作为独立的内容,同年11月,欧盟就业特别峰会确定了"欧洲就业战略"(该战略提出欧盟就业战略的四大支柱:支柱之一是创业精神;支柱之二是提升就业能力;支柱之三是增加劳动者对新技术与新的市场环境的适应性;支柱之四是男女平等就业)。而在就业研究的学术机构方面,美国国民经济研究局(NBER)、日本劳工研究机构、德国劳工研究所以及英国就业研究所等堪称代表。有组织地对就业问题进行长期性研究的国际机构主要有国际劳工组织(ILO)、国际货币基金组织(IMF)、经合组织(OECD)、世界银行(WB)等,他们的研究因其机构性质而更多地具有国际视野,特别是世界银行所组织的大量研究对于把握发展中国家现代化建设进程中的就业变动趋势具有独到的价值。中国的就业问题也是这些机构研究的重要领域之一。

近年来,国内有关就业战略的研究也在不断加强,并且取得了一系列成果。如1998年国家计委宏观经济研究院和西南财经大学合作开展的"2001~2020年中国就业战略研究";中国科学院国情分析研究小组发布的国情报告《就业与发展——中国失业问题与就业战略》以及2000年度国家社会科学基金项目"21世纪前10年我国城乡劳动力供求及就业发展战略研究";于1999年召开的"中国劳动力市场和再就业政策国际研讨会"、2003年中国教育与人力资源问题报告课题组的《从人口大国迈向人力资源强国》研究报告等也涉及对我国就业战略的讨论。国内学者对就业战略的研究角度集中于经济增长与就业战略、农村劳动力的转移与就业战略、教育发展与就业战略、劳动力市场与就业战略等(胡鞍钢,1998;郭继严、王永锡,2001;郭庆松,2004;徐平华,2006)。上述研究成果为全面建设小康社会进程中的就业战略研究提供了研究基础。

中国人民大学劳动人事学院与中国就业研究所近年来在就业战略方面取得了许多研究成果。1998年获得国家自然科学基金的资助项目"失业率测量与失业风险控制",完成了《失业率测量与失业风险控制研究总报告》;2002~2004年度获得德国德意志学术交流中心(DAAD)与我国留学基金委(CSC)对国家重点实验室人员有关"加入WTO对中国就业和劳动关系的影响"的资助,完成《WTO对中国劳动力市场就业水平影响》和《灵活就业的理论、实践及政策评估》等研究报告;2003年获得国际劳工组织"中国企业工作时间及工作模式研究"项目的资助,完成《中国企业工作时间与就业研究》报告;2002年以来承担国家社会科学基金重大项目"中国大学生就业问题研究",获国家211建设项目资助,完成《中国就业战略报告2004:变革中的就业环境与中国大学生就业》(含1个总报告、10个分报告);2002年接受北京中关村管委会的委托,完成《中关村人力资源发展规划研究报告》;2003~2004年接受北京市委"首都人才发展战略研究"课题,完成《首都08人才发展战略规划研究报告》;2003年初接受党和国家领导人的咨询任务,完成《世界就业趋势及我国就业政策研究》讲座报告等。这些都丰富和深化了我国的就业理论研究,推动了我国就业发展战略制定向科学化方向的发展。

尽管如此,国内已有的研究仍存在着如下明显的不足:(1)更多地关注短期某一特定的劳动就业问题,如国有企业下岗再就业,而几乎没有从整个国家全面小康社会建设的长期进程中来把握整体劳动力市场与就业的变化趋势,因而也就难以从国家就业战略的角度提出系统的政策建议;(2)更多地关注我国自身特点，而全球视野不够，忽视了世界就业发展的一般规律，从而降低了我们对世界各国劳动力市场与就业趋势以及就业政策的理解力，这也降低了我们对自身问题的理解力，影响了我国就业问题的有效解决；（3）更多地关注宏观结果，而缺乏对产生宏观结果的微观机制研究，特别是缺乏从长期人力资本投资和个人就业能力提升的角度深入进行探讨，使得解决就业问题对策的可操作性不强。从长期观点来观察，在全面建设小康社会进程中，我国宏观劳动供给总量、劳动参与率等就业形势的预测；我国的经济增长、技术进步、国际贸易和外商投资；由我国城市人口逐渐走向老龄化等因素影响的未来20年就业总量及就业变动趋势；城市化过程中的农村劳动力的转移就业；特殊群体，包括大学生就业以及国际劳工组织一直关注的女性和其他初次进入劳动力市场求职的青年人就业问题；中国的劳动力市场的就业中介服务体系建设和就业立法问题，在我国的研究投入都显得不够。我们需要从现代化建设的长期目标出发，来研究和思考我国的整体就业战略，需要我们明确我国就业扩大的远景、目标、问题与挑战，提出系统的实施措施和政策体系。

三、研究内容和方法

（一）研究内容

1. 全面建设小康社会进程中的就业形势判断

我国的失业问题是总量问题，还是结构性问题一直存在较大的争论。需要分析2020以前的影响劳动力供给的主要因素，构建数量预测模型，对我国2006~2020年劳动力供给的总量和结构变动趋势做出了预测。自然失业率（摩擦性和结构性失业）的测量可以明确我国失业的主要原因，对于治理失业具有重要的政策涵义，因此有必要运用劳动力市场真实调查数据估算出我国的自然失业率水平。

2. 科学、全面的就业失业测量体系研究

为了规范化和科学化我国劳动力市场指标体系、准确判断我国的就业形势、提高就业政策的预见性和科学性。应当在对我国就业和失业测量体系的历史和现状进行回顾和评价的基础上，就构建和完善面向市场的就业与失业测量体系进行研究，并就此提出具体的政策建议。

3. 宏观经济与就业战略研究

在全面建设小康社会的进程中，我国经济社会结构的调整程度、改革开放程度不断提高、工业化进程和技术进步速度不断加大，如何实现经济发展、技术进步和就业的一致增长对于实现小康社会的目标至关重要，为此需要研究汇率调整、国际贸易和技术进步与就业的理论关系、实证检验人民币汇率变动、国际贸易和技术进步对我国就业的影响，并从宏观经济的角度为实现我国经济的持续发展和就业增长提出政策建议。

4. 城市化与农村劳动力转移就业战略研究

城市化发展是促进农村剩余劳动力转移就业的重要途径。为此，需要研究城市化促进就业的作用机制，估算了我国城市化滞后于经济发展的程度，以及城市化滞后对非农就业岗位损失和农村劳动力转移就业的影响，提出城市化促进农村劳动力转移就业战略的政策建议。

5. 人力资源能力建设与青年就业战略研究

青年是社会的未来和希望，是经济发展过程中最具增值潜力的人力资源。但由于工作经验缺乏、就业能力不足、就业心态不成熟，青年往往成为劳动力市场的弱势群体，青年就业战略已经成为我国就业战略研究关注的重点领域。需要研究青年就业的基本特点、存在问题，高校毕业生等青年结构性失业的原因，就业能力提升与青年就业促进的关系，并为青年的教育和就业服务政策提出了建议。

6. 劳动力市场公共服务与就业促进战略研究

基于我国的失业主要表现为结构性失业和摩擦性失业的判断，有必要对劳动力市场中介的措施和效果进行了分析和评估。在系统总结我国劳动力市场中介组织的发展历史、现状，及面临的问题的基础上，对我国劳动力市场中介服务体系建设和完善提出了对策建议。

7. 国外就业发展战略与政策研究

通过对国外主要国家和地区（美国、欧盟等）的就业发展战略、劳动力市场政策变迁、就业服务和就业立法等就业保护制度研究和分析，为我国全面建设小康社会进程中的就业发展战略选择提供历史参照、理论指导和政策借鉴。

（二）研究方法

本书采用了文献研究、深度访谈、问卷调查、统计分析和计量等研究方法。

1. 文献研究

（1）学术文献。

针对本书各个章节研究的主题，课题组检索并研究了中国知识资源总库（CNKI 数据库）、中国人民大学图书馆、国家图书馆数据库内的相关中文期刊文献 ABI/INFORM（商业信息数据库）、综合性学术期刊全文数据库（ProQuest Academic Research Library）、学术期刊全文数据库（Academic Search Premier，简称 ASP）、美国国家经济研究中心（NBER）数据库、国际劳工组织网站、国外政府劳动部门网站（如美国劳工统计局）内的学术文献，以及世界银行、欧洲中央银行、欧洲经济研究中心、英格兰银行、比利时经济政策研究中心、日本银行研究与统计部等研究机构的工作报告等大量文献。课题组查阅了300多篇国内外有关就业理论、就业战略、就业政策和就业服务等的论文和大量专著，并对收集到的文献进行了深入的分析和研读。

（2）国际组织报告。

第13届国际劳工统计大会中通过的《关于经济活动人口、就业、失业和不充分就业的统计决议》、劳动力市场关键指标（Key Indicators of the Labor Market）等国际劳工组织系列报告和《经济合作与发展组织就业展望》（*OECD Employment Outlook*）、《经济合作与发展组织概况》（*OECD FACT-BOOK*）等。

（3）就业法律、法规及政府的文件与报告。

国内的法律法规有《就业促进法》、《劳动合同法》、《国家劳动和社会保障事业发展"十一五"规划纲要（2006~2010年）》等，国外的法律法规有美国、欧盟等的就业服务、就业保护和反歧视法律法规。政府文件有国务院于2004年9月印发的《关于建立劳动力调查制度的通知》、劳动和社会保障部《十城市下岗职工、失业人员、离退休人员基本情况抽样调查报告》、劳动和社会保障部《劳动和社会保障统计报告》（2001~2004）、劳动和社会保障部《中国劳动和社会保障年鉴》（1995~2004）、中国社会科学院人口与劳动经济研究所《中国人口与劳动问题报告》（2000~2004）等。

（4）年鉴与普查资料。

劳动和社会保障部《中国劳动统计年鉴》（1995~2007）、《中国统计年鉴》（1989~2007）、1990年与2000年全国人口普查资料和IFS数据库等关于就业、汇率、对外贸易、货币供给、财政消费支出等大量重要文献资料。

2. 深度访谈

课题组对涉及就业管理的有关国家机关和企事业单位进行了访谈。主要有：原国家劳动和社会保障部培训就业司、国家统计局就业统计司、原国家人事部人才交流协会、北京市劳动局职业介绍中心、北京市海淀区职业介绍服务中心、北京市海淀街道劳动和社会保障所、北京信立强劳动服务中心、海淀工会职业介绍中心、北京京仪控股有限责任公司、电力和自动化技术有限公司（ABB公司）、北京中科大洋科技发展股份有限公司、石家庄市职业介绍服务中心、苏州市职业介绍服务中心、苏州工业园人力资源开发公司、无锡市职业介绍服务中心等，并形成了20万多字的访谈记录。

另外，课题组还对以下三大类人员就有关就业问题进行了深度访谈。

一是对政府就业数据调查统计和政策调查人员的访谈,深入探讨我国企业就业测量宏观体系存在的问题,明确指标设置的目的、数据使用分析状况,以及我国与灵活就业相关劳动力调查方法,讨论下一步改革的方向。

二是对企业相关人员的访谈,通过访谈了解国家就业法律法规的效果及就业测量指标与企业实际情况的符合程度,吸收企业对就业政策、就业服务和就业测量体系构建等方面的建议。企业经济类型包括高新技术类、建筑类、制造类、食品类、贸易类和现代服务类,共计访谈了中关村科技发展股份有限公司、通用技术集团、北京建工集团、北京金隅集团、首钢集团、北京颐和工程监理有限责任公司、北京独乐春光电器有限公司、北京紫都花雨制作中心、某法律咨询服务中心、某饭店等 20 余家企业。

三是对基层劳动与社会保障部门相关人员的访谈,通过访谈了解基层对就业法律法规、就业统计制度的执行效果,吸收他们的建议。

特别值得一提的是,课题组为配合登记失业率子课题的研究,于 2004 年 2 月开展了一项"城镇失业登记实际操作过程"的走访调查。15 名调查员利用假期共走访了分布在全国 10 个省(市)的 13 个城市内的 25 个城镇街道办事处、基层劳动保障机构或居民委员会,根据统一的结构化调研大纲对基层从事失业登记工作的一线管理人员进行了访谈,就大纲所列 15 个问题收集了答案。

3. 问卷调查

课题组在文献检索和试访谈的基础上,针对课题研究的内容和要求,设计了《中国城镇登记失业率评析调研大纲》、《企业使用就业中介情况调查问卷》、《企业在职员工使用就业中介调查问卷》、《公共就业服务机构求职者使用就业中介调查问卷》、《登记失业人员工作搜寻渠道调查问卷》和《〈劳动合同法〉对企业解雇成本和雇佣行为影响的调查问卷》等问卷,并对北京、上海和石家庄等地 3 165 位在职人员(其中保险公司 1 166 人)、284 个招聘单位(其中保险公司 22 家)以及 1 321 位求职者(其中 882 位失业者)进行了工作搜寻和招聘渠道的问卷调查。

4. 统计计量分析

我们对回收到的调查问卷进行了描述统计分析,利用公开的统计数据进行了计量分析,具体来说:课题组根据《中国劳动统计年鉴》、《中国统计年鉴》,以及 2000 年人口普查资料,构建数量预测模型,估算了 2006～2020 年各年龄段劳动力估计总量、劳动参与率的变化。依据调查的真实失业率数据,应用状态空间模型和卡尔曼(Kalman)滤波技术,基于可变参数的假设,估计出了 1992～2004 年随时间变动的中国自然失业率的值。利用《中国统计年鉴》和国际金融统计(IFS)数据库数据,采取向量自回归(VAR)方法检验了 1980～2006 年汇率变动、货币供给和财政消费支出对我国就业增长的影响。采用资本约束模型和产出约束模型两种方法估计了 1978～2007 年对外贸易对我国就业的影响。利用线性回归方法衡量了我国城市化滞后程度以及城市化滞后对非农岗位损失和农村劳动力转移就业的影响。利用调查数据，采用 Logistic 回归分析方法，检验了个人特征对求职者工作搜寻渠道的选择是否存在影响以及影响程度的大小，检验了不同地区、不同劳动力市场环境下的求职者工作搜寻渠道的选择是否存在差异等。

四、研究结论

（一）至 2020 年前，我国的就业形势依然严峻，既要关注总量问题，更应高度关注摩擦性和结构性失业问题

1. 在 2020 年前，我国劳动力供给总量将维持在一个较高的水平

本书首先根据我国人口普查资料推算出 2006～2020 年各年度适龄（15～64 岁）劳动力数量，然后通过横向比较的方法（即利用 16 个收入水平与我国相当国家的平均劳动参与率变化趋势）和纵向比较的方法（即根据我国历次人口普查数据得到的劳动参与率变化趋势），估算出各年龄段劳动力不同年份的劳动参与率，从而最终得到各年龄组劳动力各年供给总量。

研究结果表明：就劳动力年龄人口总量变动（15～64 岁）而言，在 2007～2011 年达到 93 478 万人的峰值之后，人口资源总量不断下降，但 2016 年后又直线上升，在 2020 年达到 93 675 万人的峰值（如图 1-1 所示）。就经济活动人口而言，尽管从 2006 年开始，大体上呈下降趋势，但仍维持在一个较高的水平上，2020 年仍保持 60 608 万人（趋势 1）到 64 261 万人（趋势 2）的水平（如图 1-2 所示）[①]。

就劳动力供给结构而言，在 2020 年，尽管 15～24 岁年龄组的经济活动人口总量出现下降趋势，但占经济活动人口总量（15～64 岁）的比例将由 9.1% 上升到 9.8%。而高年龄组的经济活动人口数量将保持上升趋势，55～64 岁组的经济活动人口数量将占总量（15～64 岁）的 11.7% 到 16.2%，为 2006 年总量的 1.17 到 1.53 倍。65～69 岁组的经济活动人口数量将相当于 2006 年总量的 1.2

[①] 图 1-2 下面一条线，即趋势 1，是与国外横向比较（国际劳工局和世界银行数据）得到劳动参与率之后的预测趋势；上面一条线，即趋势 2，是根据纵向比较法（人口普查数据）得到劳动参与率之后的预测趋势。

到 1.4 倍。①

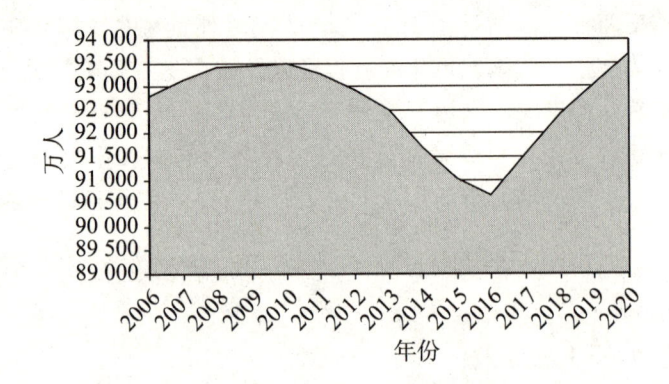

图 1-1　15~64 岁人口资源总量变化趋势

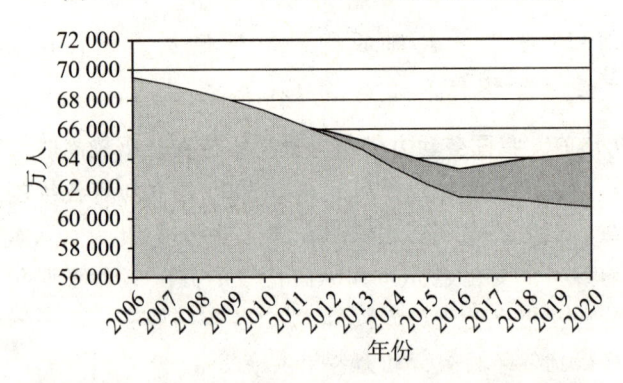

图 1-2　15~64 岁经济活动人口总量变化趋势

从以上劳动力供给预测结果来看，2020 年前，我国劳动力供给总量仍然较大，就业形势依然严峻，青年就业问题以及老年化问题将更加突出。

2. 自 20 世纪 90 年代以来，中国的自然失业率在不断升高，摩擦性失业和结构性失业问题日益突出

本书根据劳动力市场真实调查数据和卡尔曼滤波技术，基于可变参数的假设，估计出了 1992~2004 年随时间变动的中国自然失业率水平。研究结果显示，自 1992 年以来，中国具有不断升高的自然失业率，并在 2002 年达到其最大值。2000 年以来，自然失业率一直在 4.8%~5.6% 的范围内波动。尽管与同时期的主要市场经济国家相比，这一水平并不高，但自然失业占总失业的比重很大。通过回顾近十年来中国劳动力市场的主要变化，可以发现，由劳动力市场中介信息不发达所产生的摩擦性失业，以及经济结构转变加快与人才教育和培训滞后所导致的劳动力供求结构失衡，即所谓结构性失业是其主要原因。继续加强对自然失

---

① 详见第二章。

业率测量的研究，特别是加强对自然失业率影响因素和机制的分析，对完善就业政策有十分重要的意义。①

（二）传统就业和失业测量体系落后，难以反映我国劳动力市场真实状况②

通过建立劳动力调查制度，我国就业与失业测量工作开始走上了市场化、规范化和国际化的道路。但总体而言，现行的就业和失业测量体系仍然滞后于整个经济活动客观现实的要求。我国继续沿用计划经济时代反映单位就业的调查指标，大大低估了我国的就业水平。继续采用为失业保险服务的城镇登记失业率指标，既不能反映我国劳动力失业的状况，也难以进行国际比较。特别是，我国调查失业率从1996年开始，至今已经过10多个年头，日趋完善，但迄今仍未向社会公开公布，这引起了人们对就业和失业形势不正确的猜测和联想。尽管从2005年11月起全国1%劳动力调查制度展开，但重要的反映劳动力市场最重要的指标，如就业、失业以及非劳动力等数据仍未公开。这些都表明，与现代发达国家科学和及时的劳动力市场测量体系相比，我们的差距仍然很大③。主要问题表现在以下几个方面：

1. 企业就业测量和统计问题突出

一是测量体系和管理体制分散、标准不一、导致数据失真。我国企业就业测量体系主要由三部分组成：由统计局对城镇独立核算企业实施的劳动统计报表制度、由工商行政管理局负责的私营个体就业人数注册人数登记、由农业部门乡镇企业管理局负责的乡镇企业统计。从总体上看我国企业就业测量体系是分类分块的，但是三者之间测量标准不相一致，既不能简单相加形成完整的企业就业，也无法进行准确的横向比较。我国的就业统计管理体制属于高度集中型政府统计体制，但由于实行报表属地化管理导致在实际管理过程中存在着一定的松散，这也是目前我国就业统计数据失真的原因之一。

二是测量方法方法单一，灵活性、实效性和样本框维护不足。我国企业就业调查方式主要有全面调查、行政记录两种方式，抽样调查方法讨论已久但是迟迟没有采用。劳动统计报表和乡镇企业统计报表制度采用全面调查的报表统计方

---

① 详见第三章。
② 曾湘泉：《中国就业战略报告2005~2006：面向市场的中国就业与失业测量研究》，中国人民大学出版社2006年版。
③ 美国的经验表明，需要在一个月后再抽查一次以检验前后是否一致。1994年开始的CPS调查更多地关注了这些问题，诸如不是直接问是失业或就业，而是更多的通过相关问题的测试来测量是就业或失业。样本选择及1/4的轮换制度、边缘人群测量和专业队伍的训练、培训及现代装备等。

式。私营个体统计采取行政记录方法，我国行政记录方法有一个最大缺点即不能反映样本的变化情况。我国企业就业测量周期主要包括季度和年度，面对劳动力市场变化的多样性，我国企业就业测量显得灵活性与时效性不够，造成数据统计信息的失真和滞后。我国企业就业测量的样本来自于基本单位普查企业数据库。由于基本单位普查每五年进行一次，因此无法反映普查间隔期间企业的新建变更情况。

三是测量指标既繁杂又存在着缺漏与不足。我国企业就业测量指标主要包括：人数指标、从业人员增减变动指标和劳动报酬指标。总体而言，我国企业就业测量指标设置在相当程度上满足了劳动统计的需要，但是指标设置显得较为繁杂。有的指标仍具有浓厚的计划经济色彩，不符合企业实际情况。与国际相比，我国企业就业测量存在着某些指标设置上的缺漏。调查指标缺少工作小时、职业就业人数等重要指标，分析指标更为贫乏，就业成本指数、总工作获得和损失等指标都没有引入我国企业就业测量体系之中。

2. 城镇登记失业率不宜继续作为反映我国劳动力市场供求形势的判断指标

研究表明，城镇登记失业率存在人口范围过窄、年龄限制不符国际惯例、登记方式难以符合失业真实、失业与就业的人口范围不一致、指标体系过于简单等五个缺失。通过对失业登记的制度规定以及对实际登记操作过程的考察和剖析，特别是通过全国13个城市25个基层失业登记机构一线管理人员的访谈调查汇总数据发现，失业登记数据收集过程中存在着种种工作细节上的混乱和数据误差来源，这种混乱及误差的产生，又可以从失业登记制度的特性和缺陷找到原因。为此，我们认为，现行城镇登记失业率不适宜再作为反映我国劳动力市场供求基本形势的宏观判断指标，它目前已不具备这一效力；自然也不适宜继续将城镇登记失业率指标作为与宏观经济密切相关的，在各地乃至全国的中、长期社会经济发展规划中起着重要作用的规划指标、控制指标和考核指标；应当改造城镇登记失业指标，令其转变为单纯的失业保险领取人数指标，发挥其真正的管理登记信息的作用，为失业保险工作与就业促进工作服务。

3. 灵活就业比重很大，但目前没有正式的灵活就业调查统计体系

发展中国家的劳动力市场通常具有一些不同于发达国家的特点，比如不充分就业和灵活就业所占比重很大。但我国目前还未将灵活就业的测量纳入正式的统计体系中。一方面，由于灵活就业表现形式复杂，学术界与实际统计部门对灵活就业的统计概念与界定标准没有定论，使得现有的估算结果众说纷纭；另一方面，对于灵活就业的测量分散在现有的一些调查统计中，包括企业就业定期报表制度、人口抽样调查与政府的行政记录，这三个来源的数据不仅存在交叉，而且加总不能得出灵活就业的总量数据，数据信度也较低，不能反映出灵活就业真实的情况。第三，混淆了灵活就业和非正规就业。与非正规就业相比，我国灵活就业比非正规就业涵盖范围更广，既包括非正规就业，也包括正规就业，所以并不能直接应用国际上对非正规就业的测量定义与方法。

（三）竞争性汇率、出口增长是就业促进的有效手段，而技术进步则对就业的产业结构和技能结构具有重要影响

1. 人民币汇率政策是就业促进的有效手段，而宏观经济政策对就业的促进作用存在改善的余地

本书基于总需求—总供给模型，分析了汇率从产品进出口、利率和中间产品进口等渠道影响就业的机制和效应。在理论分析框架的基础上，实证部分利用1980~2006年的年度数据，通过 VAR 方法分析了就业与人民币实际有效汇率、实际货币估计、实际财政消费支出和能源价格之间的动态变化关系，得到以下结论：(1) 人民币升值对就业有抑制作用。人民币实际有效汇率变动可以通过需求和供给渠道影响就业，但总体来说，汇率升值对就业的影响是负面的；(2) 扩张性的货币政策对就业有促进作用，但政府财政消费支出的增长对就业具有负面作用；(3) 能源价格的增长减少总供给，从而对就业增长具有负作用；(4) 1980~2006年，除了就业自身（没有考虑到的因素）之外，实际有效汇率冲击对就业的影响程度大于实际货币供给和政府消费支出。以上结论的政策含义在于，人民币汇率政策是就业促进的有效手段，而宏观经济政策对就业的促进作用存在改善的余地。①

2. 出口增长对就业有着积极的促进作用

本书采用资本约束模型和产出约束模型两种方法估计了1978~2007年对外商品贸易对我国就业的影响。实证分析结果显示，资本存量、国内生产总值、工资和出口导向率对就业有着显著的影响，进口渗透率对就业没有影响。出口导向率对就业的影响均由1978~1992年的正影响转变为1993~2007年的负影响。1978~1992年间，出口对就业有着较大的促进作用，出口导向率的增长对就业增长的贡献是13.2%，出口导向率的增长解释了33.4%的就业增长，这与该时间段内我国的出口产品大多以初级农产品和劳动密集型工业制成品为主有关。1993~2007年间，出口导向率对就业产生了负面影响，虽然出口导向率产生负面影响的程度并不大，但已经显示出近年来我国出口产品贸易结构的变动，即劳动密集型产品的比重下降，而资本密集型产品的比重上升，对促进就业不利。总体来看，整个1978~2007年间，出口导向率的增长对就业增长的贡献是6.7%，

---

① 详见第七章。

出口导向率的增长能够解释14%的就业增长。①

3. 技术进步对就业的产业结构和技能结构产生重要影响

本书基于演进视角，从产业结构和劳动力技能结构两方面系统明确技术进步对就业影响的研究框架；进而基于翔实的数据资料、揭示改革开放以来技术进步对我国就业的影响。研究结论是，改革开放以来，在制度变迁基础上，我国通过技术引进、自主技术创新等路径大力促进技术进步，加速我国工业化进程，从两个层面对就业产生了深远的影响：一是使得三次产业乃至工业内部主导产业结构更替，促进产业就业结构变迁；二是促进劳动力内在劳动执行技能和劳动概念技能的逐渐分离，新技术总体上延展了低技能劳动力的技能、引致劳动力技能结构变动，总体呈现技能退化倾向。当前，我国总体上处于工业化中期，制度变迁的滞后及历史原因使得工业化进程存在显著的地区差异，致使结构性失业将长期存在；同时工业发展总体的技能退化倾向和"中国制造"危机的反差，预示着传统工业化模式濒临困境，影响着我国未来经济和就业的持续增长。为此，迫切需要基于深化改革、促进技术与制度的匹配，实现技术进步与就业增长的统一。②

（四）城市化进程严重滞后，配套制度不完善，城市化没有对农村劳动力转移就业发挥应有的作用

本书首先通过回归方法估计了人均国民生产总值和城市化程度的关系、城市化程度与城市部门就业比重的关系，然后计算出了中国城市化滞后程度对城市部门就业需求数量所造成的损失程度。研究结果见表1-1，每年中国城市化滞后带来的非农就业岗位损失量不少，但由于农村劳动力进城就业的限制以及农村劳动力转移就业占城市部门就业的比例太小，造成城市化对农村劳动力非农就业的影响不大，也就是说进城农村劳动力所得到就业岗位没有我们原期待的那么多。例如在2002年，因为城市化滞后而损失掉的非农就业岗位数量是1 181.5万个，但是留给农村劳动力的就业岗位数量是63.9万个，只占5.4%。

这可能有三个原因：一是城市本身的就业压力非常大，仅在2002年城市的登记失业的人数就有770万，而实际上的失业人数可能达到1 620万人（蔡昉，2005），城市户口的劳动力凭借自身的优势条件或者政府政策的扶持挤占了大多数的就业岗位。二是城市对农民转移限制政策的存在，加大了其留在城市的成本。三是近年来，在城市非正规市场的工资增长速度缓慢、其权益得不到维护，与之而来的是劳资纠纷次数上升，以及工作不稳定导致的流动率加大，不能真正

---

① 详见第八章。
② 详见第九章。

成为城市居民。

表1-1　　中国城市化滞后给农村劳动力带来的就业需求量损失

年份	真实的城市化水平（%）	城市化滞后程度（%）	损失的就业岗位（万人）	农村劳动力进城就业占城市部门就业的比例（%）	城市化滞后导致进城农村劳动力就业需求量的损失（万人）
1990	26.4	-7.1	-387.2	7.1	-27.7
1991	26.9	-8.4	-469.5	7.4	-34.8
1992	27.5	-10.1	-577.3	7.6	-43.9
1993	28.0	-11.9	-695.4	16.7	-116.3
1994	28.5	-13.5	-805.8	13.2	-106.1
1995	29.0	-14.9	-907.8	12.8	-116.0
1996	30.5	-15.0	-956.3	8.6	-82.6
1997	31.9	-15.1	-1 004.1	12.8	-128.8
1998	33.4	-14.9	-1 030.7	11.8	-121.8
1999	34.8	-14.7	-1 054.3	12.4	-130.4
2000	36.2	-14.8	-1 096.4	16.0	-175.8
2001	37.7	-14.8	-1 133.8	6.3	-71.7
2002	39.1	-14.9	-1 181.5	5.4	-63.9

我国还有大量的农村劳动力留滞在农村，这意味着城市化将是一个漫长的过程，同时也意味着仅仅用加快城市化来促进农村剩余劳动力进城就业是不够的，而应该实行适合我国国情的城市化发展策略，辅之以城市、农村地区的社会、经济制度变革，发挥众多政策措施的合力。[①]

（五）青年是当前乃至今后就业工作重点的关注对象

青年是社会的未来和希望，是经济发展过程中最具增值潜力的人力资源。青年的就业能力和就业水平将直接关系到社会的稳定和经济的发展，世界各国在就业研究中都普遍将青年作为重点的关注对象。当前，我国正在大力构建小康社会，以科学的发展观解决失业问题，尤其是解决青年的失业问题，已经成为在新形势下我国政府保持社会稳定、促进经济发展的重要目标。

人力资本存量低，仍然是目前我国青年劳动力的特点。研究表明，在我国每年近2 000多万新进入劳动力市场的青年人当中，有近一半的人学历在初中或初

---

① 详见第十章。

中以下的水平，这无疑大大影响了他们的就业数量和质量。中国青年就业问题调查显示，失业青年中，中等职业教育水平的青年（37%）和初中文化水平的青年（30%）比重最高，高中、大专生的比例均为13%，大学生的比例为5%；对调查的8项工作基本能力，雇主一般认为，青年员工中，写作能力强的少，知识面宽以及应用知识能力强的也较少。

青年就业，特别是大学生的就业日益引起社会各界的高度关注，我国大学生就业率从2003的89%降到2005年的72.6%，截至2007年9月1日，仍有144万应届高校毕业生未能如期就业。造成这种状况的原因是多方面的，其中与大学生的就业能力低有直接的关系。调查显示，目前我国大学生的就业能力满足工作的程度只能达到70%（盖洛普，2007），尤其是敬业精神、沟通能力与解决基本问题的能力等非认知技能亟待提高。根据我们对应届大学毕业生就业的调查，"敬业精神"、"沟通协调能力"与"基本的解决问题能力"被用人单位视为目前我国大学生最为欠缺的素质。大学生的就业能力较低，一方面与用人单位现代人力资源管理落后有关。如普遍缺乏对岗位技能需求的调研，行业发展对专业性人才需求缺乏必要的技能标准，人才市场需求信号不清晰，传递渠道不畅通，导致学校在人才培养时追求简单的"学历升级"，以至于闭门造车，培养目标和用人单位实际需求相差很大，知识陈旧，教材老化，学生就业能力也就很难得到有针对性的提高。另一方面，也与学校对市场反映的速度和能力有关。学校受体制的束缚，在学科建设、专业设置、培养方案、教学方法、师资力量等方面很难从真正意义上考虑市场实际需求，尤其是很少判断现在招来的学生几年后毕业时面临的市场真实需求，而是一味开设当前的热门专业，导致学科专业设置严重趋同，盲目追求综合化成为风气，其人才培养的最终结果必然是供不符求，产生结构性失衡。①

（六）公共就业服务中介组织开放程度在不断提高，就业促进作用日趋上升，但信用差、信息缺乏、服务针对性不够等因素制约着其作用的发挥②

1. 劳动力市场不断开放，匹配方式发生转变，中介的作用日趋上升

（1）我国劳动力市场中介服务不断完善和开放。

我国劳动力市场中介组织经历了1978年至20世纪80年代初的萌芽阶段、

---

① 详见附录。
② 曾湘泉：《中国就业战略报告2007：劳动力市场中介与就业促进》，中国人民大学出版社2008年版。

20世纪80年代的初步发展阶段、20世纪90年代的加速发展阶段、2000年以来开放竞争四个阶段。也即经30年的发展后，劳动力市场公共就业服务中介组织开放程度在不断提高，初步形成了以劳动部门举办的职业介绍所和人事部门举办的人才交流中心为体，民营和外资中介机构为重要组成部分的就业中介行业局面。

（2）在职工作人员工作搜寻渠道发生较大变化。

在改革开放初期，受"统包统配"思想和体制的影响，人们通常是通过传统的"毕业分配"或"计划招工"等分配方式，获得求职信息，实现职位与人的匹配。而随着劳动力市场的发展，个人工作信息搜寻渠道以及工作匹配方式都发生了变化。对北京等地区研究发现，5年前和5年后获取职位信息的渠道发生了较大的变化。其中利用网站进行工作搜寻，获得职位信息的比例上升了8.5%，而传统的企业招工和毕业分配等方式则下降了11.5%。

（3）社会关系网络和网站是求职者寻求就业信息的两条重要渠道，但求职渠道及其效果却因人而异。

通过对北京、上海等地在职人员的调查发现，员工通过"社会关系网络"获得目前岗位的招聘信息的比重最大，效果最好。就失业人员而言，社会关系网络也特别重要。虽然失业人员在获取就业信息时利用率最高的渠道是职业介绍机构，但是，在认定最有帮助的渠道时，他们对社会关系网络的认同度则较高。作为搜寻渠道，人际关系是劳动力市场中介的主要替代，公共就业服务机构的竞争主要来自于人际关系及其他非正式求职渠道，而不是私营就业服务机构。网络在现代劳动力市场中介中发挥着越来越重要的作用。

本次对北京、上海等地在职员工的调查发现，员工通过网站渠道获得目前岗位的招聘信息为21.4%，仅次于社会关系网络的27.8%。对北京和石家庄地区求职者的调查表明，网站甚至也是失业人员获取就业信息的一个重要渠道（北京为32.8%，石家庄为42.4%）。对中介组织的网络招聘研究表明，中介组织的网络招聘以其更高的联系比率、更低的成本、更大量的信息内容，将带来更小的摩擦性失业，因而会对区域就业产生积极的影响。①

实证分析的结果显示，在所有的个人特征因素中受教育程度对工作搜寻渠道选择的影响程度最显著。受教育程度高的求职者通过校园招聘会和网站寻找工作的概率更高；受教育程度低的求职者通过社会关系网络寻找工作的概率更高。户口因素对求职者工作搜寻渠道的影响并不大。

（4）就业中介组织通过提供就业信息等发挥着就业促进作用。

---

① 详见第十三章。

北京的调查表明，尽管不同失业者的情况有所不同，但总体而言，除46.7%的失业者认为是因为学历太低影响自己找到合适工作外，32.5%的失业者是因为缺乏就业信息而找不到合适工作。在石家庄情况有所不同，35.2%的失业者是因为缺少工作经验而不是学历低，但33.1%的人同样也是因为缺乏就业信息而影响到自己找不到工作的。因此，职业中介机构提供职位空缺信息的有效程度就显得相当重要。调查也表明，目前北京的职业中介机构对失业人员获取职位空缺信息发挥了重要的作用。在北京，获得就业信息渠道排列前五位的依次是：职业中介介绍机构、亲友、报纸杂志招聘广告、社会招聘会和网站。其中，选择职业中介介绍机构为84.7%。在石家庄，失业人员获取就业信息的渠道排列前五位的是：职业中介介绍机构、报纸杂志的招聘广告、亲友、网站和社会招聘会。尽管前五位的顺序与北京有所不同，但选择职业中介介绍机构的仍然是第一位，达到79.9%。毫无疑问，我国的职业中介组织，在提供就业信息、减少摩擦性失业方面已经发挥了重要的作用。

2. 信用差、信息缺乏、服务针对性不够等因素制约中介组织对就业促进作用的发挥

（1）信用问题成为就业中介服务机构尚未被广泛接纳的首要原因。

通过对北京、上海等地企业在职人员的调查发现，未曾使用过任何就业中介服务机构的员工占全部样本的56.6%。员工之所以不使用就业中介服务机构，其首要原因是担心就业中介存在信用问题。由表1-2可见，不使用就业中介服务机构是因为就业中介存在信用问题已占到了27.7%。

表1-2　　　　　　在职人员不使用就业中介服务机构的原因

	选择频次	选择百分比（%）
就业中介存在信用问题	527	27.7
不能提供有效的单位招聘需求信息	441	23.2
等待时间过长	291	15.3
收费过高	236	12.4
服务态度较差	113	5.9
其他	292	15.4

（2）招聘信息少、更新迟、反馈慢是中介组织存在的突出问题。

我国目前绝大多数劳动力市场的中介机构，只是简单的档案代理和一般的信息发布。调查表明，不能提供有效的单位招聘需求信息，成为个人不使用就业中介机构的另外一个主要原因（所占比重为23.2%，仅次于信用问题的27.7%）。其原因在于，我国目前没有对各单位职位空缺信息统计和发布的强制要求，大多数中介机构没有有效的职位空缺信息来源。即使获得了有限信息，涉及面也较窄，并且缺乏对信息的更加细致的分类。加之，信息更新速度慢，求职者在公共就业服务机构登记后，往往需要等很长一段时间才能得到信息反馈，这些都对求职者找到合适的工作带来不利的影响。对在职员工获得目前职位的途径调查表明，员工过去找到工作的前三种途径依次为：社会关系网络（占全部样本的32.9%）、其他（26.8%）、网站（20.7%）。近5年以来，劳动力市场中介获得较大的发展，26.1%的职位招聘信息是通过社会关系网络获得，与5年前32.9%相比有所下降。

（3）公共就业服务的针对性不够。

对北京和石家庄失业人员的调查发现，尽管公共就业服务目前有了较大的发展，但对就业困难群体的关注度不高。或者说，对如何解决困难群体的就业问题，仍缺乏富有成效的具体措施，如进行失业原因分析、情况跟踪、职业规划和求职辅导等。这也导致公共就业服务体系的发展使得劳动力市场上的强势群体获得好处，并造成了与劳动力市场上非公共就业中介组织不必要的竞争，而困难群体的失业问题遭到忽视，其收益不足。研究可以发现，北京失业人员选择免费或收费的职业介绍机构作为求职渠道与其个人特征的相关程度不高；石家庄失业人员选择免费或收费的职业介绍机构作为求职渠道与教育程度的相关程度较高，教育程度越低的失业人员选择收费职业介绍机构的概率越高。从另一个侧面反映出石家庄公共就业服务机构，包括其他免费职业介绍机构对教育程度低的失业人员的服务不够。这一研究结论与我们在石家庄进行实地调研的结果一致。[①]

五、就业战略政策建议

到2020年，在全面建设小康社会的发展进程中，面对劳动力供给总量压力巨大结构问题突出、就业测量和统计基础设施落后、劳动者就业能力不足、就业中介服务不强等问题，我们提出"一平台、二提高、三统筹、四加强和五完善"的就业发展战略思路。

（一）构建面向市场的就业失业测量体系平台，为就业战略政策提供科学、及时、准确的信息服务

就业信息平台问题是当前和今后我国就业问题首先要解决的问题。正确的就

[①] 曾湘泉：《中国就业战略报告2007：劳动力市场中介与就业促进》，中国人民大学出版社2008年版。

业形势判断是宏观经济判断最重要的内容。而这大大依赖科学的就业和失业测量体系的建立。为此，我们建议：

1. 多维度构建我国新的就业与失业测量体系

一是从劳动力供给、劳动力需求和供需匹配等几个方面开展测量。从供给角度开展的测量应当包括：宏观经济活动人口的预测、劳动参与率的预测、微观劳动力个人家庭调查（目前开展的1%劳动力调查）以及 Panel Data 数据库的建设等。从需求角度开展的测量应当包括：宏观经济增长、技术进步、国际贸易和投资、工资变动等变量变化对需求的影响和预测；微观单位就业调查、企业的职位空缺测量等。从中介或匹配方所开展的测量包括：劳动力市场的求人指数、中介组织的招聘职位发布和失业登记调查等。另外，还应当建立一些研究测量指数，如自然失业率的测量等。

二是从就业、失业、非劳动力分类维度开展的测量。就业测量应当包括：不同年龄段（包括青年就业等）个人供给调查所测量的充分就业和不充分就业、正规就业和灵活就业的单位就业调查。失业测量应当包括：个人供给调查所测量的失业、登记失业率、自然失业率。非劳动力测量包括：家庭调查中所测量的不愿意工作或者不寻找工作的行为以及丧失信心的人数。上述多维度就业和失业测量体系的构建框架体系如表1-3所示。

表1-3　　　　　　　就业和失业测量体系框架结构

	就业	失业	非劳动力	劳动力需求	评估
个人	充分就业	失业	退出劳动力市场人口		
	正规就业				
企业	就业统计报表			职位空缺报告	
中介		登记失业调查			
研究者	宏观劳动力预测	自然失业率	劳动力参与率研究		

资料来源：笔者整理。

2. 针对企业就业测量的三大问题，可以考虑从就业水平、就业成本、就业活力、就业效率四个维度构造我国企业就业测量体系，并进行两阶段改革

研究表明，随着我国经济形式的多元化发展，企业就业测量成为一个紧迫的现实问题。我国企业就业测量目前存在三大突出问题：一是测量体系和管理体制分散、标准不一，导致数据失真；二是测量方法方法单一，灵活性、实效性和样本框维护不足；三是测量指标既繁杂又存在着缺漏与不足。

根据我国企业的实际情况，我们认为可以从就业水平、就业成本、就业活力和就业效率四大维度来构建我国企业就业测量指标,并且,我们建议根据我国的现实状况,通过二阶段步骤实现企业就业测量体系的重构。

四个测量维度见图1-3。

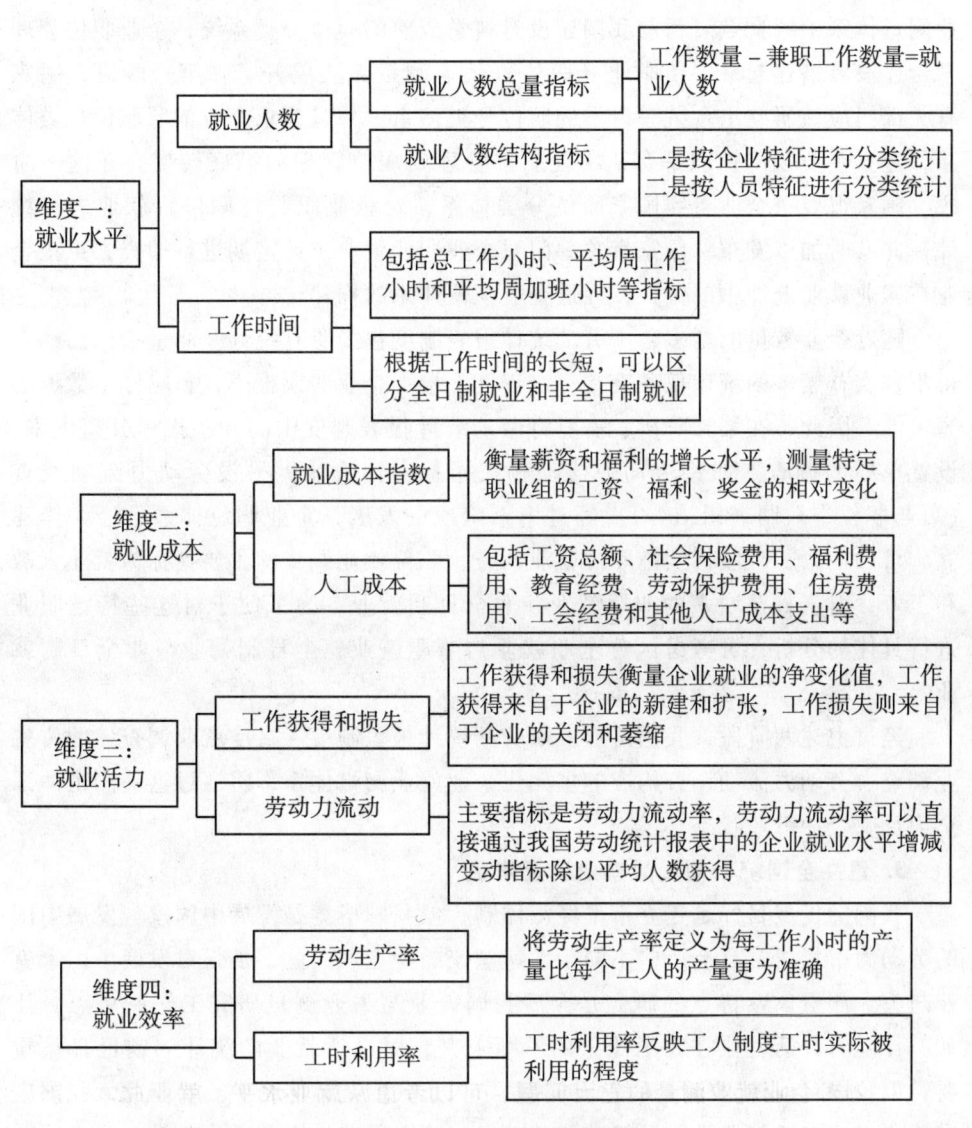

```
维度一:就业水平
├── 就业人数
│   ├── 就业人数总量指标 —— 工作数量-兼职工作数量=就业人数
│   └── 就业人数结构指标 —— 一是按企业特征进行分类统计  二是按人员特征进行分类统计
└── 工作时间
    ├── 包括总工作小时、平均周工作小时和平均周加班小时等指标
    └── 根据工作时间的长短,可以区分全日制就业和非全日制就业

维度二:就业成本
├── 就业成本指数 —— 衡量薪资和福利的增长水平,测量特定职业组的工资、福利、奖金的相对变化
└── 人工成本 —— 包括工资总额、社会保险费用、福利费用、教育经费、劳动保护费用、住房费用、工会经费和其他人工成本支出等

维度三:就业活力
├── 工作获得和损失 —— 工作获得和损失衡量企业就业的净变化值,工作获得来自于企业的新建和扩张,工作损失则来自于企业的关闭和萎缩
└── 劳动力流动 —— 主要指标是劳动力流动率,劳动力流动率可以直接通过我国劳动统计报表中的企业就业水平增减变动指标除以平均人数获得

维度四:就业效率
├── 劳动生产率 —— 将劳动生产率定义为每工作小时的产量比每个工人的产量更为准确
└── 工时利用率 —— 工时利用率反映工人制度工时实际被利用的程度
```

图1-3 四个测量维度

两个改革阶段即:

在第一阶段,应当建立企业就业统计及测量体系。第一,应当统一企业就业统计体系。扩大劳动统计报表制度的统计范围,明确将私营个体、乡镇企业规定为劳动统计对象,实现企业就业统计体系的一体化。第二,全面调查与抽样调查

相结合。第三,持续完善测量指标,如工作小时测量是目前我国企业就业测量体系中的空白。第四,加强企业样本框的维护。第五,开展月度就业调查的设置。第六,推动职位分类系统的建立和完善。职业(职位)就业测量是我国企业就业测量体系中的盲点。目前我国还没有科学成熟的职位分类系统,企业职位管理平台还没有搭建起来,使职业(职位)就业测量无法展开。在第一阶段,国家有关部门应该研究出台统一科学的职位分类体系,并且要求企业依照职位分类体系,建立企业职位管理平台,实现品位管理到职位管理的彻底转变。在这一阶段,国家可要求企业参照国家职位分类体系,对企业职业(职位)就业进行统计,并及时加以发布。国家有关部门对企业职业就业统计定期进行抽查,更正企业在职业就业统计中的错误,促进企业职位体系的构建。

随着企业数量的增多,由劳动统计报表制度包揽所有统计及测量指标已经变得不现实,繁多的统计任务会在一定程度上增加企业的误报率,影响样本数据的真实性。因此,在第二阶段,需要将劳动统计报表制度中的一些指标分离出来,设置单独的调查。如将劳动力流动相关指标分离出来,另设劳动力流动调查(可与职位空缺调查相结合)。经过第一阶段的发展,企业职位体系已经大体建立,可以在第二阶段,实施职位就业调查。职位就业调查的主要指标为就业人数和工资,对于日益增多的兼职就业、非全日制就业,为了便于对这些特定职业进行具体的分析,可考虑区分全职就业与兼职就业、全日制就业与非全日制就业等。

经过上述两阶段,我国可形成由劳动统计报表制度、月度就业调查、职位就业调查、劳动力流动调查构成的多元化企业就业测量体系,将通过这一测量体系全面反映企业就业状况。

3. 建立全国统一的灵活就业调查体系[①]

我国的发展目标是建立市场经济体制,但我国毕竟是发展中国家。发展中国的劳动力市场通常具有一些不同于发达国家的特点。因此,加强对发展中国家就业与失业测量体系特点的研究是今后我国就业与失业测量研究工作的重点。比如,伴随着灵活就业在我国比重的不断上升,对灵活就业的统计问题也日益重要,但我国目前还未将灵活就业的测量纳入正式的统计体系中。鉴于此,我国应在明确界定灵活就业的统计标准的基础上,建立以劳动力调查为基础的灵活就业统计体系,运用法律政策监管情况、雇员情况、工作稳定性、工作地点、劳动关系与劳动保护归属等指标,将灵活就业调查模块附于劳动力调查中,并通过为灵活就业人员提供社会保障、职业培训与劳动保护等方面的优惠措施,增强被调查

[①] 详见第六章。

者的内部动力,从而提高调查数据的真实性。

(二) 提高经济的可持续增长能力,加强政策的整合程度,实现经济发展和就业增长的统一

就业问题其实质是宏观经济问题。为此我们要大力提高经济的可持续增长能力,加强宏观经济各类政策的整合程度,实现经济发展和就业增长的统一。为此,我们建议:

1. 实施稳定和竞争性的实际有效汇率

鉴于汇率升值对就业的抑制作用,我们应该吸取日本 1985 年迫于国际压力而让日元急剧升值,从而导致"泡沫经济"以及 20 世纪 90 年代经济长期低迷和失业率上升的教训,人民币汇率不能屈于外部压力而快速升值。稳定和竞争性的实际有效汇率是促进就业、防止通胀和经济发展的中介目标(Frenkel, 2006),以维持稳定和竞争性的实际有效汇率为重点的宏观经济政策是阿根廷在 2002~2007 年经历经济和就业增长的主要因素。[1] 事实上,适度低估的汇率是出口导向经济发展的关键[2],因此,在我国经济发展模式转变前,应该维持一个稳定和竞争性的汇率政策来促进经济和就业的增长。主要的措施是:(1)施行补偿性的货币政策,即人民币贬值时施行紧缩性的货币政策,而升值时施行扩张性的货币政策;(2)不能放松对资本流动的管制。当然,稳定和竞争性的实际有效汇率政策,主要的任务是维持中长期汇率的稳定以及预防升值预期,但容许短期名义汇率浮动以便阻止热钱的大量流入也是合理的。等到汇率政策完成必要的调整和国内金融市场逐步完善之后,再逐步解除资本流动的管制,实现浮动汇率制度。

2. 实施就业导向的宏观经济政策

就业、经济发展和通货膨胀是凯恩斯宏观经济政策调控的三个主要目标。但是,随着失业、不充分就业和贫困成为一个世界性的难题[3]和金融的全球化,"政策制定者最大的挑战不是通货膨胀,而是失业和金融稳定"[4]。我国也不例

---

[1] Roberto Frenkel, Martín Rapetti, *Five Years of Competitive and Stable Real Exchange Rate in Argentina, 2002~2007*, International Review of Applied Economics, 2008, 22 (2): 215-226.

[2] Victor Polterovich and Vladimir Popov, *Accumulation of Foreign Exchange Reserves and Long Term Growth*, New Economic School, Moscow, Russia, 2002. http://www.nes.ru/english/about/10th-Anniversary/papers-pdf/Popov-Polterovich.pdf.

[3] Heintz James, *Globalization, Economic Policy and Employment: Poverty and Gender Implications*, Employment Strategy Department, Employment Strategy Papers, 2006/3. Geneva: ILO, 2006.

[4] Akyuz Yilmaz, *From Liberalization to Investment and Jobs: Lost in Translation*, Turkish Economic Association Discussion Paper 2006/3, 2006, p.46. http://www.tek.org.tr.

外，在保增长、防通胀的约束下，宏观经济政策如何实现就业促进也成为重要的目标与挑战。我们的建议是实施就业导向的财政和货币政策，除了上面所说的维持稳定和竞争性的有效汇率及控制资本流动之外，还有以下几个有效措施：（1）转变财政支出结构，提高财政支出在教育、职业培训、卫生等领域的比重；（2）鉴于扩张性的货币政策造成大量投资进入了房地产、股市等就业促进作用小的领域，而且容易导致通货膨胀和金融动荡，可以考虑分类实施的、就业导向的积极货币政策，如按照就业促进能力确定优先投资的项目清单，为这样的投资项目规定一个更低的利率、存款准备金率和贴现率；（3）完善对就业有较大促进的中小企业的信贷配给政策，如提供担保、贷款贴息和低贴现率等优惠措施；（4）降低市场准入、加大对创业的财政、税收和融资支持，以创业的蓬勃发展带动就业的持续增长。

3. 发挥劳动力密集型产品出口对就业促进作用的同时，要增强产业内贸易对就业的促进作用

在全面建设小康社会进程中，我国的劳动力资源仍然有着较大的优势，必须利用这种优势，通过出口劳动密集型产品促进就业的增长。但长期来看，我国出口贸易产品缺乏自己的核心技术，在国际市场上没有定价能力，出口需求对汇率变动比较敏感。新贸易理论认为，相对要素禀赋差异和规模经济以及垄断的共同作用才是贸易的根本原因，相对要素禀赋差异不再是唯一的原因。产业内贸易在发达国家之间的普遍存在说明水平国际分工已经日益发展成为国际贸易分工的主导形式，其比较利益来源于一国企业的垄断优势和规模经济。因此，按照比较优势原则发展对外贸易的同时，应该采取鼓励创新的政策，提高产品的创新力度、技术含量和服务水平，从单纯依靠低成本竞争转化为以技术、质量和服务参与全球竞争。政府应当对具有规模经济效应的产业进行适当干预和扶持，实施"战略性贸易政策"是非常必要的。可以考虑建立分类产品对外贸易政策，鼓励技术密集型产品和拥有自主品牌的产品出口，为这些产品的出口提供税收、结汇等方面的优惠措施。

4. 以技术进步为导向，转变经济发展方式和工业化模式，实现技术进步和扩大就业的有机统一

在全面建设小康社会进程中，必须将促进充分就业的目标作为经济发展和技术进步的优先目标，实行能够最大限度促进创造就业机会的经济发展模式，使所有劳动者通过自由选择的生产性就业，获得有保障的、可持续的生活手段，实现技术进步和扩大就业的有机统一。

一是要以技术创新为导向，转变经济发展方式和工业化模式。提高创新能力是增加就业的关键。经济增长中，充分发挥市场基础作用，政府作用应定位于服务协调、保护知识产权、激励新思想形成并推动基础技术创新的传播和应用等，充分发挥企业的技术创新主体作用，回归技术进步在产业革命、经济与就业增长中的关键作用。在此基础上，选择正确的技术进步路径，实现经济发展方式的根本转变，以创新立国，工业化模式选择上应基于我国国情，培育扶持具有潜在资源禀赋优势的主导产业如知识智力密集型产业等，并大力发展基于信息产业和非常规不易被替代的个人服务业等。

二是要基于制度变革和技术创新、实现地区经济、技术进步与就业均衡发展。现阶段，应正视地区工业化差异，在我国不同区域技术进步路径的选择上，充分利用我国地区间资源禀赋优势的差异，因地制宜，针对性地引导产业升级及地区间产业转移、承接。从长远角度看，必须通过深化改革等一系列配套措施，消除地区差异，实现一体化发展。包括深化要素市场改革，健全统一的劳动力市场和资本市场、消除地区垄断及行政干预等，实现劳动力及资本等要素自由、平等的流动，消除阻碍技术进步推动就业增长的各种因素。

三是要完善教育和就业培训制度，提高劳动者适应技术进步的能力。随着创新成为经济发展的主要动力，人的素质或质量成为新时期的最重要因素。只有通过完善的就业培训制度、实施人力资本积累政策，才有可能将巨大的人口负担转化为我国新时期的资源禀赋优势。具体包括，贯彻教育公平原则，推进教育培训体制改革，完善和协调广义教育体系，实现普通教育与职业教育、学校教育与社会教育、阶段性"终端教育"与终身教育的协调与联结，尤其注重提高低技能或易被技术替代的阶层的自我生存与发展能力。

（三）统筹城乡经济和劳动力市场发展，促进农村劳动力转移就业

鉴于我国城市化水平，以及城市化推动农村劳动力转移就业的作用滞后，在全面建设小康社会进程中，应该实行适合我国国情的城市化发展策略，辅之以城市、农村地区的社会、经济制度变革，发挥众多政策措施的合力，增强城市的"吸力"，加大农村地区的"推力"，从而使他们融入城市。为此，我们建议：

1. 创造公平的就业环境，通过培训提高农民的就业能力，改革原有的城市的社会保障制度，增强城市对农民工的"吸力"

创造公平的就业环境是要彻底废除一切城市行政部门歧视外来劳动者的就业政策，建立企业的平等用工制度。要强化城市政府促进就业的责任体系，把农村劳动力就业的目标也纳入政府的工作考核范围，建立完善的城乡统一的就业服务体系，这样既有利于城乡统筹就业的实现，也有利于加快城市化的进程。

同时还要消除由于城乡差距条件下农村劳动力在获得教育与培训等人力资本投资方面的不足，有助于提升他们的就业能力。美国经济学家舒尔茨认为，人力

资本是决定农村剩余劳动力能否转移的决定性因素。人力资本提高不仅是农村劳动力在农村的发展中起积极的作用，而且也很容易适应工业化、城市化的要求。在对农民工进行培训的时候，有两个问题值得重视：一是资金负担的问题；二是培训效果的问题。资金的负担上，政府应该负担首要的责任。培训内容要有针对性、实用性，培训要达到培训与就业良性互动的经济社会效果。

建立健全进城农村劳动力的社会保障制度。结合农村劳动力自身特点、国家财政负担和企事业单位的承受能力，分阶段实施，可以考虑首先重点建设社会保险制度。社会保险制度可以按照先工伤保险、其次医疗保险、最后养老保险的顺序来进行。并在条件的允许的时候，试行医疗保险和养老保险的异地转移，以确保农民工的利益。

2. 结合我国新农村建设的实际，提高农业部门的生产率，调整农村非农部门的产业结构，加大农村地区的"推力"

要顺利解决上述两点问题，国家要给予多方面政策措施的支持，例如完善农村土地流转制度为例，强化和稳定农户的土地承包关系，明晰土地使用权的产权界定，把土地使用权流转的决策权界定给农民，实现农村土地产权制度的法律化，改善现有的农村土地流转形式。这样有利于土地的合理配置，重构农村集体经济组织，为农业规模化、集约化、高效化经营提供发展空间，从而进一步激活农村剩余劳动力的转移。

在农村非农部门的产业结构调整方面，应该注意把它和城镇化的建设联系起来。我国农村地区非农产业的过分分散，不仅不利于产生集聚经济效益和服务业部门的产生，而且还导致城镇规模过小，基础设施难于配套，从而影响这些非农企业对农村劳动力的吸收，所以鼓励应非农产业企业向城镇集中，非农产业企业向城镇的集中除了制度安排的变动（例如土地制度的改革、企业产权制度改革和城镇建设资金的筹资投资制度改革等），还要城镇具有对生产要素及产业的吸引力为前提，结合当地非农企业的优势或者特色，形成"一镇一业"的专业镇。

3. 推行适合我国国情的城市群发展战略

在城市化发展的道路选择上，有两类观点：一种是主张发展小城镇，理由是方便农村劳动力的转移，而且小城镇解决就业的能力是最强的，从亿元固定资产投资所增加的就业人数来看，小城市分别是中等城市、大城市、特大城市和超大城市的 3.5 倍、7.3 倍、4.6 倍、34.4 倍（刘秀梅，2004）；另一种认为应该实行发展大城市的战略，因为大城市的劳动生产率、土地利用率、技术创新能力存在较大的优势，能充分发挥城市的集聚经济效益，而且体现一个国家的大都市发展水平和城市的国际竞争能力。这两种观点有值得商榷的地方，片面强调其中的一种方式都会有这样或者那样的不足之处。其实，城市化不仅是农村劳动力向城市转移，城市数量增多的过程，也是城镇结构层次不断完善的过程。为了吸取两种城市发展战略的优点，在合理调整城市层级结构的基础上，可采用城市群的发展战略，根据各地的具体情况，形成以若干大城市为中心，不同等级、不同规模的一定数量的中小城市形成的城市群体，实现资源的优化配置和功能的合理分工。在该城市化的发展模式下，特大城市或者大城市成为经济发展的中心极，中小城市则能够发挥解决农村劳动力转移就业的作用，并从特大城市或者大城市得到技术、资金和信息的帮助，逐步提高经济效益，既利于"一镇一业"的专业镇的形成，也有利于区域间的城乡劳动力的流动，形成统一的劳动力市场。

（四）加强人力资源能力建设，提高劳动者就业能力，降低结构性失业

加大人力资本投资，推动人力资源能力建设是当前和今后就业工作的重中之重。为此，我们建议：

1. 实现高等教育研究型和职业型双轨制均衡发展

高等教育所担负的使命是多层次的，既包括培养能够开创未来人类科学前沿的创造性人才，也包括为当前社会经济发展培养大量优秀的应用性人才。美国的高等教育是完全开放的，存在着研究型大学和职业高等院校两种体系并行的双轨制高等教育模式，两者各自目标不同、责任不同，所使用的教育方式不同。研究型大学是造就科学家的摇篮，通过教学和科研发展本学科的基础理论，以培养有较高学术水平的研究人员为主，往往将科学研究力量和成果作为衡量标准，其最终目标是培养诺贝尔奖获得者，如哈佛大学、斯坦福大学等。而职业技术教育类高等学院是从满足职业竞技和激烈竞争的要求，培养具备某种特定娴熟技能的工程师，这类学院服务于社会，同时不断调整自身以回应社会不断变化的需求，如凤凰城大学、德福瑞大学等，被誉为是培养总工程师的摇篮。因此，我国高等教育改革的方向就可以借鉴国外经验，实现研究型教育与职业型教育的双轨制均衡发展，通过竞争机制形成一小部分优秀的研究型大学，并同时发展一大批以培养学生就业能力为目标的职业型高等院校。

2. 建立科学的大学生就业能力评价和跟踪机制

高校在制定学生培养方案时，需要综合研究大学生走向工作岗位满足就业时所需要的知识、技能和态度，调研设计出既符合专业发展规律又满足市场需要的各专业大学生就业能力模型，按照通用能力、专业能力的分类体系将培养目标转化为能力标准，培养效果也应以能力标准的达成作为衡量标志。美国加利福尼亚州默塞德县（Merced County）在2002年推广试用了一种新型的就业能力记分卡，这种工具主要是用来考查学生是否满足雇主的技能要求；学生既可以通过审核获得记分卡以证明自己的就业能力和就业态度，雇主也可以通过记分卡进行筛选。我们在明确"提升大学生就业能力"这一高等教育目标的基础上，完全可以借鉴这种方式，在大学生就业能力模型的基础上设计学生就业能力测量指标体系，通过应用性工具的开发一方面帮助高校评价和跟踪大学生的就业能力现状，不断调整教学方向和教学方法，另一方面可以使大学生在就业过程中能够分析自身优劣势，帮助学生和用人单位实现双向匹配。

3. 进一步制定和完善科学的职业资格认证体系，形成技能劳动者的评价、选拔、使用和激励机制

目前我国劳动力市场很大的问题是人才市场和用人单位对需要什么样的人才没有清晰的表达，政府部门和行业缺乏有力的人才规划，现有的职业资格标准和认证工作脱离现实，效度很低，没有明确的市场需求信号。职业资格证书制度是劳动就业制度的一项重要内容，开展职业技能鉴定，推行职业资格证书制度，是我国人力资源开发的一项战略措施。对于提高劳动者素质，加强技能人才培养，促进劳动力市场的建设和经济发展有重要的意义。我国各级政府部门和行业组织，包括企事业用人单位应当高度重视这项工作的持续开展，制定出科学合理、层次分明的职业认证体系，不断明晰和强化人才需求信号，从而指导高等院校、职业培训机构的人才培养计划。做好职业分析，对各种职业所需要的雇员特征、任职要求、经验要求、职业特征、职业要求、具体职业信息（包括职业所需要的知识、技能，所完成的任务，所操作的机器、工具和设备）等做出详细的调研和明确的描述，并通过对外发布以指导劳动力市场健康发展。

（五）完善政府促进就业的公共服务职能，减低摩擦性失业

毫无疑问，在市场经济条件下，政府在劳动力市场上最重要的职能是提供公共就业服务。为此，需要加强以下几方面的工作：

1. 加强用人单位人力资源管理的基础设施和平台建设

我国就业中介发展的成效很大程度上要依赖于用人单位人力资源管理基础设施的发展水平和建设程度。如职位分析和职位分类、职位空缺的调查和统计、单位就业统计制度等。就中介组织目前发展的关键而言，其核心是就业需求的情况把握和统计。问题在于如果没有科学的人力资源管理基础，单位的就业需求信息就不可能是真实的。因此，加强科学的人力资源管理基础设施建设，大力发展劳动力市场信息系统，成为发展劳动力市场中介组织的基本前提。为此，应继续加大对公共就业服务的投资力度，争取把公共就业服务建设成全国统一的数据平台和服务平台，逐步完善覆盖城乡的就业服务体系；按照国际惯例，规范公营就业机构与私营就业机构的关系，把公营就业机构变为私营就业机构的管理者；要求

私营就业机构提供有关的资料，以便了解私营机构的经营活动，也便于统一数据的收集、整理和分析。

2. 大力加强我国公共就业服务机构和队伍的建设

随着我国就业服务市场体系的初步形成，公共就业服务机构在缓解我国就业压力，调整结构性失业方面的基础性地位日益彰显。但与之不相适应的是，公共就业服务人才队伍素质较低、数量偏少。2001 年，我国职业介绍从业人员中具有大专水平以上学历的人平均占 40.5%，高中学历的人平均占 50.9%。2003 年对上海人才中介行业协会下属 40 家会员单位的调查显示，具备中介师任职资格的从业人员只占被调查机构业务人员总人数的 8%，中介员只占调查总人数的 3%。从统计来看，我国平均每个就业服务机构只有 3 名工作人员，每名工作人员服务对象约 1.2 万人，是发达国家的 2～40 倍。且这些人员也并非全职人员，他们还要承担一些非就业服务的工作。这直接导致了公共就业服务机构在就业促进方面不好的效果。数据显示，2005 年劳动与社会保障部直属的公共就业服务机构职业介绍成功率仅为 51%[1]，而上海市公布的该市公共就业服务体系的职业介绍成功率只有 30%[2]。为此，我们建议，在劳动和社会保障工作中，应突出公共就业服务的突出地位。建议在国家劳动和社会保障部内，成立相对独立的国家公共就业服务局或中心，并在各大中城市设立直接领导的分支机构。同时，借鉴国际的一些研究成果和实践经验，研究构建我国公共就业服务机构从业人员的素质能力模型。初步的研究表明，我国公共就业服务机构从业人员的素质能力要求和未来发展应具有三个导向：公共就业服务专业人员素质提升应以机构职能为导向、以服务对象需求为导向和以服务规范化为导向。根据重要性和迫切性两个维度的频数高低，专业人员的核心素质要求指标可分为低阶能力要求和高阶能力要求两个层次。低阶能力要求包括：道德素质和职业精神、沟通能力、理解多元化服务对象的差异、主动学习能力、应用知识于实践的能力、分析问题能力。高阶能力要求包括：评估技能市场开发与拓展能力、关注细节能力、调查研究能力等。特别值得指出的是，在对公共就业组织人员招聘条件的规定中，一定要突出其具有劳动或人力资源管理的相关经验的任职资格要求。[3]

3. 在公共就业服务管理中应当引入绩效管理的制度和方法

在公共就业服务领域，引入绩效评估，一方面，通过具体的绩效指标设置，使公共就业服务的产出结果更加符合其预定目标；另一方面，绩效评估能够从投入和产出的角度，对公共就业服务活动的投入和产出进行细致的监控，从而有效

---

[1] 《中国劳动统计年鉴（2005）》，中国统计出版社 2005 年版。
[2] 上海市人才中介协会报告。
[3] 详见第十四章。

地降低成本、提高效率。对发达国家的研究表明，各国公共就业服务绩效评估的基础都是该国的公共就业服务的目标，即对公共就业服务实行目标管理的制度。如法国公共就业服务的主要目的是去吸引最大数量的在劳动力市场循环的空缺职位，服务质量很大程度上是取决于公共就业服务所提供的空缺职位的数量和多样化程度而决定的，因此法国的绩效评估中，职位空缺的持续时间、工作人员在填补职位空缺方面的工作时间等是很重要的指标。我国公共就业服务管理当前紧迫的任务是引入以目标管理为导向的绩效管理制度；要重点强调对困难群体就业服务的功能；要高度重视职位空缺的统计和发布；建立明确、可量化和完善的绩效评估指标体系等。

4. 完善有关中介组织管理的法律和法规

以《就业促进法》为契机，人力资源和社会保障部和地方政府要加强对公共就业服务机构和私营职业中介结构的统一指导和管理，鼓励他们以合法、诚实信用、公平、公开的原则提供就业信息、就业指导和就业培训等服务，努力提高服务质量，发挥其在促进就业中的作用。一是要完善就业服务机构的许可和登记制度，进一步制定、完善许可条件；二是要完善就业服务机构信用等级评价和管理制度，对于提供虚假就业信息以骗取服务费用的机构要严肃处理，相应地，改变单一的对违规行为进行行政性罚款或者吊扣许可证的做法，应把求职者拉到纠正违规行为的当事人中，通过法律程序解决有关问题；三是要在公营的就业服务机构实行完全免费服务的基础上，私营职业中介机构也要停止向求职者收费，改为向企业需求方单向收费；四是要加大司法力度，落实就业服务的反歧视法律法规条款，反对以性别、民族、种族、宗教信仰、年龄、社会出身、残疾等为由拒绝服务或提供不同质量的服务的行为，鉴于青年和特殊困难群体的就业问题越来越严重，应这类人员纳入"特殊服务对象"中，保障他们获取更多、更好的就业指导、就业服务和就业机会。

第二篇

就业预测与测量

第二章

我国劳动力供给变动预测分析与就业战略的选择[*]

从改革开放以来经济增长所遵循的路径来看，我国更多地是采用比较优势的发展战略，利用劳动力资源丰富的特点，大力发展劳动密集型产业。结合我国的现实情况考虑，在未来比较长的一段时间内（10~20年之内），基于劳动密集型产业的经济发展模式仍将被采用，其竞争的核心资源——劳动力供给量将是我们关注的重点对象，因为劳动力的短缺意味着劳动力数量与人力资本禀赋的稀缺、企业用人成本的扩大，从而最终影响到我国参与国际竞争的低成本优势。从2003年沿海地区爆发的"民工荒"表明我国至少在某种年龄结构层次上的劳动力数量已经出现了短缺。同时，一些研究（蔡昉、王美艳，2006；蔡昉，2005）也认为，在未来十几年的时间内我国的15~64岁的劳动力供给数量将呈现总体性的下降趋势。[①] 目前的研究大多关注于未来劳动力总供给数量的变化，对于劳动力供给结构内部的变化以及影响其变化的因素的研究还略显不够。本章以劳动力供给研究为重点，分析其受到影响的主要因素，构建数量预测模型，对我国未来的劳动力市场供给变动发展趋势做出预测，并提出针对性的政策建议。

一、研究现状

对我国未来的劳动力数量的预测，不同的研究得到的答案不尽相同。一般来

---

[*] 本章由曾湘泉、卢亮执笔。原载《教学与研究》2008年第6~7期。
[①] 《2000年世界劳动报告》，中国劳动社会保障出版社2001年版。

说，主要有两种研究思路。

一是从人口总量预测的角度出发（贾绍凤、孟向京，1996；袁建华、于弘文，2003；原新，2000；马瀛通，2006），假定一些最基本的变量，例如总和生育率或者预期寿命水平，从而推测出各个年龄阶段的人口数量。[①] 按照这一思路研究的结果，我国的劳动年龄人口数量（15~64岁）将在2020~2026年间达到峰值，数量约为9.4亿~10.3亿人。这种研究的局限表现为对关键性指标——总和生育率的数值假设过高——在1.62~2.3的范围左右波动，绝大多数研究的中间方案假设其在2020年以前维持在1.8的水平以上。历次的人口普查结果与国内、国外的测算（RobertD. Retherford 等，2004；张青，2006）表明我国总和生育率低于1.8。[②] 可见，通过这种方式推算出来的劳动力供给规模偏高。

二是将劳动年龄人口数量的变动和GDP总量、劳动参与率等变量联系起来，推导出人口数量的计量方程，来验证已经出生的人口数量或者推导未来的劳动力数量（赵进文，2003；范柏乃、刘超英，2003；安和平，2005；王金营、蔺丽莉，2006）。[③] 其研究结果表明，未来我国劳动力供给和就业压力的高峰将出现在2022年前后（考虑65岁及以上从业人员），若不考虑65岁及以上的从业人员，高峰将在2016年达到7.16亿。这种研究思路也存在一定的不足，虽然得到的计量方程能对过去的劳动力供给数量做出精度较高的模拟，但是缺乏必需的变量（例如未来的GDP总量），从而对未来劳动力供给数量做出较为精确的预测受到限制。同时缺乏对某种年龄结构的劳动力数量的深度分析，用全体适龄劳动力的劳动力参与率来代替不同年龄结构的劳动力群体的劳动力参与率，或者仅对未来总的劳动力参与率的变动趋势做出简单的假设，或者把根据劳动参与率计算出来的劳动力供给数量全部作为就业人数对待，或者没有考虑人口的死亡率，从而对劳动力供给数量或者结构的判断出现偏差。

从国外的经验来看，在经合组织实施"地中海区域项目"（MRP）的基础上发展起来的替代需求模型（The Replacement Demand Model，RDM）是不失为测算劳动力供给的有效途径。它是一种流量的测算办法，从每年从劳动力市场退出的劳动力和新进入的劳动力入手，以职位变动的角度来预测就业结构或者劳动力数量的供给。在测算劳动力进入市场的时候，它假设劳动者接受教育和技能的文凭与所任职的岗位存在一一对应关系，在测算劳动力退出劳动力市场的时候，它必须考虑劳动者在每一类职业中的流动率、死亡率和退休率等，可见它对劳动力

[①] 安和平：《中国人口预测的自回归分布滞后模型研究》，载《统计与决策》2005年第8期。
[②] 蔡昉：《劳动力短缺我们是否应该未雨绸缪》，载《中国人口科学》2005年第6期。
[③] 高书生：《关于推行一项"低门槛与可持续的社会保障新计划"的初步设想》，http://www.sociology.cass.cn/shxw/shgz1/t20031114_1730.htm。

市场的一些指标要求高。很多发展中国家缺乏详细的职位流动数据，所以他们就用劳动力数量或者人口总数来预测就业状况。由于中国劳动力市场建设的滞后，难以获得职位流动数据，其运用受到一定的限制。

二、劳动力供给变动趋势的预测分析

（一）各年龄组劳动年龄人口数量的估算

本章首先根据人口普查资料推算出未来时期内的适龄劳动力数量，然后再分析影响不同年龄阶段劳动参与率的因素，接着通过横向和纵向比较的方法，估算出他们在未来不同年份的劳动参与率，从而最终得到各年龄组的劳动力供给数量。

我国劳动力范畴的统计分类把劳动力资源界定为男性 16~60 岁，女性 16~55 岁，具有劳动能力，在正常情况下可能或实际参加经济活动的劳动力。实际上，参与经济活动的劳动力会突破年龄限制，因此本章把研究对象界定为 15 到 64 岁的劳动力。

我们以 2000 年的人口普查资料为依据，考虑到 2006 年 15~64 岁的劳动力资源主要由 2000 年的人口普查资料中的 2000 年时候的 9~58 岁男女人口组成，依此类推到 2015 年。2016~2020 年的劳动力资源总数由两部分构成：一是在 2000 年以前出生的适龄阶段的人口数量；二是 2001~2005 年已经出生的新生人口数量。上述推算人数还要减去各年内相应的死亡人数。

这样，2015 年以前各年的劳动力资源数量推算公式是：

$$L_1 = \sum_{i=9}^{58} L_i \prod_{j=i+1}^{i+k+1} (1 - P_j)$$

$$k = (0, 1, 2, \cdots, 9)$$

2016 年的劳动力资源数量推算公式是：

$$L_2 = \sum_{i=0}^{48} L_i \prod_{j=i+1}^{i+17} (1 - P_j) + L_{2001} \prod_{j=2002}^{15} (1 - A_j)$$

2017 年的劳动力资源数量推算公式是：

$$L_3 = \sum_{i=0}^{48} L_i \prod_{j=i+1}^{i+17} (1 - P_j) + L_{2001} \prod_{j=2002}^{16} (1 - A_j) + L_{2002} \prod_{j=2003}^{15} (1 - A_j)$$

2020 年的劳动力资源数量推算公式是：

$$L_{2020} = \sum_{i=0}^{48} L_i \prod_{j=i+1}^{i+17} (1 - P_j) + L_{2001} \prod_{j=2002}^{19} (1 - A_j) + L_{2002} \prod_{j=2003}^{18} (1 - A_j) + \cdots$$
$$+ L_{2005} \prod_{j=2006}^{15} (1 - A_j)$$

其中：L_1代表全国2006~2015年各年的劳动力资源总数；L_i代表全国2000年i岁人口数；P_j代表全国2000年j岁人口死亡率；A_j代表全国j年的死亡率；$L_{2001}\cdots L_{2005}$代表2001~2005年新出生的人口；k代表年数。

例如：2006年的劳动力资源由2000年的人口普查资料中的2000年时候的9~58岁人口组成。

2016年的劳动力资源由2000年的人口普查资料中的2000年时候的0~48岁人口组成。再加上2001年出生的人口（0岁）。

2020年的劳动力资源由2000年的人口普查资料中的2000年时候的0~44岁的人口组成，再加上2001~2005年当年出生的人口数（0岁）。

依此类推，我们也可以求出同时期段内15~24岁年龄组、55~64岁年龄组、65岁以上年龄组的劳动力资源数量。

对于死亡率的假定：从1978年到2005年我国人口的总死亡率处于6.25‰~6.51‰的波动范围内，最近10年（1996~2005年）的平均总死亡率为6.47‰。可以预见的是随着社会经济发展水平的提高，在未来的时间内，总死亡率将很可能呈现下降的趋势。本章假设15~64岁总体人群从2006年到2020年的年平均死亡率为6.47‰，依此类推，15~24岁、55~64岁、65~69岁各年龄组以及各组内男、女的平均死亡率分别采用相对应的最近10年（1996~2005年）人口统计年鉴上各年龄组及各组内男、女的平均死亡率，这样就计算出了未来15年的分性别、分年龄组的劳动年龄人口数量，如表2-1所示。

表2-1　　　　分性别、分年龄组的劳动年龄人口数量（万人）

年份	15~24岁 男	15~24岁 女	15~24岁 总	55~64岁 男	55~64岁 女	55~64岁 总	65~69岁 男	65~69岁 女	65~69岁 总	15~64岁 男	15~64岁 女	15~64岁 总
2006	11 524	10 667	22 190	5 685	5 338	11 023	2 077	1 930	4 007	47 807	44 991	92 798
2007	11 340	10 410	21 750	6 004	5 684	11 689	2 053	1 929	3 980	48 015	45 127	93 142
2008	11 262	10 261	21 523	6 291	6 004	12 296	2 000	1 908	3 905	48 182	45 222	93 403
2009	11 095	10 038	21 133	6 611	6 906	13 666	2 041	1 963	4 001	48 229	45 208	93 437
2010	10 944	9 833	20 778	6 920	6 684	13 605	2 018	1 970	3 984	48 250	45 227	93 478
2011	10 570	9 421	19 991	7 119	6 918	14 037	2 039	2 019	4 052	48 185	45 094	93 279
2012	10 008	8 826	18 836	7 350	7 175	14 526	2 100	2 098	4 191	48 039	44 888	92 927
2013	9 510	8 291	17 804	7 482	7 323	14 806	2 171	2 191	4 353	47 861	44 642	92 503
2014	8 850	7 625	16 477	7 338	7 224	14 562	2 274	2 315	4 579	47 466	44 218	91 684
2015	8 232	7 037	15 271	7 238	7 156	14 393	2 384	2 456	4 826	47 149	43 858	91 007
2016	8 048	6 930	14 980	7 008	6 965	13 973	2 439	2 555	4 977	46 980	43 689	90 669
2017	7 905	6 866	14 773	7 069	7 057	14 124	2 558	2 722	5 259	47 442	44 125	91 566
2018	7 785	6 823	14 610	7 435	7 457	14 890	2 640	2 851	5 466	47 877	44 531	92 409
2019	7 736	6 851	14 590	7 556	7 632	15 184	2 712	2 974	5 655	48 202	44 839	93 041
2020	7 675	6 877	14 554	7 695	7 825	15 515	2 766	3 054	5 785	48 522	45 153	93 675

资料来源：根据2000年人口普查资料短表数据推算。

（二）各年龄组劳动力参与率的估算

1. 影响各类劳动力参与率的因素分析

由于每一年龄层次结构的劳动力受到各种因素的影响，他们参与经济活动的意愿或者能力是不同的，从而形成了不同的劳动力参与率。实际参加经济活动的劳动力，也就是这种"有效的劳动力供给"的核心部分，他们由25～54岁的黄金年龄阶段劳动力群体构成，其劳动力参与率非常稳定。相对来说，15～24岁的低劳动年龄群体和55～64岁的高劳动年龄群体的劳动力参与率不够稳定。表2－2所示为我国历年来劳动参与率的变化情况。

表2－2　　　　　我国劳动参与率的变化（%）

年龄	1990年	1995年	2000年
15～24岁	78.3	72.7	61.9
25～54岁	91.2	93.0	90.6
55～64岁	55.5	54.7	59.4
65岁以上	19.3	17.0	25.1
15～64岁	84.2	82.8	79.3
总计	79.2	77.0	74.1

资料来源：根据历次人口普查资料计算。

从数据中可以看到，55～64岁组的劳动参与率在10年之内上升了约4个百分点，25～54岁组的劳动参与率在同时期之内只下降了0.6个百分点，15～24岁组的劳动参与率下降幅度非常大，达到16.4个百分点。由于25～54岁组的劳动力参与率非常稳定，本章重点分析低年龄组和较高年龄组的劳动劳动参与率与相应的劳动力供给数量。

进入20世纪90年代后期以来，我国的中高等教育的发展非常迅速，使得我国劳动年龄人口的平均受教育年限不断增长。同时人口普查资料显示：我国的从业人员平均受教育年限由1990年的7.16年增加到1995年的7.54年，再增加到2000年的8.05年，导致15～24岁人口的劳动参与率不断下降，从1990年的78.3%降低到2000年的61.9%。按照中国的教育发展规划，在2020年，中国的高等教育毛入学率要达到40%，高中毛入学率要达到85%，这就意味着年轻人的劳动参与率会逐渐降低。

根据戈德（Gaude，1997）的研究，他通过对世界上19个国家和地区的年轻人和成人失业率的比较分析，发现年轻人失业率的变动和成人失业率的变动是正相关的。进一步的分析显示，年轻人失业率比成人失业率对经济发展的变化更为敏感，在经济衰退时年轻人失业率增加更快，在经济上升时，其下降也更迅速。近年来，我国经济增长的就业弹性系数下降已是不争的事实，已经从1979年的0.44降为 2003 年的 0.1 左右，这意味着经济增长中的劳动比例逐渐下降，而资本比例逐渐上升。虽然非农产业（第二产业和第三产业）的就业弹性高于总体的就业弹性（2003 年前者为 0.29，后者为 0.10 左右），但是它们也逐渐呈现下降的趋势。从 1998 年以来，总体而言，第二产业就业弹性处于下降通道中并逐渐稳定在一个较低的水平。第三产业内部既有零售业、餐饮业和生活服务业劳动密集程度高的传统行业，也有房地产业、金融保险业、咨询业等在内的资本密集程度高新兴行业。相对于第三产业传统的行业来说，新兴服务行业的经济增长相对较快，第三产业的就业弹性也呈现下降趋势。就产业结构变化而言，近年来我国第三产业结构偏离度逐渐向零趋近，2001 年为 -6.36%，2003 年已达到 -3.86%，说明第三产业吸纳就业的空间已经相对较小，如果没有新的服务需求出现，第三产业进一步吸纳就业的能力难以提高。劳动科学研究院的调查显示有 70% 的年轻人就业集中于两类行业：一是制造业；二是社会服务业和一些新兴的行业。这些行业部门的就业弹性下降，无疑会对新增劳动力的就业产生一定的困难。

另外，年轻人的人力资本和社会资本状况决定了他们在劳动力市场上的弱势地位。以人力资本状况为例，上海劳动保障局的一次抽样调查表明，41.1% 的失业青年认为缺乏工作经验是他们失业的主要原因。在上海举办的首次高校学生职业资格考试中，参加考试的 410 名学生中只有 80 人取得了职业资格证书，取证率仅为 19.1%，上海市职业技能鉴定中心对许多高校学生的评价是：基础技能差、基本操作能力差、综合应用能力差。中国劳动科学研究院的调查证实：在失业的年轻人中，职业中等教育水平和初中文化水平的比例最高，高中、大专生的比例其次，大学本科生为最低。接受教育的年轻人既然如此，那些因为不能继续升学而进入劳动力市场的年轻人更是劳动力市场的弱势群体。

由此可见，年轻人较高的失业率可能导致他们退出劳动力市场。我国年轻人占城镇失业人数的比例非常高，根据 2000 年人口普查资料计算，15～22 岁年龄组的年轻人失业人数与全部年龄组所有失业人员人数的比例为 35.8%。从 1978 年到 1994 年，统计年鉴上只有专门的城镇年轻人待业率（失业率），从 1995 年开始，城镇年轻人的待业率变更为城镇登记失业率，目前国际劳工局所发布的中国年轻人失业率全部沿用国家发布的城镇登记失业率。一项关于劳动参与率的研究证实（蔡昉、王美艳，2004）：城镇失业率与劳动参与率两个指标的地区分布呈现出强烈的反差，越是在失业严重的地区，劳动参与率越低，两者的相关系数为 -0.64。[①] 所以，我们也可以作出同样的判断：年轻人的失业率越高，其退出

[①] 邱长溶等：《我国企业职工养老社会保险的风险模拟分析》，http://www.51labour.com/labour-law/show-6517.html。

劳动力市场的可能性越大。

一般认为，随着劳动者年龄的增大，他们的劳动参与率会下降，然而我国老年人口的劳动参与率水平较高并呈现出上升的趋势。"四普"到"五普"的10年间，不仅55~64岁年龄组人群的劳动参与率在增加，65岁以上年龄组人口的劳动参与率水平也提高了7.3个百分点。引发高年龄组人群劳动参与率升高的因素很多，例如宏观方面的因素（社会保障政策、退休政策、就业机会等）和微观方面的个人因素（年龄、健康、经济收入水平、受教育程度、工作意愿等）。本章仅从退休年龄的规定和这些高年龄组人群的经济收入水平来分析。

我国现行的退休年龄仍然沿用20世纪50年代职工退休制度的规定，即男职工满60岁，女干部满55岁，女职工满50岁。"国家对提前退休的规定：一是男职工满50周岁，女职工满45周岁，因病完全丧失劳动能力的可以提前退休即病退；二是从事井下、高空、高温、特别繁重体力劳动或者有毒有害身体健康工种的工作，男职工满55周岁，女职工满45周岁，可提前退休"。在当时条件的制约下，这种退休年龄的规定是合理的，因为在20世纪50年代我国人口的平均预期寿命男性为40岁，女性为42.3岁。随着社会的发展，我国人口的平均预期寿命水平得到提高，到2000年中国男性和女性分别增长到69.0岁和72.4岁。在我国，65岁以上的人群被视为赡养人口，这就意味着如果一个人按时退休，同时他（她）仍有意愿继续工作，那么他（她）至少还能工作5年以上。不仅如此，实际上提前退休的人数占了当年退休人数的相当一部分比例。据劳动和社会保障部对10城市1997~2000年提前退休人员的典型调查，提前退休人数占当期办理退休人数的比例高达29%，提前退休人员平均提前3.69年。这些仍然具有劳动能力的离退休人员为高年龄组人群的高劳动参与率的形成奠定了一定的基础。

国外的研究证实：各国老年人的劳动参与率的下降确实与养老保障体系（包括公共养老金和私人养老金计划）大幅度扩大覆盖面有直接关系，因为在退休以后员工在能够通过养老金和个人储蓄保障的情况下用闲暇替代收入。乔纳森·格鲁伯和戴维·怀斯（Janathan Gruber and David Wise, 1998）认为社会保障法规的经济刺激促使劳动力退出了劳动力市场。[①] 在20世纪90年代中期，60~64岁的老年人的劳动参与率在荷兰、比利时、意大利、法国下降到20%以下，德国下降到35%，西班牙下降到40%，美国从20世纪60年代早期的82%

---

① 王梦奎：《关于"十一五"规划和2020年远景目标的若干问题——在全国政策咨询工作会议上的讲话》，载《中国经济时报》2005年9月30日。

下降到53%。莫妮卡·巴特勒（Monika Butler, 2005）等人建立模型分析老年人劳动参与率的下降与社会保障替代率的提高以及享受福利资格的年龄下降之间的关系，并预言降低社会保障待遇3个百分点将增加55~74岁男性劳动参与率15%、提高享受养老金的资格年龄将增加相同年龄女性劳动力参与率11%~12%。丹尼尔·杜利茨基（Daniel Dulitzky, 2005）认为私人养老金会减少劳动力供给，如果加上高覆盖率的话，会导致老年人劳动参与率的下降。然而，我国老年人的养老社会保障情况不太理想。首先从其生活来源看，大多数老年人，尤其是农村老年人，还需要子女赡养。根据第五次全国人口普查资料计算：2000年，在全国60岁以上未在业人口中，家庭其他成员供养排在首位，占65.4%；接着是退休金，占29.27%；依靠基本生活费补贴的很少，占2.38%。其次，老年人的养老保险还没达到全覆盖，仅以全国离退休的职工为例，2000年参加了基本养老保险的员工的比例为81.9%，2004年这个比例为87.8%。最后，基本养老金的水平偏低。1979~2002年24年间人均离退休金相当于平均工资的比例呈逐年下降趋势，由改革开放初期1979~1982年的94%下降为2002年的71%，退休金低于工资的金额由每年221元扩大至每年3 573元。由于退休人员退休金增长慢、部分退休金被拖欠，使部分老人生活拮据，约有1/5入不敷出，1/5略有结余。虽然我国企业退休员工的基本养老金月人均水平从1998年的413元提高到2004年的705元，但是同时期内，我国城镇居民的年人均消费水平已经从1998年的6 217元增加到2004年的9 105元，生活得不到保障的老年人有继续工作的动机。

2. 各年龄组的劳动参与率的估算

从以上的分析得知，各年龄组的劳动参与率的变化是不同的。在两次人口普查的时期内，15~24岁年龄组的劳动力参与率急剧下降，但是处于退休年龄和工作年龄之间、具有人口学劳动力统计意义的55~64岁年龄组以及完全处于退休年龄的65岁以上年龄组的劳动参与率平稳上升，同时25~54岁年龄组的劳动参与率基本不变，因此必须结合不同年龄阶段在未来时期内劳动参与率可能发生的变化，推算出具体的劳动力供给数量。

我们采取了两种横向和纵向比较的办法来估计未来各年龄组的劳动参与率值。前者是根据人口普查数据和统计年鉴的数据，对未来各年龄组的劳动参与率进行估计。后者是结合中国在2020年可能达到的经济发展水平，参考世界上处于同一发展水平的国家的各年龄组劳动参与率，运用趋势外推法，推算出中国未来的劳动力供给可能的状况。

在估算15~64岁适龄劳动力的劳动参与率的时候，我们发现根据人口普查数据与统计年鉴数据计算出来的劳动参与率是不同的。例如，根据人口普查的资料计算出来的 1995 年、2000 年的劳动参与率分别为 77%、74.1%，而根据统计年鉴的资料计算出来的 1995 年、2000 年的劳动参与率分别为 84.9%、83.3%。为了和本章引用的 2000 年的人口普查资料相一致，在推算未来的劳动参与率，必须对统计年鉴上的劳动参与率做出修订。首先假定在未来时期内，我国劳动参与率是下降的。从微观角度来看，当劳动者的供给行为市场化以后，如果他们参与经济活动的收入增加产生的效用低于闲暇产生的效用，他们会选择更多的闲暇，体现在宏观上的劳动力参与率水平就会下降，这也是市场经济国家劳动参与率变化的一般规律。就我国的具体国情来看，在向市场经济体制转轨的过程中，过去的计划体制下形成的过高劳动力参与率必然要受到市场规律的调整，就业制度的转变和经济财富的增长更会产生劳动力供给的收入效应，同时，考虑到教育的普及和社会保障制度的健全的因素，我国的劳动力参与率会逐步下降。虽然，当一个国家的经济发展水平较低的时候，经济的较快增长会推动就业增长，工资水平和就业率水平提高，劳动者的劳动参与率会提高。但是从总的方面来说，在我国出现经济增长的同时，总体劳动力参与率出现了逐步下降的现象，几次人口普查的数据的计算结果和我国对休假时间和工作时间的调整也说明了这一点。本章借鉴南亮进、薛进军（2002）的思路，计算出人口普查数据与统计年鉴数据的比率，例如 1995 年的比率为 0.90695，2000 年的比率为 0.88956。然后用 2004 年《中国统计年鉴》计算出来的 82.1%，乘以 2000 年的比率，得到 73.0%，最后假设各年份之间的比率以递减的速度下降，而且这种趋势一直持续到 2020 年。这样就得到了本章推算的劳动参与率。

同时，如果目前经济以年均 8% 速度左右增长的话，按 2004 年不变价格计算，2020 年 GDP 将超过 43 万亿元人民币，折合 5 万多亿美元，人均超过 3 500 美元，进入中上等收入国家的行列。

按照 2005 年世界银行的分类标准，当人均 GDP 达到 3 466 美元到 10 725 美元的时候，该国家属于中上等收入国家。2005 年达到世界中上等收入标准的有 40 个国家，其中具有劳动参与率记录的国家有 16 个。从表 2 – 3 可以看出，这些国家 15 ~ 64 岁的劳动参与率在 53.6% 和 70.4% 之间波动，而且这些国家大多属于拉美国家或者东欧转型国家，无论从经济社会结构还是以往计划体制的影响，它们和我国都有相似之处，采用其劳动参与率有一定借鉴意义。因此，本章假定在 2020 年我国 15 ~ 64 岁适龄劳动力的劳动参与率为 64.7%，也就是这 16 个国家算术平均值。

前面的分析已经提到，15 ~ 24 岁组低龄劳动力劳动参与率的降低主要和教育的普及有关系。1990 ~ 1995 年期间从业人员平均受教育年限增长的 15 ~ 24 岁人口的劳动参与率变动弹性为-1.45，而1995～2000年期间该指标达到-2.43，1990～2000年整个20世纪90年代的劳动参与率弹性为-2.00（王金营、蔺丽莉，2006）。这反映了教育与青壮年就业富有弹性。受教育水平越高，15～24岁青年人口的劳动参与率下降幅度越大，平均受教育年限每增长1%，15～24岁人口的劳动参与率则下降2%。假设我国劳动年龄人口的平均受教育年限的增长速度保持1990～2000年1.178%的水平，则15～24岁组劳动参与率到2020年降低到43.24%。

表2-3　　　　　　　　世界各国的劳动参与率

国家	男	女	15～64岁	15～24岁	55～64岁	65～69岁
阿根廷	0.818	0.570	0.688	0.456	0.627	0.358
智利	0.764	0.424	0.593	0.311	0.534	0.273
捷克	0.784	0.624	0.704	0.339	0.470	0.084
匈牙利	0.679	0.551	0.614	0.271	0.343	0.038
拉脱维亚	0.743	0.650	0.695	0.374	0.542	0.194
墨西哥	0.823	0.428	0.536	0.468	0.328	0.400
波兰	0.710	0.583	0.646	0.335	0.328	0.111
斯洛伐克	0.764	0.614	0.689	0.366	0.350	0.032
伯利兹	0.823	0.470	0.642	0.495	0.585	0.381
爱沙尼亚	0.727	0.668	0.696	0.341	0.576	0.223
立陶宛	0.720	0.649	0.683	0.250	0.528	0.087
毛里求斯	0.818	0.516	0.635	0.453	0.414	0.141
巴拿马	0.844	0.516	0.677	0.489	0.534	0.333
罗马尼亚	0.695	0.553	0.624	0.319	0.404	0.248
俄罗斯	0.750	0.766	0.710	0.391	0.455	0.118
土耳其	0.762	0.265	0.513	0.387	0.319	0.216

资料来源：根据国际劳工局和世界银行的数据计算。

从1990年到2000年，我国15～64岁的男性、女性参与率分别从89.27%、79.54%下降到87.8%、73.78%，前者仅仅下降1.47个百分点，后者下降了5.76个百分点。可见，从计划体制到市场体制的转轨对男性和女性参与经济活动的决策具有不同的影响。然而，由于我国女性在社会中具有很高的社会地位，其劳动参与率仍然保持很高的比例。一般来说，女性人口的劳动参与率与经济发展水平密切相联系，发展中国家女性人口劳动力参与率水平较低，而发达国家女性人口劳动参与率水平较高。根据国际劳工局的资料计算，2000年德国15～64岁年龄段女性人口的劳动参与率为62.95%，加拿大为 70.6%，法国为 61.58%，日本为 59.58%，意大利 46.3%，美国（16~64 岁）为 70.84%，2000 年我国相同年龄段女性人口的劳动参与率则高达 73.78%，居于世界首位，比世界平均水平要高 19 个百分点，比排名第二的世界最不发达国家和地区的平均水平要高 14 个百分点。显然，我国女性人口劳动参与率超越了我国目前的经济发展阶段。按照这种情况推测，到 2020 年我国的女性劳动参与率是不可能下降到上述 16 个国家的算术平均水平值 55.3%。如果用横向比较的方法来设定一个比较值的话，我们觉得以上述 16 个国家中的 9 个原苏联、东欧国家较为合适，即 62.87%。对于男性的劳动参与率而言，我们认为上述 16 个国家的算术平均水平值 76.4% 较为合适。同时，就纵向比较而言，我们假定我国 15~64 岁的男、女性的劳动参与率按照前 10 年的年平均水平值 0.00147、0.00576 下降。

  55~64 岁年龄组和 65~69 岁年龄组的劳动参与率的变动不容易判断。按照上文的分析，其变化主要取决于退休年龄的法律规定和经济收入水平的变化，而退休年龄和经济收入水平的变化和社会保障制度的完善有很紧密的联系。与人均的实际寿命相比，中国人的法定退休年龄本来就低，实际的退休年龄更低。按照霍兰德（Holland.T., 2002）的估计，到 2020 年，我国的平均预期寿命将提高到男 73 岁、女 79 岁的水平，即使实际退休年龄保持在目前的水平上，男女退休后的余寿也分别提高到 16 年和 28 年，平均为 22.3 年，超过 OECD 国家目前的水平。届时的社会养老负担率将非常高。可见，实际退休年龄过早，会极大地加重养老负担，影响社会保障制度的建设。因此，我们认为在未来的 15 年之内，我国的退休年龄岁数的法律规定要么保持不变，要么略有提高。同时，根据目前我国的社会经济发展的实际情况，社会养老保障体系建立和完善还需要一个较长的时期，相对高龄劳动年龄人口可能需要更多的工作时间来弥补低收入所造成的养老储蓄不足，从而在未来一定时期内他们的劳动参与率还有可能上升。但从长期的角度分析，随着收入水平的提高和社会保障制度的不断完善，较高年龄组的劳动参与率最终还是要下降的。综上所述，如果从自身纵向对比的角度来看，可以假定 55~64 岁年龄组和 65~69 岁年龄组的劳动参与率还会上升，考虑到其生理因素，65~69 岁年龄组上升幅度不大甚至保持不变（假定其保持 2000 年的水平不变），而 55~64 岁年龄组上升的幅度会更大一些（假定其按照前十年的年平均水平 0.0039 上升）。但是从横向对比的角度来看，55~64 岁年龄组和 65~69 岁年龄组的劳动参与率是不断下降的，因此我们必须指出，其成立的前提条件必须是中国的养老保障体系的建设在 2020 年以前取得突破性的进展。

表 2-4　　　　　2020 年以前我国各年龄组劳动参与率的变化

年份	15~64 岁（总）趋势1	趋势2	15~24 岁（总）趋势1	趋势2	55~64 岁（总）趋势1	趋势2	65~69 岁（总）趋势1	趋势2	15~64 岁（男）趋势1	趋势2	15~64 岁（女）趋势1	趋势2
2005	0.727	0.756	0.572	0.559	0.614	0.560	0.251	0.251	0.871	0.850	0.709	0.711
2006	0.725	0.749	0.563	0.547	0.617	0.553	0.251	0.248	0.869	0.844	0.703	0.705
2007	0.722	0.742	0.554	0.535	0.621	0.547	0.251	0.245	0.868	0.838	0.697	0.700
2008	0.719	0.734	0.544	0.522	0.625	0.540	0.251	0.241	0.866	0.832	0.692	0.694
2009	0.716	0.727	0.535	0.510	0.629	0.533	0.251	0.238	0.865	0.827	0.686	0.689
2010	0.714	0.720	0.526	0.498	0.633	0.526	0.251	0.235	0.863	0.821	0.680	0.683
2011	0.710	0.712	0.516	0.486	0.637	0.520	0.251	0.232	0.862	0.815	0.674	0.678
2012	0.708	0.705	0.507	0.474	0.641	0.513	0.251	0.228	0.860	0.810	0.669	0.672
2013	0.705	0.698	0.498	0.462	0.645	0.506	0.251	0.225	0.859	0.804	0.663	0.667
2014	0.703	0.691	0.488	0.450	0.649	0.499	0.251	0.222	0.857	0.798	0.657	0.661
2015	0.700	0.683	0.479	0.438	0.653	0.493	0.251	0.219	0.856	0.793	0.651	0.656
2016	0.697	0.676	0.470	0.426	0.656	0.486	0.251	0.215	0.854	0.787	0.646	0.651
2017	0.694	0.669	0.460	0.414	0.660	0.479	0.251	0.212	0.853	0.781	0.640	0.645
2018	0.692	0.661	0.451	0.401	0.664	0.472	0.251	0.209	0.852	0.775	0.634	0.640
2019	0.689	0.654	0.442	0.390	0.668	0.465	0.251	0.206	0.850	0.770	0.628	0.634
2020	0.686	0.647	0.432	0.378	0.672	0.459	0.251	0.202	0.849	0.764	0.623	0.629

资料来源：趋势 1 是指按照国内历次人口普查数据计算的劳动参与率，趋势 2 是根据国际劳工局和世界银行的数据计算的劳动参与率。

表 2-5　　　2020 年以前我国劳动各年龄组的经济活动人口数变化（万人）

年份	15~64 岁（总）趋势1	趋势2	15~24 岁（总）趋势1	趋势2	55~64 岁（总）趋势1	趋势2	65~69 岁（总）趋势1	趋势2
2006	67 279	69 506	12 493	12 138	6 801	6 096	1 006	994
2007	67 249	69 112	12 050	11 636	7 259	6 394	999	975
2008	67 157	68 558	11 709	11 235	7 685	6 640	980	941
2009	66 901	67 928	11 306	10 778	8 596	7 284	1 004	952
2010	66 743	67 304	10 929	10 347	8 612	7 156	1 000	936
2011	66 228	66 415	10 315	9 716	8 942	7 299	1 017	940
2012	65 793	65 514	9 550	8 928	9 311	7 452	1 052	956
2013	65 215	64 567	8 866	8 225	9 550	7 492	1 093	979
2014	64 454	63 354	8 041	7 415	9 451	7 266	1 149	1 017
2015	63 705	62 158	7 315	6 689	9 399	7 096	1 211	1 059
2016	63 196	61 292	7 041	6 381	9 166	6 791	1 249	1 070
2017	63 547	61 258	6 796	6 116	9 322	6 765	1 320	1 115
2018	63 948	61 082	6 589	5 859	9 887	7 028	1 372	1 142
2019	64 105	60 849	6 449	5 690	10 143	7 061	1 419	1 165
2020	64 261	60 608	6 287	5 501	10 426	7 121	1 452	1 169

资料来源：根据 2000 年人口普查资料短表数据、2001~2006 年《中国统计年鉴》相关数据以及表 2-4 的数据推算。

表 2-6 2020 年以前我国男、女性经济活动人口数变化（万人）

年份	15~64 岁（男） 趋势 1	趋势 2	15~64 岁（女） 趋势 1	趋势 2
2006	41 545	40 349	31 629	31 719
2007	41 677	40 237	31 454	31 589
2008	41 725	40 087	31 293	31 384
2009	41 718	39 885	31 013	31 148
2010	41 640	39 613	30 755	30 890
2011	41 536	39 271	30 393	30 574
2012	41 314	38 912	30 030	30 165
2013	41 113	38 481	29 597	29 776
2014	40 679	37 878	29 051	29 228
2015	40 360	37 389	28 552	28 771
2016	40 121	36 973	28 223	28 442
2017	40 468	37 052	28 234	28 461
2018	40 792	37 105	28 233	28 500
2019	40 972	37 116	28 159	28 428
2020	41 195	37 071	28 130	28 401

资料来源：根据 2000 年人口普查资料短表数据、2001~2006 年《中国统计年鉴》相关数据以及表 2-4 的数据推算。因为各年分组的男性、女性劳动参与率和各年总体的劳动参与率估算结果不同，所以，15~64 岁男性、女性的劳动力供给数量和总体的供给数量不同。

三、劳动力供给变化的结论与就业政策的选择

（一）劳动力供给变化的结论

本章的研究表明：就劳动力年龄人口总量变动（15~64 岁）而言，我国的劳动力资源总数将维持在一个较高的水平，并有两个运行高峰，一个是在 2007~2011 年，另一个高峰在 2019~2020 年，其数值都是在 93 000 万人左右波动，第一个高峰在 2010 年达到 93 478 万人的峰值，第二个高峰在 2020 年达到 93 675 万人的峰值。如图 2-1 所示。经济活动人口从 2006 年大体上也呈现下降趋势，和其他大多数的研究相比，本章的结果显示这种下降趋势来得更快，数量也低。尽管如此，在 2020 年经济活动人口总数仍将维持在一个较高的水平上，达到 60 608 到 64 261 万人的水平。（如图 2-2 所示），出现上述情况的原因：一是本章主要依据 2000 年的人口普查资料，在计算 2016~2020 年的数量的时

候，又补充采用了2000年统计年鉴上新出生的人口数。无论是各年龄阶段的劳动参与率还是2000年以后新出生的人口数量，统计年鉴都比人口普查资料的数值要高出一些。二是本章对未来总死亡率的假设可能过高，因为随着社会经济发展水平的提高，在未来15年之内，总死亡率在很大程度上将呈现下降的趋势。三是对劳动参与率的假设，本章主要从经济和教育的方面考虑，实际上影响劳动参与率变化的因素很多，如果能作更全面的考虑，结果可能会更好一些。

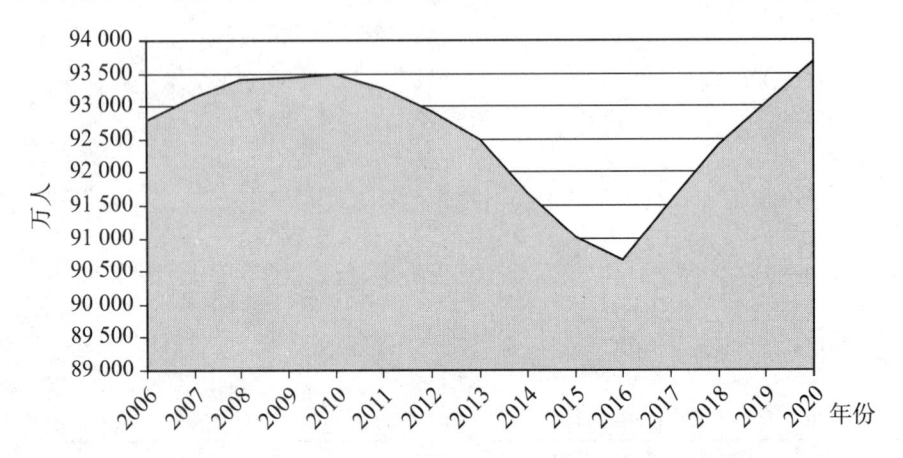

图2–1　15~64岁年龄组人口资源总数变化趋势

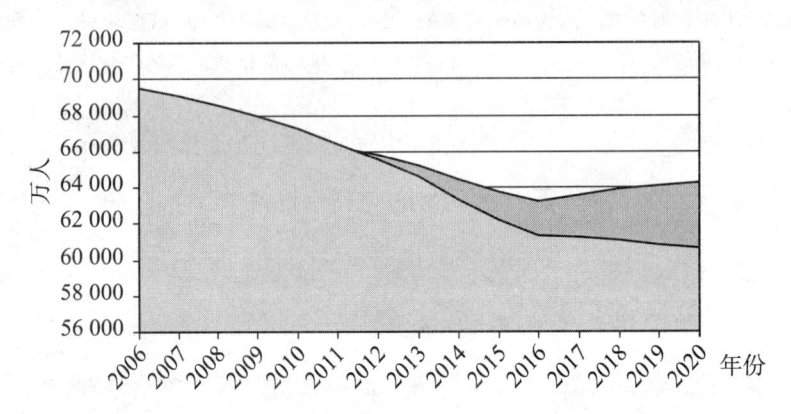

图2–2　15~64岁年龄组经济活动人口数量变化

就劳动力的供给结构变动而言，在2020年，15~24岁组的经济活动人口数量将占经济活动人口总量（15~64岁）的9.1%到9.8%，而且青少年劳动力的数量将急速下降，仅为2006年总量的45.3%到50.3%（如图2–3所示）。但是高年龄组的经济活动人口数量将继续保持上升的趋势，55~64岁组的经济活动人口数量将占总量（15~64岁）的11.7%到16.2%，为2006年总量的1.17到1.53倍（如图2–4所示）。65~69岁组的经济活动人口数量将相当于2006年总量的 1.2 到 1.4 倍（如图 2-5 所示）。男性劳动力（15~64 岁）的劳动供给数量相当于 2006 年的 91.9% 到 99.2%，女性劳动力（15~64 岁）的劳动供给数量相当于 2006 年的 88.9% 到 89.5%。

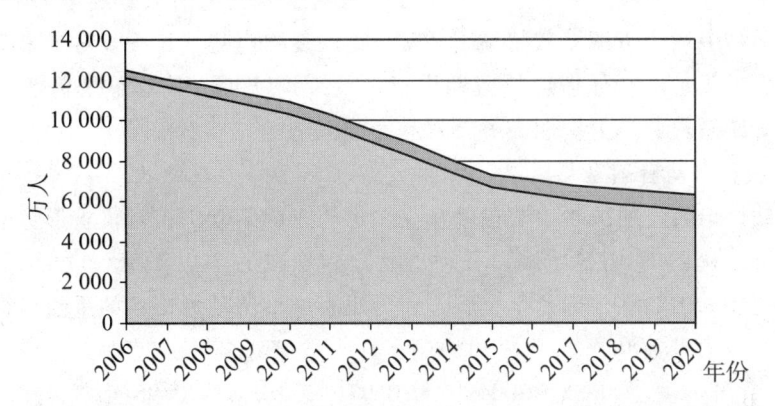

图 2-3　15~24 岁年龄组经济活动人口数量变化

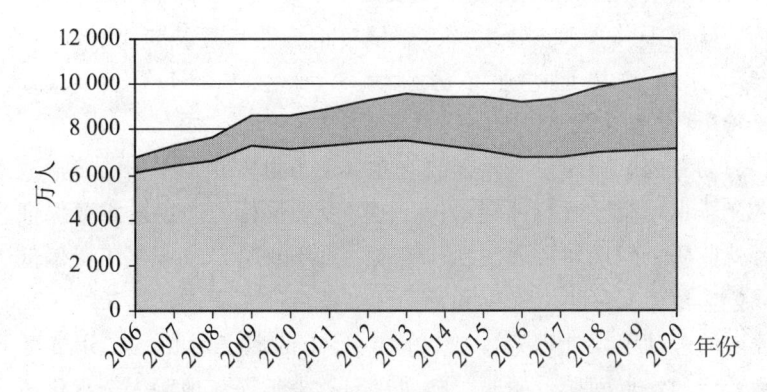

图 2-4　55~64 岁年龄组经济活动人口数量变化

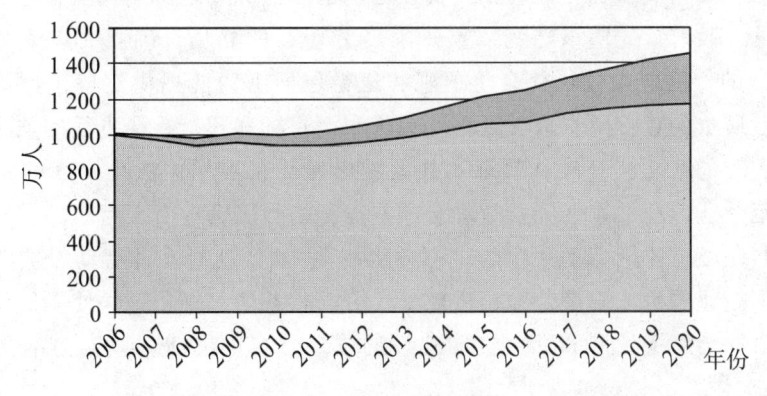

图 2-5　65~69 岁年龄组经济活动人口数量变化

(二) 就业政策的调整

从本章的研究结论来看，在劳动力供给速度以及供给数量逐年下降的同时，我国的适龄劳动力资源总数将呈现"M"型的变化趋势，这无疑对未来就业政策的调整提出了挑战：如何应付劳动供给数量逐渐减少、就业总量仍然很大的情况，并解决适龄劳动力资源充分开发利用的问题。

1. 改善劳动者就业质量

劳动供给数量的减少趋势已经从全国近年来的劳动力市场供求形势的变化显示出来了。从2003年开始爆发并一直蔓延到现在的"民工荒"，已经由东南沿海扩展到北方内陆、中部乃至全国。作为观察城市劳动力市场的重要指标：求人倍率，即需求人数和求职人数的比例，这一数字近年来一直呈现上升的趋势，2003年第四季度为0.88，2004年为0.93，2005年为0.96，2006年为0.96，2007年第四季度为0.98，它的变动也反映了劳动力供给和需求之间差距的缩小。不仅如此，就业压力似乎正在缓解，城镇登记失业率逐步走低，2001年至2006年，当年年末城镇登记失业率分别为3.6%、4%、4.3%、4.2%、4.2%、4.1%，2007年9月末为4.0%。

改善劳动者的就业质量不仅是政府在劳动力供需相对平衡状况形成之后的题中应有之义，也是企业履行社会责任、提升企业国际竞争力的重要保证。我国目前劳动者就业质量问题主要表现在：劳动关系不够稳定、职工工资偏低、劳动权益缺乏保护、社会保障不够完善和劳动标准亟待改善等方面。2001~2005年的5年间，我国的劳动争议处理案件数以每年15%的速度增长，充分凸显了当前劳动力市场运行的焦点问题。同时，随着我国越来越深入地融入全球化经济，兴起于20世纪80年代欧美企业的社会责任运动也必然深刻地影响我国企业的用工行为。因此，政府首先应该转变"重资本轻劳动"的立场，确立"以人为本、尊重劳动"的价值理念，从社会价值观和道德层面上为此提供支持，企业作为劳动者就业质量的直接负责人，处理好追求利润目标和履行社会责任的关系，实现企业和职工的互赢。其次从政策实践角度出发，完善相关法规制度的建设和执行：规范企业劳动关系，完善劳动合同制度；增强工会等劳工组织的职能，完善集体谈判制度与协调劳动关系的"三方机制"；切实执行企业劳动保护的各项措施，加强企业的生产安全管理；重视工人劳动权益的保护。这样使得每位劳动者都能享有社会经济发展和社会文明建设的成果，真正贯彻"以人为本"的科学发展观。

2. 提升劳动者的就业能力

如图2-6所示，从我国劳动力市场上技术等级工人的求人倍率变化所发出的信号显示我国劳动者的素质不容乐观。

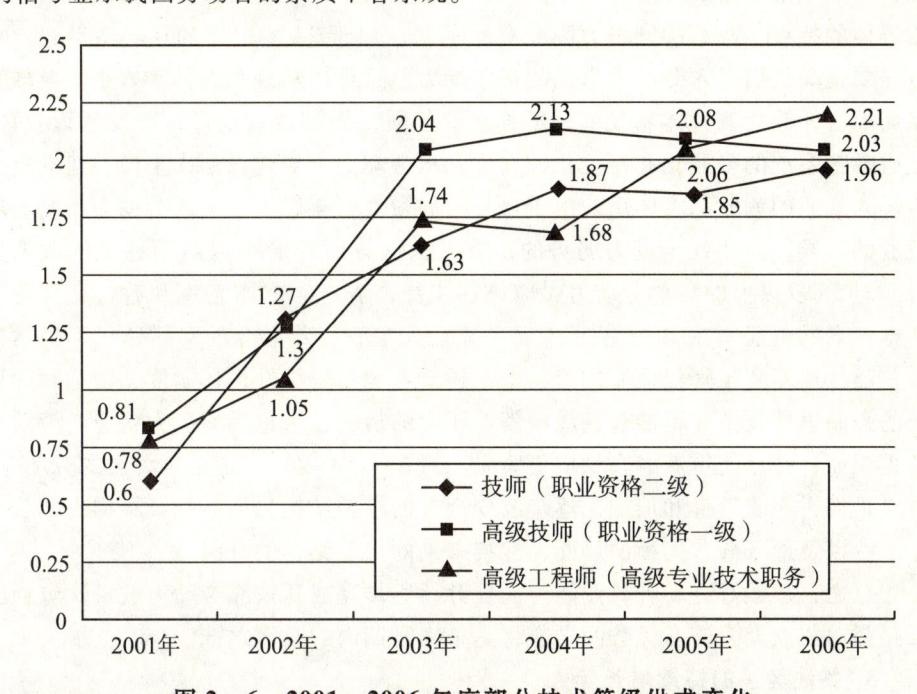

图 2-6　2001~2006 年度部分技术等级供求变化

资料来源：《2006 年度全国部分城市劳动力市场职业供求状况分析》，http://www.lm.gov.cn。

在劳动者总体供给数量将出现下降趋势的情况下，提高劳动者素质和技能就意味着扩大劳动力的有效供给，从而扩大就业量。然而，由于技能培训对同行业的企业具有较强的通用性和外部经济性，使得被培训员工的技能不仅能为本企业所用，而且能被其他企业所用，行业的整体经济绩效也因此得到提升。如果劳动关系不够稳定导致劳动者的流动性非常大的话，那么企业是不愿意培训员工的。这时候，政府就应该对企业，尤其是对私营、中小企业的职业培训实施积极的扶持政策，克服劳动力市场上的市场失灵问题，使得员工技能培训的外部性逐渐内部化。在本章的研究结论中，我们看到了青少年劳动力供给数量将急速下降和较高龄劳动力的数量将急剧上升，这种劳动力年龄结构的老化的弊端将会日益显现出来：劳动者流动性差、技能知识老化、接受和掌握新知识和技能的速度较慢、重新培训的成本较高、很难适应产业调整的需求等等，可能会引起社会的合格的劳动力短缺，不合格的劳动力过剩。这种劳动力供给结构的转型将成为中国的经济增长的瓶颈，大规模的产业转移、产业升级所需要的新技术结构的劳动力将不得不来自于对已有劳动力的重新培训和教育。同时，我们还看到了总供给数量高—低—高的阶段性变化增加了就业调控的难度，这就意味着在提升劳动者就业能力的基础上，还要考虑解决数量和质量双重问题。针对各类年龄段的劳动力供给群体的特点，政策的倾斜力度应有所不同。对于 24 岁以下的年轻劳动力，重点是要提高他们进入劳动力市场的竞争能力，这可以从两个方面来入手：就教育层面而言，深化教育体制改革，延长教育年限，提高教育质量，普及通识教育，促进教育系统的多元化和特色化的发展。从劳动力市场建设层次来说，建立支持年轻人就业的就业制度体系。由于自身的局限性，年轻人在进入劳动力市场寻求就业的时候，往往处于较为弱势的一方，在这方面政府可以给予更多的政策支持。对 55 岁以上的高龄劳动力，应该逐步提高养老金的覆盖率和替代率，我国基本养老的覆盖率在 2007 年底才仅有 2 亿人左右，养老金的实际替代率仍然偏低，显然这不利于降低他们的参与率。还要考虑实施弹性退休制度，因为我国目前的强制退休政策并不能起到缓解就业压力的目的，退休后有能力就业的劳动者会再就业，并且使得养老金供应更紧张。对 25~54 岁这一黄金年龄段的劳动力，重点是加大在职教育和培训，逐步改变现有的年龄结构失衡、能级结构失衡、行业产业以及地区分布失衡的局面，迎接未来的产业结构的升级。

总之，加强对劳动者就业能力的提升，逐步完成从依靠劳动力数量优势的增长路径向依靠人力资本优势的转变将是未来时期内的政策之选。

3. 关注经济的持续增长能力

劳动年龄人口增长速度的减缓并不意味着就业压力会同时减轻，到 2020 年，我国的劳动力资源总数（15~64 岁）将达到 9.4 亿左右，同年龄组的经济活动人口也维持在 6 亿到 6.4 亿人的高水平上，还不算 65 岁以上高龄的经济活动人口，这就意味着我国未来的经济增长还必须保持一定的速度才能维持大量的人口就业。然而，统计数据显示我国近年来 GDP 保持在 10% 左右的高速增长，就业增长率在 4% 左右，就业岗位创造的数量有限，这就需要我们把经济增长的过程变成促进就业持续扩大的过程。在这个过程中，转变经济增长的方式是关键所在。世界各国的经济发展经验表明，单纯地依靠资本、人口、资源等生产要素的投入，没有生产效率的显著改善，经济的可持续增长性是不可能产生的。转变经济增长方式的核心在于增强自主创新能力，促进技术进步。技术进步对就业的影响是双重的：从短期来看，技术进步提高产出效率，生产同量产品的要素投入减少，引起技术进步对就业的挤出效应，技术结构转型必然淘汰旧部门的劳动力，对就业形成冲击；从长期来看，技术进步创造出新产品，引致新的产品需求，有利于形成产业持续发展的有效机制，创造新的产业门类和岗位，能够加速产业结构的演进，尤其是具有劳动密集型特征的第三产业的发展，产生对就业的"规模效应"。

4. 提高各项政策的整合程度

就业政策的调整复杂艰巨，涉及多个部门的工作，牵涉到各方面的利益格局调整，各相关政府部门应该加强协调与沟通，对就业政策的选择必须进行全方位的战略性思考。要以主管部门为中心，打造就业工作的政策体系，在变革的基础上考虑各相关政策的协调性与延续性，形成政策的合力与持久力，避免或者减少不同政策之间的冲突，建立促进就业的长效机制。以解决技能工人供给不足的难题为例，它需要政府在教育培训政策、人事政策、劳动法规等方面作出统筹安排：在教育培训政策方面，大力发展正规的职业教育，把高等职业教育纳入到正规学历教育系列中来，并建立政府调控、产业引导、企业和职业院校自主、民间力量广泛参与的多元化技能型人才培养体系；在人事政策方面，改革人才评价和激励机制，消除工人和干部的二元身份分割，让技能与待遇相结合，通过整顿职业资格认证体系，确立职业资格认证的权威性；在劳动法规方面，规范企业的用工形式，通过劳动合同关系的长期化来确保劳动者的权益，避免劳动者的流动频繁，使劳资双方都形成稳定的预期，从而提高企业对劳动者的培训意愿和加大培训投入力度。

必须指出的是，对于上述劳动力市场供给情况的变化，我们强调政府应该作出就业政策的调整，把"创造充分的、生产性和自由选择的就业"放在更加重要的突出位置，凸显了政府的调控引导作用。这种调控不是过度地干预和管制，无论是改善劳动者的就业质量方面，还是提升劳动者就业能力方面，政策制定者要加深对劳动力市场所处阶段和内在运行规律的认识，从而使政策的规制力度适当，保持劳动力市场的必要弹性，否则就会出现政策效果和初衷相违背，产生不利于劳动者就业的后果，最近出台的新劳动合同法引发了一系列的争议就是明证。在市场规制问题上，国际经验值得我们借鉴。美国的劳动力市场流动性较好，使得它的经济结构调整较为迅速，而欧洲国家对于劳动力市场有过多的规制，僵化的劳动力市场不仅造成较高的失业率，而且使其经济结构调整也较为缓慢。

第三章

我国的自然失业率：测量与解析[*]

中国宏观经济正处于加速转型时期，剧烈的经济结构和产业结构变动，带来就业结构的持续调整，失业率不断攀升。在这不断攀升的失业率背后，有多大比例属于经济中的自然的或正常的失业率概念，目前并不清楚。然而，这一指标又极为重要，因为通过对自然失业率的量化，可以使我们更深入地分析中国失业率变动的构成及其性质的变化，对于治理失业具有重要的政策含义。

同时，宏观经济运行中，自然失业率实际在发挥着某种"预警"的控制作用，自然失业水平关系到货币政策的成本和效果，也是实施货币政策的前提和关键，对货币政策的制定和通货膨胀的控制具有重要的指导意义。因此完善自然失业率的研究，对建立失业预警机制，改善宏观调控效果大有帮助。

以 OECD 成员国为代表的多数经济发达国家已经构建了自然失业率的测度框架，对过去十几年甚至几十年的自然失业率进行测量，并在多个国家之间进行比较。然而，中国的自然失业率水平是多少，变动的趋势和范围又怎样，与劳动力市场现状有何联系，目前国内的相关研究少之又少，还未能对这些问题作出回答。因此借鉴国外的研究成果，建立中国自然失业率的测量模型，对影响其变动的因素和政策含义作深入的分析，有着重要的理论价值和现实意义。

---

[*] 本章由曾湘泉和于泳执笔。原载《中国社会科学》2006 年第 4 期。本章作者曾就有关状态空间模型运算过程的技术问题获得吉林大学数量经济研究中心石柱鲜教授和博士生武征的帮助，在此特别致谢。

一、自然失业率的理论渊源

1958年，英国经济学家菲利普斯（Phillips）将失业率与货币工资变动率联系起来加以研究，根据英国近百年的资料分析，发现失业率与货币工资变动率之间呈相互替代（Trade-off）的关系，即失业率上升，货币工资变动率下降；相反，货币工资变动率上升，失业率下降。两年后，经济学者更进一步用通货膨胀率取代货币工资变动率，使其成为失业率和通货膨胀率之间的关系。萨缪尔森（Samuelson）和索罗（Solow）使用菲利普斯的方法对美国1900~1960年的数据进行分析，发现了相似的结果，并将其命名为"菲利普斯曲线"。这一关系迅速成为考察宏观经济问题的核心。

随后，两位经济学家，弗里德曼（Friedman）和费尔普斯（Phelps）做出了革命性的贡献。他们各自从逻辑推理的角度对替代关系提出了质疑，认为如果政府试图通过接受更高的通货膨胀来维持更低的失业，替代关系将会消失；失业率不能长久地被维持在一个特定水平之下，这一水平就是"自然失业率"。自然失业率[①]概念是这样描述的：

"在任何时点上都存在着某种水平的失业，这种失业水平具有这样的性质：与实际工资比率结构中的均衡点相一致。……'自然失业率'是这样一种失业水平：它可以通过繁杂的计算而由瓦尔拉斯总均衡方程体系所导出，条件是假定这些均衡方程中蕴含着劳动力市场及产品市场的实际的、结构性的特征，包括市场的不完善性，需求与供给方面的随机可变性，收集有关工作空缺及劳动力可得性问题的信息的费用，转换工作的费用，等等。"

与自然失业率概念紧密联系的是附加预期的菲利普斯曲线，它由两个本质的部分组成：短期内存在失业与通货膨胀的替代关系，而从长期来看，菲利普斯曲线表现为在自然失业率水平上的一条垂线。无论通货膨胀率为多少，失业率总会回到自然失业率水平上。当实际的失业率等于自然失业率的时候，通货膨胀率将保持在预期的水平上，既不会加速也不会减速，因此自然失业率通常也被称为"不加速通货膨胀的失业率[②]（NAIRU）"。

自然失业率的概念一经正式提出，经济学者便展开了激烈的争论，他们或者

[①] 1968年，在美国经济学年会（AEA）的就职演说中，弗里德曼（Friedman）首次正式提出了著名的"自然失业率"假说。

[②] 为了给自然失业率的测量带来方便，本章认为二者是可以相互替代的。关于自然失业率与NAIRU在概念上的区别的详细讨论参见 M. King, Monetary Policy and The Labour Market, Bank of England, Quarterly Bulletin, 1999.

质疑从失业当中分解出自然失业的价值何在，或者怀疑自然失业率是否可以被精确地测量。罗杰森（Rogerson）则认为自然失业率概念被界定的太宽泛了，因而没有任何实际意义。乔治·阿克尔洛夫（George A. Akerlof）强调"经济学家们不应该这么轻易地就接受了自然失业率假设"。

尽管如此，多数经济学家已经承认了这一概念的有效性，斯蒂格利茨（Stiglitz）确信："NAIRU 是一个有用的分析概念。"鲍尔（Ball）和曼昆（Mankiw）[1] 也认为："自然失业率概念是商业周期理论的一个重要组成部分"，因为它简化了公共政策的讨论和选择。自弗里德曼和费尔普斯的研究起，已经有大量的文献试图去从理论和经验两方面来考察和论证"自然失业率"的存在性及其决定因素。近来又涌现出许多新的研究，致力于检验自然失业率假说，并给出相应的测量。这实际上已经在实证研究的角度给出了自然失业率存在的最佳明证。

二、测量方法的演进

明确自然失业率的水平，并理解短期菲利普斯曲线的替代关系对于宏观经济政策的制定是非常重要的。正如戈登（Gordon）[2] 指出的，我们的目标到底是追求稳定的通货膨胀还是减少通货膨胀，政府需要知道自然失业率的水平。

然而，自然失业率是不可直接观测的，因此在用作政策分析之前必须加以量化，利用一系列可观测变量对其进行估计。较早一些的测量，通常采用结合菲利普斯曲线的 OLS 回归法。基于美国 1960~2000 年的数据，鲍尔和曼昆[3] 采用这一方法估算自然失业率，结果为 6.1%。斯泰格尔（Staiger）、斯托克（Stock）和沃森（Watson）[4] 使用同样的方法对 1962~1995 年的数据进行估算，得到美国的自然失业率为 6.2%，类似的估算很多，如艾斯纳（Eisner）[5] 和富雷尔（Fuhrer）等人的研究，其结果基本也都在 6.0% 左右。

尽管基于传统方法的测量给出了自然失业率的稳定值，这对于宏观经济的制定者来说无疑是最好不过的，因为稳定值最容易把握，相应的政策制定与选择也

---

[1] L. Ball, N. G. Mankiw, *The NAIRU in Theory and Practice*, NBER Working Paper, No. 8940, 2002, p. 115.

[2] R. Gordon, *The Time-Varying NAIRU and Its Implications for Economic policy*, NBER Working Paper, No. 5735, 1996.

[3] L. Ball, N. G. Mankiw, *The NAIRU in Theory and Practice*, NBER Working Paper, No. 8940, 2002.

[4] D. Staiger, J. H. Stock, M. W. Watson, *How Precise are Estimates of the Natural Rate of Unemployment?* NBER Working Paper, No. 5477, 1996.

[5] E. Robert, *Our NAIRU Limit: The Governing Myth of Economic Policy*, American Prospect, Vol. 21, No. 1, 1995, pp. 58–63.

变得十分简单。但是，不变的自然失业率难以反映变动的经济现实[①]，其对政策选择的参考价值也就极其有限。因此，近期研究修正了将自然失业率视为稳定值的假设，将其作为随时间变动的参数，借助高度发展的时间序列分析工具对自然失业率进行估算。

对可变自然失业率的估计有很多不同的版本，学者们使用差异化的模型，采用不同的参数限制条件进行了大量的研究。按照所构造的计量模型可将众多的研究分类，更进一步，讨论各个模型的优缺点及其在中国的适用性，对加深关于自然失业率测量的理论认识和进行下一步的研究是非常有益的。在斯泰格尔、斯托克和沃森及理查德森（Richardson）等人[②]对测量模型进行归纳的基础上，本章将常用的模型划分为主要的三类，分析各类方法的优缺点，最终解释为什么本章主要使用简化的结构模型，而不使用其他方法来进行估计。

（一）劳动力市场模型（结构模型）

劳动力市场模型以一个结构化的形式对总工资和价格的调整行为进行建模。假设长期内失业率将回归到自然失业水平，自然失业率被作为可观测的劳动力市场变量的函数。这类模型被统称为劳动力市场模型[③]（亦称结构模型）。失业率的均衡水平由通货膨胀率稳定时的一系列宏观经济变量值推导出来。劳动力市场模型提供了更多的自然失业率决定因素方面的信息，因为此类模型提供了相对完备的理论框架，解释了宏观经济冲击和更为重要的政策变量对失业的长期均衡水平的影响。这是其最主要的价值所在。然而，作为一种估计方法，劳动力市场模型并不被广为接受：估算起来相当的复杂，面临着大量的计量和统计的困难；学者对采用什么样的理论框架是合适的并没有达成共识，用哪些方程来建模也存在着广泛的争论。

（二）纯统计模型

纯统计模型[④]利用某些统计技术，直接将观测失业率分解为趋势项和周期

---

① 例如在美国 90 年代的"黄金增长期"中，自然失业率在不断下降，并不稳定。
② P. Richardson, L. Boone, C. Giorno, M. Meacci, D. Rae, and D. Turner, *The Concept, Policy Use and Measurement of Structural Unemployment: Estimating a Time Varying NAIRU Across 21 OECD Countries*, OECD, Economics Department Working Paper, No. 250, 2000.
③ 在模型中，假定市场能够完全或部分达到均衡，自然失业率则被作为总工资和价格调整的均衡状态进行估计。
④ 此类模型依赖于这样的假设：失业与通货膨胀之间不存在长期的替代关系，加之经济系统保持平衡的力量是相当强的，足以将失业拉回到趋势水平，所以平均起来观测失业率应该在自然失业率上下波动。

项，失业的趋势项即被认为是自然失业率。纯统计模型的主要优势在于计算起来相对简单，比较典型的是应用普雷斯科特（Hodrick-Prescott）滤波估计失业的趋势项。此类模型的难点在于：怎样将估算出来的趋势项按照它的变动和与周期项之间的关系来建模，学者们没有达成一致；由于普雷斯科特滤波技术倾向于将时间序列做加权移动平均，估算出来的趋势项通常只是在观测失业率的均值附近移动，在普雷斯科特滤波法中尤为如此，无法判断其精确程度；更为严重的是，失业率以外的所有其他信息都被忽略掉，包括失业与通货膨胀之间的关系。

（三）简化的结构模型

在某种意义上，这种方法可以看作是劳动力市场模型与纯统计模型的结合。与纯统计模型相比，简化的结构模型的优势在于它直接与自然失业率的理论定义相联系，也是利用解释通货膨胀过程的等式去估计自然失业率，最典型的就是基于附加预期的菲利普斯曲线，而且除了失业和通货膨胀之间的关系外，还允许控制更多的相关变量。与劳动力市场模型相比，它可以依赖某些计量技术（其中最核心的技术当属卡尔曼滤波）对自然失业率做出估计，基本不存在相应的计量困难。

依靠应用高度发展的估计算法，简化的结构模型在最近的研究中极为常用。而最典型的算法当属卡尔曼滤波算法，通过最大似然估计程序，可以同时估计菲利普斯曲线和自然失业率，而且可以很方便的给出对于统计不确定性的测量。在这个框架里，算得的自然失业率是随时间变动的，不必将所有影响其变动的因素都详细说明就可以得到估计的自然失业率[1]。在新近的研究中，卡尔曼滤波的应用迅速增加，其中大部分的应用在美国。近几年经合组织（OECD）成员和其他国家的研究也在增加，主要有经合组织的理查德森等人[2]对21个成员国的研究，欧洲中央银行的弗比安尼（Fibianihe）和梅斯特（Mestre）[3]两次对全欧洲地区

---

[1] 过去，通过对菲利普斯曲线的时间序列估计来测量 NAIRU 的最大的难点在于：从实证的角度来区分个别持久供给变量的影响是极其困难的。特别是在那些 NAIRU 变动较大的国家里，该方法的应用受到严重阻碍，学者们试图去这样做的时候，其估计效果往往很差。滤波技术的应用克服了这一困难，允许随时间变动的 NAIRU 和菲利普斯曲线一起得到估计，而不要求影响 NAIRU 的所有供给变量都被明确的界定出来，而是在 NAIRU 的估计当中得到体现。

[2] P. Richardson, L. Boone, C. Giorno, M. Meacci, D. Rae, D. Turner, *The Concept, Policy Use and Measurement of Structural Unemployment: Estimating a Time Varying NAIRU Across 21 OECD Countries*, OECD, Economics Department Working Paper, No. 250, 2000.

[3] 参见 S. Fibianihe, R. Mestre, *Alternative Measures of The NAIRU in The Euro Area: Estimates and Assessment*, European Central Bank Working Paper, No. 17, 2000; S. Fibianihe, R. Mestre, *A System Approach for Measuring The Euro Area NAIRU*, European Central Bank Working Paper, No. 65, 2001.

的研究，欧洲经济研究中心的弗兰茨（Franz）[①]对德国的研究，英格兰银行的格林斯莱德（Greenslade）等[②]、以色列银行研究部的弗里德曼（Friedman）苏乔伊（Suchoy），比利时经济政策研究中心的洛热（Logeay）和托伯尔（Tober）[③]、日本银行研究与统计部的广濑（Hirose）和镰田（Kamada）[④]等人的研究。与将自然失业率作为时变参数（TVP NAIRU）进行估计的其他测量方法相比，基于简化形式菲利普斯曲线的滤波算法（卡尔曼滤波）已经有了许多明显的进步，并在许多国家进行了广泛的应用，得到了令人较为满意的结果。

中国改革开放尤其是20世纪90年代以来，经济结构发生变化，理论上讲，以往不变参数的计量模型无法恰当体现这种变化，因此本章采用了可变参数模型[⑤]，而不采用不变参数的模型[⑥]，目的就是要求出模型中解释变量对被解释变量在样本区间内不同时间点上的动态影响，最终得到较为符合中国现实的自然失业率曲线。基于以上分析，本章选择时变参数假设下的简化结构模型作为实证分析的主要框架。

三、国内的实证研究

由于国内价格指数，观测失业率等数据很不完善[⑦]，加之已有的观测值太少[⑧]，应用传统的计量模型，不足以对中国的自然失业率进行相对精确的估计。这可能是造成目前国内对自然失业率的相关研究少之又少的主要原因。

由于有效的失业观测数据无法获得，国内学者石柱鲜、武征等人将自然失业

[①] W. Franz, *Will the (German) NAIRU Please Stand up? Centre for European Economic Research Discussion Paper* No. 35, 2003.

[②] J. V. Greenslade, R. G. Pierse, J. Saleheen, *A kalman filter approach to estimating the UK NAIRU. Bank of England Working Paper*, No. 179, 2003.

[③] C. Logeay, S. Tober, *Time-Varying NAIRU and Real Interest Rates in The Euro Area*, *ENEPRI Working Paper*, No. 24, 2003.

[④] Y. Hirose, K. Kamada, *Time-Varying NAIRU and Potential Growth in Japan*, *Bank of Japan Working Paper*, No. 08, 2002.

[⑤] 鲍尔和曼昆（2002）认为，由于工作条件、人口统计学特征（劳动力市场状态）及更重要的是生产率（宏观经济状态）的影响，NAIRU 是随时间变动的。参见 L. Ball, N. G. Mankiw, *The NAIRU in Theory and Practice*, *NBER Working Paper*, No. 8940, 2002, p. 115.

[⑥] 包括国内经济学者蔡昉等（2004）采用的"断点 NAIRU"模型，尽管赋予参数相对的可变性，但实质仍是假定参数在一段时期内恒定。参见蔡昉、都阳、高文书：《就业弹性、自然失业和宏观经济政策——为什么经济增长没有带来显性就业？》，载《经济研究》2004年第9期。

[⑦] 官方公布的城镇登记失业率数据，实际上很难反映中国真实的失业水平。参见张车伟《失业率定义的国际比较及中国城镇失业率》，载《世界经济》2003年第5期。

[⑧] 劳动力市场相关指标只有年度数，缺少季度数等更详细的数据。

率对观测失业率的偏移作为不可观测变量（状态变量），采用基于菲利普斯曲线和奥肯定律的状态空间模型进行估计，在此基础上对"失业偏移率"（即自然失业率对观测失业率的偏移）进行了分析。他们认为，中国自然失业率和登记失业率曲线非常接近，除了在个别年份（1989年、1993年、1995年）自然失业率略高，基本上登记失业率要高于自然失业率，而且自然失业率水平有向上增加的趋势。尽管他们采用了较为先进的计量分析方法，这也正是本章所要采用的方法，但遗憾的是，实际失业率的变动所提供的信息是状态空间模型一个极为重要的组成部分，将其忽略，以自然失业与实际失业的偏移替代之，将使估算结果的应用受到限制。

为了解决数据缺乏的难题，蔡昉等人通过分析已有的失业率等数据对观测失业率数字进行了估算。利用估算的失业率数据，蔡昉等人按照常数假设对自然失业率进行估计。他们利用斯泰格尔等人[①]提供的方法，依照失业率为常数的假定，根据数据的可获得性，估计中国宏观经济走势中的断点的自然失业率，指出中国经济具有较高的并且继续升高的自然失业率。同时他们也承认由于相关统计资料的缺乏，无法对自然失业率进行更加精确的估计，估算的置信区间也较大（并未给出置信区间）。

从已有的研究结论来看，基本都认为中国的自然失业率水平较高（与城镇登记失业率水平相当），而且有继续升高的趋势。本章在应用国外主流估算方法的基础上，对中国的NAIRU进行测量，同时也是对以往研究结论的检验。

四、实证分析

本章实证分析的主体部分，以卡尔曼滤波为主要计量分析工具。卡尔曼滤波可应用于状态空间模型，是一种可将非稳态的时间序列分解成随机趋势项和周期项的方法（Harvey, 1989）[②]；其依据动态系统的观点，以最大似然估计法求出参数的估计式，并利用递归的方法，使得模型的参数可以变动，主要功能是用来估算那些只能被系统本身间接或不精确观测的状态变量。结合简化等式的滤波技术已经成为了最为普遍的测量方法，因为它允许研究者使用更多的变量，而不仅仅是失业与通货膨胀的关系。本章中，自然失业率的转移采用随机游走过程，一

---

① D. Staiger, J. H. Stock, M. W. Wstson, How Precise are Estimates of the Natural Rate of Unemployment? *NBER Working Paper*, No. 5477, 1996.

② 参见 A. C. Harvey, Trends and Cycles in Macroeconomic Time Series, *Journal of Business and Economic Statistics* Vol. 3, 1985, pp. 216 – 227; A. C. Harvey, *Forecasting, Structural Time Series Models and The Kalman Filter*. Cambridge University Press, 1989.

方面这和大多数的研究相一致①，另一方面这不会带来更多的待估计参数，同时能很好地刻画参数的随机变动特征。本章主要采用英格兰银行格林斯莱德（Greenslade）等人②使用的框架③，具体模型如下。

量测方程：$\Delta \pi_t = \beta(L)(U_t - U_t^n) + \delta(L)\Delta \pi_{t-1} + \gamma(L)X_t + \varepsilon_t$

$$\varepsilon_t \sim N(0, \sigma_\varepsilon^2) \quad (1)$$

状态方程：$U_t^n = U_{t-i}^n + \eta_t$ $\quad\quad\quad\quad\quad\quad\quad \eta_t \sim N(0, \sigma_\eta^2) \quad (2)$

其中，Δ 为一阶差分项，π_t 为实际通货膨胀率，U_t 为失业率，U_t^n 为自然失业率，$U_t - U_t^n$ 为表示需求变动的代理变量，X_t 则表示反映供给冲击的因素（如实际进口价格（real import price）和能源价格的变动等）。L 为滞后算子，$\beta(L)$，$\delta(L)$ 和 $\gamma(L)$ 为滞后多项式，ε_t 为没有序列相关的误差项。η_t 为自然失业率随机变动过程的误差项。σ_ε^2，σ_η^2 分别为 ε_t 和 η_t 的方差。ε_t 和 η_t 独立同分布。

测量过程中的一个关键参数是噪声信号比（The "Signal-to-Noise Ratio"）。它反映的是自然失业率的方差和通货膨胀变动 $\Delta \pi_t$ 的方差的比率。原则上卡尔曼滤波可以通过极大似然函数估计出模型中的所有参数，当然也包括自然失业率的可变性，而以往直接估计两个误差项的研究者们通常都得到了较为失望的结果，因为产生了极为平坦的自然失业率曲线。因此后来的研究当中通常对这一参数施加某种程度的限制④，本章在估计过程中通过不同取值的对比及权衡，依据整体的估计效果来选择最合适的比值。

影响通货膨胀的短期变量很多，但由于许多变量的影响相互重叠，有必要从诸多的变量中选出有代表性的若干个。国外的研究中通常使用实际进口价格（Real Import Prices）和石油价格（Oil Prices）作为短期供给变量的代理。然而在近十几年中，以上两个变量却不是影响中国通货膨胀形成的主要因素⑤，基于学者们对中国改革开放后通货膨胀成因的研究，本章选定原材料、燃料、动力购

---

① 参见如下研究：D. Staiger, J. H. Stock, M. W. Wstson, How Precise are Estimates of the Natural Rate of Unemployment? *NBER Working Paper*, p. 5477, 1996；C. Logeay, S. Tober, *Time-Varying NAIRU and Real Interest Rates in The Euro Area*, *ENEPRI Working Paper*, No. 24, 2003.

② J. V. Greenslade, R. G. Pierse, J. Saleheen, *A kalman filter approach to estimating the UK NAIRU. Bank of England Working Paper*, No. 179, 2003.

③ 由于本章所得数据样本点较少，为了保证有足够的自由度，取得较好的估计效果，我们采用等式较少的模型，因为这意味着有较少的参数需要估计。

④ 在构造美国的物价通胀模型时，斯泰格尔、斯托克和沃森（1996）使用了 0.05 和 0.15 两个值。参见 D. Staiger, J. H. Stock, M. W. Wstson, How Precise are Estimates of the Natural Rate of Unemployment? *NBER Working Paper*, No. 5477, 1996.

⑤ 由于中国的经济增长模式仍为资本拉动型，即经济增长在很大程度上取决于资本投入的增长，近十几年来通货膨胀形成的主要因素也来自于资本投入方面。

进价格指数、非国有投资比重、固定资产投资总额,作为短期供给的代理变量,而其他影响通货膨胀的诸多因素将一起作为随机因素处理。

本章选择国内生产总值 GDP 缩减指数的增长率和居民消费价格指数（CPI）的增长率作为测度通货膨胀的指标。分别以这两个指标表示的通货膨胀曲线如图 3-1 所示,可以看出,尽管在变化的程度上可能有所不同,但是二者的变化趋势基本是一致的。

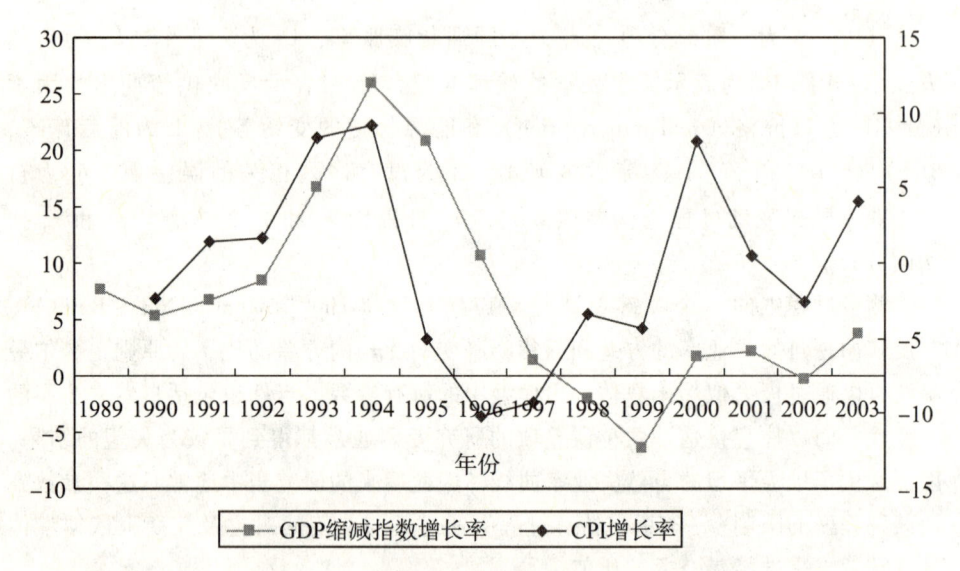

图 3-1 两种对通货膨胀的测度（%）

五、实证结果与变动解析

本部分报告实证分析的结果。分别以 GDP 缩减指数的增长率和居民消费价格指数（CPI）的增长率来表示通货膨胀率,以原材料、燃料、动力购进价格指数的差分值、非国有投资比重的差分值和固定资产投资的对数（以 10 为底）差分值[1]代表短期的供给冲击。这样,分别取其中两个变量的组合,将会得到六个模型,在实际的估算过程中发现,在给定临界值为 0.0001,最大迭代次数为 10 000 的情况下[2],采用 CPI 指数的增长率和固定资产投资的对数差

---

[1] 在必要的情况下,可能会考虑滞后一期甚至多期的差分值,本文只有原材料、燃料、动力购进价格指数的差分值采用了滞后一期的形式。

[2] 每次迭代过程中,卡尔曼滤波将计算极大似然函数的值,当相邻两次的值小于给定的临界值时,认为达到收敛,迭代完成。如果超过给定的最大跌代次数,模型仍然没有达到收敛,则认为模型发散。

分值作为变量的模型无法达到收敛,因此本章只报告其余五个模型的参数估计结果。

CPI增长率、GDP缩减指数的增长率、原材料、燃料、动力购进价格指数的差分值和非国有投资比重的差分值需要在原始数据的基础上作相邻年度的差分计算,固定资产投资的对数差分值在求取原始数据以10为底对数之后,再作差分计算。原始数据时间、形态及来源如表3-1所示。

表3-1　　　　　　　　资料时间、形态及来源

变量名称	单位	资料时间	资料形态	资料来源
居民消费价格指数（CPI）	指数	1990~2003年	年度资料	《中国统计年鉴》
国内生产总值（GDP）缩减指数	指数	1989~2003年	年度资料	本章计算并采用世行数据修正所得
实际失业率	百分数	1989~2003年	年度资料	依统计年鉴相关数据计算所得
原材料、燃料、动力购进价格指数	指数	1990~2003年	年度资料	《中国统计年鉴》
非国有投资比重	百分数	1989~2003年	年度资料	依统计年鉴相应数据计算所得
固定资产投资	万元	1989~2003年	年度资料	《中国统计年鉴》

估算之初,通过反复平衡与调整,发现将"噪声信号比"选作0.16时,比较合适,既能保证应有的可变性,又不至于产生太大的误差。因此,为方便比较,五个模型的噪声信号比均选为0.16。在实际估算的过程中,没有再作调整。

观察表3-2的估算结果,可以发现:相比之下,模型1各变量的系数z检验值更大,这也就意味着模型1的估算结果更显著。对比各模型的对数似然函数值可以看到,模型1为-30.65,是所有的模型当中最大的。通过五个自然失业率的图形对比也能显示出,其他的自然失业率曲线要么"过高",要么"过低",要么高度可变,只有模型1的自然失业率既保证了一定的可变性,又比较适当地刻画了自然失业率的变动趋势。因此可以认为模型1估算得到的自然失业率估计值,更接近真实的自然失业率水平。本章最终将它作为我国近十几年的自然失业率曲线,来解析相对应的各种变动。附加95%置信区间的各个自然失业率分别

由图 3-2～图 3-6① 给出。

表 3-2 使用卡尔曼滤波对五个模型的菲利普斯曲线估计的结果

因变量：意外的通货膨胀	$(\pi_t - \pi_t^e)$ GDPD			$(\pi_t - \pi_t^e)$ CPI	
模型：引入不同的短期供给变量	模型1：原材料、燃料、动力购进价格指数	模型2：非国有投资比重	模型3：固定资产投资	模型4：原材料、燃料、动力购进价格指数	模型5：非国有投资比重
$\Delta\pi_{t-1}$	0.77*** (3.96)	-0.45 (-0.705)	-0.34 (-0.85)	0.17 (0.47)	-0.12 (-0.49)
$\Delta\pi_{t-2}$	-0.31* (-1.72)	0.98 (1.24)	0.86 (1.37)	-0.70*** (-4.13)	-0.52 (-1.57)
$\Delta\pi_{t-2}$	0.10 (0.42)	-0.67 (-1.01)	-0.54 (-1.02)	0.10 (0.21)	-0.37 (-0.83)
$\Delta\pi_{t-4}$	-0.33 (-1.32)	-0.39 (-0.71)	-0.29 (-0.72)	-0.41*** (-3.00)	-0.42* (-1.90)
$(u_t - u_t^n)$	7.29*** (4.84)				
$(u_{t-1} - u_{t-1}^n)$		16.23*** (2.47)	15.80** (2.46)	7.71** (2.01)	-6.18** (-2.34)
oil prices Δ_t				0.17 (0.71)	
oil prices Δ_{t-1}	0.20*** (3.18)				
非国有投资比重		-102.90 (-0.54)			141.96* (1.70)
固定资产投资			-20.89 (-0.42)		
递归次数（收敛）	83	121	117	147	64
Log Likelihood	-30.65	-46.74	-47.02	-34.46	-36.48

说明：（1）oil prices 表示原材料、燃料、动力购进价格指数；$\Delta\pi_t = (\pi_t - \pi_t^e)$。

（2）*** 表示显著性水平为 0.01，** 表示显著性水平为 0.05，* 表示显著性水平为 0.10；括号内为与各个系数对应的 z 检验值。

资料来源：根据本章实证分析的结果整理。

---

① 卡尔曼滤波算法估算状态变量（本章中即为自然失业率）需要给定初始值，因此在每个估算结果的起始年代（即1989年），我们综合蔡昉等（2004）的实证结果与本章的OLS计算结果，将初始失业率设定为1.2%，读者不必过多关注这一年的自然失业率，这是初始化的结果。参见蔡昉、都阳、高文书：《就业弹性、自然失业和宏观经济政策——为什么经济增长没有带来显性就业？》，载《经济研究》2004年第9期。另外，通货膨胀惯性的计算本文考虑了四个滞后期，因此1989～1992年的自然失业率都为1.2%。1992～2004年的自然失业率才是随时间变动的。

模型（1）
通货膨胀：GDP 缩减指数增长率
供给变量：原材料、燃料、动力购进价格指数差分值

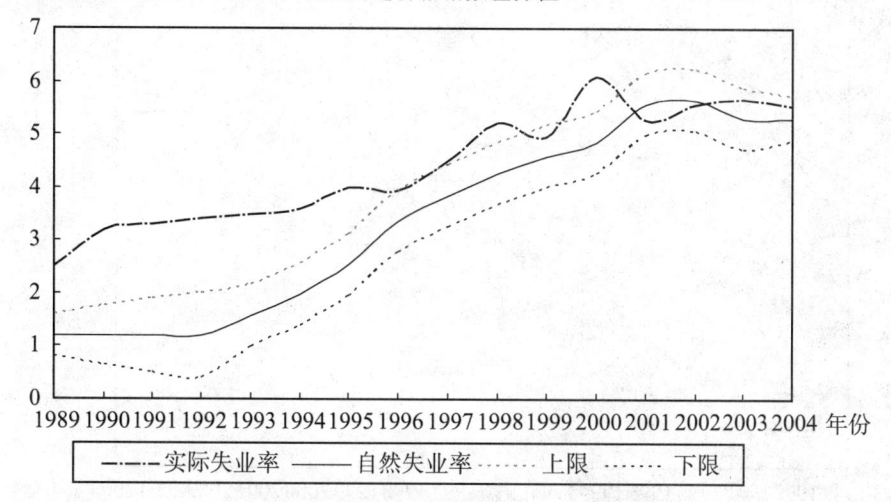

图 3-2 模型 1 估算的自然失业率

模型（2）
通货膨胀：GDP 缩减指数增长率
供给变量：非国有投资比重对数差分值

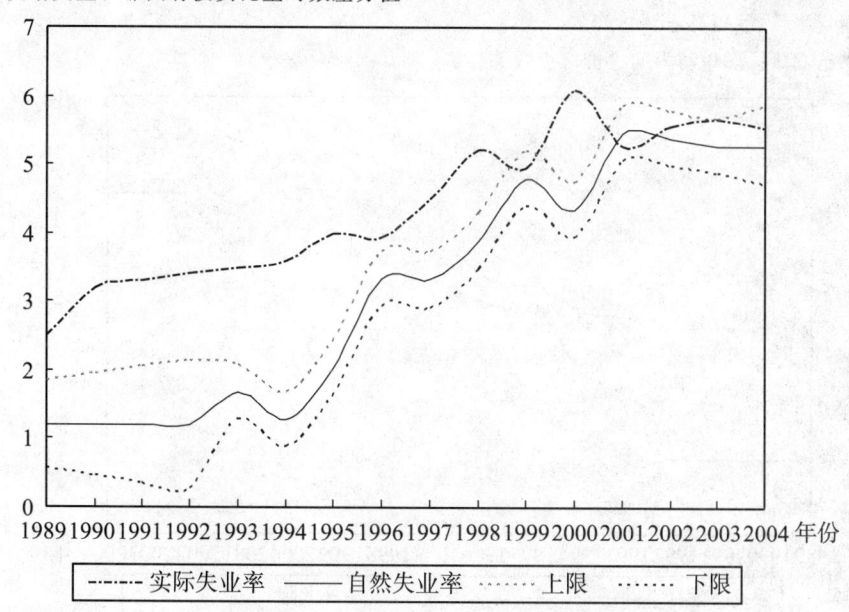

图 3-3 模型 2 估算的自然失业率

模型（3）
通货膨胀：GDP缩减指数增长率
供给变量：固定资产投资差分值

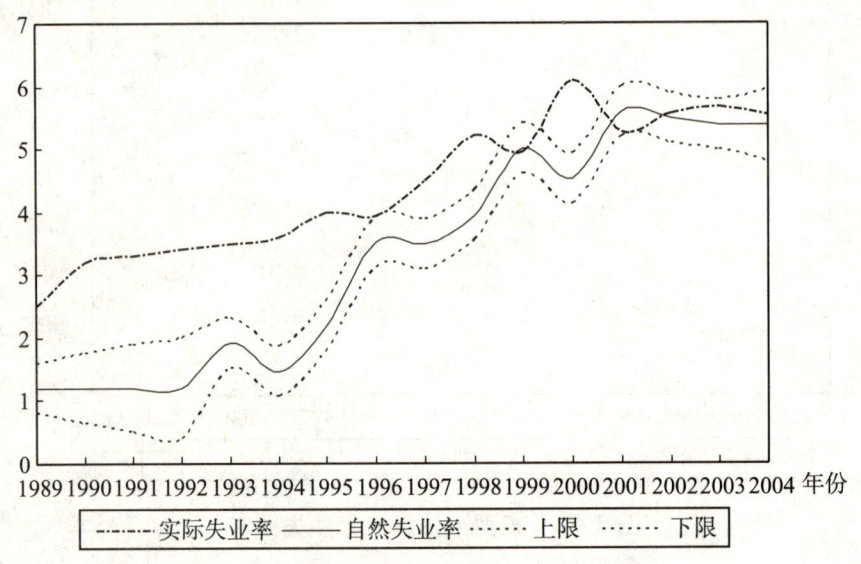

图 3-4 模型 3 估算的自然失业率

模型（4）
通货膨胀：CPI 增长率
供给变量：燃料动力购进价格指数差分值

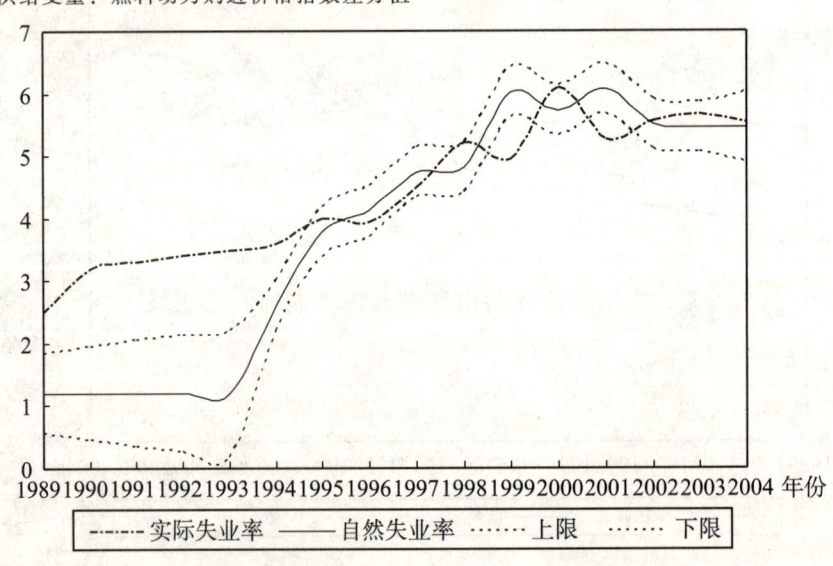

图 3-5 模型 4 估算的自然失业率

模型（5）
通货膨胀：CPI 增长率
供给变量：非国有投资比重对数差分值

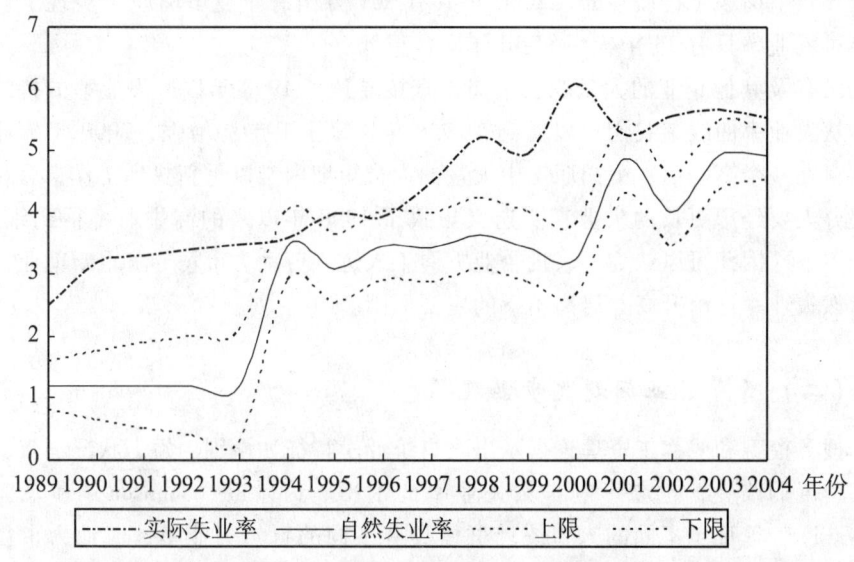

图 3-6　模型 5 估算的自然失业率

本章试图将自然失业率的变动同中国劳动力市场的变动相联系，通过分析 1989~2004 年中国劳动力市场的变化情况，来解析自然失业率的变动轨迹，阐述为什么中国 1989~2004 年会经历逐渐升高的自然失业率水平。实际上，可以初步认为，自然失业率所经历的冲击基本上是随机的，但通过图形观察可以发现，近十几年间自然失业率水平持续上升，并且在 2000 年存在一个明显的突变。

（一）1998 年以来，大批职工下岗，导致隐性失业显性化，结构性失业大幅度增加

改革开放以来，中国经济体制由计划经济体制向社会主义市场经济体制转变。90 年代中期以后，经济转型的速度加快，国家开始对就业存量进行改革，在国有企业实行富余职工的下岗分流，开始真正触及劳动力的存量结构。1998~2003 年的 6 年间，全国共新增下岗职工 3 090 万人。在下岗分流的高峰时期 2000 年底，全国共有下岗职工人数达 911 万人①，远远超过当年城镇登记失业人口，导致实际失业率在 2000 年达到改革以来的最高峰。

---

① 含全国国有企业、城镇集体企业和其他企业的下岗职工。参见劳动和社会保障部《中国劳动和社会保障年鉴（2001）》，中国劳动社会保障出版社 2001 年版。

与此同时，下岗职工在重新就业的过程中缺乏竞争力，因为他们通常年龄较大，人力资本存量较低并缺乏技能。[1] 即便是已有的技能也不能满足转岗的需要，导致下岗职工再就业难。2000年共有361万国有企业下岗职工实现了再就业，再就业率只有35.4%，随后几年同样很低。

国有及其他企业的大量职工下岗，直接导致了1998年以来失业率的持续上升。从失业率曲线上我们可以看到，1998年以来上升趋势增强，2000年失业率明显存在一个高峰值，下岗职工中大量的人员短期内难以重新找到工作，有相当一部分人要经历更长的失业期。这又导致了1998年以来的高失业率得到维持，居高不下。因此可以认为，大批企业下岗工人进入劳动力市场寻求重新就业，构成自然失业率逐渐升高并居高不下的主要原因。

（二）青年就业问题逐步显现

搜寻模型和效率工资理论揭示出人口统计学特征如性别、婚姻状况、年龄和教育程度的改变，也会影响自然失业率的水平。约翰逊（Johnson）和莱亚德（Layard）[2] 论证了不同的人口统计群体具有不同的自然失业率，劳动力市场结构的改变可能会改变自然失业率。弗莱姆（Flaim）[3] 强调劳动力中青少年的比例变动对自然失业率造成的影响。

中国已经出现青年人就业困难的现象。劳动和社会保障部的调查报告[4]显示，失业人员当中，青年失业者偏多，35岁以下的人员占53%。而到2004年，这一比例更上升到了70%。随着近年来高校扩招，作为青年的一个特殊群体——高校毕业生，同样出现了就业难的问题。加上中国高校毕业生逐年增多的特殊现实，青年失业问题不会在短期内得到解决，尽管产生这一问题深层次原因比较复杂，但可以肯定的是，与劳动力市场的其他群体相比，青年失业突出地表现为结构性、摩擦性和自愿性失业[5]。劳动力市场上青年比例的增加，更进一步导致了自然失业率的上升。

---

[1] 劳动和社会保障部2001年6月份发布的《十城市下岗职工、失业人员、离退休人员基本情况抽样调查报告》显示：下岗职工年龄偏大，平均年龄为39岁，且35岁以上的占到72.5%。

[2] G. E. Johnson, R. G. Layard, *The Natural of Unemployment: Explanation and Policy*, in O. Ashenfelter, R. Layard ed; Handbook Of Labor Economic. 2. Amsterdam: Elsevier Science Publishers, 1986, pp. 921-999.

[3] P. O. Flaim, *The Effect of Demographic Changes on The Nation's Unemployment Rate*, Monthly Labor Review, Vol. 102, No. 1, 1979, pp. 13-23.

[4] 劳动和社会保障部规划财务司：《2001年上半年劳动和社会保障统计报告》，中国劳动社会保障出版社2001年版。

[5] 来自中华全国青年联合会、劳动和社会保障部劳动科学研究所、国际劳工组织联合于2004年12月至2005年3月开展的"中国从学校向工作过渡调查"，这是在中国开展的有关青年就业问题的首次较大规模的调查。

（三）随着经济转型的加速，就业结构调整的步伐加快

中国目前正处于经济结构的加速转型时期，随着工业化进程的推进和经济结构持续调整，就业结构调整的步伐加快。农业从业人员逐渐减少，传统采掘业、制造业等部门从业人员迅速下降。以信息技术为代表的新经济发展迅速，服务行业从业人员迅速增加。单位从业人员不断减少，非国有经济内就业增加，就业的所有制结构发生巨大变化。

就业结构的不断调整，意味着劳动力资源的重新组合。部分劳动者要转移到新的部门，由于不同产业和工艺要求的技能不同，劳动者不能立即适应新的岗位要求，转岗需要获取必要的信息，这些都会产生"摩擦性失业"和"结构性失业"，从而导致自然失业率的上升。

（四）最近几年，加入WTO对部分行业就业带来冲击

加入世界贸易组织后，由于贸易的增长，产业结构的调整和升级，长期来看将会增加就业机会，提高就业质量。然而短期内，对原来就业格局的撞击将显得更加突出，使一些部门的就业机会不仅不会增加，反而可能有所减少，带来更多的结构性失业。研究表明，加入WTO后，中国的纺织和鞋帽行业出口大增，带动相关行业就业增加，但汽车、金融的就业机会则相应减少。因此，尽管加入世贸对中国目前的就业的总体影响是正面的，但其中也有不利的一面，包括对自然失业率也构成了一定的影响。

（五）实际失业率的居高不下，导致自然失业率的上升

"失业回滞"理论试图解释近年来自然失业率上升的现象。该理论认为，实际失业率包括周期性失业与自然失业两部分。在实际失业率很高的情况下，实际失业率会使自然失业率上升。这是由于很多人一旦失业，并持续较长时期（正如部分下岗工人经历的情况），他们将失去工作的信心、能力以及再培训的可能性，将成为不能再就业的长期失业人口。因此，1998年开始的实际失业率的居高不下，在一定程度上导致了2000年后的自然失业率的上升。

六、结论

第一，实证研究的结果显示，自1992年以来，中国正在经历不断升高的自然失业率，并在2002年达到其最大值，为5.6%。由企业大批职工下岗导致的

结构性失业，就业结构调整带来的结构性失业，初次进入劳动力市场的青年群体的摩擦性失业，加入WTO带来的结构性失业几方面相互叠加，构成了中国自然失业率不断升高的主要原因。未来一段时期内自然失业率的变动趋势，仍然会主要受到这几个变量的影响。转型经济的特性，决定了升高的自然失业率不会在短期内下降。

第二，尽管上升趋势十分明显，然而2000年以后，自然失业率一直在4.8%~5.6%的范围内波动，相对稳定。与主要市场经济国家和地区的同期情况相比，可以发现中国的自然失业率水平在国际上并不高，低于大多数主要市场经济国家和地区。以1999年为例，中国的自然失业率为4.6%，美国为5.2%，日本为3.9%，德国为7.8%，法国为10.1%，意大利为10.4%，英国为6.7%，加拿大为8.5%，澳大利亚为7.0%[①]，中国香港为4.1%。自然失业水平相比较低一方面可能是由于农村仍存在一定的自然失业，而本章对这一部分未作考虑；另一方面是由于中国实际上的"工会化程度"较低，劳动力市场（尤其是低端劳动力市场）具有较大的灵活性。

第三，自然失业占总失业的比重很高，中国目前失业面临的主要矛盾是结构问题。中国失业面临的主要矛盾是总量（过剩）问题还是结构问题，学术界有不同的意见。大多数学者认为中国首先是一个人口和劳动力过剩的国家，因此总量失业是主要矛盾。通过本章对实际失业率的分解，我们可以看到，隐藏在较高失业率背后的主要并不是总量矛盾，而是对应着严重的结构矛盾。自然失业占总失业的比重很高，尤其在2000年以后这一情况更为明显，这也就意味着中国的失业人口当中结构性失业与摩擦性失业是主要部分，结构矛盾十分突出，已经成为中国当前失业问题的主要矛盾。

第四，自然失业水平的明确显示出促进就业的政策含义。总观劳动力市场各方面的变动不难发现，各方面的变动看似无关，但实际上都同时发生在一个大的宏观背景下，即中国正在经历经济转型的加速期。加速的经济转型过程带来了劳动力市场的剧烈变动和持续调整，这一过程是无法避免的。怎样将变动中的劳动力市场对失业者带来的福利损失降到最低，使他们能够尽快掌握新的技能，适应调整和变动，更及时迅速的获取职位空缺信息，经历更短的失业期，这才是本章的政策含义所在。

---

① 据OECD经济部理查德森（Richardson）等人（2000）的测算。参见 P. Richardson, L. Boone, C. Giorno, M. Meacci, D. Rae, D. Turner, *The Concept, Policy Use and Measurement of Structural Unemployment: Estimating a Time Varying NAIRU Across 21 OECD Countries*, OECD, Economics Department Working Paper, No. 250, 2000. 由于无法获得更新的数据，只能以1999年作比较。2000年以后中国的自然失业率略有上升，但这并不影响本章的基本判断。

1990~2003年的大部分时期内,自然失业都低于实际失业,这意味着反周期的宏观经济政策对于降低失业会起作用,但是由于自然失业已经成为失业的主要部分,周期失业的比例非常之小,说明反周期经济政策治理失业的作用将十分有限。因此,在今后相当长的一段时期内,治理失业最重要的政策目标应当是降低自然失业率。长远的看,要降低自然失业率,一是要加强失业者培训体系建设,采取各种措施,提高劳动者的就业能力;二是要打破劳动力流动的制度限制(如户籍制度),完善劳动力市场调节机制,健全就业中介服务体系;最后,应对青年就业予以重点关注,通过加大培训、推动教育体制改革等有效措施促进青年就业。

七、研究限制与未来的方向

尽管已经采取了很多措施,来控制计量模型的误差,但是本章的测量仍然可能存在一定的系统偏差[①]。另外,模型在中国的适用性须进一步探讨,本章选择的短期供给变量是否恰当,能否反映中国现实,仍然需要后续研究的检验。

国外绝大部分有关自然失业率的实证研究中,用来解释通货膨胀变动的方程通常是发端于弋登的三角模型,三角模型认为失业与通货膨胀缺口、通胀惯性和短期供给冲击之间的关系为线性的,并且,基于此模型对美国和多数OECD国家的自然失业率展开了许多实证研究,也取得了较为令人满意的结果。但是应当看到,多数OECD国家的市场经济已经较为成熟,发展相对稳定,各个变量之间的线性关系相对更适合反映这一状态。然而,对近十几年来的中国,情况可能并不尽然。经济的结构性转型和劳动力市场的蓬勃发育,使得线性模型可能无法最大程度地解释通胀与失业缺口之间的变动关系,因此非线性模型的构建将是下一步研究的主要方向,同时这也是自然失业率研究领域的前沿问题。

[①] 主要因为卡尔曼滤波方法本身有一定的局限,对考察期端点的测量误差较大,本章测量模型中通货膨胀均采用4个滞后期,因此1989~1993年和2003年的自然失业率误差较大。

第四章

建立面向市场的就业与失业测量体系[*]

一、研究背景

自20世纪90年代以后,我国劳动力市场上发生了一些令人困惑的现象。一方面是经济的高速增长,伴随着的应该是城镇就业人数的持续增长,但由传统测量体系所计算的城镇就业人数却在逐年下降。2003年城镇劳动力住户调查测算城镇就业人数为25 639万人,而劳动统计报表单位就业人数仅为10 969.8万人[①],显然作为行政记录的就业测量体系设计,已不能真实、客观地反映我国劳动力市场上就业人数的变化。

另外,从20世纪90年代中后期国有企业实行劳动合同制,部分职工面临下岗再就业以来,国有企业的失业问题尖锐起来。政府面临着更大的就业压力和失业形势。而按照我们一直使用的城镇登记失业率的指标,我国的失业率仅仅为3.0%~4.0%左右,远低于一些国家充分就业所描述的5%自然失业率水平。人们经常批判或指责公布的失业率数据大大低于劳动力市场的实际情况。

第三,由于中国经济的转型特点,在劳动力市场上,人们通常使用两个判断中国劳动力市场就业和失业状况的范畴,即所谓"隐性失业"和"隐性就业"的概念。依照前者的测量,企业有大量的富余人员,失业率应当是非常之高。由

---

[*] 本章由曾湘泉执笔,部分内容发表于《经济理论与经济管理》2006年第6期。
[①] 根据《中国统计年鉴》计算而得。

此，我国经常被视为世界上高失业率的国家。但是，一个显而易见的事实是，中国的社会保障水平极其低下，很难想象一个没有工作的人（准确地说，是在一个家庭中没有一个通过工作或其他方式获得收入的人）能够生存下去。尽管这里"工作"的含义仍然符合 ILO 参考期一个小时的标准，符合我国政府所提倡的灵活就业的特征。由此判断，我国劳动力市场中的失业水平可能低得惊人。除此之外，我国劳动力人口受教育年限的延长和一部分人退出劳动力市场，也带来了对劳动力市场上一部分人在达到法定劳动年龄后不处于就业，也不处于失业，而处于"非劳动力"范畴之中的分析和水平高低的判断问题。

发生上述种种问题的根源在哪里？我们认为，其根本的原因在于，迄今我国没有建立起一套科学的就业与失业的测量标准、方法及体系，由此导致大量似是而非的描述和说法，充斥各种新闻报道和非专业性的报告。这对我国经济学界的宏观经济研究和我国政府的宏观经济决策，造成了不利影响，也导致了公众对我国劳动力市场就业和失业现状的不正确看法和认识。

就业和失业测量不仅是劳动力市场微观运行状况的客观反映，也涉及对宏观经济形势有利或不利的准确判断。一个科学全面的就业和失业测量体系，能够从劳动力供给、需求、价格、构成、流动和资源利用等多个角度反映劳动力市场活力以及劳动力市场的调整。就业测量和统计应当是劳动力市场状况和国民经济发展状况的晴雨表，应当成为国家宏观调控和微观指导的基础。尽管我国市场化的改革仍未完成，户口、单位依附和隐性合同等劳动关系特征使得中国劳动力市场具有典型的转型经济特点，劳动关系较为复杂，但随着市场经济的发展，特别是我国劳动力市场改革的深化，建立面向市场经济的现代就业与失业的测量体系的条件已经基本具备。深入研究就业和失业测量的理论、方法和指标，构建我国劳动力市场就业和失业的测量标准和体系，一方面会大大推动我国劳动经济学界对我国就业和失业问题的研究和分析，另外一方面也将使我国政府的宏观经济决策建立在科学的基础之上，在实际工作中产生出更好的政策效果。

二、国内外研究现状[①]

（一）就业测量

当前就业测量主要由基于住户的就业测量、基于企业的就业测量以及非正规

---

① 曾湘泉等：《中国就业战略报告 2005～2006：面向市场的中国就业与失业测量体系研究》，中国人民大学出版社 2006 年版。

就业测量三大部分组成。就业数据被广泛运用于对经济现状和近期前景的评估，然而不同调查所得出的就业数据通常不相吻合。企业调查（CES）和住户调查（CPS）是就业数据的两大主要来源，二者数据存在差异上的互补关系。企业调查则侧重于劳动力需求测量，提供非农就业数量、工作时间以及收入数据。住户调查侧重劳动力供给测量，提供就业状态、人口特征、社会和经济特征数据；住户调查更为重要的是对失业的测量，因此对住户调查的研究更多的集中于失业测量研究领域。对企业就业测量的研究，自 20 世纪 80 年代以来主要集中于两方面：一是就业测量数据的比较研究。研究表明，住户调查与企业调查的差异来源于测量定义、覆盖范围、数据收集方法等方面的不同，二者的互补性在于体现了就业的不同方面（Glenn H. Miller, 1987），形成对劳动力市场供需两方面的全面考察。由于企业调查反映了劳动力需求变化，是对劳动力市场工作的测量，因此大多数经济学家倾向于使用企业调查数据。就业数据与经济活动数据的回归分析也表明，相比住户调查，企业调查就业数据是测度短期经济活动变化的良好指标（Glenn H. Miller, 1987）。二是对就业测量项目的评估及改进。数据的准确性以及方法的误差性是评估的重点，学者们对调查问卷设计、企业样本选择、指标设置、数据收集、误差控制与调整、调查实施与监控、数据分析与公布等方面中出现的就业测量问题进行理论分析与实践检验（Robert L. Stein, 1980; Harvey R. Hamel; John T. Tucker, 1985; Patricia M. Getz, 2000）。

我国所采用的有关就业的指标定义与国际通行的标准存在较大差异，相同的统计指标基本上不具有可比性。就业人口包括在单位工作（有薪就业）的人，而不包括在单位之外就业的人（张志斌，2005）。近年来，国内文献对从业人数和职工人数、工资总额和劳动报酬等指标进行了探讨（杨燕鸣，1998），但仅局限在对现有指标定义的内涵和外延界定上，缺乏对国际常用指标，如工作时间、就业获得和损失等方面的研究。相对较为集中的研究是对劳动统计报表制度的分析讨论，劳动统计范围狭窄、调查方式陈旧是大多数人认为最突出的问题，现行的劳动统计报表制度已经不能适应当前经济统计的需要。完善现行劳动统计报表制度，扩大调查范围，改全面调查方式为抽样调查是多数文献较为一致的观点（张强，2000；王冬梅，2004）。不少研究对抽样调查的应用进行了分析（徐姚根，1994；裴远航，2004）。伴随中国就业形势的严峻化，一些学者通过对就业数据的分析开始注意到就业统计存在的问题，从统计角度看中国就业数据的"总分不平"产生于不同统计来源数字之间的一致性问题（蔡昉，2004）。

非正规就业的研究也日趋重要。2003 年的 17 届国际劳工统计大会上将非正规就业定义为某个参考时期内所有非正规工作的总和，无论这些工作在正规部门企业、非正规部门企业和家庭企业，目的是将以企业为基础的非正规部门就业与基于工作的非正规就业概念联系起来，使它们可以根据不同的情况互相补充（ILO，2003）。国际上对非正规就业测量研究的重要内容是测量方式。住户调查法可以提供有用的具有经济意义的非正规就业的数据，包括就业人员的数量、特征以及就业和工作条件。这种调查方法的成本相对较低，许多国家已经具有积极的经验（ILO，2000）。间接估算法是利用现有的统计资料，简捷的估算出非正规就业状况的一种有效方法。从国际经验来看，一些国家通常将人口普查和劳动力调查中的行业、职业和部门数据结合起来，以近似的估计非正规就业的情况。很多学者从技术角度对这两种方法的运用进行了探讨，发现不同的抽样方法与样本对最终的调查结果有很大的影响（Jeemol，2004）。

在我国通常以"灵活就业"替代非正规就业的表达。研究者的观点也不尽一致。灵活就业亦称非正规就业，指的是劳动者到非正规部门就业（冯兰瑞，2000）；也有的认为灵活就业是指在劳动时间、工作场地与劳动报酬等方面具有灵活性的就业（杨燕绥，2003）；而主流的观点是：灵活就业是指在劳动时间、收入报酬、工作场地、社会保险、劳动关系等方面不同于建立在工业化和现代工厂制度基础上的，传统的主流就业方式的各种就业形式名称，其主要形式有以下几类：非全日制就业、临时就业、兼职就业、远程就业、独立就业、承包就业和家庭就业（劳动与社会保障部劳动科学研究所，2002年）。

我国迄今还未建立统一的灵活就业调查，现有对灵活就业规模的研究都是利用相关数据进行的间接估算，由于理解不同，不同学者估算的结果产生了较大差别。有人认为，我国城镇灵活就业占总就业人数比重可能达到45.5%（孙淑芬，2004）。也有的认为，我国现有非正式职工约7 285万人，农村流动人口约为9 400万人，其中有80%从事灵活就业，即7 250万人，两项合计，目前灵活就业人数约为1.5亿人，占总就业人数的20%左右（张丽宾，2005）。

（二）失业测量

20世纪30年代的经济危机引起的大规模失业促进了失业测量的发展。ILO提出了判定失业的标准，各国失业测量在参照ILO定义的同时又有所区别，这主要体现在四个方面。一是年龄下限：美国选择16岁作为年龄下限，而加拿大和欧盟则选择15岁作为年龄下限。二是对军人的统计：ILO标准建议所有的军人都应该被视为有收入的雇员，美国和加拿大不把军人包括在失业率分母中（美国计算总就业时将军人包括在内），而欧盟则把居住在家庭户中的职业军人包括在内。三是对家务劳动者的统计：ILO标准建议所有不计报酬的家务劳动者都应被视为就业，计入计算失业率的分母，不要求有一个最低工作时间。美国仅把那些在调查周内工作超过15个小时的不计报酬的家务劳动者包括在内，而加拿大和欧盟则完全遵照 ILO 的标准。四是对学生的统计：对于寻找工作且能够到岗的学生，美国和欧盟遵照 ILO 定义计为失业，而加拿大则将学生排除在劳动力市场之外（Sorrentino，2000）。另外在农村就业与失业统计方面，美国将在调查周内，在自有农场工作，或作为无薪工人在家庭成员农场工作 15 小时及以上时间的农民视为就业者（美国 CPS）。

当前国际上的失业测量主要由失业登记制度和失业调查制度两部分构成。登记失业作为一种行政记录数据对于政府了解失业保险状况仍是十分有用的，由于登记失业覆盖范围有限，调查失业率成为国际通行的失业测量指标。如上文所述，住户调查作为失业测量的主要形式得到了不断地改进与完善。国际上先进的失业测量体系应当属于美国。始于 1940 年的美国劳动部统计局的劳动统计是由 CPS（The Current Population Survey）以及其他统计数据构成。CPS 是美国普查局为美国劳动部统计局设计所提供的每月家庭调查，其内容包括不同性别、年龄、种族的就业、失业的复杂组合信息系统。1994 年该测量体系进行了再设计。目前 CPS 共有 60 000 家庭作为调查样本，调查结果用来反映全国的失业情况。在此之外，BLS 按照月度、季度、年度分别提供关于劳动力市场的信息。

美国的劳动统计体系是建立在 ILO 基础之上的，但有针对性地选择增加了适合本国实际情况的失业指标。美国劳工统计局根据具体情况，将失业人数中的有工作经验的人进行单独统计，把它和就业人员合并为有工作经验的劳动力人口。此外，还为失业率指标设计了 7 个层次的指标，它们依次为：U1：长期失业率，由失业时间超过 13 个星期以上的失业者除以劳动力人口获得；U2：失去工作的失业率，由所有失去工作的失业人口除以劳动力人口获得；U3：成人失业率，由 25 岁以上的失业人口除以劳动力人口获得；U4：全日制劳动失业率，等于寻找全日制劳动的失业人口除以劳动力人口；U5：通常的失业率，即所有符合国际劳工组织三个条件的失业人口，也就是上面定义的失业人口除以劳动力人口；U6：包含一半目前只从事部分工作的失业者的失业率，等于寻找全日工作制工作的失业者人数加上寻找部分工作的失业人口数和目前从事部分工作的劳动人口中的一半除以劳动力人口数。这个指标认为目前寻找非全职工作的人中有相当一部分是非自愿的，而且目前从事部分工作的人中也有相当一部分是非自愿的，这两部分人应该被视作部分失业的人口；U7：包含丧失工作信心的失业人口的失业率，是在失业率 U6 的基础上，分子和分母各自加上丧失工作信心的失业者获得该失业率（Sorrentino，1995）。

我国公开采用的失业测量指标是登记失业率。据不完全统计，在 1994 年以来国内发表 200 篇左右的有关失业率论文中，讨论的焦点也集中在城镇登记失业率上。研究者们以失业率统计的国际标准（1982 年第 13 届国际劳工统计大会通过的《关于经济活动人口、就业、失业和不充分就业的决议》）和西方主要的发达市场经济国家的失业率统计方法为参照，对我国城镇登记失业统计进行了广泛的批判。对现行城镇登记失业率指标的合理性质疑主要有：登记失业率仅以本地的城镇户籍人口为统计对象，因此，不能反映我国广大农村地区人口的失业状况，也不能反映事实上已进入城市务工经商的大量进城农民工的失业状况，还不能反映那些来自其他地区具有非农业户籍身份的城镇流动人口的失业状况；对统计对象的年龄限制过窄；以失业登记为基础数据来源，使该失业率指标的失业定义局限于行政登记行为。"登记作为政府帮助就业和发放失业救济金的前提条件是有作用的，但作为反映宏观失业状况是不可能的"；现行失业率指标只反映劳动力市场的显性失业（即公开失业），而不包括我国实际大量存在的隐性失业，所以不能反映我国真实的失业率水平等（宋长青、熊自力，2001；罗建章，2002）。

国内研究的基本结论是，以调查失业率取代城镇登记失业率测量指标。参照国际标准建立我国的就业与失业统计指标体系，参照美国等发达市场经济国家做法，建立我国的劳动力就业与失业抽样调查体系。这些研究成果也都在一定程度地对我国统计部门和劳动行政主管部门的劳动力就业与失业抽样调查的试点工作起到了积极的推动作用。国家统计局自 1995 年以来进行的每年 1～2 次的城镇劳动力抽样调查试点，劳动和社会保障部于 2002 年进行的全国城镇劳动力就业和社会保障状况抽样调查的方案设计，都在相当程度上注意了克服和弥补登记失业率统计所具有的缺陷和不足。不过，到目前为止这些抽样调查的数据结果都尚未获得官方的正式承认和公开发布。对此的深入研究和公开的讨论很少。目前登记失业率指标仍是政府作为我国失业状况判断的基本数据和指标。

（三）劳动力需求测量（职位空缺调查）研究

对就业或失业而言，劳动力需求测量研究，即职位空缺调查都是有价值的工作。对职位空缺信息的兴趣，是人力资源规划自然的伴随物。因为规划的目的就是在于去确认工作机会，并使劳动力对此有所准备。第二次世界大战后，美国的就业服务机构意识到了职位空缺数据对有效的劳动力市场运作的重要性。这促使在 20 世纪 50 年代，职位空缺信息的收集工作开始逐步开展。1956 年美国劳动部劳动统计局（USDOL, Bureau of Labor Statistics）开始进行职位空缺数据收集的可行性研究；1962 年，戈登委员会（the Gordon Committee）建议美国政府对职位空缺数据的概念和定义进行研究，并讨论数据收集和调查设计的问题，这对在全美范围内收集职位空缺数据产生了极大的推动作用；1963 年在芝加哥地区最先开展了一项有关职位空缺的实验性研究计划，并获得了"按照职业分类来收集职位空缺数据是可行的"等 4 项重要的发现；1964 年 6 月，国家产业联合会（the National Industrial Conference Board），在纽约设计进行了一项"符合职位空缺用途的统计性定义"和"开发新的有助于解决这些问题的经验数据"的有关职位空缺测量的探索性的研究。

在美国对职位空缺数据不断进行试验和研究的同时，美国之外的很多发达国家如加拿大、英国、荷兰、澳大利亚、德国、意大利、瑞典和日本等国也相继开展了这项工作。为更深入进行劳动力需求问题的性质、特征的探索和研究，为就业问题以及国家劳动力政策的制定等提供新的思路和解决办法，美国国家经济研究局（the National Bureau of Economic Research）1965 年召开了一次关于职位空缺的大规模的国际会议，比较全面地分析了对于职位空缺数据操作测量及理论上的相关问题，并且对以往的相关研究进行了回顾和评价。以本次会议为契机，世界范围内关于职位空缺数据的收集和研究从此进入了一个规范的发展阶段。在此之后，1969～1973 年间美国劳动统计局（Bureau of Labor Statistics，BLS）开展了职位空缺和劳动力流动调查（Job Openings and Labor Turnover Survey，JOLTS）；1980 年、1982 年由国家职业教育研究中心（NCRCE）设计，并由盖洛普公司负责实施进行了雇佣机会试验项目（Employer opportunity Pilot Project，EOPP）调查；1991 年，BLS 开始了另一项类似的试验项目——员工流动与职位空缺（the Employee Turnover Job Openings，ETJO）调查；Wisconsin-Milwaukee 大学就业与培训机构自从 1993 年 5 月起每 2 年进行一次职位空缺调查；从对劳动力需求进行测量的方便角度来讲，对职位空缺数据测量发展为求人指数（Help-wanted index），50 年代以来美国一直并试图用此替代职位空缺率。

加拿大统计局在 1971～1978 年间，进行了全国范围内的职位空缺调查（Canadian Job Vacancy Survey，JVS）。澳大利亚劳动统计局（The Australian Bureau of Labor Statistics）从 1983 年起对职位空缺和加班时间（the Quarterly Survey of Job Vacancies and Overtime，JVO）进行了季度的调查。英国于 1997 年开展了国家雇佣与职位空缺调查（UK's National Survey of Engagements and Vacancies），瑞典于 1999 年开始了全国范围内的职位空缺调查计划。尽管职位空缺数据的调查和研究，经过各个国家和机构几十年来的探索和实践，取得了很多经验和成果，但也存在着许多值得进一步探讨和研究的问题。这些问题概括起来主要是问卷调查的信度和效度问题。职位空缺概念和数据在今天的商业企业、政府和其他雇主那里只起到了很小的作用。而当这些数据没有得到完善并进入组织的内部管理流程时，调查问卷的生命力都存在问题；由于职业根植于特定的技术和劳动力市场以及企业招聘程序的多样性和随机性，职位空缺的测量具有极大的困难；企业仍然缺乏其所占有劳动力完整的统计记录，以及缺乏对职位空缺统一明确的定义；由就业服务局收集上来的职位空缺数据，它们肯定是有价值的，但是对它们的用途却要受到限制，尤其是当我们用这些数据来代表劳动力市场上全部劳动力需求的时候；一项职位空缺，只能被来自组织外部的人填补。这种职位空缺定义只对初次进入内部劳动力市场的情况才成立。对一个已经被解聘或是将要离岗，以及临时工或是永久工来说就不一定适用。大量复杂的规则和惯例控制着内部劳动力市场对劳动力的分配及它与外部劳动力市场的关系；在内部劳动力市场和外部劳动力市场流入与流出点上，对职位空缺的研究、雇用标准的评估和培训计划的正规化起着决定性的作用；在自我雇佣和小型企业中，职位空缺描述和有关职位空缺记录的不良状况，为那些关注统计指标设计的人提出了严峻的挑战；职位名录跨越了产业的界限后，不具有高度的可比性问题，职位空缺的测量要求职位分类的科学化和规范化等。都是目前国际上进一步研究和探讨的问题。

我国的职位空缺调查研究的工作刚刚起步。尽管国家统计局自1996年建立城镇劳动力调查制度，但对用人单位的需求测量仍关注不够。北京市统计局曾经在1999年和2003年进行过国家机关、企事业单位人员需求与减员情况调查，可惜的是这项工作没能继续下去。劳动和社会保障部的培训就业司、信息中心以及中国就业培训技术指导中心从2001年开始每季度公布全国的劳动力市场供求状况分析报告。北京市劳动和社会保障局在2004年进行了《北京市辖区国家机关、企事业单位2005年用人需求与减员调查》，但这些工作也才刚刚开始，还处于探索阶段，也鲜有有关测量的信度和效度的研究分析报告。

（四）自然失业率的测量

自然失业率的测量是当代就业和失业研究的另一个重要的领域。以OECD成员国为代表的多数经济发达国家迄今已经构建自然失业率的测度框架，对过去十几年甚至几十年的自然失业率进行了测量，并在多个国家之间进行比较。自弗里德曼（1968）和费尔普斯（1968）的研究起，已经有大量的文献试图去从理论和经验两方面来考察和论证"自然失业率"概念的存在性及其决定因素。近来又涌现出许多新的研究，致力于检验自然失业率假说，并给出相应的测量。约翰逊和莱亚德（1986）提供了一个早期的测量；更多最新的研究来自于莱亚德、尼克尔和杰克曼（Layard, Nickell and Jackman, 1991）、费尔普斯（1994）、克罗斯（1995a）、法比安尼和梅斯特（2000，2001）等。

中国宏观经济正处于加速转型时期，剧烈的经济结构和产业结构变动，带来就业结构的持续调整，失业率不断攀升。而在这不断攀升的失业率中，有多少属于自然失业，又有多少属于周期性失业，目前尚不清楚。由于国内价格指数、失业率观测数据的不完善（官方公布的城镇登记失业率数据，实际上很难反映中国真实的失业水平（张车伟，2003）），加之已有的观测值太少（劳动力市场相关指标只有年度数，缺少季度数等更详细的数据），应用传统的计量模型，不足以对中国的自然失业率进行相对精确地估计。

由于有效的失业观测数据无法获得，国内学者将自然失业率对观测失业率的偏移作为不可观测变量（状态变量），采用基于菲利普斯曲线和奥肯定律的状态空间模型进行估计，在此基础上对"失业偏移率"进行了分析[①]。他们认为，中国自然失业率和登记失业率曲线非常接近，除了在个别年份（1989年、1993年、1995年）自然失业率略高，基本上登记失业率要高于自然失业率，而且自然失业率水平有向上增加的趋势（石柱鲜、武征等，2004）。为了解决数据缺乏的难题，有的学者通过分析已有的失业率等数据对观测失业率数字进行了估算。利用估算的失业率数据，按照常数假设对自然失业率进行估计。他们利用斯塔格（Stager，1997）等提供的方法，依照失业率为常数的假定，根据数据的可获得性，估计中国宏观经济走势中的断点的自然失业率，指出中国经济具有较高的并且继续升高的自然失业率。同时他们也承认由于相关统计资料的缺乏，无法对自然失业率进行更加精确的估计，估算的置信区间也较大（蔡昉等，2004）。也有人对中国的自然失业率估计做出了一个更早的尝试。他们选择美国作为比较对象，采用"国际比较法"，近似地推算自然失业率。初步确定中国城镇自然失业率约为8.0%（穆熙、肖宏华，2000）。然而，这一估算显然是过于"粗糙"了。

综上所述，由于市场经济的发展，发达国家科学的就业和失业测量指标和体系的设计日趋完善，无论就业和失业研究，抑或是职位空缺和自然失业率测量研究，国际上都有着大量和丰富的研究成果。随着市场经济的发展，我国对劳动力市场就业和失业的测量提出了新的需要，在计划体制下建立的劳动力统计制度已无法适应这种客观形势的变化。尽管传统就业和失业测量所引起的一系列问题开始为人们所关注，如对原有测量指标、方法和体系的分析和批判等。但总体而言，新的就业测量指标和体系设计研究仍很零散，缺乏系统性和前瞻性；缺乏对不同测量的信度和效度的研究；对职位空缺和自然失业率的测量研究几乎还处于空白的阶段；对如何建立一个面向市场的我国就业与失业测量体系并没有给出一个清晰的研究思路和解决方案。

三、研究目标和研究方法

本章的研究目标集中在以下五个问题方面：

[①] 即自然失业率对观测失业率的偏移。

（1）我国未来就业和失业测量的标准、方法和体系设计的基本框架是什么？

（2）我国企业就业测量存在哪些基本问题？应该从哪些维度来测量企业就业？以怎样的步骤来推进企业就业测量改革？

（3）如何借鉴国际上非正规就业的测量方法和经验，构造我国灵活就业的测量体系？

（4）发达国家职位空缺数据收集和调查的理论与实践对我国就业测量体系的构建有何借鉴？

（5）从实证的角度看，我国自然失业率的状况究竟如何？我国劳动力参与率变动的趋势和原因是什么？我国登记失业率在多大程度上能真实反映我国劳动力市场上的失业状况？上述分析和判断对我国劳动力市场的就业和失业测量意味着什么？

本章采用的主要研究方法有文献法、访谈法与统计计量分析法等。

（一）文献法

课题组查阅了大量有关就业与失业统计的政府文件和研究报告，包括：

1. 国际组织报告

第13届国际劳工统计大会中通过的《关于经济活动人口、就业、失业和不充分就业的统计决议》、《劳动力市场关键指标》（Key Indicators of the Labor Market）等国际劳工组织系列报告、《经济合作与发展组织就业展望》（OECD Employment Outlook）、《经济合作与发展组织概况》（OECD FACT-BOOK）等。

2. 我国政府文件与报告

国务院于2004年9月印发的《关于建立劳动力调查制度的通知》、劳动和社会保障部《十城市下岗职工、失业人员、离退休人员基本情况抽样调查报告》、劳动和社会保障部《劳动和社会保障统计报告》（2001~2004）、劳动和社会保障部《中国劳动和社会保障年鉴》（1995~2004）、中国社会科学院人口与劳动经济研究所《中国人口与劳动问题报告》（2000~2004）。

3. 年鉴与普查资料

劳动和社会保障部《中国劳动统计年鉴》（1995~2004）、《中国统计年鉴》（1989~2004）、1990年与2000年全国人口普查资料等大量重要的相关文献。

此外，针对各个子报告研究的主题，课题组检索并研究了中国知识资源总库（CNKI数据库）、中国人民大学图书馆、国家图书馆数据库内的相关中文期刊文献，ABI/INFORM（商业信息数据库）、综合性学术期刊全文数据库（ProQuest Academic Research Library）、学术期刊全文数据库（简称ASP，Academic Search

Premier)、美国国家经济研究中心（NBER）数据库、国际劳工组织网站、国外政府劳动部门网站（如美国劳工统计局）内的学术文献以及世界银行、欧洲中央银行、欧洲经济研究中心、英格兰银行、比利时经济政策研究中心、日本银行研究与统计部等研究机构的工作报告等大量文献。

（二）访谈法

为了从测量设计、实施、数据分析等方面全面了解企业就业测量存在的问题，了解我国现阶段与灵活就业有关的调查，课题组进行了三大类人员的访谈。

一是对政府统计部门相关人员的访谈，深入探讨我国企业就业测量宏观体系存在的问题，明确指标设置的目的、数据使用分析状况，以及我国与灵活就业相关劳动力调查方法，讨论下一步改革的方向。

二是对企业相关人员的访谈，通过访谈了解测量指标与企业实际情况的符合程度，发现企业在就业统计中存在的问题，吸收企业对就业测量体系构建方面的建议。以所有制和经济类型为主要维度进行企业样本的选取，分别选取国有企业和非国有企业，企业经济类型包括高新技术类、建筑类、制造类、食品类、贸易类和现代服务类，共计访谈了中关村科技发展股份有限公司、通用技术集团、北京建工集团、北京金隅集团、首钢集团、北京颐和工程监理有限责任公司、北京独乐春光电器有限公司、北京紫都花雨制作中心、某法律咨询服务中心、某饭店等10余家企业。

三是对基层劳动与社会保障部门相关人员的访谈，通过访谈了解基层对灵活就业的登记情况以及我国灵活就业相关政策，发现灵活就业测量中存在的问题，吸收他们对灵活就业测量体系构建方面的建议。

为配合登记失业率子课题的研究，课题组于2004年2月开展了一项"城镇失业登记实际操作过程"的走访调查。调查员为中国人民大学和首都经贸大学的研究生，15名调查员利用假期共走访了分布在全国10个省（市）的13个城市内的25个城镇街道办事处、基层劳动保障机构或居民委员会，调查员根据统一的结构化调研大纲对基层从事失业登记工作的一线管理人员进行了访谈，就大纲所列15个问题收集了答案。

（三）统计计量分析

课题组通过分析1990年与2000年人口普查的资料，计算出不同年龄段人口劳动参与率资料，通过与其他国家相应年份资料的比较，揭示中国劳动参与率超高的事实。

为了对我国的自然失业率进行定量研究,课题组应用状态空间模型和卡尔曼滤波技术,基于可变参数的假设,估计我国自然失业率水平。整理和分析失业率、消费者物价指数增长率、国内生产总值缩减指数的增长率和固定资产投资等变量的时间序列数据,对数据进行处理,分别采用六个有差异的模型,运用计量分析软件（Eviews 5.0）进行运算,按照不同参数估算出 1992~2004 年随时间变动的中国自然失业率的值。

四、研究结论

经过上述近一年的文献研究、历史总结、现场访谈和实证分析,我们的研究获得了一些初步的结论:

（一）我国新的就业与失业测量体系的架构可考虑从多维度进行设计

1. 从劳动力供给、劳动力需求和供需匹配等几个方面开展测量

从供给角度开展的测量应当包括:宏观经济活动人口的预测、劳动参与率的预测、微观劳动力个人家庭调查（目前开展的 1% 劳动力调查）以及 Panel Data 数据库的建设等。

从需求角度开展的测量应当包括:宏观经济增长、技术进步、国际贸易和投资、工资变动等变量变化对需求的影响和预测;微观单位就业调查、企业的职位空缺测量等。

从中介或匹配方所开展的测量包括:劳动力市场的求人指数、中介组织的招聘职位发布和失业登记调查等。

另外,还应当建立一些研究测量指数,如自然失业率的测量等。

2. 从就业、失业、非劳动力分类维度开展的测量

就业测量应当包括:不同年龄段（包括青年就业等）个人供给调查所测量的充分就业和不充分就业、正规就业和灵活就业的单位就业调查。

失业测量应当包括:个人供给调查所测量的失业、登记失业率、自然失业率。

非劳动力测量包括:家庭调查中所测量的不愿意工作或者不寻找工作的行为以及丧失信心的人数。

上述多维度就业和失业测量体系的构建框架体系如表 4-1 所示。

表4-1　　　　　　　就业和失业测量体系框架结构

	就业	失业	非劳动力	劳动力需求	评估
个人	充分就业：不充分就业 正规就业：灵活就业	失业	退出劳动力市场人口		
企业	就业统计报表			职位空缺报告	
中介		登记失业调查			
研究者	宏观劳动力预测	自然失业率		劳动力参与率研究	

资料来源：笔者整理。

（二）针对企业就业测量的三大问题，可以考虑从就业水平、就业成本、就业活力、就业效率四个维度构造我国企业就业测量体系，并进行两阶段改革

研究表明，随着我国经济形式的多元化发展，企业就业测量成为一个紧迫的现实问题。我国企业就业测量目前存在三大突出问题：一是测量体系和管理体制分散、标准不一、导致数据失真；二是测量方法方法单一，灵活性、实效性和样本框维护不足；三是测量指标既繁杂又存在着缺漏与不足。

根据我国企业的实际情况，我们认为可以从就业水平、就业成本、就业活力和就业效率四大维度来构建我国企业就业测量指标，并且，我们建议根据我国的现实状况，通过二阶段步骤实现企业就业测量体系的重构。

四个测量维度见图4-1。

两个改革阶段即：

在第一阶段，应当建立企业就业统计及测量体系。第一，应当统一企业就业统计体系。扩大劳动统计报表制度的统计范围，明确将私营个体、乡镇企业规定为劳动统计对象，实现企业就业统计体系的一体化。第二，全面调查与抽样调查相结合。第三，持续完善测量指标，如工作小时测量是目前我国企业就业测量体系中的空白。第四，加强企业样本框的维护。第五，开展月度就业调查的设置。第六，推动职位分类系统的建立和完善。职业（职位）就业测量是我国企业就业测量体系中的盲点。目前我国还没有科学成熟的职位分类系统，企业职位管理平台还没有搭建起来，使职业（职位）就业测量无法展开。在第一阶段，国家有关部门应该研究出台统一科学的职位分类体系，并且要求企业依照职位分类体系，建立企业职位管理平台，实现品位管理到职位管理的彻底转变。在这一阶段，国家可要求企业参照国家职位分类体系，对企业职业（职位）就业进行统

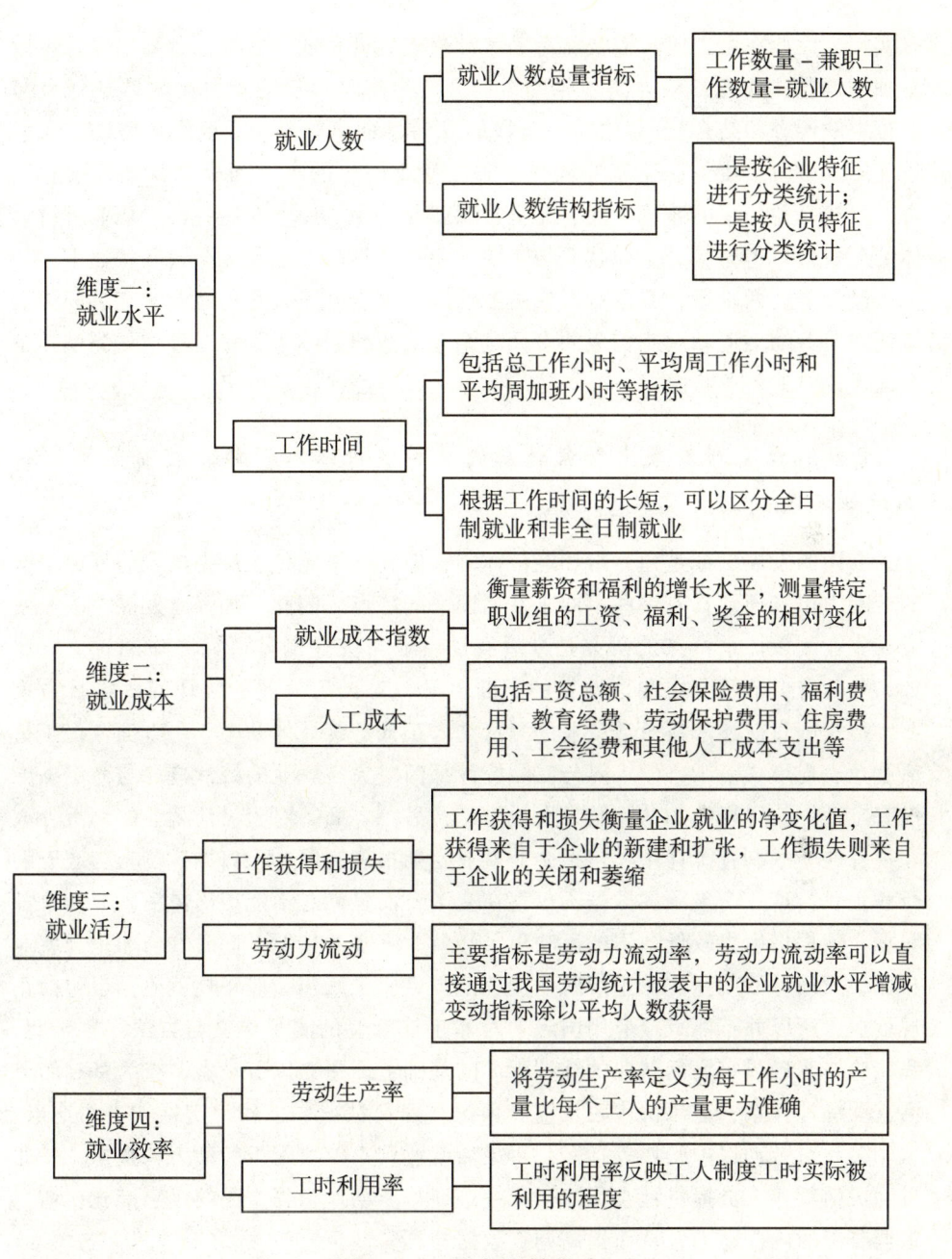

```
                                         ┌── 就业人数总量指标 ── 工作数量 – 兼职工
                                         │                      作数量=就业人数
                          ┌── 就业人数 ──┤
                          │              │                      一是按企业特征
                          │              └── 就业人数结构指标 ── 进行分类统计；
                          │                                     一是按人员特征
维度一：                  │                                     进行分类统计
就业水平  ────────────────┤
                          │                  ┌── 包括总工作小时、平均周工作小时和
                          │                  │   平均周加班小时等指标
                          └── 工作时间 ──────┤
                                             └── 根据工作时间的长短，可以区分全日
                                                 制就业和非全日制就业

                          ┌── 就业成本指数 ── 衡量薪资和福利的增长水平，测量特定
                          │                   职业组的工资、福利、奖金的相对变化
维度二：                  │
就业成本  ────────────────┤                   包括工资总额、社会保险费用、福利费
                          └── 人工成本 ─────  用、教育经费、劳动保护费用、住房费
                                              用、工会经费和其他人工成本支出等

                          ┌── 工作获得和损失 ── 工作获得和损失衡量企业就业的净变化值，工作
                          │                     获得来自于企业的新建和扩张，工作损失则来自
维度三：                  │                     于企业的关闭和萎缩
就业活力  ────────────────┤
                          │                     主要指标是劳动力流动率，劳动力流动率可以直
                          └── 劳动力流动 ────── 接通过我国劳动统计报表中的企业就业水平增减
                                                变动指标除以平均人数获得

                          ┌── 劳动生产率 ────── 将劳动生产率定义为每工作小时的产
维度四：                  │                     量比每个工人的产量更为准确
就业效率  ────────────────┤
                          └── 工时利用率 ────── 工时利用率反映工人制度工时实际被
                                                利用的程度
```

图 4 – 1　四个测量维度

计，并及时加以发布。国家有关部门对企业职业就业统计定期进行抽查，更正企业在职业就业统计中的错误，促进企业职位体系的构建。

随着企业数量的增多，由劳动统计报表制度包揽所有统计及测量指标已经变得不现实，繁多的统计任务会在一定程度上增加企业的误报率，影响样本数据的

真实性。因此在第二阶段需要将劳动统计报表制度中的一些指标分离出来，设置单独的调查。如将劳动力流动相关指标分离出来，另设劳动力流动调查（可与职位空缺调查相结合）。经过第一阶段的发展，企业职位体系已经大体建立，可以在第二阶段，实施职位就业调查。职位就业调查的主要指标为就业人数和工资，对于日益增多的兼职就业、非全日制就业，为了便于对这些特定职业进行具体的分析，可考虑区分全职就业与兼职就业、全日制就业与非全日制就业等。

经过上述两阶段，我国可形成由劳动统计报表制度、月度就业调查、职位就业调查、劳动力流动调查构成的多元化企业就业测量体系，将通过这一测量体系全面反映企业就业状况。

（三）开展对发展中国家就业测量特点的深入研究，推动灵活就业和就业不足的测量实施

我国的发展目标是建立市场经济体制，但我国毕竟是发展中国家。发展中国的劳动力市场通常具有一些不同于发达国家的特点。因此，加强对发展中国家就业与失业测量体系特点的研究是今后我国就业与失业测量研究工作的重点。比如，伴随着灵活就业在我国比重的不断上升，对灵活就业的统计问题也日益重要，但我国目前还未将灵活就业的测量纳入正式的统计体系中。一方面，由于灵活就业表现形式复杂，学术界与实际统计部门对灵活就业的统计概念与界定标准没有定论，使得现有的估算结果众说纷纭；另一方面，对于灵活就业的测量分散在现有的一些调查统计中，包括企业就业定期报表制度、人口抽样调查与政府的行政记录，这三个来源的数据不仅存在交叉，而且加总不能得出灵活就业的总量数据，数据信度也较低，不能反映出灵活就业真实的情况。同时，与非正规就业相比，我国灵活就业比非正规就业涵盖范围更广，既包括非正规就业，也包括正规就业，所以并不能直接应用国际上对非正规就业的测量定义与方法。鉴于此，我国应在明确界定灵活就业的统计标准的基础上，建立以劳动力调查为基础的灵活就业统计体系，运用法律政策监管情况、雇员情况、工作稳定性、工作地点、劳动关系与劳动保护归属等指标，将灵活就业调查模块附于劳动力调查中，并通过为灵活就业人员提供社会保障、职业培训与劳动保护等方面的优惠措施，增强被调查者的内部动力，从而提高调查数据的真实性。

我们认为，像其他发展国家一样，我国就业的主要矛盾是就业不充分的问题。加强对就业不充分的研究是我国今后就业和失业测量研究的重点和难点。在我国的就业测量体系中，在继续运用国际劳工组织参考期一小时工作标准的同时，应当引入就业不足和就业过度的测量和统计，并及时加以公布。这对我国实施提高就业质量的战略极其重要。

（四）劳动力需求的测量和职位空缺数据的调查应该高度重视

在今后若干年内，扩大就业一直是我国政府面临的战略重点。因此，加强对劳动力需求即职位空缺的研究和探讨，有着十分重要的意义。研究表明，职位空缺数据是经济景气情况变化的一个最主要指标，同时也是一个很好使用的指标。职位空缺数据在经济低迷时的灵敏度很好，具有先行指标的特点，但在经济出现好转时其表现则较为缓慢和滞后；总体的职位空缺数据、地方的职位空缺数据、分行业的职位空缺数据和分职业的职位空缺数据，在对劳动力需求的反映上都是可行的指标，特别是把这些数据与职业介绍所的失业统计数据结合使用时，对于劳动力需求趋势的预测更为有效；不同地区、职业和其他特征的职位空缺数据和失业的统计数据结合起来有助于我们对结构性失业和摩擦性失业的把握和分析，从而出台正确的劳动力政策；职位空缺统计数据在对培训需求的指导方面是很有用的，尤其是在短期培训方面对于帮助失业者找到工作的效果很好。我们应建立和完善我国的劳动力需求调查制度；加强对劳动力需求的研究，尽快推出科学，规范的需求测量指标体系；建立和开放劳动力需求数据库，为有关政策的出台提供强大的数据支持。

（五）本次研究完成的三项实证研究和获得的有关结论

1. 自20世纪90年代以来，中国的自然失业率在不断升高

研究发现，自20世纪90年代以来，中国的自然失业率在不断升高。要降低自然失业率，需要深入探讨我国自然失业率变动的因素和机制，继续关注对自然失业率的测量分析。

作为商业周期理论的重要组成部分，自然失业率是一个有价值的分析概念，它简化了宏观经济政策的讨论和选择。然而在中国，自然失业率的概念并没有得到广泛的应用，主要源于其真实值并不明确。在回顾国外自然失业率测量模型的基础上，基于可变参数的假设，我们构建了包含自然失业率变动过程和菲利普斯曲线关系的状态空间模型。模型假定：自然失业率为一随机游走变量；通货膨胀是由通胀惯性、失业缺口表示的需求冲击和一系列供给冲击变量所决定。文章采用两种方法测度通货膨胀，分别采用三个变量代理"短期供给冲击"，组合为六个有差异的模型。最终应用卡尔曼滤波方法估算出1992~2004年随时间变动的自然失业率曲线。实证研究的结果显示，自1992年以来，中国具有不断升高的自然失业率，并在2002年达到其最大值。尽管上升趋势十分明显，然而2000年以后，自然失业率一直在4.8%~5.6%的范围内波动，相对稳定。与同时期的主要市场经济国家相比，这一水平并不高，但自然失业占总失业的比重很高。通过回顾近十年来中国劳动力

市场的主要变化，我们认为，结构转变的加快和青年就业问题的突出是其主要原因。因此，继续加强对自然失业率测量的研究，特别是加强对自然失业率影响因素和机制的分析，对完善就业政策有十分重要的意义。

2. 由于计划经济向市场经济的转变，中国的劳动参与率不断下降

劳动参与率是测量劳动力市场劳动供给行为的一个最基本指标，但在中国的劳动统计中受到了不应有的忽视。利用第四和五次人口普查的数据，通过详细分析中国不同年龄不同性别人口的劳动参与率，可以看出，导致不同组人口劳动参与率下降的主要原因是计划经济向市场经济发展的必然结果。现实中多种分配方式并存，使中国社会开始产生一些可以不依靠劳动而生存的阶层。工资及收入的增加可能产生收入效应，促使部分劳动者减少劳动时间。收入的增加也使得某些家庭有能力让家庭中的女性成员退出劳动力市场，导致女性劳动参与率下降幅度普遍比男性高。

当就业决策在市场体制下回到劳动者手中以后，劳动者在享受劳动自主权的同时，也要承担寻找工作的成本。这也可能发生"丧失信心效应"，即在失业率较高的情况下，部分人因为寻找工作太困难而放弃找工作的努力，退出劳动力市场，成为"非劳动力人口"的一部分。

考虑到中国正在工业化，农业人口会逐渐减少，城市与城镇人口将逐渐增加，以及中国社会的老龄化等因素，中国的劳动参与率还会延续下降的趋势。正因此，我们建议，在此背景下，中国政府应该开始研究就业政策的调整问题，以缓和劳动参与率下降给经济发展带来的不利影响。在此同时，有必要调整和完善劳动测量方法，给予劳动参与率指标必要的重视，及时监控劳动供给状况。除重视就业和失业的测量指标之外，也要重视不属于劳动力人口的测量细分，特别是"丧失信心"人群的测量。

3. 现行城镇登记失业率不适宜继续作为反映我国劳动力市场供求基本形势的宏观判断指标

研究表明，城镇登记失业率存在人口范围过窄、年龄限制不符国际惯例、登记方式难符失业真实、失业与就业的人口范围不一致、指标体系过于简单等缺失。通过对失业登记的制度规定以及对实际登记操作过程的考察和剖析，特别是通过全国13个城市25个基层失业登记机构一线管理人员的访谈调查汇总数据发现，失业登记数据收集过程中存在着种种工作细节上的混乱和数据误差来源，这种混乱及误差的产生，又可以从失业登记制度的特性和缺陷找到原因。为此，本章认为，现行城镇登记失业率不适宜再作为反映我国劳动力市场供求基本形势的宏观判断指标，因为它确实已不具备这一效力；自然也不适宜继续将城镇登记失业率指标作为与宏观经济密切相关的，在各地乃至全国的中、长期社会经济发展规划中起着重要作用的规划指标、控制指标和考核指标;改造城镇登记失业指标,令其转变为单纯的失业保险领取人数指标,发挥其真正的管理登记信息的作用,为失业保险工作与就业促进工作服务。

(六) 中国就业和失业测量几个需要继续进行深入思考和研究的问题

通过建立劳动力调查制度,我国的就业与失业测量工作开始走上了市场化、规范化和国际化的道路。但在其他就业和失业测量体系的建设方面,中国现行的就业和失业测量体系仍然滞后于整个经济活动客观现实的要求。我国继续在使用传统的反映计划时代功能的单位就业调查的数字,低估了我国就业水平,未能反映我国就业的真实状况。总体而言,作为国家宏观经济政策分析最重要的平台——我国劳动力市场的测量和统计体系仍然没有得到很好的建设。目前我们继续采用为失业保险服务的城镇登记失业率指标,不能反映我国劳动力失业的状况,也难以进行国际的比较。我国的调查失业率从 1996 年开始测量,而迄今仍未向社会公开,这引起了一些人对我国就业和失业形势不正确的猜测和联想。尽管全国 1% 劳动力调查制度从 2005 年 11 月已经展开,但与我国建立现代科学的劳动力市场测量体系要求,特别是与发达国家的发展水平和程度相比,我们的差距还很大[①]。

我们认为,随着经济结构的变动和整个社会的进步,有下述测量的理论和实践问题需要进一步深入思考和研究。在社会上已出现家务劳动社会化的趋势的现实背景下,我们是否考虑将大部分家务劳动纳入社会劳动的范畴?在校学生既然从事有收入的劳动,也就创造了价值和使用价值,他们的成果已被计入 GDP 中,他们是否就应该计入就业人口中?在校学生找工作,对当前的劳动力市场的供求必然产生影响,所起的作用与一般失业人口是一样的,从劳动力市场的角度看,他们与一般失业人口是否不应当有什么区别?我国职工的统计定义与国际上雇员的定义应当是基本相同的。但目前我国职工统计的实际口径比定义大大缩小。从现实情况出发,已不可能通过全面统计获得全部工资劳动者的数据,而是否应通过抽样调查推算取得?职工这一概念已经不适应我国变化了的劳动关系现实,职工统计可否改为雇员或者员工统计?我们是否应当将劳动力调查对象确定为城镇常住(或现在)人口,也就是说应当包括进城找工作的农民,以反映全社会劳动力的失业情况,军人是否应纳入就业者统计范围等。

---

① 美国的经验表明,需要在一个月后再抽查一次以检验前后是否一致。1994 年开始的 CPS 调查更多地关注了这些问题,诸如不是直接问是失业或就业,而是更多的通过相关问题的测试来测量是就业或失业。样本选择及 1/4 的轮换制度、边缘人群测量和专业队伍的训练、培训及现代装备等。

第五章

企业就业测量体系的现状、问题及重构思路[*]

一、研究背景

作为劳动力市场的重要组成部分，企业的就业状况不仅是对劳动力市场的微观反映，也是对经济形势的宏观反映。一个全面的企业就业测量体系，能够从劳动力需求、劳动力价格、劳动力构成、劳动力流动、劳动力资源利用等多个角度反映劳动力市场活力以及企业在就业方面的调整。企业就业统计及测量构成了国家宏观调控和微观指导的基础，是国民经济发展状况的晴雨表。

当前伴随着我国经济形式的多元化发展，企业就业测量成为一个紧迫的现实问题。劳动统计报表制度是我国企业就业测量的主要形式，制度实施初期，由于经济所有制形式较为单一，劳动统计报表覆盖了几乎所有的社会经济活动单位，因而被认为是一种全面调查，具有广覆盖、全面统计的优势，劳动统计报表制度在相当时期内较为准确反映了城镇的就业状况。自 20 世纪 90 年代以后，私营个体数量迅速增加，已经远远超过劳动统计报表制度中的"单位"数，就业结构发生了巨大变化，劳动统计报表制度企业覆盖率逐渐缩小，城镇就业人数在持续增长，而劳动统计报表制度城镇就业人数却在逐年下降。2001～2003 年城镇就业人数增长 1 699 万人，而劳动统计报表制度单位就业人数减少 196 万人。2003 年城镇劳动力住户调查测算的城镇就业人数为 25 639 万人，而劳动统计报表单

---

[*] 本章由刘彩凤执笔，原载《社会科学辑刊》2006 年第 4 期。

位就业人数仅为 10 969.8 万人，① 仅从劳动统计报表数据已经不能全面了解我国城镇的就业状况。私营个体、乡镇企业发展之初就业人数比例很小，因此没有纳入劳动统计报表制度的调查范围，对其就业数据的测算可分别通过注册登记行政记录和乡镇企业报表获得。现期为获得全国企业就业人数，一般将劳动统计报表数据与个体私营、乡镇企业数据进行汇总。然而，作为行政记录的私营个体就业数据由于不能反映就业人数的变化，在数据质量方面远不能达到劳动力市场统计的要求，三者的简单相加不可能获得企业就业的准确人数。改进就业测量方法、重构企业就业测量体系，是我国劳动力市场发展的需要，更是我国经济发展、政府决策对劳动力市场统计数据提出的基本要求。

二、国内外研究现状

阿威尔·V·亚当和罗勃特·S·格德法伯早在世界银行 1993 年讨论会上就已明确指出，劳动力市场统计与信息体系设计需要三方面的决策：收集什么样的统计资料、如何收集、如何分析并公之于众。这也是各国企业就业统计与测量构建的主要考察因素。国外企业就业统计与测量的历史非常悠久，发展至今已经形成一个由多个部分构成的较为完整、科学的体系，每一部分的测量目的、测量方法、测量指标都有所不同，国家与分地区、分职业相结合，年度调查与季度、月度调查相结合，全面调查与抽样调查相结合，邮件调查与电话调查、邮件调查、行政记录相结合，各部分互为补充从而全面反映劳动力市场及企业的就业状况。伴随劳动力市场的变化发展，近年来国外企业就业统计与测量发展的明显趋势是动态数据统计与测量的增强，劳动力流动、工作创造与损失成为各国企业就业统计与测量的重点。当前国外学者对企业就业测量的理论研究主要集中于两方面。

一是就业测量数据的比较研究。就业数据被广泛运用于对经济现状和近期前景的评估，然而不同调查所得出的就业数据通常不相吻合。企业调查和住户调查是就业数据的两大主要来源，二者数据存在差异上的互补关系，二者的互补性体现了就业的不同方面（Glenn H. Miller, 1987），形成对劳动力市场供需两方面的全面考察。住户调查侧重劳动力供给测量，提供就业状态、人口特征、社会和经济特征数据；企业调查则侧重于劳动力需求测量，提供非农就业数量、工作时间以及收入数据。二者的差异来源于测量定义、覆盖范围、数据收集方法等方面的不同。以美国住户调查（CPS）和企业调查（CES）为例，二者在覆盖范围和测量方法方面均存在不同，如 CPS 包括自我雇佣者和家庭企业无报酬人员，而

---

① 根据《中国统计年鉴》计算而得。

CES 仅指薪酬工人；CPS 统计就业人员，而 CES 统计工作数量，包括对兼职人员的统计；等等。虽然二者统计存在差异，但是可以通过调整 CPS 就业估计值使其与 CES 就业估计值更为匹配，CPS 就业调整值 = CPS 就业估计值 - 农业就业人数 - 自我雇佣工人 - 无报酬家庭工人 - 私营家庭工人 - 不在岗的无薪酬人员 + 兼职人员 + 农业服务人员[①]。由于企业调查反映了劳动力需求变化，是对劳动力市场工作的测量，因此大多数经济学家倾向于使用企业调查数据。就业数据与经济活动数据的回归分析也表明，相比住户调查，企业调查就业数据是测度短期经济活动变化的良好指标（Glenn H. Miller, Jr., 1987）。

二是对企业就业测量项目的评估及改进。数据的准确性以及方法的误差性是评估的重点，学者们主要集中于问卷设计、样本选择、数据收集、调查实施与监控等方面对企业就业测量中出现的问题进行理论分析与实践检验（Robert L. Stein, 1980；Harvey R Hamel；John T Tucker, 1985；Patricia M. Getz, 2000）。在问卷设计方面，学者们认为问卷设计应该包括两个阶段：问卷设计与检验，问卷评估。两个阶段之间的界限是不清晰的，经常互相交叉。问卷设计过程是迭代而非线性的，存在大量的反馈圈。在样本选择方面，样本选择的方法和样本代表性受到了质疑，概率样本设计被引入到样本选择过程之中，研究表明概念样本选择提高了数据的真实性。在数据收集方面，有关调查表明邮寄形式依然是主要的数据收集方法，其优点在于接受成本低，便于组织内部的填写和传递，不需要特别的设备和技术。电话访谈和个人访谈等方法，由于成本较高使用范围很小。传真、网上或电子邮件等方式虽然能够方便回答者，但并不是所有的回答者都拥有这些设备和使用知识，研究表明邮件方式是多数回答者的低成本选择。也有学者对行政记录的使用进行了探讨（R. J. Pember, 1997）。行政记录数据是行政职能行使过程的副产品，因此与直接的调查相比它不符合正规的统计标准，登记范围有限，数据内容不能很好地满足使用者的要求，数据处理也不能保证数据的及时性。然而行政记录存在着许多优点，成本低、不需要考虑样本的精确度、不会给回答者增加额外的负担等。学者们提出在实际运用过程中，可以通过行政记录数据的价值评估，进行数据的编码与修正，来实现对行政记录数据的使用。在调查实施与监控方面，对调查项目进行持续的准确性分析是提高调查信度的重要活动，美国就业与失业统计国家委员会要求至少每十年对劳动力数据进行一次全面的检查和评估。

国内对于企业就业测量的体系构建鲜有研究。相对较为集中的研究是对劳动

---

① *Reconciling differences in employment estimates from the CPS and CESS. Monthly Labor Review*, Feb 1998; 121, 2: 58, 1998.

统计报表制度的分析讨论，大多数观点认为现行的劳动统计报表制度已经不能适应当前经济统计的需要，劳动统计范围狭窄、调查方式陈旧是最为突出的问题。完善现行劳动统计报表制度，扩大调查范围，改全面调查方式为抽样调查是多数文献较为一致的观点（张强，2000；王冬梅，2004），部分文献对抽样调查的应用进行了分析（徐姚根，1994；裴远航，2004），部分文献对从业人数和职工人数、工资总额和劳动报酬等指标进行了分析（杨燕鸣，1998）。近年来对国际测量方法、测量指标开始有所关注，进行了诸如工作时间的研究（曾湘泉，2004）。伴随中国就业形势的严峻化，一些学者通过对就业数据的分析开始注意到就业统计存在的问题，有观点认为从统计角度看中国就业数据的"总分不平"产生于不同统计来源数字之间的一致性问题（蔡昉，2004）。

综上可以看出，国外就业测量的研究重点是对具体测量技术的探讨以及测量数据的评估使用。由于我国随着经济发展对劳动统计数据质量要求的提高，企业就业统计存在的问题已经开始为人们所关注。囿于我国发散的企业就业测量体系，目前的研究零散且深度不够，既不能从宏观方面把握我国企业就业测量的发展，也不能从微观方面深入探讨完善就业统计与测量的方式方法，切实解决企业就业测量实际中存在的问题。重构我国企业就业测量体系是当前需要迫切研究的重要课题之一，这也正是本章的要义所在。

三、研究目标与研究方法

（一）研究目标

本章的研究目标：一是我国企业就业测量存在哪些基本问题？二是应该从哪些维度来测量企业就业？三是以怎样的步骤来推进企业就业测量改革？

（二）研究方法

本章采用的研究方法为文献法和访谈法。

首先，本章通过对国际组织报告、政府文件与报告和统计年鉴等相关文献的终究，考察国内外企业就业测量体系，明确国内外就业测量的差别。国内相关文献主要通过教育网的 CNKI 数据库、学校图书馆、北京图书馆获取。国外相关文献资料主要通过英文 ABI/INFORM（商业信息数据库）、ProQuest Academic Research Library（综合性学术期刊全文图像数据库）、Academic Search Premier（学术期刊全文数据库，简称 ASP）、NBER 数据库、国际劳工组织网站、国外劳工网站（如美国劳工局）等获取。

其次，本章通过访谈法了解我国企业就业测量存在的问题。访谈提纲来自于对文献研究和比较研究的总结，为了从测量设计、实施、数据分析等方面全面了解企业就业测量存在的问题，我们进行了两大类人员的访谈。一是对统计局相关人员的访谈，深入探讨我国企业就业测量宏观体系方面的问题，明确指标设置的目的、数据使用分析状况，以及下一步改革的方向。二是对企业相关人员的访谈，以所有制和经济类型为主要维度进行企业样本的选取，企业经济类型包括高新技术类、建筑类、制造类、食品类、贸易类和现代服务类，访谈了中关村科技发展股份有限公司、通用技术集团、北京建工集团、北京金隅集团、首钢集团、北京颐和工程监理有限责任公司、北京独乐春光电器有限公司、北京紫都花雨制作中心、某法律咨询服务中心、某饭店等10余家企业。本章通过访谈了解测量指标与企业实际情况的符合程度，发现企业在就业统计中存在的问题，吸收企业对就业测量体系构建方面的建议。

四、我国企业就业测量存在的问题

研究发现，目前我国企业就业测量存在以下三方面的突出问题。

（一）测量体系和管理体制

我国企业就业测量体系主要由三部分组成：一是由统计局对城镇独立核算企业实施的劳动统计报表制度；二是由工商行政管理局负责的私营个体就业人数注册人数登记；三是由农业部门乡镇企业管理局负责的乡镇企业统计。劳动统计报表制度与乡镇企业统计虽然是分城乡的统计，但是劳动统计报表不包括私营个体统计，而乡镇企业统计却包括有乡村私营个体的统计，因此二者不能进行城乡企业就业人数的直接对比。乡镇企业与私营个体存在统计上的交叉，因此不能进行简单的相加。从总体上看我国企业就业测量体系是分类分块的，但是三者之间测量标准不相一致，既不能简单相加形成完整的企业就业，也无法进行准确的横向比较。可以说，我国企业就业测量体系是不科学的。

我国的就业统计管理体制属于高度集中型政府统计体制，但在实际管理过程中存在着一定的松散，这也是目前我国就业统计数据失真的原因之一。报表属地化管理后，给大型企业集团公司报送带来一定的混乱。有的集团公司对集团内的所有公司进行汇总后统计报送集团公司属地统计局，对于不在集团属地的公司存在着重复报送的现象。有的集团公司对集团属地公司进行汇总后报送集团属地统计局，不在属地的公司独自报送。属地化的报送体系虽然为地区统一化管理有利，但是不利于集团的管理和统计报表的利用。报表报送管理属于统计部门的职责，在对集团报表统计管理过程中，有的统计局将集团下属公司报表的监督管理职责转嫁给集团公司，不合理地增加集团报表管理工作。统计报表按规定应该报送季报和年报，然而统计部门对此管理不严，有的企业不报季报、仅报年报，有的企业则每月都报送，企业季度劳动统计报表迟报、漏报、不报的现象相当程度上存在着。报送的松散管理给统计局报表数据的使用、分析与发布都造成一定的困难。

（二）测量方法

我国企业就业调查方式主要有全面调查、行政记录两种方式。劳动统计报表和乡镇企业统计报表制度采用全面调查的报表统计方式。私营个体统计采取行政记录方法，我国行政记录方法有一个最大缺点即不能反映样本的变化情况。以私营个体统计而言，以注册登记人数进行的就业统计显然无法体现私营个体企业由于规模扩大引起的就业增长。而且，企业为减少缴税，存在低报雇用人数以获取个体注册的现象，有学者认为实际上这些企业的雇用人数远超过政策规定个体工商户的最高雇用人数 7 人。[①] 这两点使得行政记录对私营企业和个体户的就业人数统计偏低。抽样调查方法讨论已久但是迟迟没有采用，其原因主要是样本代表性问题。样本抽取会造成某些地区或某些行业样本偏小，不具备地区代表性或行业代表性，抽样数据可以反映全国整体就业状况，但是无法很好解决政府对地区或行业的数据要求。

我国企业就业测量周期主要包括季度和年度，面对劳动力市场变化的多样性，我国企业就业测量显得灵活性与时效性不够，造成数据统计信息的失真和滞后。劳动统计报表制度 2002 年由月报改成季报，这在一定程度上减轻了基层统计人员的工作量，然而由于调查周期的延长，劳动统计报表制度的时效性大为降低。工商行政管理局对私营个体就业人数的统计，来源于这些企业注册登记的就业人员，私营个体虽然每年都要进行年检，但是就业人数的填报仅是一个非必选项，因而多数私营个体都不进行填报。一次性的登记显然无法反映企业在发展过程中就业数量的变化，因此工商行政管理局对私营个人就业人数的统计存在严重的滞后现象。

我国企业就业测量的样本来自于基本单位普查企业数据库。由于基本单位普查每五年进行一次，因此无法反映普查间隔期间企业的新建变更情况。因为没有进行类似国外企业登记系统的样本框维护，我国统计部门对企业变化的把握是模

---

① 蔡昉：《中国城镇有没有就业增长？》中国宏观经济信息网，2004 年 6 月 24 日。

糊不清的，不能及时将企业纳入样本管理中，尤其是近年来，由于国有、集体企业的改制、重组，一些企业没有被及时纳入劳动统计报表制度之中，企业漏报现象较多，甚至出现企业想要报送报表却不知道如何报送的现象，直接造成劳动统计报表制度统计数据的低估。另外，由于乡镇企业定义不清，乡镇企业就业统计具有无限扩张的趋势，一些原本属于城镇集体性质的企业纷纷被乡镇企业局"管理"过去，导致城镇集体经济劳动统计就业人数连年减少。

（三）测量指标

我国企业就业测量指标主要包括：人数指标、从业人员增减变动指标和劳动报酬指标。总体而言，我国企业就业测量指标设置在相当程度上满足了劳动统计的需要，但是指标设置显得较为繁杂。以劳动统计报表为例，企业就业人数统计没有简洁直接的指标，需通过在岗职工、聘用留用的离退休人员、外籍及港澳台方人员和其他从业人员（人事档案关系保留在原单位人员）四部分汇总而成。从业人员增减变动指标分类达19项之多（新增和调入人数8项，减少和调出人数11项），有的指标仍具有浓厚的计划经济色彩，如调入调出指标。繁杂的指标分类虽然能够较全面地反映企业就业状况，但是对劳动力市场统计而言指标设置显得过于详细，有的数据不符合企业实际情况，有的数据在实际统计分析中并没有得到运用，只是增加了企业的填报负担。如不少企业认为指标设置不符合企业基层就业情况，如从业人员增减指标中没有对社会招聘和主动辞职人员的单独统计，而这正是企业人员流动最大的部分；对于退职、开除、辞退人数等数据基本没有进行统计分析。

如阿威尔·V·亚当和罗勃特·S·格德法伯所述，调查指标与分析指标是劳动力市场统计与信息体系的重要组成部分，因此企业就业测量指标体系应该包括调查指标与分析指标两大类。与国际相比，我国企业就业测量存在着某些指标设置上的缺漏。调查指标缺少工作小时、职业就业人数等重要指标，分析指标更为贫乏，就业成本指数、总工作获得和损失等指标都没有引入我国企业就业测量体系之中。工作小时相比就业人数而言是对企业就业情况更为准确的反映，而总工作获得和损失等指标则是对劳动力就业活力的进一步测量。这些指标的缺少，使得我们无法对企业就业状况做出准确的判断与预测。

五、对问题的进一步讨论

（一）体系重构：分散还是统一

现行就业测量体系是我国计划经济时代的产物，已经不能适应当前经济社会的发展需要。有观点认为可以考虑构建分散的就业测量体系，将就业统计融入部门统计之中，如将工业企业就业统计纳入工业统计中，将商业企业就业统计纳入商业统计中，建筑业就业统计纳入建筑业统计中。无法融入部门统计的其他就业统计项目由统计局负责实施。现行部门统计实行的是"抓大"政策，工业统计对象是规模以上企业，商业统计对象是零售额以上企业，建筑业统计对象是资质以上企业。按照现行部门统计方法无法获得就业方面的全面数据，反映就业增长情况，目前我国就业增长主要集中于中小企业，以私营个体为例，2003年私营个体就业增长占据了总就业增长的72%，不调查它们不能准备把握就业总量和增量，也无法认识就业存在的问题。虽然可以考虑对规模、零售额、资质以下企业实行抽样调查，但是这样一来无形加重了部门统计的负担，使就业统计融入部门统计的便宜优势不复存在，而且部门统计关心经济总量指标，对就业指标并不关心，部门的分散统计无法实现数据质量的有效控制。因此，我们主张构建统一的就业测量体系，由统计局统一实施进行专门的就业统计。乡镇企业、私营个体已经成为我国重要的经济活动单位，已经不能再将它们排除在正规劳动就业统计之外，应该将乡镇企业、私营个体、城镇企业的就业统计合并，建立统一的企业就业统计体系，这样也可以避免由于调查样本、统计方法等问题造成的数据质量问题。鉴于我国已经在劳动统计报表制度实施上积累了大量的经验，现行的劳动统计报表制度经过多年的发展、改革和完善，已经形成了较好的统计基础，而且由于劳动统计报表属于一项行政任务统计对象的扩张不存在经费上的困难，因此我们主张将乡镇企业、私营个体就业统计并入劳动统计报表之中，取消统计对象不包括乡镇企业、私营个体的限制，明确将其规定为劳动统计对象，实现企业就业统计体系的一体化。统一的企业就业统计也有利于控制数据的质量以及报表的汇总分析。

（二）信度问题：内部动因与外部压力

如何提高企业就业测量信度，最大限度地保证企业填报数据的真实性，是企业就业测量的难题。当前我国企业就业数据失真的主要部分是"非正式"就业人员数据，企业对于使用的农村劳动力、临时就业人员、兼职人员等人员进行大致的估算或者根本不作统计。企业就业数据的真实程度是内部动因与外部压力双重作用的结果。内部动因来源于企业提供真实数据获得的收益，外部压力来源于企业因为填报不真实数据所遭受的惩罚。如果企业提供真实数据的收益大于提供真实数据的成本，那么企业内部动因上升，就业数据的真实程度提高；如果企业填报不真实数据所承担的惩罚大于填报不真实数据获得的收益，那么企业外部压力增强，就业数据的真实程度提高。就我国劳动统计报表制度而言，一方面，统计局对企业就业数据的分析还十分有限,很多企业反映它们不能从报表中获取需要的信息,对报表数据也很少关心,因此企业填报真实数据的收益非常小。相比而言,企业填报真实数据的成本却很高,对"非正式"员工的统计,增加了企业的管理负担,同时还会增加企业的运营成本:"非正式"员工的保险问题,与企业就业人数相关的残疾人保障金、献血、植树、卫生防疫等企业社会责任问题。收益低而成本高,使得企业的内部动因趋于负值,也即企业有减少就业人数的倾向。另一方面,企业填报不真实数据的风险很小。首先,政府部门无法核实企业"非正式"人员用工情况。其次,企业不会因填报不真实数据受到政府部门实质性的惩罚,因此企业受到的外部压力几乎为零。在内部动因和外部压力都不足的情况下,企业就业测量的信度难以得到保证。要解决企业就业测量的信度问题,必须提高企业内部动因,增强企业外部压力。统计局应该完善统计报表,指标设置尽可能切合企业实际,加强数据分析,从过去企业为政府服务转变为现在政府为企业服务,强化企业填报真实数据的内部动因。政府部门应该从规范劳动用工制度、加强劳动用工审查等方面来监督企业用工情况,加大企业填报不真实数据的风险,对于填报不真实数据的行为制定明确的惩罚措施,增大企业填报真实数据的外部压力。

(三) 测量瓶颈:薄弱的人力资源管理平台建设

伴随劳动力市场发育进程,劳动力市场统计与测量对企业人力资源管理平台建设提出了更高的要求,我国企业薄弱的人力资源管理平台建设已经成为制约我国企业就业测量的瓶颈。现代人力资源管理平台的基础是清晰的职位体系,在我国现代人力资源管理理念虽然已经引入,但是清晰的职位管理体系仍然没有建立起来,计划经济时代的品位管理仍然在相当多的企业中延续着。劳动力市场发展要求建立职业(职位)调查,企业自身也提出了获取职位需求供给信息的需求,然而职位管理平台建设的缺乏,使得我国无法进行基于职位的职业调查和职位空缺调查。现代人力资源管理平台建设的另一重要方面是人力资源信息基础的建设。良好的人力资源管理平台,拥有完备、实时的人力资源总量数据与结构数据,这些数据是企业就业数据的直接来源。我们在访谈中发现,人力资源管理平台建设较好的企业,在填报企业就业数据填报过程中只需要按照报表要求进行前期数据的分类汇总即可,就业数据的填报不会加重企业管理负担。相比而言,没有人力资源管理平台基础的企业,就业数据的填报会在一定程度上加重企业的管理负担。由于没有基础数据的积累,企业为获得真实数据就只能进行人员的重新整理,无形中加大了企业的管理负担,这也正是企业在填报就业数据时实行估算的重要原因。因此,不管是从发展完善企业就业测量体系的角度,还是从保证企业就业测量信度的角度，都必须加强企业现代人力资源管理平台的建设，提高企业人力资源管理水平。

六、企业就业测量指标体系的构建：四大维度

就业人数、工资、工作小时等调查指标是就业测量的基础指标，通过对这些基础指标的扩展可以形成系列分析指标，二者相结合构建全面的企业就业测量指标体系。结合我国企业就业状况，本章认为应该从四大维度构建企业就业测量指标体系：就业水平、就业成本、就业活力和就业效率。

（一）就业水平

1. 就业人数

就业人数的测量包括就业人数总量指标和结构指标。

企业就业人数总量指标。总量指标反映企业整体的就业吸纳能力，凡是与企业存在劳动关系的劳动者都被计为企业就业人员，由于兼职就业的存在，企业就业人数的加总与实际的总就业人数存在一定的误差，企业就业人数的加总实际体现的是工作数量而不是就业人数。工作数量、兼职工作数量、就业人数三者之间的关系是：工作数量－兼职工作数量＝就业人数。

企业就业人数结构指标。结构指标从不同层面反映企业就业状况：一是企业特征层面，对企业所在地区/产业、所属经济类型（所有制）进行分类统计。分地区的就业统计可以反映经济发展状况不同的地区就业水平；分产业部门的就业统计可以反映资本劳动密集程度不同的产业部门的就业吸纳能力，分析就业结构与产业结构的关系，该指标可以显示出在某一产业部门范围的工作增长和下降情况，同时表明发达国家与发展中国家在趋势和程度上的差异。分经济类型的就业统计可以反映不同所有制企业的就业吸纳能力。二是就业人员特征层面。分用工期限的就业统计可以反映企业就业的稳定性；分劳动关系的人员统计可以反映企业就业形式的构成、企业灵活就业的规模；分户籍的人员统计可以反映企业不同身份人员构成，特别是分析我国农村劳动力的城市就业状况；分职业的就业统计可以分析就业人员的人力资本构成状况，观察特定职位的就业人员短缺状况，技工荒的出现加剧了我国建立职业就业统计数据的急迫性。

2. 工作时间

大量研究表明，由于雇用和解雇等就业调整成本的存在，企业调整就业的首要方法是调整现有工人的工作时间（通过有薪或无薪的加班），其次才是对工人就业人数的增减。古皮塔（Kanhaya L. Gupta）引入要素价格与预期因素，刻画

了企业劳动力需求的调整过程（1975），古皮塔指出由于对经济上扬或下挫显著性和持久性预期的不确定性、资本调整的难度以及招聘或解雇的高成本、新进雇员的培训和时间的滞后性等原因，经济改变对企业劳动力数量的影响比对工作时间的影响要慢，企业不会立即将实际就业调整到与预期劳动力需求相一致。乔纳森·哈斯克尔（Jonathan Haskel）、巴巴拉·克斯利（Barbara Kersley）研究了企业对需求冲击的行为反应（Jonathan Haskel, Barbara Kersley, 1993）。研究表明：企业很少会采取价格调整应对需求的冲击，92%的企业选择数量的调整，如调整就业人数、工作小时或资本。就业和资本调整在长期中应用较多，而小时调整则在短期中更为普遍。其次，在广度和深度上都富有弹性的企业倾向于通过调整就业和工作小时来应对需求冲击，研究也表明弹性企业在增长期创造工作，在衰退期摧毁工作。因此工作小时的测量是非常有必要的，它相比就业人数而言是对企业就业状况更为准确的反映。工作时间的测量一般以小时为测量单位，包括总工作小时、平均周工作小时和平均周加班小时等指标，对企业工作时间变化的观察，有助于分析企业的就业弹性及企业就业中存在的隐性失业，对于评估我国国有企业的就业很有意义。

根据工作时间的长短，可以区分全日制就业和非全日制就业。非全日制就业指标考察那些拥有工作岗位但工作时间总计（每周工作小时数）少于全日制的人员占就业总量的比例。非全日制就业指标可重点使用两种百分测度数：一是非全日制就业总量占就业总量的百分比，考察企业灵活就业、弹性就业的规模；二是非全日制就业女工总数占非全日制就业总量的百分比，考察作为就业弱势群体的女性非全日制就业的规模。非全日制就业指标是发达工业化国家就业测量的重要指标，也应该作为我国企业就业测量的重要指标。

（二）就业成本

企业就业成本指企业雇用劳动力发生的相关费用，企业就业成本构成了企业就业调整的约束条件，在面对外部冲击时，企业面临着就业调整的一系列选择，观察企业就业成本与企业就业调整行为的关系，可以分析我国企业的就业弹性。企业就业成本指标主要包括就业成本指数和人工成本。

就业成本指数是反映市场改变的优势指标之一，它衡量薪资和福利的增长水平，测量特定职业组的工资、福利、奖金的相对变化。当工资（及其他成本）上升，增加的成本通常很快以更高的价格形式转移到消费者身上，因此就业成本指数是衡量通货膨胀水平的重要依据，因而被作为反映通货膨胀的指标之一。

企业人工成本是测量就业成本的一个良好指标。1966年10月召开的第11次国际劳动统计学家会议上形成了"关于人工成本统计的决议"。根据该决议，人工成本包括工资总额、社会保险费用、福利费用、教育经费、劳动保护费用、住房费用、工会经费和其他人工成本支出等。进行人工成本的分类统计，有助于分析各类人工成本对企业就业的影响，同时也有助于对我国实际收入水平进行准确的评估。在我国劳动力市场供大于求的形势下，人工成本是企业就业的主要考虑因素之一。

（三）就业活力

劳动力市场运行是一个动态过程，企业就业活力可以通过工作获得和损失及劳动力流动表现出来。

1. 工作获得和损失

工作获得和损失衡量企业就业的净变化值①，工作获得来自于企业的新建和扩张，工作损失则来自于企业的关闭和萎缩。工作获得率与工作损失率是分析劳动市场活力的主要指标，这两个指标决定就业增长速度和工作调整速度，提供劳动力市场绩效和结构的重要特征，表明企业工作重置的程度。由于企业新建、扩张、关闭、萎缩与经济周期有着紧密的联系，工作获得和损失数据有助于检验工作获得和损失速度与通过经济周期观察到的纯就业变化之间的关系，主要来源于工作获得数量减少而带来的就业幅度下降，与来源于工作损失数量增加带来的就业幅度下降，其对经济周期的含义是非常不同的。不同产业的工作创造与损失数据有助于政府分析产业结构转变对就业的影响，确定不同产业的发展战略。不同地区、不同所有制类别、不同企业规模的工作获得和损失数据有助于政府明确为提高就业应该重点支持发展的地区和企业。工作获得率和工作损失率之和生成工作调整率，高工作调整率与较短的工作搜寻时期相联系。因此，这两个测量结合起来指向一个增长或有活力的劳动力市场，或一个萎缩和停滞的劳动力市场。

2. 劳动力流动

劳动力流动可以在一定程度上反映人岗匹配效率，就业的稳定性、劳动力市场的灵活程度。劳动力流动的主要指标是劳动力流动率，劳动力流动率可以直接通过我国劳动统计报表中的企业就业水平增减变动指标除以平均人数获得。一般而言，劳动力流动率较高，说明劳动力市场越有活力。较高的劳动力流动率，有利于劳动力资源的合理配置和劳动生产率的提高。当然劳动力流动率不能超过合理的限度，如果劳动力流动率异常偏高，可能意味着劳动力市场的混乱。劳动力

---

① $l = f^c - f^d + s^n \cdot r^n - s^x \cdot r^x + s^e \cdot r^e \cdot JC^e - s^c \cdot r^c \cdot JD^c$。l 是就业增长率，$f^c$ 是企业新建率，f^d 是企业消亡率，s 代表分享系数，r 是企业相对大小，JC 是工作创造率，JD 是工作消失率。上标的含义：n 代表新进企业，x 代表现有企业，e 代表企业的扩张，c 代表企业的缩小（Jan Rutkowshki, 2004）。

流动主要由四部分构成：雇用、离职、临时解雇、永久解雇。对劳动力流动构成部分的分析，可以具体了解企业就业的变化结构，新增雇用的增加是劳动力市场就业形势良好的表现，临时解雇的增加则可能预示着经济的萎缩，永久解雇的增加则可能表明经济萎缩已经到来。

（四）就业效率

就业效率是对企业就业效益的评估，主要指标有劳动生产率、工时利用率。

1. 劳动生产率

将劳动生产率定义为每工作小时的产量比每个工人的产量更为准确。每工作小时的产量调整了加班以及兼职的情况。劳动生产率是反映生产力水平和经济效益的重要指标。"就业增长率"取决于"经济增长率"与"劳动生产率增长率"的差额。如何"保持经济的高速增长"与"创造足够多的就业机会"是目前我国经济发展的难点和重点。就产业本身而言，如果劳动生产率提高的速度高于产业增长的速度，那么本产业吸收劳动力的能力是下降的；如果劳动生产率的提高慢于产值的增长速度，那么本产业还会继续吸纳劳动力。因为"就业增长率"取决于"经济增长率"与"劳动生产率增长率"的差额。虽然经济增长在长期而言能通过规模效应增加就业，但是从短期来看，经济增长需要提高劳动生产率，而劳动生产率越高，就业机会就相对减少，就业压力也就越大。劳动生产率与就业成本指数相结合，可以评估企业就业成本上升的合理性。劳动生产率高，企业产出增长，员工工资增长，企业就业成本上升是合理的。当然劳动生产率与就业成本指数的关系也不是绝对的，经济泡沫导致的劳动生产率提高和就业成本上升就是通货膨胀的预兆。生产率与通胀之间的关系很难——对应，需要长期的数据才能进行分析。虽然这种联系不很清晰，但二者之间仍是相关的，美国联邦储备委员会就将生产率作为决定或调整利率水平的一个重要指标。

2. 工时利用率

工时利用率反映工人制度工时实际被利用的程度，通过工时利用率可以衡量有效劳动需求量，有效劳动需求量是企业在利润最大化约束下、以劳动力的边际产品价值等于劳动力价格（工资成本）为原则的劳动力使用量。名义就业人数是指在企业中有工作岗位并获取一定报酬的劳动者人数，而不管该劳动者是否被充分利用（达到标准工时）。有效劳动需求量反映了就业的有效性和利用程度，体现了就业的质量标准；名义就业人数反映了企业中在编人数的多少，是一个统计意义上的数量概念。在我国，统计上的从业人员数就是指名义就业人数，统计上的就业增长率也是以此指标计算出来的。一般说来，在西方市场经济国家，有效劳动需求量和名义就业人数两者在数量上与变动方向上是一致的。而在我国，有效劳动需求量和名义就业人数的数量关系在不同的经济体制下和在体制改革的不同阶段是不同的。在实行安置型就业的计划经济时期，有效劳动需求量往往小于名义就业人数，其表现是企业对劳动力的低效率使用、人浮于事、"有职无工"，即隐性失业；在市场经济改革初期，有效劳动需求量和名义就业人数的数量偏差逐步缩小，而当经济增长带来有效劳动需求量增加时，名义就业人数并不一定随之增加，而是表现为企业对冗员的充分利用，即经济增长不一定带来名义就业人数的增长；当市场经济改革完全到位时，经济增长与有效劳动需求量就会出现协同变动，而且所有就业人数均为有效就业者。

本章构建的四大维度企业就业测量指标体系为企业就业提供了分析框架，然而这一框架是建立企业内部的，在实际研究中还需要引入企业外部的相关因素，在宏观与微观的综合框架中具体探讨各指标的变化及其相互之间的关系。企业就业测量指标体系，是我国企业就业测量体系的基础和核心，由于不同时期数据的可获得性以及经济社会的发展目标不同，指标体系的具体构成和考察重点也会有所差异。下面拟根据我国的现实情况，具体谈谈如何实施我国企业就业测量体系的重构。

七、我国企业就业测量体系重构的二阶段实施建议

由于我国企业就业测量基础十分薄弱，构建类似西方发达国家的体系就当前而言是不现实的。我国企业就业测量体系的构建，应该在借鉴西方发达国家经验的基础上，结合我国经济发展的特殊性和就业数据的可获得情况，针对目前我国企业就业统计存在的问题，有重点地、阶段性地推进。

（一）第一阶段企业就业统计及测量体系的构建

1. 统一企业就业统计体系

扩大劳动统计报表制度的统计范围，明确将私营个体、乡镇企业规定为劳动统计对象，实现企业就业统计体系的一体化。

2. 全面调查与抽样调查的结合运用

考虑到劳动统计范围的扩大，统计分析工作量会相应增加，可以加强对全面统计和重点统计相结合统计手段的应用。当前我国实施抽样调查的最大障碍是经费投入不足，样本代表性无法满足各级政府部门的需要，基于这两点的考虑，我们建议劳动统计报表在原范围企业继续实施全面调查，在具体统计分析时各级政府可根据自身的数据需求在全面调查数据中实行样本代表性不同的抽样。对私营个体单位和乡镇企业实行抽样调查。

3. 调查指标的完善

当前的职工指标只是管理概念，应该去除职工统计，避免出现职工与从业人数统计的交叉。可考虑引入"员工"概念，对企业就业人数进行直接的统计。劳动力的自由流动是现代企业就业的特征之一，应该修改具有计划经济特征的调出调入指标为现行劳动力流动形式：雇用、临时解雇、永久解雇、离职及其他离开，进一步简化从业人员增减变动指标。将人工成本的统计纳入劳动统计报表当中，人工成本的统计以财务核算年度为统计年度，以财务及其他专业的统计核算数据为依据，由劳动工资统计部门单独进行统计，即保持相对的对立性。但人工成本的统计结果应与财务核算和其他专业统计核算的结果保持一致。国家统计局和各行业的主管机关、各地方政府，应将企业人工成本的统计结果，作为劳动工资统计公报的内容向社会定期公布，便于企业在国内外企业之间进行比较分析。

4. 企业样本框的维护

目前我国以基本单位普查获得的企业作为基本样本框，但是普查周期较长，不可能准确迅速反映企业的增减变动情况。工商行政部门的企业登记系统是目前我国最为详细、全面的企业信息库，能够及时、准确地反映企业的增减变动情况，可以根据企业所有制性质、企业规模、企业经营等获取不同类别的调查企业样本。工商行政部门可考虑设立专门的企业登记系统维护部门，专门负责企业样本框的维护，追踪企业的变化情况，为企业就业测量的实施提供了良好的技术框架。

5. 月度就业调查的设置

劳动统计报表制度由原来的月度调查改为季度调查，虽然减轻了统计量，却减弱了调查的时效性，考虑到全面调查的成本和企业的负担，我们可以设置月度就业抽样调查对这个问题加以解决。就业人数、工资总额是月度就业调查的主要指标。工作小时测量是目前我国企业就业测量体系中的空白，由于工作小时的统计需要企业在日常经营中进行记录，因此国家统计部门可以统一对企业做出日常工作小时记录的要求，并且相应地在月度就业调查中加入工作小时的测量。

6. 职位分类系统的建立和完善

职业（职位）就业测量是我国企业就业测量体系中的盲点。目前我国还没有科学成熟的职位分类系统，企业职位管理平台还没有搭建起来，使职业（职位）就业测量无法展开。因此在第一阶段，国家应该研究出台统一科学的职位分类体系，并且要求企业依照职位分类体系，建立企业职位管理平台，实现品位管理到职位管理的彻底转变。在这一阶段，国家可要求企业参照国家职位分类体系，对企业职业（职位）就业进行统计，国家有关部门对企业职业就业统计定期进行抽查，更正企业在职业就业统计中的错误，促进企业职位体系的构建。

（二）第二阶段企业就业统计及测量体系的构建

随着企业数量的增多，由劳动统计报表制度包揽所有统计及测量指标已经变得不现实，繁多的统计任务会在一定程度上增加企业的误报率，影响样本数据的真实性。因此在第二阶段需要将劳动统计报表制度中的一些指标分离出来，设置单独的调查。为了满足劳动力市场对就业数据的时效性要求，这些调查应为月度进行的抽样调查。

首先，将劳动力流动相关指标分离出来，另设劳动力流动调查（可与职位空缺调查相结合）。参照国际经验，进一步明确和完善劳动力流动指标统计：雇用、临时解雇（等待召回）、永久解雇、离职、其他离开。企业出现的待岗工人应划入临时解雇（等待召回）指标统计之中。

其次，经过第一阶段的发展，企业职位体系已经大体建立，可以实施职业就业调查，具体操作时可考虑将职业调查融入其他调查项目之中。职位就业调查的主要指标为就业人数和工资，对于日益增多的兼职就业、非全日制就业，为了便于对这些特定职业进行具体的分析，可考虑区分全职就业与兼职就业、全日制就业与非全日制就业。

经过两阶段的发展，我国可形成由劳动统计报表制度、月度就业调查、职业就业调查、劳动力流动调查构成的多元化企业就业测量体系，全面调查与重点调查相结合，全面反映企业就业状况。

八、结语

需求因素对劳动力市场影响程度的加深，决定了劳动力市场测量必须加强对企业的就业测量研究。我国企业就业测量体系已经不能满足当前劳动力发展的需要，测量指标、测量方法等方面都亟待改进，本章提出了四大维度的企业就业测量指标体系，并对重构我国企业就业测量体系提出了二阶段实施建议。下一步，应该更多关注企业就业测量技术本身的研究，如样本的抽取、数据的季节调整等。

第六章

建立全国统一的灵活就业调查体系[*]

一、研究背景与意义

20世纪70年代以来,由于产业结构变动和全球化导致市场竞争日益加剧,第三产业和高科技飞速发展以及文化理念不断更新,各种灵活就业方式应运而生并发展壮大,对当地劳动力市场产生了重要的影响。如今,这场就业方式的变革已经席卷了世界各地,在我国,灵活就业比重逐年上升,就业渠道和方式日益多样,出现了大量的不在单位就业的就业者(如保姆、小时工、自由职业者等),劳动力流动日益频繁,流动范围也越来越广,很多农村劳动力进入城镇就业,还有相当数量的游离于政府管理之外的非正规形式的就业者。所有这些,都从根本上动摇了原来以单位统计为基本特征的就业统计制度,导致了就业统计数据与实际就业情况的差距不断扩大。2000年根据第五次人口普查推算的全国就业人口为72 085万人,城镇为23 151万人,常规统计的全国就业人口为62 979万人,城镇就业人口为15 017万人,全国相差9 106万人,城镇相差8 134万人,[①]显然,传统的就业统计已难以全面反映我国的就业情况,规模越来越大的灵活就业的信息还未能纳入统计范围内,不同政府部门、不同学者目前只能依靠分散的数据对灵活就业规模进行估算。而灵活就业表现形式复杂、概念框架模糊,一直是

---

[*] 本章由牛玲执笔。原载《统计教育》2007年第11期。
[①] 全国第五次人口普查资料。

就业与失业测量中的难点之一，理论界至今对灵活就业的统计定义、调查指标与调查方式等问题还未有定论，估算的结果也众说纷纭，如灵活就业占就业总人数比重有从10%到70%的各种说法，使我国劳动力市场信息的完整性与可靠性受到影响。因此研究灵活就业的测量对于提高统计数据的准确性和可靠性，设计和评估有关就业的发展政策，为宏观管理提供决策依据都有着十分重要的理论意义和实践价值。

二、文献综述

相比灵活就业，国际上更多使用了非正规部门就业与非正规就业的概念，它们在内涵与外延上都有与灵活就业概念有相同之处。随着国际市场竞争日趋激烈，第三产业逐渐壮大，就业压力加剧，非正规部门就业与非正规就业在发达国家发展迅速，对它们的测量也面临着许多问题。

把握概念的统计定义是测量的基础，最早开展的是关于非正规部门的统计定义研究，如国际劳工组织在1993年15届劳工统计大会通过的《关于非正规部门就业统计的决议》，联合国1993年提出的包含在SNA账户中的关于非正规部门的定义[1]，以及经合组织（OECD）在2000年发表的《非正规部门测量手册》（Measuring Non-observed Economy handbook）都是这方面研究的代表。尽管它们的研究侧重点不同，但都单独界定SNA账户中的非正规部门，量化了非正规部门对GDP的贡献，指出非正规部门是由从事生产和劳务的单位构成，其特点是组织水平低，作为生产要素的劳动力和资本之间基本没有分工，生产规模小，一般包括小型企业和微型企业、家庭企业和独立的服务者。

随着劳动力市场灵活性的增强，可以观察到越来越多的非正规就业，包括非标准就业、非典型就业、可替换就业、非规则就业、非稳定就业等，以企业为基础定义的非正规部门已经不能满足就业的非正规化趋势，研究非正规部门的国际专家组和统计应用者认为非正规部门的定义应补充为非正规就业的定义与测量。2003年的17届国际劳工统计大会上将非正规就业定义为某个参考时期内所有非正规工作的总和，无论这些工作在正规部门企业、非正规部门企业和家庭企业，目的是将以企业为基础的非正规部门就业与以工作为基础的非正规就业概念联系起来，使它们可以根据不同的情况互相补充（ILO，2003）。

国际上对非正规就业测量研究的另一个重要内容是测量方式，一般来讲，测

---

[1] 国民经济核算体系（1993）将整个国民经济分为五个机构部门：非金融公司部门、金融公司部门、一般政府、为住户服务的非营利机构、住户部门，非正规部门为住户部门的一个子部门。

量方式包括直接调查法与间接估算法。住户调查法是主要的直接调查法，它以住户为报告单位，在现有的经济活动人口调查和类似的劳动力调查中增加一些针对非正规就业概念和特征的附加问题，可以提供有用的具有经济意义的非正规就业的数据，包括就业人员的数量、特征以及就业和工作条件。这种调查方法的成本相对较低，许多国家已经具有积极的经验（ILO，2000）。间接估算法是利用现有的统计资料，简捷的估算出非正规就业状况的一种有效地方法。从国际经验来看，一些国家通常将人口普查和劳动力调查中的行业、职业和部门数据结合起来，以近似的估计非正规就业的情况。很多学者从技术角度对这两种方法的运用进行了探讨，发现不同的抽样方法与样本对最终的调查结果有很大的影响（Jeemol，2004）。

为了促进我国就业的发展，缓解巨大的就业压力，我国劳动部门提出了灵活就业的概念。灵活就业无论从内容和形态上都表现出前所未有的复杂性，到目前为止，我国对灵活就业测量的研究还集中在定义与规模方面。冯兰瑞认为灵活就业亦称非正规就业，指的是劳动者到非正规部门就业（冯兰瑞，2000）；杨燕绥等认为灵活就业是指在劳动时间、工作场地与劳动报酬等方面具有灵活性的就业（杨燕绥，2003）；劳动与社会保障部劳动科学研究所课题组在2002年撰写的《我国灵活就业问题研究报告》中认为灵活就业是指在劳动时间、收入报酬、工作场地、社会保险、劳动关系等方面不同于建立在工业化和现代工厂制度基础上的，传统的主流就业方式的各种就业形式名称，其主要形式有以下几类：非全日制就业、临时就业、兼职就业、远程就业、独立就业、承包就业和家庭就业。这是目前国内比较通行的一种说法。

由于我国还未建立统一的灵活就业调查，现有对灵活就业规模的研究都是利用相关数据进行的间接估算，不同学者的观点都不尽相同，在中国，城镇灵活就业占总就业人数比重可能达到45.5%（孙淑芬，2004）。我国现有非正式职工约7 285万人，农村流动人口约为9 400万人，其中有80万人从事灵活就业，即7 250万人，两项合计，目前灵活就业人数约为1.5亿人，占总就业人数的20%左右（张丽宾，2005）。

总结上面已有的研究发现，国外对于非正规部门与非正规就业测量的研究主要是从防治贫困的角度出发，建立在成熟劳动力市场基础上的，而我国的社会环境不同于成熟的劳动力市场，灵活就业的概念更多是用于促进就业的目的。因此，照搬国际上非正规部门与非正规就业的测量是不够的，必须从中国就业的实际情况出发，以得出适合中国灵活就业测量的政策建议。纵观国内的研究，一方面还没有关于灵活就业的严密而准确的统计界定，仅仅就它的特征和范畴作了描述。另一方面，已有的测量研究都是集中在对非正规就业的统计上，而灵活就业与非正规就业从内涵到外延上都有所不同，对于灵活就业测量的研究文献还较缺乏。

三、研究任务、研究方法与技术路线

（一）研究任务

本章的研究任务包括：（1）考察我国现有的与灵活就业相关的测量体系，明确存在的问题；（2）比较我国灵活就业的测量与国际上非正规就业的统计，为我国灵活就业测量提供借鉴；（3）构建灵活就业测量的指标体系，这是进行灵活就业测量体系的基础；（4）提出我国灵活就业测量的调查方法。

（二）研究方法与技术路线

本章采用的研究方法为：文献法和访谈法。

通过文献法考察国外非正规就业的测量，在此基础上运用比较法进行国内外对比分析，明确灵活就业与非正规就业测量的差别。国内相关文献主要通过教育网的 CNKI 数据库、学校图书馆、北京图书馆获取。国外相关文献资料主要通过英文 ABI/INFORM（商业信息数据库）、综合性学术期刊全文图像数据库（ProQuest Academic Research Library）、（学术期刊全文数据库，Academic Search Premier 简称 ASP）、NBER 数据库、国际劳工组织网站、国外劳工网站（如美国劳工局）等获取。

通过访谈法了解我国现阶段与灵活就业有关调查。访谈提纲来自于对文献研究和比较研究的总结，我们进行了两大类人员的访谈。一是对统计局相关人员的访谈，深入探讨我国与灵活就业相关的企业调查与劳动力调查的问题，明确指标设置的目的、数据使用分析状况，以及下一步改革的方向。二是对基层劳动与社会保障部门相关人员的访谈，通过访谈了解基层对灵活就业的登记情况以及我国灵活就业相关政策，发现灵活就业测量中存在的问题，吸收他们对灵活就业测量体系构建方面的建议。

四、研究结论

（一）灵活就业界定标准模糊，统计口径不一致

统计意义的概念强调边界的划分，强调有界外延，其结论是非此即彼的，这是统计概念完备性与互斥性的要求。完备性指统计范围内的所有对象均包括在

内，它强调不遗漏，互斥性指所有统计对象都要归为一类，它强调不重复。

目前，我国对于灵活就业的界定标准还"五花八门"，有的以工作岗位为界定对象，也有的以部门与就业形式为界定对象。总结起来，较多使用的界定要素有以下几个：

第一，类似于ILO"非正规就业"的界定指标：如在非正规部门或非独立法人单位就业，在正规部门临时就业等。

第二，劳动关系：包括是否签订正规劳动合同，就业是否稳定，是否被长期雇用等。

第三，就业政策：未参加社会保障，法律不保护、劳动部门不保护的就业是灵活就业。

第四，用工制度：如劳动时间、工作地点、劳动报酬等方面不同于传统就业模式的就业就是灵活就业。

由此看来，"灵活就业"的定义多是描述性的、举例性的，缺乏理论依据。在这些定义中，用来界定灵活就业的标准时多维度的，不同群体，从不同角度，为不同目的，对工作的灵活性的认知标准是不同的，判断灵活性的要素也是不统一的。由于统计口径不一致，各部门、各个人的统计口径存在很大差别，有学者认为非正规就业包括三部分：一是城镇私营企业；二是个体经济；三是城镇总就业人数减去国有、城镇、集体和其他单位以及私营和个体人员，是由进城农民、下岗职工、再就业职工和其他灵活就业人员组成。（孙淑芬，2003）。由于这些估算结果都没有可比性，在此基础上进行的研究和政策建议也没有达成共识的基础。

（二）测量体系分散，缺乏完整的灵活就业数据

我国与灵活就业相关的统计主要包括三部分：一是城镇单位就业情况定期报表制度。从调查的范围来看，此项调查以独立核算的法人单位为对象，包括除了个体与私营之外的所有城镇企业，调查主要指标包括：从业人数、新增和调入的从业人员、减少和调出的从业人员、劳动报酬等。其中单位从业人员包括在岗职工，聘用留用的离退休人员，外籍及港、澳、台方人员，人事档案保留在原单位人员以及其他从业人员，因此灵活就业中的临时就业、兼职就业与派遣就业都需要统计在其他从业人员中，可以反映出城镇正规部门的部分灵活就业状况。但是对于工作方式较灵活的正式员工还未能区分，如远程就业人员等，这部分人员与传统就业模式的雇员同时被统计在岗职工这一指标中。

二是以家庭为基础的调查，包括人口普查、劳动力调查、家庭的收入与支出调查与生活水平调查等。我国目前以家庭为基础的调查主要包括人口普查、人口

1%抽样调查与劳动力调查等，调查的数据类型有人口、就业、失业、收入水平与教育程度等，其中某些指标可灵活就业的判断标准。以 2005 年进行的全国 1% 人口抽样调查为例，调查中按照就业身份将就业者分为雇员、雇主、自营劳动者与家庭帮工，而自营劳动者与家庭帮工都是灵活就业的重要形式，依据这个指标就可以调查灵活就业的部分情况。此外，1% 人口抽样调查中还设置了是否签订劳动合同、是否参加社会保险与工作单位类型等指标，这些指标都可以用来鉴别灵活就业。但是由于灵活就业形式复杂，涉及工作时间、劳动关系与工作地点等诸多要素，现有调查中的指标还不能完全反映出我国灵活就业的情况，如发展迅速的兼职就业是与劳务公司签订劳动合同，被派遣到某些正规企业工作，由劳务公司缴纳社会保险，依靠现有的指标还不能进行区分。

三是政府部门的行政记录，主要包括工商行政部门的记录与劳动社会保障部门的记录。自营就业和家庭就业是灵活就业的重要方式（按照国际劳工组织的定义，这两类可划入"非正规部门就业"），在我国主要表现为私营企业和个体经营，他们在注册时须填报雇佣人数，可以获得这部分灵活就业的数据。

劳动与社会保障部门从促进就业与保障生活等角度出发，通常会对某些就业情况、人数进行统计，所以他们的记录是获得灵活就业统计数据的重要渠道之一，比如社区最低生活保障的资料、劳动保障部门关于非正规就业劳动组织的统计资料与社会保险经办机构资料。

从以上的分析可以看出，我国对于灵活就业的测量还只是分散在不同的调查与政府行政记录中，每项调查都只能反映出灵活就业其中一部分的情况，一方面这些来源的数据之间存在交叉，如企业就业情况报表与劳动部门的记录之间可能会有重叠，另一方面，将这三个来源的数据加总也不能完全统计出我国灵活就业的状况。现有的统计指标并不是针对灵活就业而制定的，所以虽然能够鉴别出一部分灵活就业人员，但由于灵活就业包含的维度较多，依靠这些指标难以区分出所有的灵活就业人员，每项调查都会有大量遗漏，使得我国缺少完整的灵活就业数据，难以进行深入的分析。

（三）*数据信度较低，难以反映灵活就业的真实情况*

如何提高测量的信度，一直都是灵活就业测量的难点。以上提到的几种方式的调查或多或少都存在这个问题，有关灵活就业的数据信度都较低。首先，企业就业情况报表制度中对"灵活"员工的统计，增加了企业的管理负担，同时还会增加企业的运营成本，出现"灵活"员工的保险问题，与企业就业人数相关的残疾人保障金、献血、植树、卫生防疫等企业社会责任问题，使得企业对于使用的农村劳动力、临时就业人员、兼职人员等只进行大致的估算或者根本不作统计，大大降低了灵活就业数据的真实性和准确性。其次，我国工商部门采取的是登记制度，即个体或私营企业在工商部门注册时登记它们的就业人数，7 人以下为个体经营，7 人以上为私营企业，此后在每年的审核中，雇佣人数为选择项目，可填可不填。雇主出于自身利益考虑经常隐瞒实际雇佣的人数，而工商部门也没有任何核对的措施，因此，私人企业与个体经营雇佣人数的变化情况得不到充分的反映，数据的真实性也有待提高。最后，无论是社区最低生活保障资料，还是社会保险经办结构的资料都采取的是登记的方式，即需要当事人主动到劳动部门进行登记，而没有登记的人员则没有记录，很多灵活就业人员可能由于不了解相关政策等原因而放弃登记，他们在统计时就会被遗漏。同时，由于我国户籍制度的影响，低保等政策还只是针对城镇人口，相关资料对于进城务工的农民工记录较少，而农民工在灵活就业中占有很大比重，缺乏这方面的记录，势必导致最终的灵活就业数据的不准确。

（四）与非正规就业统计混淆

除了灵活就业概念外，目前理论界也经常使用来源于国际劳工组织的非正规就业概念，甚至在很多情况下将灵活就业等同于非正规就业，在此前提下，认为国际上对非正规就业的测量可直接应用于我国灵活就业的测量。非正规就业的统计定义是在 17 届国际劳工统计大会上通过的，将非正规就业的概念框架从两个维度划分，生产单位类型和工作种类，生产单位的类型按照法人组织和与企业相关的特征划分，工作类型按照工作在就业中的地位和与工作相关的特征划分。生产单位划分为三组：正规部门企业、非正规部门企业和住户。正规部门企业包括：合作制企业（含有准合作企业）、非营利性组织、政府独资企业（政府所有非合作企业）以及生产用于出售和交易的产品与服务的私人非合作企业中不属于非正规部门的部分。工作是按照其在就业中的地位和正规与非正规的性质来区别的，关于在就业中的地位，使用的是 ICSE - 93 的五组：自雇佣工人、雇员、无酬家庭工人、雇主和与生产者合作人员。

从我国目前主流的灵活就业的定义看，灵活就业涉及劳动时间、工作场地、保险福利与劳动关系等多个因素，只有其中一点有别于传统的就业方式就可以认为是灵活就业，比如，由于科技和新兴产业的发展以及现代企业组织管理和经营方式的进一步变革而产生的远程就业与非全日制就业，这部分灵活就业人员也可是正规企业的正式雇员，只是在工作场地或劳动时间方面与传统就业方式不同，仅从生产单位类型与工作种类这两个维度就不能区分出它们。此外，在国际劳工组织的规定中，只有第一职业从事非正规就业的从业者才可以被统计为非正规就业人员，也就是说如果兼职从事非正规就业的从业者是不能包括在非正规就业中的，而兼职就业是我国灵活就业的一种重要方式，如果直接运用非正规就业的测量，那么这部分灵活就业人员会被忽略。

由此可见，我国的灵活就业比国际上所认定非正规就业覆盖范围更广，就业形式更加复杂、多变，可以认为灵活就业不仅包括非正规就业，而且包括部分正规就业，所以直接照搬非正规就业统计定义与方法对我国灵活就业进行测量是不能充分反映灵活就业全貌的。

五、建立全国统一的灵活就业调查体系

（一）确定调查指标

国际劳工组织的"非正规就业"主要是为了鉴别出"贫困的就业人口"以及统计他们对经济的贡献，而"灵活就业"目的是反映出越来越多的灵活就业形式。对灵活就业做出界定时，需要考虑三个方面的因素，即体现出灵活就业的本质、灵活就业发展的现实意义及与它规范就业相比较的特征。此外，由于我国劳动力市场管理放宽，相关立法缺乏，已有法律法规执行不严，本应"正规"的就业变得不正规，如果以这一过渡时期的现状为基础，制定出来的界定标准可能不具有长效性，因此，还需要区分决定"灵活就业"的本质性因素和暂时性因素（劳动与社会保障部劳动科学研究所，2005）。结合中国国情，考虑到统计指标的可操作性，我们认为灵活就业的调查指标有以下几类，只要满足其中一条即可认为是灵活就业。

1. 劳动关系情况

由于种种原因，灵活就业的劳动关系不稳定，劳动契约关系松散，不受法律法规政策的保护。可包括的指标有：是否签订劳动合同、是否有带薪病假与假期、是否有解雇补偿金与工作的企业是否在工商部门注册。

2. 经济组织

就业的组织状况对就业的性质有很大的影响，在我国，大部分的灵活就业还主要分布在非正规部门中，如个体经组织。调查中可包括的指标有：就业身份、工作企业的人数、工作企业是否在工商行政部门注册、工作企业的缴税方式、工作企业的类型、工作企业的行业等。

3. 就业身份

就业身份可分为雇主、雇员、自营就业者与家庭工人，自营就业者、家庭工人一部分在正规部门工作的雇员被视为灵活就业者。

4. 工作时间

季节性工作、短期工作、非全日制工作这些在工作时间上区别于传统就业的形式都属于灵活就业可选择的指标有：劳动合同的期限、是否被长期雇佣、是否连续工作、是否从事第二职业、上周劳动时间。

5. 工作地点

工作地点在家中、街头或与企业无关的就业属于灵活就业。指标也可用工作地点一项。

6. 社会保障

在我国灵活就业人员大部分还没有被纳入到社会保障体系中，未参加社会保障的就业也可视为灵活就业。指标设置为：是否参加养老保险、是否参加医疗保险、是否参加失业保险。

此外，这里还有两个问题值得我们注意：

第一，兼业人员是否被统计为灵活就业。

对于第一职业从事稳定的、非灵活就业、第二职业从事灵活就业的兼业人员，是否在调查中被统计为灵活就业的问题涉及灵活就业调查对象是岗位数还是人数。如果是以岗位为对象，这类兼业人员也从事灵活就业岗位，他们就应当被统计为灵活就业人员，反之亦然。我们认为，灵活就业调查的目的是为了反映出灵活就业的规模、结构以及对经济的贡献，调查中应当以岗位作为调查对象，所以兼业人员是应该包括在灵活就业中的。

第二，自由职业者是否应统计为灵活就业。

这部分自由职业者往往不受雇于任何单位，而是根据自身特长与相关单位建立技术与技能服务关系，以工作量计报酬，多为自由撰稿人、设计人员、翻译与律师等，由于他们的工作条件较好，收入较高，不同于大多数灵活就业人员的情况，所以部分实际部门将自由职业排除在灵活就业之外。一般而言，虽然收入与就业有着十分密切的关系，但灵活就业强调的是工作的性质，自由职业者收入较高，他们就业也采取的各种灵活的方式，与其他灵活就业人员相比并无区别。同时，这个"标准"本身定在多少合适，也是一个见仁见智、难以统一的问题。所以我们认为可以在调查中设置收入的指标以反映灵活就业人员的工作状况，但在界定灵活就业人员时，不应当加入收入标准，自由职业者也应当被统计。

（二）确定调查方式

从一些国家的实践看，非正规就业的调查的基本思路是：第一步以基础抽样为基础，实行多阶段抽样，以获取样本住户；第二步通过住户调查获取有关人员的就业和工作状况，调查所有家庭成员的主要和次要活动，进而判断住户是否从事非正规就业；第三步重点调查非正规就业的情况，并据此推出非正规就业的总量和结构数据。鉴于非正规就业活动主要涉及的是住户的生产和就业情况，在大多数国家以上调查都是由从事人口与劳动力调查的专业统计部门承担的。① 这一点对于我国的灵活就业调查无疑具有借鉴意义。

就灵活就业的调查方式而言，此项调查既可以作为一项独立的调查进行，也可以作为一种附于现有劳动力或其他住户调查上的子模块方式进行。显然，后一种方式只有在拥有适宜的基础性调查，并且在调查实施和信息反馈方面可将灵活就业与其他专题相结合的条件下，才能有效地加以运用。我国目前已经开展了人口、住户家计与就业等领域的调查工作，积累了相当的经验，尤其是于2004年9月印发了《关于建立劳动力调查制度的通知》，调查对象采用了常住人口标准，将所有与劳动力有关的数据统一按常住人口的口径的进行统计，包含流动人口特别是进城务工的农民这一重要因素，而不是人为地将他们排除在外。调查方法利用每年进行的人口变动情况抽样调查的样本进行调查，采用多阶段、分层、整群抽样的方式抽取，调查的住户既包括家庭户，也包括集体户。调查采取调查员入户访问的方式，对住户中的登记对象逐一进行询问和登记。

从上述情况看，我国劳动力调查已经具备了作为基础调查的条件，可将灵活就业调查模块附于劳动力调查中，在劳动力调查中附加关于灵活就业的问题，由此收集的信息能够作为灵活就业专项调查中识别住户和个人的基础，无须再建立专门的住户名录；然后在劳动力调查的基础上针对以上住户名录对灵活就业人员开展专项调查，获得灵活就业数量、结构等方面的数据。这种调查方式与单独的灵活就业相比，无疑会提高调查效率、节省调查费用。

（三）提高调查信度

灵活就业的敏感性决定了这一领域的从业人员往往不愿暴露自己的身份，他们对于政府统计部门的调查可能采取消极对付的态度，不提供真实情况。如在我国普遍存在的"隐性就业"现象，劳动者在失业期间实际上处于就业状态并拥有相应的收入来源，就业的形式更多是临时工、弹性工、非全日制工等形式，也就是我们所说的灵活就业形式。从我们对北京市某些街道社区的调查中发现，80%的登记失业人员事实上都在工作，他们在灵活就业的入户调查中，可能出于自身利益（如领取失业保险），向调查员隐瞒真实的就业状况。所以，最大限度地保证调查数据的真实性，也是灵活就业测量的难题。被调查者对于调查的内部动力是影响调查数据的真实程度的重要因素，也是我国就业、失业测量普遍存在

---

① OECD, *Measuring the non-observed economy-A Handbook*, 2002.

的问题。内部动力来源于被调查者提供真实数据获得的收益,如果提供真实数据的收益大于提供真实数据的成本,那么被调查者内部动因上升,就业数据的真实程度提高。就我国灵活就业测量而言,提高调查数据的信度的一条有效途径就是政府为灵活就业人员制定相关的优惠政策。比如明确灵活就业的法律地位,完善社会保险的业务管理办法,制定相应的个人申报登记办法、资格审核办法和个人缴费办法,将灵活就业人员纳入社会保障体系中;为灵活就业人员提供形式多样的职业指导和职业培训,提高他们的就业能力;切实保障灵活就业人员的合法权益等。这样,当灵活就业人员认识到他们的就业状况及就业身份可以带来真正的实惠与利益,面对调查时提供真实数据的内部动力就会上升,调查的准确性也会提高。

第三篇

宏观经济与就业

第七章

汇率变动、宏观经济与就业战略[*]

——基于开放经济条件下总需求—总供给模型的研究

改革开放以来,我国经济出现了"高增长、低就业"或就业弹性下降的现象,1980~2006年实际GDP[①]平均增长率为9.67%,但就业增长率则从1980年的3.26%降到2006年的0.758%。而随着我国开放程度的加大,外贸依存度的逐年提高,进出口占GDP的比重由1980年的12.54%提高到2006年66.85%,也就是说,目前我国经济发展大约2/3靠对外贸易。但是,随着近年来我国经营项目和资本项目双顺差的持续扩大,人民币升值的压力和呼声日益高涨。此种情况下,人民币对美元汇率已从2005年7月21日人民币汇率形成机制改革前的8.27元降到目前的6.86元左右[②],人民币对港元和英镑也保持了升值势头。在开放经济条件下,我国经济受外部经济状况的影响,以及来自外部的风险越来越大,如何实施扩大就业的发展战略,从而实现宏观经济和就业的一致增长已经成为我国重要的政策目标与挑战。因此,分析人民币汇率变动对我国就业的影响,以及提出相应的就业战略政策建议具有理论和政策上的迫切性。本章利用开放经济总需求—总供给模型中同时分析了人民币实际有效汇率、货币供给和政府消费支出等因素对我国就业的影响,并对我国的就业促进战略提出了政策建议。

---

[*] 本章由曾湘泉、卿石松执笔。
[①] 实际由名义GDP除以GDP缩减指数(2000年=100)得到,GDP和就业数据都来源于2007年《中国统计年鉴》,GDP缩减指数来源于IFS数据库。
[②] 2008年8月15日数据为6.86元,来源于中国人民银行网站(http://www.pbc.gov.cn)。

一、文献回顾与问题的提出

汇率变动对真实经济,尤其是对劳动力市场就业的影响及其渠道一直是理论研究者和政策制定者关注的热点问题。从布朗森和勒夫(Branson and Love,1986)和雷文加(Revenga,1992)的开创性研究开始,大多数针对发达国家的实证研究都发现本国货币升值对就业有显著的抑制作用。布朗森和勒夫(1986)认为,汇率变化改变了产品的相对价格和竞争力,比如升值提高了国内产品的相对价格和降低了产品在国际市场的竞争力,使得产品需求减少,从而就业减少。而坎帕和戈德伯格(Campa and Goldberg,2001)认为,升值除了减少出口(增加进口)之外,还可以减少中间产品的进口成本而对就业产生影响,并利用美国 1972~1996 年产业层面的年度数据发现汇率升值对就业(岗位数量和工作时间)有负面影响。另外,戴克利(Dekle,1998)对日本制造业、古林查斯(Gourinchas,1999)对法国制造业,以及阿卜杜勒纳瑟和马努切赫尔(Abdulnasser and Manuchehr,2006)对法国 5 个行业的检验都发现本国货币升值对就业有负影响。在国际比较方面,伯杰斯和克内特(Burgess and Knetter,1998)考察了 G-7 国家产业层面上就业对汇率变动的反应,实证检验发现各个国家的货币升值都对制造业就业有负面影响,但由于产品市场和劳动力结构的不同,制造业就业受汇率变动影响的程度和就业调整的速度不同。

以上文献都集中于对发达市场经济国家的研究和探讨,但由于发展中国家对外部经济的依赖程度较高,以及具有不同的产品市场结构和劳动力市场特征,汇率变动对其劳动力市场将产生更重要或不同的影响。费伦克尔(Frenkel,2004)认为发展中国家实际有效汇率的变动,能够影响总需求(宏观经济渠道)、投资和经济增长(发展渠道)和改变劳动的相对价格从而改变单位产出的劳动雇佣量(劳动密度渠道)来影响就业,并通过对阿根廷,巴西,智利和墨西哥等发展中国家的实证研究发现,本币贬值降低了这些国家的失业率。但爱德华兹(Edwards,1986)认为,当发展中国家需要投入大量进口中间产品和存在外债的情况下,本币贬值可能会对就业有负面影响。加林多、伊斯基耶多和蒙特罗(Galindo,Izquierdo and Montero,2007)对巴西、智利和阿根廷等 9 个存在大量美元债务的拉美国家的检验发现,尽管本币贬值对总就业的增长是有利的,但在高美元负债的行业,货币贬值对就业增长的效应降低,甚至出现了反向的结果。

至于人民币汇率对我国就业的影响,俞乔(1999)做了理论探讨。范言慧和宋旺(2005)利用 1980~2002 年的年度数据、华平(2007)则利用 1993~2002 年的省级面板数据都实证研究发现人民币升值对我国制造业就业有抑制作用。在人民币汇率对宏观总量就业的影响方面，万解秋和徐涛（2004）利用两变量（总体就业和人民币兑美元汇率）间的最小二乘法（OLS）回归发现人民币升值（贬值）对就业有抑制（促进）作用。丁剑平和鄂永健（2005）发现人民币实际汇率与贸易部门（工业）就业存在负的协整关系，但与非贸易部门就业不存在长期稳定关系。他们由此推断出，实际汇率升值对我国总体就业有抑制作用，他们另外的一项研究证实了这点（鄂永健、丁剑平，2006）。

总的来看，国内学者在理论和实证研究上都对人民币汇率与就业之间的关系做了有益探索，得出人民币升值抑制（制造业）就业的结论，但现有文献的研究内容要么局限于汇率与制造业就业之间的关系，要么仅考虑汇率与总体就业两者之间的关系而没有同时考虑其他影响就业的宏观经济政策因素，因而也就忽视了汇率变动情况下的宏观经济政策含义，从而也就降低了这些研究成果对于就业促进的政策实用性。因此，将人民币汇率和宏观经济政策同时纳入影响就业的分析框架，并就开放经济条件下我国的就业促进战略提出政策建议是一个值得研究的问题。

本章余下的安排是：第二部分基于坎迪勒和米尔札依（Kandil and Mirzaie，2003）提出理论分析框架，分析了汇率影响就业的渠道和效应，以及货币供给、财政消费支出等因素对就业的影响；第三部分是在理论分析的基础上构建向量自回归（Vector Auto-Regression，VAR）模型，并对数据来源进行了说明；第四部分是实证分析，利用广义脉冲响应函数和方差分解等方法检验了人民币实际有效汇率变动对就业增长的作用，同时评估比较了汇率、货币供给和政府消费支出对就业增长的贡献程度；最后是结论部分，并提出了促进就业的汇率、宏观经济等政策建议。

二、分析框架

经典的经济学范式是需求和供给分析，本章对坎迪勒和米尔札依（2003）[1]开放经济条件下理性预期的总需求和总供给模型进行了简化，旨在说明人民币汇率变动影响就业的渠道和效应。

（一）汇率对总需求的影响

在需求方面，产品市场和货币市场的均衡方程分别由开放经济下的 IS 和 LM

---

[1] 该模型开始应用于分析汇率变动对国内产出和价格的影响（Kandil and Mirzaie，2002）。另外，巴赫曼－奥斯库等（2007）也利用模型的简化形式检验了汇率变动对美国制造业等行业就业的影响。

曲线表示。下文的小写字母表示相应经济变量的对数值，下标 t 代表时间，所有的系数都是正的。

$$c_t = c_0 + c_1 y_t \tag{1}$$

$$i_t = i_0 - i_1 r_t \tag{2}$$

$$R_t = \frac{S_t P_t}{P_t^*} \tag{3}$$

$$x_t = x_0 - x_1 \log(R_t), \quad x_1 > 0 \tag{4}$$

$$im_t = m_0 + m_1 y_t + m_2 \log(R_t), \quad m_1, m_2 > 0 \tag{5}$$

$$y_t = c_t + i_t + g_t + x_t - im_t \tag{6}$$

$$m_t - p_t = -\lambda r_t + \varphi y_t + \theta s_t \tag{7}$$

方程（1）~（6）描述了产品市场的均衡。在方程（1）中，居民实际消费（c）与实际可支配收入（y）正相关（没有考虑税收，居民的实际收入等于可支配收入）。方程（2）表示实际投资（i）与实际利率（r）负相关。方程（3）中，s 代表用外币表示的一单位人民币的价格（间接标价法），P 和 P^* 分别代表国内和国外的价格水平，R 表示国内产品的相对价格，即人民币实际有效汇率（上升表示人民币增值），它代表了国内产品相对于进口产品的竞争力。方程（4）表示出口需求（x）与实际有效汇率负相关。方程（5）表示进口需求（im）与居民实际收入和人民币实际有效汇率正相关。方程（6）代表了产品市场的均衡，居民实际收入（y）等于总的消费支出，而总的消费支出是实际消费支出（c）、实际投资（i）、政府实际消费支出（g）和净出口（$x-im$）之和。

把方程（1）~（5）代入方程（6），得到了 IS 曲线（见本章附录），它描述了实际收入与汇率和利率之间的负关系。

方程（7）代表了货币市场的均衡，左边代表的是名义货币供给（m）按价格水平（p）缩减之后的实际货币供给，对货币的需求与实际收入正相关、与利率负相关（没有考虑通货膨胀），与汇率正相关，因为居民除了拥有本国货币进行交易需求之外，同时也会拥有国外货币进行投机需求，人民币汇率（s）上升增加了人民币的投机需求。

从方程（7）解出利率 r，即 LM 曲线（见附件），从 LM 曲线可以得到利率与汇率负相关。再把利率 r 的表达式代入 IS 方程，从而得到实现了产品市场和货币市场同时均衡的总需求（AD）曲线：

$$y_t^{AD} = A \left[c_0 + i_0 + x_0 - m_0 - (m_2 + x_1) \log(R_t) + g_t + \frac{i_1}{\lambda}(m_t - p_t) - \frac{\theta i_1}{\lambda} s_t \right]$$

其中 A 是大于零的常数（见本章附录）。从总需求方程可以得到，总需求与货币供给和政府消费支出正相关，与国内价格水平负相关，但与国外的价格水平正相关，重要的是，总需求与汇率负相关。人民币升值通过总需求对就业的负影响有两个传导机制：

（1）从 IS 曲线看，人民币升值提高了国内产品相对于进口产品的价格，使得出口减少、进口增加，从而降低了国内产品的需求和就业。这个渠道的效应受到国内产品在国际市场的竞争结构、需求价格弹性和劳动密度的影响。竞争程度越大、弹性越大的商品出口减少的越多，而产品劳动密度越大则就业减少越多。

（2）从 LM 曲线看，人民币升值，增加了对人民币的投机需求，引起利率上升，从而降低投资需求和减少就业。这个渠道的效应与货币和资本市场的管制程度相关，管制越严格、资本流动限制越多，汇率对利率的影响就越小，从而对就业的负面作用就越小。

（二）汇率对总供给的影响

在总供给一方，假定生产函数是 Cobb-Douglas 式的，并且假定资本存量不变，投入要素为劳动（L）和进口中间产品（进口非劳动要素，N），同时存在能源价格对产出的冲击（Z）。人民币升值，进口中间产品变得便宜，劳动边际产品价值提高，从而增加劳动需求。总供给曲线可由方程（8）~（12）表示：

$$Q_t = L_t^\delta N_t^{1-\delta} e^{-z_t} \tag{8}$$

$$Y_t = Q_t - \frac{1}{R_t} N_t \tag{9}$$

$$l_t^d = n_t - \eta [w_t - p_t + z_t - \log \delta], \quad \eta = \frac{1}{1-\delta} > 0 \tag{10}$$

$$n_t = l_t + \frac{1}{\delta}[\log(1-\delta) - z_t + \log(R_t)] \tag{11}$$

$$l_t^s = \eta \log \delta + a_1 w_t \tag{12}$$

方程（8）表示国内生产总值（Q），方程（9）表示国内生产的增加值，等于总产值减去进口中间产品的价值。当产出达到最优时，即劳动边际收益等于劳动的边际成本（实际工资，W_t/P_t）和进口中间产品的边际收益等于实际价格（$1/R_t$）时，得到劳动和进口中间产品的投入量。方程（10）表示最优的劳动需求，劳动需求与工资和能源价格负相关，而与价格水平正相关（因为价格水平上升降低了劳动的成本）。方程（11）表示最优的进口中间产品投入量，它与汇率正相关，与能源价格负相关。劳动需求与进口中间产品的需求正相关。方程（12）是劳动供给曲线，劳动供给与工资水平的正函数。

当要素（劳动和进口中间产品）市场达到均衡时，得到就业（l_t）和进口中间产品（n_t），相应地也就实现了最优的产量 q_t（见本章附录）。就业（产出）与人民币汇率水平和国内价格水平正相关，而与能源价格负相关。

最优产量扣除掉进口中间产品就是生产增加值，即总供给曲线 y_t：

$$y_t^{AS} = (a_1+\eta)\log\delta + \frac{a_1}{\delta\eta}\log(1-\delta) + a_1 p_t + \frac{a_1}{\delta\eta}\log(R_t) - \frac{a_1+\eta+a_1\eta}{\delta\eta}z_t$$

从总供给曲线可以得到，总供给（就业）与汇率、价格水平正相关，而与能源价格和国外价格水平负相关。因此，人民币升值通过总供给渠道对就业有促进作用，而这个渠道的效应大小取决于进口中间产品在生产中过程中的利用程度，这个渠道的积极效应主要发生在那些对进口投入品依赖较大的发展中国家中。

（三）汇率对均衡就业的影响

当总需求等于总供给时，达到市场均衡，市场均衡时的就业量为：

$$l_t^E = C - \frac{A\lambda a_1(1+\delta\eta)+i_1(\theta-A)}{B}s_t + \frac{Ai_1 a_1(1+\delta\eta)}{B}m_t + \frac{A\lambda a_1(1+\delta\eta)}{B}g_t \\ - \frac{a_1(1+\delta\eta)[B-\lambda\delta\eta(1+a_1+a_1\eta)]}{B\delta\eta}z_t + \frac{Aa_1(\lambda-i_1+\lambda\delta\eta)}{B}p_t^* \quad (13)$$

A、B 和 C 都是常数，其中 A、B 大于零（见本章附录）。

从均衡就业表达式可以得到，均衡的就业量与货币供给、财政支出和国外价格正相关，而与能源价格负相关，但与汇率之间的关系理论上并不能确定。因为人民币升值通过需求渠道的作用是减少就业，而通过供给渠道的效应则会缓减人民币升值对就业的负面作用，人民币升值对就业的最终作用取决于需求和供给渠道的相对效应。

三、计量模型与数据来源

以上理论分析表明，劳动力市场均衡就业由汇率、货币供给、政府消费支出、能源价格和国外产品（平均）价格水平决定。国外产品价格水平主要反映在人民币实际有效汇率中，因此，计量分析模型不包括国外产品价格水平，主要检验就业与实际有效汇率、货币供给、政府消费支出和能源价格实际对数值之间的关系。

（一）计量模型与方法

在某些给定条件下，向量自回归模型能够用来确定一个基本的经济冲击给其他经济变量带来多大影响，即其他经济变量对该基本经济冲击的响应大小，所以 VAR 被公认为描述变量间动态关系的一种实用方法。一般的 p 阶无约束 VAR 模型（记为 VAR(p)）可表示为如下形式：

$$Y_t = A_1 Y_{t-1} + A_2 Y_{t-2} + \cdots + A_p Y_{t-p} + \varepsilon_t, \quad t = 1, 2, \cdots, T$$

其中，Y_t 是研究涉及的 k 维向量，p 是滞后阶数，T 是样本个数。ε_t 是扰动向量，它们可以同期相关，但与 $t-1$ 期及其以前的变量不相关。A_1, A_2, …, A_p 是待估计系数矩阵。具体来说，本章的 VAR(p) 模型中的 Y_t 是"就业、实际有效汇率、货币供给量、政府消费支出和能源价格"这 5 个变量的向量表示。

(二) 变量定义与数据说明

就业用全社会年底就业人数表示[1]；汇率采用人民币实际有效汇率[2]指数；实际货币供给用广义货币供应量（货币加准货币，M_2）除以当年 GDP 缩减指数得到；实际政府消费支出用政府消费支出除以当年 GDP 缩减指数得到；考虑到我国的能源市场与国际市场还是有很大的差距，能源价格用国际油价衡量不太合适，本章采用我国石油工业的出厂价格指数（2000 年 = 100）替代。对以上变量取对数之后分别记为 $LogL_t$、$LogR_t$、$LogM_t$、$LogG_t$ 和 $LogZ_t$。

本章使用的数据是 1980～2006 年的年度数据，全国年底就业人数和石油工业出厂价格指数来源于历年的《中国统计年鉴》。为了保持一致，其他数据如政府消费支出、货币供给、实际有效汇率指数（2000 年 = 100）[3]和 GDP 缩减指数（2000 年 = 100）都统一来源于 IFS 数据库。

改革开放以来，我国的实际有效汇率经历了一个总体贬值的过程（见图 7-1），1980～1993 年急剧贬值，1993 年后开始回升。尽管相对来于过去的贬值来说，升值幅度较小，但 1993～1998 年的有效汇率直线上升，而 1999～2006 年则相对平缓。在这期间，我国的汇率制度也发生了几次调整，在改革开放初期，我国实行的是固定汇率政策，1988～1993 年，实行官方汇率和外汇调剂市场汇率并存的双轨制汇率政策，而 1994 年实施并轨改革，之后实行的是有管理的浮动汇率政策。

---

[1] 就业量理论上包含人数和工作时间两层含义，但根据曾湘泉等人 2003～2004 年对北京、长沙和广州三个城市的调查研究发现，虽然工作时间灵活性有加强，但周平均工作时间为 44.6 小时，变化不大，基本符合 1994 年通过的《劳动法》每周工作 44 小时的规定（参见曾湘泉和卢亮《标准化和灵活性的双重挑战——转型中的我国企业工作时间研究》，载《中国人民大学学报》2006 年第 1 期）。另外，尽管《中国统计年鉴》公布的就业人数有低估的嫌疑，但 1990 年之后的数据都是经过人口普查修正之后的数据。因此，年底就业人数基本反映了我国就业增长的变化趋势，对本章的研究结论不会有太大影响。

[2] 实际有效汇率不仅考虑了所有贸易伙伴国双边名义汇率的相对变动情况，而且还剔除了通货膨胀对货币本身价值变动的影响，能够综合地反映本国货币的对外价值和贸易品的国际竞争力。

[3] 该指数采用汇率的间接算法，上升表示人民币升值，下降表示贬值。

实际有效汇率

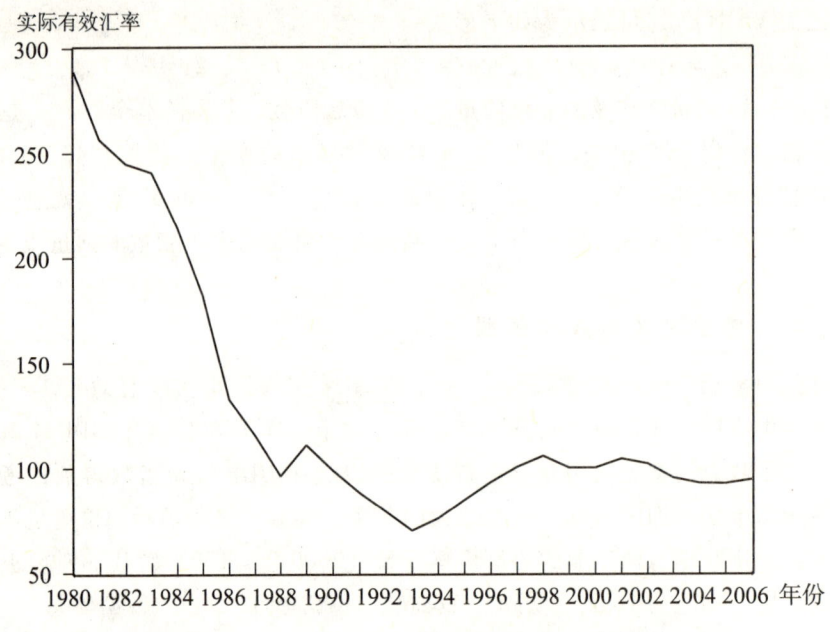

图 7-1　1980~2006 年实际有效汇率指数

四、实证分析结果

(一) VAR 检验结果

首先，我们应用 ADF (Augrnented Diekey-Fuller) 和 PP (Phillips-Perron) 检验方法对各序列及其一阶差分序列（原变量前加"D"）进行了单位根检验。检验结果发现各序列都存在单位根，但一阶差分序列都是平稳的（见表 7-1），因此我们将使用这些变量的一阶差分形式进行分析。

表 7-1　　　　序列及其一阶差分的单位根检验结果

序列	(C, T, P)	ADF 检验	PP 检验	序列	(C, T, P)	ADF 检验	PP 检验
LogL	(c, 0, 0)	-2.3779	-2.5477	DLogL	(c, 0, 0)	-4.5575***	-4.5550***
LogR	(c, 0, 1)	-2.2329	-2.4880	DLogR	(0, 0, 0)	-2.9217***	-2.9532***
LogM	(c, 0, 0)	-2.1451	-1.8973	DLogM	(c, T, 3)	-4.7953***	-3.4207*
LogG	(c, T, 4)	-2.9233	-2.4386	DLogG	(c, 0, 3)	-5.0467***	-4.3157***
LogZ	(c, 0, 1)	-2.5854	-2.1993	DLogZ	(c, 0, 0)	-3.2363**	-3.1702**

注：① (C, T, P) 分别表示 ADF 检验中的截距、时间趋势和滞后阶数（根据 SIC 准则确定）。

② *、**、*** 分别表示在 10%、5%、1% 的显著性水平下不接受原假设，即在相应的显著性水平下认为变量是平稳的。

其次，确定 VAR(p) 模型的滞后阶数是非常重要的，本章利用 EViews5.0，根据 AIC、SC 和 HQ 最小化准则，VAR 模型的滞后阶数选择 2 期。经 VAR 滞后结构检验发现，所估计的 VAR(2) 模型的所有根模都位于单位圆内，以及 VAR Granger 因果检验（外生性检验）结果发现，在 1% 的显著性水平上，不能接受 "DLogR 不 Granger 引起 DLogL"，即在相应的显著性水平上，接受实际有效汇率是就业的 Granger 原因，这些说明 VAR(2) 模型是稳定的。回归结果表明，VAR(2) 中的单个模型，及整体模型的拟合效果都比较好。估计结果如表 7-2 所示。

表 7-2　　　　　　　　VAR(2) 的估计结果

	$DLogL_t$	$DLogR_t$	$DLogM_t$	$DLogG_t$	$DLogZ_t$
$DLogL_{t-1}$	0.3016	-1.0059	0.2688	0.2926	-0.4855
$DLogL_{t-2}$	-0.0479	-0.7446	0.5609	0.8293	-0.8584
$DLogR_{t-1}$	0.1781	-0.1866	0.0626	-0.0078	-0.5993
$DLogR_{t-2}$	-0.2272	0.5257	-0.0270	0.2273	0.0405
$DLogM_{t-1}$	0.1602	-0.9976	0.3972	0.0051	-0.2223
$DLogM_{t-2}$	-0.1756	0.2325	-0.2859	-0.1468	-1.0270
$DLogG_{t-1}$	0.0506	-0.0840	0.4082	-0.0167	0.8731
$DLogG_{t-2}$	-0.0281	-0.7389	0.1194	0.2476	0.6472
$DLogZ_{t-1}$	-0.0198	0.3739	-0.1558	0.0516	0.3716
$DLogZ_{t-2}$	-0.0438	0.0643	0.1167	-0.1041	-0.0616
C	0.0205	0.1590	0.0739	0.0834	0.1487
R 平方	0.6105	0.7663	0.6257	0.5970	0.3226
对数似然比	64.0016	36.9889	49.8859	52.0517	18.2374
AIC	-4.4168	-2.1657	-3.2405	-3.4210	-0.6031
SC	-3.8769	-1.6258	-2.7006	-2.8810	-0.0632
整个模型的对数似然比					229.1702
整个模型的 AIC 值					-14.5142
整个模型的 SC 值					-11.8145

接下来通过系统的脉冲响应函数（Impulse Response Function, IRF）来进一步推断 VAR 模型的内涵及变量之间的动态关系。

(二) 广义脉冲响应函数

佩萨兰 (Pesaran) 和希恩 (Shin, 1998) 构建的广义脉冲响应函数不依赖于 VAR 模型中变量的次序，因此，本章选用广义脉冲响应函数来描绘就业增长对各变量一个广义标准差冲击的响应。在图 7-2、图 7-3、图 7-4、图 7-5 中，横轴表示冲击作用的滞后年度数，纵轴表示就业（对数就业的一阶差分，DlogL），实线表示脉冲响应函数，代表了就业增长对相应的变量一单位广义标准差冲击的反应，虚线是置信区间。

图 7-2 是人民币实际有效汇率冲击引起的就业增长变化的脉冲响应函数图。从图中我们可以看出，本期实际有效汇率一个正向冲击，经汇率影响就业的渠道传递之后，当期就业具有负响应，但第二年出现转折，变为正响应，第三年之后又变为负响应并达到最大负响应值 -1.101%。

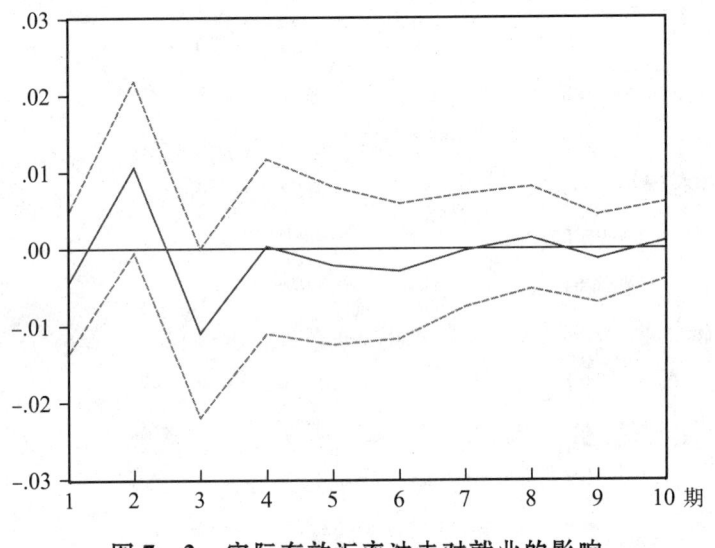

图 7-2 实际有效汇率冲击对就业的影响

从汇率与就业之间的动态变化关系，可以得到汇率影响就业的需求和供给渠道在我国都是存在的。但是，由于消费者能够根据价格的相对变化做出及时的调整，即汇率影响就业的需求渠道能够即时发挥作用；而企业对价格做出反应到投入生产需要一段较长的时间，即汇率变化通过供给渠道影响就业的作用存在时滞。另外，尽管存在解雇成本，但解雇一个人总比增雇一个人要容易得多，即岗位创造和岗位消失对汇率变化的反应速度也是不同的。因此，在第一期，汇率的正向冲击对就业的效应主要通过需求渠道减少国内产品需求（增加进口产品需求），从而给就业带来负面冲击；但在第二年，供给渠道的效应占主要地位，由于进口中间产品成本的减少而增雇劳动力，就业也就出现了正向冲击。但从累积响应图 7-3 来看，汇率正向冲击对就业总的影响是负面的，累积响应稳定于 -0.866%。这说明整体来看，汇率影响就业的需求渠道占支配地位，进口中间产品成本降低的正面效果不足以抵消汇率升值给产品需求，从而给就业造成的负面效果。

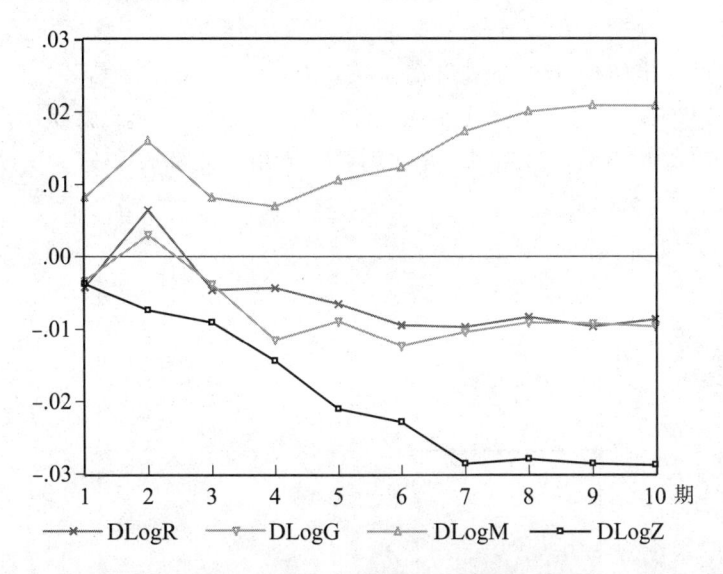

图 7-3　就业对各变量冲击的累积响应

图 7-4 是实际货币供给冲击引起的就业增长变化的脉冲响应函数图。从图 7-4 可以得到，当在本期给实际货币供给一个正冲击后，就业在第一期具有正响应，尽管在第三年出现负冲击，但随后又立即回到正响应。整体来看，货币供给正向冲击对就业总的影响是正面的，累积响应稳定于 7.11%。

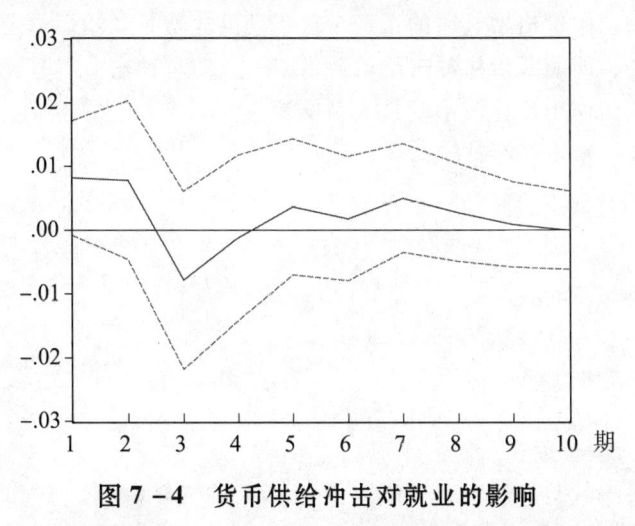

图 7-4　货币供给冲击对就业的影响

图7-5是就业增长对实际政府消费支出冲击的脉冲响应函数图。从图中可以看出，就业对实际政府消费支出正向冲击在第1年出现负响应，尽管第2年出现正响应，但随后两年都是负响应，此后在零点波动。整体来说，政府消费支出增长对就业的影响是负面的，累积响应稳定于-0.962%。实证结果与理论预期出现了不一致，可能的原因是：（1）政府消费支出抑制了居民消费支出的增长，即政府消费支出与居民消费支出是替代的（申琳和马丹，2007）[①]；（2）政府支出很大一部分用在国防、社会文教和行政管理等方面，如以2006年为例，这三者支出占财政总支出的比例为53%，这些领域吸纳就业的能力非常低。

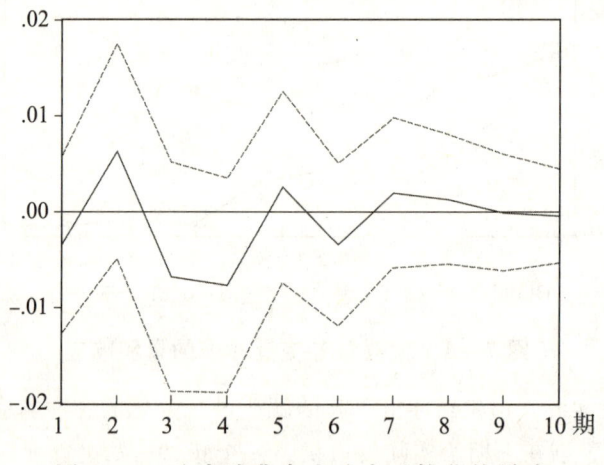

图7-5　政府消费支出冲击对就业的影响

图7-6是就业增长对能源（石油）价格冲击的脉冲响应函数图。从图中可以得到，本期能源价格增长率的正冲击，当期就业增长及随后每期的就业增长都是出现负冲击，即能源价格冲击给就业带来一致的负冲击。尽管能源价格冲击对各期就业增长的作用都比较小，最大负响应（第5年）才-0.181%，但累积响应还是比较大，稳定于-2.877%。

[①] 申琳、马丹：《政府支出与居民消费：消费倾斜渠道与资源撤出渠道》，载《世界经济》2007年第11期，第73~79页。

图 7-6 能源价格冲击对就业的影响

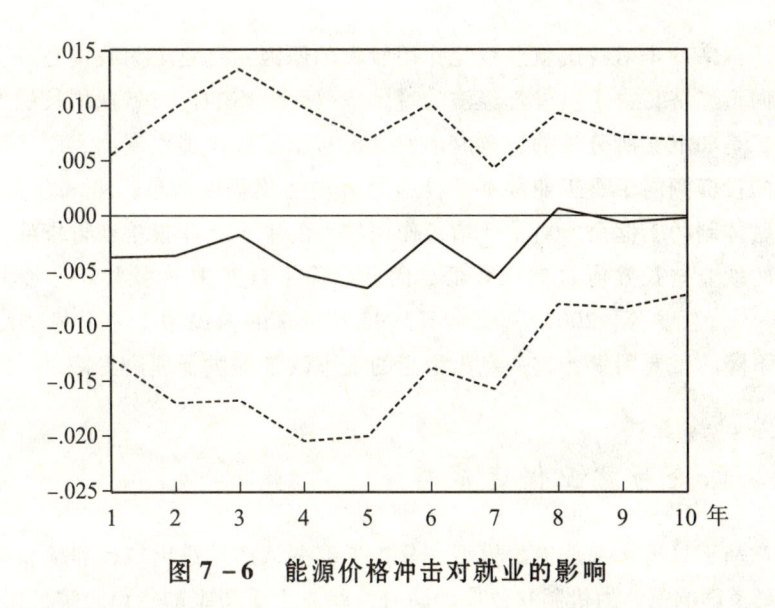

(三) 方差分解

脉冲影响函数分析了就业对各变量正向冲击的反应，下面我们利用 EViews5.0 中的 Cholesky 方差分解法来衡量各变量冲击对就业变化（方差）的贡献率，以便进一步分析各变量冲击的重要性。

方差分解结果见图 7-7，横轴表示滞后年度数，纵轴表示就业变化的百分比。从图中可以看出：不考虑就业本身的贡献率，实际有效汇率对就业的贡献程度最大，第 3 期达到最大值 28.36%；其次是实际货币供给，第 8 期达到最大值 12.71%；最后是能源价格和政府消费支出，最大值分别为 8.23% 和 6.18%。

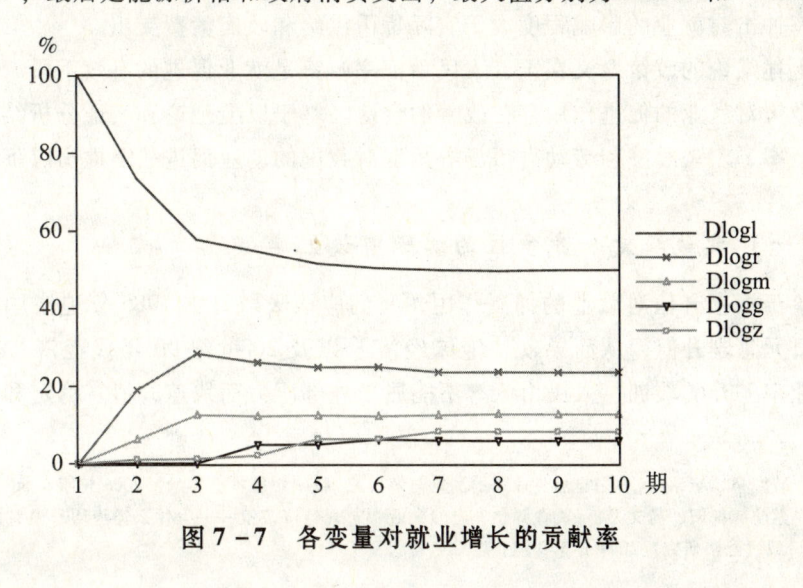

图 7-7 各变量对就业增长的贡献率

至于汇率冲击对我国就业变化作用较大的原因：一是因为我国是一个典型的出口导向型经济，由于对外部经济的过多依赖，汇率冲击对就业增长的作用自然就大；二是如上文所分析的，政府消费支出挤出了居民消费支出，而且政府主导和引导的投资倾向于重工业和基础设施等劳动密集程度较低产业和项目。另外，由于金融体制的不健全，对就业增长作用较大的中小企业很难获得贷款，宏观经济政策的就业增长效应自然就较低。因此，除了自然失业率上升（曾湘泉、于泳，2006[①]；蔡昉等，2004[②]）之外，1993年以来的人民币汇率升值也是造成就业弹性下降的重要因素，这一点为稳定的汇率政策提供了理论支持。

五、结论与就业促进战略

本章基于总需求—总供给模型，分析了汇率从产品进出口、利率和中间产品进口等渠道影响就业的机制和效应。同时，就业也受国家的货币政策、财政政策，以及能源价格冲击的影响。在理论分析框架的基础上，实证部分利用1980~2006年的年度数据，通过广义脉冲响应和方差分解等方法分析了就业与人民币实际有效汇率、实际货币估计、实际财政消费支出和能源价格之间的动态变化关系。得到以下结论：(1) 人民币升值对就业有抑制作用。人民币实际有效汇率变动可以通过需求和供给渠道影响就业，但总体来说，汇率升值对就业的影响是负面的；(2) 扩张性的货币政策对就业有促进作用，但政府财政消费支出的增长对就业具有负面作用；(3) 能源价格的增长减少总供给，从而对就业增长具有负作用；(4) 1980~2006年，除了就业自身（没有考虑到的因素）之外，实际有效汇率冲击对就业的影响程度大于实际货币供给和政府消费支出。

上述结论的政策含义在于，人民币汇率政策是就业促进的有效手段，而宏观经济政策对就业的促进作用存在改善的余地。基于以上理论和实证分析结果，本章从汇率、宏观经济和劳动力市场等角度对我国的就业促进战略提出以下建议：

（一）实施稳定和竞争性的实际有效汇率

鉴于汇率升值对就业的抑制作用，我们应该吸取日本1985年迫于国际压力而让日元急剧升值，从而导致"泡沫经济"以及20世纪90年代经济长期低迷和失业率上升的教训，人民币汇率不能屈于外部压力而快速升值。稳定和竞争性

[①] 曾湘泉、于泳：《中国自然失业率的测量与解析》，载《中国社会科学》2006年第4期。
[②] 蔡昉、都阳、高文书：《就业弹性、自然失业和宏观经济政策——为什么经济增长没有带来显性就业？》，载《经济研究》2004年第9期。

的实际有效汇率是促进就业、防止通胀和经济发展的中介目标（Frenkel，2006），以维持稳定和竞争性的实际有效汇率为重点的宏观经济政策是阿根廷在2002～2007年经历经济和就业增长的主要因素。[1] 事实上，适度低估的汇率是出口导向经济发展的关键[2]，因此，在我国经济发展模式转变前，应该维持一个稳定和竞争性的汇率政策来促进经济和就业的增长。主要的措施是：（1）施行补偿性的货币政策，即人民币贬值时施行紧缩性的货币政策，而升值时施行扩张性的货币政策；（2）不能放松对资本流动的管制。当然，稳定和竞争性的实际有效汇率政策，主要的任务是维持中长期汇率的稳定以及预防升值预期，但容许短期名义汇率浮动以便阻止热钱的大量流入也是合理的。等到汇率政策完成必要的调整和国内金融市场逐步完善之后，再逐步解除资本流动的管制，实现浮动汇率制度。

（二）实施就业导向的宏观经济政策

就业、经济发展和通过膨胀是凯恩斯宏观经济政策调控的三个主要目标。但是，随着失业、不充分就业和贫困成为一个世界性的难题[3]和金融的全球化，"政策制定者最大的挑战不是通货膨胀，而是失业和金融稳定"[4]。我国也不例外，在保增长、防通胀的约束下，宏观经济政策如何实现就业促进的也成为重要的目标与挑战。我们的建议是实施就业导向的财政和货币政策，除了上面所说的维持稳定和竞争性的有效汇率及控制资本流动之外，还有以下几个有效措施：（1）转变财政支出结构，提高财政支出在教育、职业培训、卫生等领域的比重；（2）鉴于扩张性的货币政策造成大量投资进入了房地产、股市等就业促进作用小的领域，而且容易导致通货膨胀和金融动荡，可以考虑分类实施的、就业导向的积极货币政策，如按照就业促进能力确定优先投资的项目清单，为这样的投资项目规定一个更低的利率、存款准备金率和贴现率；（3）完善对就业有较大促进的中小企业的信贷配给政策，如提供担保、贷款贴息和低贴现率等优惠措施；（4）降低市场准入、加大对创业的财政、税收和融资支持，以创业的蓬勃发展带动就业的持续增长。

---

[1] Roberto Frenkel, Martín Rapetti, *Five Years of Competitive and Stable Real Exchange Rate in Argentina*, 2002～2007, *International Review of Applied Economics*, 22（2）：2008, pp. 215－226.

[2] Victor Polterovich, Vladimir Popov, *Accumulation of Foreign Exchange Reserves and Long Term Growth*, *New Economic School*, Moscow, Russia, 2002. http：//www.nes.ru/english/about/10th－Anniversary/papers－pdf/Popov－Polterovich.pdf.

[3] Heintz James, *Globalization, Economic Policy and Employment：Poverty and Gender Implications*, Employment Strategy Department, Employment Strategy Papers, 2006/3. Geneva：ILO, 2006.

[4] Akyuz Yilmaz, *From Liberalization to Investment and Jobs：Lost in Translation*, Turkish Economic Association Discussion Paper 2006/3, 2006, p. 46. http：//www.tek.org.tr.

(三) 提高劳动者就业能力，促进产业结构升级

就业和工资受汇率变化影响最大的是低技能劳动者，而高技能劳动者就业和工资受汇率变化的影响要小很多（Campa and Goldberg, 2001; Goldberg and Tracy, 2001）。而目前我国面临失业与技能人才短缺并存的问题，即劳动力技能结构失衡，结构性失业问题严重。因此，为了扩大就业、减少人民币升值对就业的抑制作用，政府必须实施更加积极和灵活的劳动力市场政策，如为低技能劳动者提供免费或优惠的技能培训方案，从而提高劳动者的就业能力，以便提高劳动者抵御外部就业风险的能力。同时，劳动者技能结构的提高又可以为我国产业结构升级提供人力资源保障，避免产业结构由于低劳动力技能结构的原因而陷入"路径依赖"的陷阱。有部分学者指出，日本20世纪90年代陷入长期萧条并非完全由于日元升值，日本没有及时完成以信息技术为主导的产业结构升级改造也是一个主要的因素。因此，我们应该主动完善劳动力技能结构，促进产业结构升级，从而保证经济和就业的持续增长。

(四) 改善出口商品结构，实行就业促进的对外贸易政策

改革开放以来，我国依靠低劳动成本优势以加工贸易的方式创造了大量就业岗位。但总体而言，我国出口贸易产品缺乏自己的核心技术，在国际市场上没有定价能力，出口需求对汇率变动比较敏感，而且劳动密集度高，就业汇率弹性较大。为了减少汇率变化对出口，从而对就业的冲击，应该优化我国出口产品结构。长期来看，低成本也并不一定意味着出口竞争力高。按照比较优势原则发展对外贸易的同时，应该采取鼓励创新的政策，提高产品的创新力度、技术含量和服务水平，从单纯依靠低成本竞争转化为以技术、质量和服务参与全球竞争。因此，可以考虑建立分类产品对外贸易政策，鼓励技术密集型产品和拥有自主品牌的产品出口，为这些产品的出口提供税收、结汇等方面的优惠措施。

(五) 转变经济发展模式，以内需带动经济和就业增长

尽管出口需求和外汇储备的增长为我国经济发展作出了重要贡献，但过多地依赖外部经济，加大外部风险的同时也会将大量的经济利益转移到国外而导致国内居民无法充分享受经济增长所带来的福利，这不利于我国经济和就业的持续增长。因此，无论从经济发展的长远考虑还是从国民福利看，都必须把我国经济的发展模式从出口导向转变为以内需导向，以便减少对出口的依赖，从而降低汇率变动对我国经济发展及就业增长的影响。有效的措施有：（1）提高工资水平和

降低工薪税,从而提高广大居民的收入水平和消费能力;(2)改善收入分配结构,缩小地区、城乡以及个体之间的收入差距,这是扩大内需和保障经济持续发展的根本途径;(3)完善最低生活保障制度,提高养老、医疗、住房、教育等城乡居民的社会保障水平,以便进一步提高城乡居民的消费意愿。

附录

把方程(1)~(5)代入方程(6),得到了 IS 曲线,描述了实际收入与汇率和利率之间的关系。

$$y_t = \frac{1}{1-c_1+m_1}[c_0+i_0+g_t+x_0-m_0-(m_2+x_1)\log(R_t)-i_1 r_t]$$

从方程(7)解出利率 r,即 LM 曲线,得到利率与名义货币供给、价格水平、实际收入和名义汇率之间的函数关系:

$$r_t = \frac{1}{\lambda}[\varphi y_t + \theta s_t + p_t - m_t]$$

再把它代入 IS 方程,从而得到实现了产品市场和货币市场同时均衡的总需求(AD)曲线:

$$y_t^{AD} = A\left[c_0+i_0+g_t+x_0-m_0-(m_2+x_1)\log(R_t)+\frac{i_1}{\lambda}(m_t-p_t)-\frac{\theta i_1}{\lambda}s_t\right]$$

其中

$$A = \frac{1}{1-c_1+m_1+(\varphi i_1)/\lambda} > 0, \quad \log(R_t) = s_t + p_t - p_t^*$$

当劳动需求等于劳动供给,可以求出均衡的名义工资 w_t,把 w_t 和 n_t 代入劳动需求方程(10),从而求出劳动 l_t 和 n_t,其表达式为:

$$l_t = (a_1+\eta)\log\delta + \frac{a_1}{\delta\eta}\log(1-\delta) - \frac{a_1(1+\delta\eta)}{\delta\eta}z_t + \frac{a_1}{\delta\eta}\log(R_t) + a_1 p_t$$

$$n_t = (a_1+\eta)\log\delta + \frac{a_1+\eta}{\delta\eta}\log(1-\delta) - \frac{a_1+\eta+a_1\delta\eta}{\delta\eta}z_t + \frac{a_1+\eta}{\delta\eta}\log(R_t) + a_1 p_t$$

再把 l_t、n_t 代入方程(8)的对数式,求出国内生产总值 q_t 的表达式:

$$q_t = (a_1+\eta)\log\delta + \frac{a_1+\eta(1-\delta)}{\delta\eta}\log(1-\delta) + a_1 p_t$$

$$+ \frac{a_1+\eta(1-\delta)}{\delta\eta}\log(R_t) - \frac{a_1+\eta+a_1\delta\eta}{\delta\eta}z_t$$

再把这些结果代入方程(9)的转化形式:

$$y_t = \log\left(Q_t - \frac{1}{R_t}N_t\right)$$

应用泰勒展开公式,并代入 l_t、n_t 得到国内生产总价值的表达式,即总供给

(AS) 曲线：

$$y_t^{AS} = (a_1 + \eta)\log\delta + \frac{a_1}{\delta\eta}\log(1-\delta) + a_1 p_t + \frac{a_1}{\delta\eta}\log(R_t) - \frac{a_1 + \eta + a_1\eta}{\delta\eta}z_t$$ 当总需求

等于总供给时，达到市场均衡，从中求出均衡的价格水平 p_t：

$$p_t = \frac{A\lambda\delta\eta}{B}(c_0 + i_0 + x_0 - m_0) - \frac{\lambda\delta\eta(a_1+\eta)}{B}\log\delta - \frac{\lambda a_1}{B}\log(1-\delta)$$

$$-\frac{A\delta\eta}{B}\left[\frac{\lambda a_1}{\delta\eta} + A(m_2 + x_1) + \frac{\theta i_1}{\lambda}\right]s_t + \frac{Ai_1\delta\eta}{B}m_t + \frac{A\lambda\delta\eta}{B}g_t$$

$$+\frac{\lambda(a_1 + \delta + a_1\eta)}{B}z_t + \frac{\lambda\delta\eta}{B}\left[\frac{a_1}{\delta\eta} + A(m_2 + x_1)\right]p_t^*$$

其中，$B = \lambda a_1 + Ai_1\delta\eta + A\lambda\delta\eta(x_1 + m_2) + \lambda a_1\delta\eta > 0$

再把均衡的 p_t 代入劳动就业的表达式，最终得到均衡的就业量：

$$l_t^E = C - \frac{A\lambda a_1(1+\delta\eta) + i_1(\theta - A)}{B}s_t + \frac{Ai_1 a_1(1+\delta\eta)}{B}m_t + \frac{A\lambda a_1(1+\delta\eta)}{B}g_t$$

$$-\frac{a_1(1+\delta\eta)[B - \lambda\delta\eta(1 + a_1 + a_1\eta)]}{B\delta\eta}z_t + \frac{Aa_1(\lambda - i_1 + \lambda\delta\eta)}{B}p_t^*$$

其中，C 为常数项：

$$C = \frac{A\delta a_1(1+\delta\eta)}{B}(c_0 + i_0 + x_0 - m_0) - \frac{(a_1+\eta)(B - \lambda a_1\delta\eta)}{B}\log\delta$$

$$-\frac{a_1(B - \lambda a_1)(1+\delta\eta)}{B}\log(1-\delta)$$

第八章

对外商品贸易对我国就业的影响[*]

一、研究背景

改革开放以来,中国对外贸易政策的发展大体分为两个阶段。第一阶段,1978~1992年。党的十一届三中全会以后,中国开始实行外贸体制改革,放开部分贸易经营权,放宽外汇管制,实行出口退税政策。第二阶段,1992年至今。1992年10月,党的十四大报告提出"深化外贸体制改革,尽快建立适应社会主义市场经济发展的,符合国际贸易规范的新型外贸体制",中国贸易政策改革向着国际规则的方向发展。2001年12月中国加入WTO至今,中国的贸易政策体系改革已经与国际贸易体制接轨,中国对世界经济的影响逐渐加大。

改革开放30年来,中国对外贸易增长迅速。尤其是在2001年中国加入WTO之后,进出口总额增长加速。2007年,中国进出口总额达到21 738亿美元,是1978年的105倍,年均增长17.4%。进出口总额占世界贸易总额的比重由1978年的0.78%上升到2007年的近8%。中国进出口总额的世界排名由1978年的第32位上升至2007年的第3位,其中,出口总额世界排名由第34位升至第2位。中国进口额占世界进口总额的比重2007年也提高到6.7%,位居世界第3位。中国货物贸易不断增长的同时,服务贸易也取得了长足发展。服务贸易总额由1982年的43亿美元增加到2007年的2 509亿美元,服务贸易总额占中国对外

---

[*] 本章由曾湘泉、崔钰雪执笔。

贸易总额的比重从1982年的9.4%上升到2007年的10.3%，占世界服务贸易的比重从0.6%升至4%，位居世界第五。中国已经成为日本、美国、欧盟、东盟等国家和地区重要的贸易伙伴国。长期以来，我国的出口以初级产品、纺织品、服装、玩具、自行车等低附加值的劳动密集型产品为主。近些年来，贸易结构逐渐升级，出口产品中包括彩电、冰箱、空调、DVD、显示器等机电产品和高科技产品的比重在不断提高。

对外贸易对我国国民经济的发展也起着越来越重要的作用。中国货物出口总额占国内生产总值的比重由1978年的4.6%上升到2007年的37.2%。对外贸易拉动经济增长的同时对就业也产生了极大的影响。一方面，内资企业由于扩大出口，增加了对劳动力的需求，同时，伴随外商投资的不断涌入，外资企业对国内劳动力的需求也在不断增加；另一方面，由于贸易结构升级，劳动密集型产品的出口比重下降，资本密集型产品的出口比重上升，导致对劳动力的需求下降。

在我国全面建设小康社会的时代背景下，就业问题成为关系社会和谐的重要问题。因此，随着进出口贸易的增加和贸易结构的不断升级，贸易对我国劳动力市场产生的影响已经成为政府、企业、研究机构和劳动者个人所关心的问题。分析国际贸易对就业的影响对于促进就业、减少失业以及对于我国贸易战略和就业战略的制定都具有重要的实践意义。

二、研究现状

（一）国外研究现状

新古典贸易理论建立在比较优势的基础上，认为贸易对发展中国家的就业能起到积极的促进作用，其途径有两种：第一，通过生产专业化、市场扩张和技术改善提高经济增长率。第二，促使发展中国家密集使用其相对丰裕的生产要素——非熟练劳动力。因此，贸易增加将会改善发展中国家非熟练劳动力的就业。然而，新古典贸易理论并没有完全被各国的实践所证实。不同学者对不同国家的贸易对就业影响的研究得出的结论有所不同，甚至由于采用的研究方法不同，不同学者对同一国家的贸易对就业影响的研究得出的结论也有所不同。

发达国家在与非熟练劳动力相对丰裕的发展中国家进行贸易时所关心的是本国非熟练劳动力的就业是否会受到负面的影响。对此，不同的研究有着不同的争论。博哈斯、弗里曼和卡茨（Borjas, Freeman and Katz, 1991）通过对美国20世纪80年代的贸易逆差和移民现象的研究认为，劳动密集型产品的进口和移民是造成美国国内本国非熟练劳动力剩余的原因，他的研究结论和经典贸易理论相一致。而李和施吕特尔 Lee and Schluter，1999）研究了 1972~1992 年美国与发展中国家的国际贸易对熟练劳动力和非熟练劳动力的需求的影响后指出，贸易并非影响美国熟练和非熟练劳动力需求的主要因素，与关于贸易减少非熟练劳动力就业的结论相反。戈斯（Ghose，2000）则认为发达国家不断从发展中国家增加制造业产品的进口对其制造业就业只有较小的负面影响。

制造业产品出口导向的发展中国家主要是一些亚洲和拉美国家。戈斯（2003）的研究显示，贸易对这些国家，尤其是对亚洲国家和拉美国家之间的经济增长和就业效应有很大的差异。戈尔达（Goldar，2002），拉西亚（2002）、哈桑和陈（Hasan and Chen，2004）对印度、马来西亚、菲律宾等亚洲国家的研究均得到了类似的结论，即出口行业更多的雇用非熟练劳动力，而进口竞争行业更多的雇用熟练劳动力，因此导致非熟练劳动力的就业比熟练劳动力的就业增长更快，这些国家贸易的就业增长效应与经典贸易理论的预期相符。雷文加（Revenga，1997）、卡内罗和阿巴契（Carneiro and Arbache，2003）在对墨西哥、巴西等拉美国家的研究显示，尽管出口带来了制造业的快速提升，但是就业的增长十分缓慢甚至有所下降。非熟练劳动力的就业比熟练劳动力的就业遭受更大的消极影响。戈斯（2003）认为可能的原因是：第一，出口增长但国内消费下降而导致经济增长缓慢、宏观经济失衡；第二，没有依据本国的比较优势生产劳动力密集型产品而是生产资本密集型产品。因此，即便在这些重要的制造业产品出口的发展中国家，贸易自由化对就业的影响也是不确定的。

（二）国内研究现状

国外也有部分学者对中国贸易对就业的影响进行了研究。胡永泰和任若恩（Woo and Ren，2002）分析了中国贸易自由化过程中制造业就业的变化，认为贸易为中国的非熟练劳动力创造了大量的就业机会，很大程度上解决了农村劳动力的隐性失业问题。巴拉和邱淑芳（Bhalla and Qiu，2002）、安（An，2005）分析了中国加入 WTO 对就业的影响，他们分别讨论了几个特殊行业的情况：纺织和服装业、汽车业、农业、金融业、日用品业等，并认为从短期和中期看，一些行业将从竞争中获益，另一些行业将遭受较大的损失，从长期看，就业将增加。付小兰和巴拉舒伯拉曼雅姆（Fu and Balasubramanyam，2005）的实证研究也显示，出口增长为国家创造了大量的就业机会，在增加制造业产出的同时为大量剩余劳动力从农业部门向非农产业部门的转移提供了机会，加速了中国经济的工业化和城市化过程。

根据研究的时间段的不同，国内学者对于贸易对就业影响的研究可以分为三种情况。第一种是在我国加入 WTO 之前，分析贸易对就业的影响。我国实行改革开放以后，国际贸易增速加快，贸易对就业的影响引起了学者们的关注。熊伟（1999）通过贸易依存度对贸易与就业的数量关系进行了简单的测算。兰绍瑞（2000）通过建立回归模型，对 1998 年我国对外经贸事业所创造的工作岗位进行了大致的估计。俞会新（2002）认为出口导向率对工业就业的增加有带动作用；进口渗透率的增加对工业就业变化的影响不显著。第二种是在我国加入 WTO 后，预测加入 WTO 后贸易对就业的影响。李善同、王直、瞿凡、徐林（2000）和樊明太、郑玉歆（2002）通过建立 CGE 模型分析了关税递减条件下贸易对不同行业就业的影响，他们的结论是对一些行业的就业有积极影响，一些行业有消极影响，但是和国外一些学者对中国的研究一致，他们认为，长期来看加入 WTO 将增加中国的就业。第三种是我国加入 WTO 后，分析贸易对就业的影响。随着中国加入 WTO，学者们对于贸易对就业影响的研究也更加深入。杨玉华（2006）对 1980～2004 年的数据进行了分阶段的回归分析，认为工业品贸易对就业具有很明显的拉动作用，其中出口是拉动就业的主要因素，进口对就业的影响不明显，但随着开放的力度加大，进口对就业的冲击效应逐步显现。周申（2006）主要通过利用投入产出分析法对贸易自由化对就业的影响进行了一系列的研究。周申、杨传伟（2006）从经济总体和 23 个行业部门的层次上考察了 2002 年中国与美国、欧盟、日本、中国香港、澳大利亚、东盟五国、巴西和南非等重要贸易伙伴的商品贸易对我国就业的影响及存在的差异。研究结果显示，无论在总体上还是行业层次上，不同贸易伙伴对我国就业的影响均具有明显的差异性。周申、李春梅（2006）在劳动市场需求方短边均衡的假设下，探讨了 1992～2003 年工业制成品贸易结构的变动对我国就业的影响。研究结论是我国工业制成品贸易结构变化对就业产生了不利的影响。周申、廖伟兵（2006）对 1997～2004 年间服务贸易的就业效应进行了研究，结果显示，服务出口带动的就业人数和服务进口替代的就业人数均有所上升，服务贸易对就业的净影响较小。另外，周申（2006）通过建立计量模型分析了贸易自由化对工业劳动需求弹性的影响，结论是贸易自由化导致了工业劳动需求弹性的上升，并认为即使贸易自由化对中国工业工资和就业的直接影响不明显，其仍会通过劳动需求弹性对中国工业部门劳动者产生较大的压力。

  结合国内外研究文献来看，对于不同国家，在不同时期，贸易对就业的影响可能是不同的。这与一个国家对本国要素禀赋的利用和出口行业的选择有关，也与一个国家特定时期的经济发展状况、居民消费水平等有关。虽然我国学者对于国际贸易对就业的影响已经展开了较为深入的研究，但是现有的研究更多的是在讨论工业产品出口对工业就业的影响，尽管周申（2006）的研究讨论了与不同贸易伙伴国的贸易对就业的影响，但是这也仅仅局限在对 2002 年的分析。事实上，我们更希望知道，从整个国家的角度而言，货物进出口对我国就业究竟产生了怎样的影响？货物出口是否促进了我国的就业？进口对就业又产生了怎样的影响，是否存在进口替代劳动的现象？这些问题正是本章要研究的内容。

三、模型构建

为了分析进出口对就业的影响，我们有两种思路可以借鉴：一种是格林纳韦、海因和莱特（Greenaway, Hine and Wright, 1999）构建的产出约束模型；另一种是卡斯特罗、奥拉瑞加和萨斯拉斯奇（Castro, Olarreaga and Saslavsky, 2007）建立的资本约束模型。两种模型的建立都是由柯布—道格拉斯生产函数（Cobb - Douglas production function）入手：

$$Q_t = A k_t^\alpha L_t^\beta \tag{1}$$

其中：Q 代表总产值，A 代表技术水平（包括经营管理水平、引进先进技术等经济增长中资本和劳动要素不能解释的部分，通常被称为"全要素生产率"），K 代表资本，L 代表劳动力，α 和 β 分别代表资本产出的弹性系数和劳动力产出的弹性系数。

格林纳韦、海因和莱特（1999）构建模型的方法是，由利润最大化厂商要素使用原则：

$$MRPL = MPL \cdot MR = w \tag{2}$$

$$MRPK = MPK \cdot MR = c \tag{3}$$

即劳动的边际收益产品（$MRPL$）等于工资（w），资本的边际收益产品（$MRPK$）等于成本（c），求解这两个方程后代入到方程（1）可得：

$$Q_t = A \left(\frac{\alpha L_t w}{\beta c} \right)^\alpha N_t^\beta \tag{4}$$

假设随着时间的推移，技术水平不断提高，而技术水平的提高与贸易具有相关性，则参数 A 可以表示为：

$$A_t = e^{\tau_0 T} M_t^{\tau_1} X_t^{\tau_2} \qquad \tau_0, \tau_1, \tau_2 > 0 \tag{5}$$

其中，T 表示时间趋势，M 表示进口渗透率，X 表示出口导向率。

将（5）式代入（4）式中，且等式两边取对数得：

$$\ln L_t = \varphi_0 - \mu_0 T - \mu_1 \ln M_t - \mu_2 \ln X_t + \varphi_1 \ln (w/c) + \varphi_2 \ln Q_t \tag{6}$$

卡斯特罗，奥拉瑞加和萨斯拉斯奇（2007）构建模型的方法是，首先将利润最大化厂商使用劳动要素的条件进行变形后得到：

$$L_t = \beta P_t Q_t / w_t \tag{7}$$

其中，P 表示商品的国内价格。

将（1）式代入到（7）式中得到：
$$L_t = \beta P_t (AK_t^\alpha L_t^\beta)/w_t \qquad (8)$$

同时，假设 $A_t P_t$ 是进口渗透率和出口导向率的函数：
$$AP_t = e^{(\lambda_0 T_i)} M_t^{(\lambda_1 + 1/\eta^M)} X_t^{(\lambda_2 + 1/\eta^X)} \qquad (9)$$

其中，T 表示时间趋势，η^M 表示进口需求弹性，η^X 表示出口需求弹性，λ_0 反映了全要素生产率（TFP）随时间变化的趋势，λ_1 表示进口的 TFP 弹性，λ_2 表示出口的 TFP 弹性。

将（9）式代入到（8）式，且等式两边取对数可得：
$$\ln L_t = \alpha_0 + \alpha_1 \ln K_t + \alpha_2 \ln w_t + \alpha_3 \ln M_t + \alpha_4 \ln X_t + \alpha_5 T + \varepsilon \qquad (10)$$

（6）式表示的产出约束模型与（10）式表示的资本约束模型相比，前者出口导向率和进口渗透率只能通过全要素生产率的变化影响就业，而后者允许出口和进口渗透率通过全要素生产率和价格两个渠道来影响就业，即国内商品的价格受到进出口商品价格的影响，而商品价格对产出造成影响，进而影响对劳动力的需求。同时，资本约束模型的解释变量中包含资本变量，在测量进出口对就业影响的同时可以测量资本对就业的影响。中国的要素禀赋特点是劳动力相对丰富，资本相对稀缺，资本存量对就业的影响也是我们关注的问题。为了进行比较，我们将同时对资本约束模型和产出约束模型进行估计。

四、数据来源

资本约束模型中涉及的变量包括就业人数、资本、工资、进口渗透率、出口导向率。对变量的准确测量对估计结果会产生一定的影响，因此，我们将对每个变量的测量方法和对应的数据进行细致的处理。以下是各变量的测量方法和数据来源：

（一）就业人数

我们选取《中国劳动统计年鉴》和《中国统计年鉴》中的"就业人员"指标来反映全社会的就业人数。该指标包括了"在16周岁及以上，从事一定社会劳动并取得劳动报酬或经营收入的人员"。但年鉴中给出的是"就业人员年末人数"，我们取上年末和本年末的就业人员数的平均数作为本年就业人员数。

（二）资本

柯布—道格拉斯生产函数中的资本应该是存量的概念。中国目前官方公布的资本存量数据是固定资产原值和固定资产净值。在许多研究中，研究者们对资本存量的计量也都是利用固定资产原值或固定资产净值。黄勇峰、任若恩等（2002）认为以固定资产原值和净值来表示资本存量是不恰当的，固定资产原值和净值是公司财务会计的概念，前者是目前在使用的以历史购置价格表示的资本品价值总和，后者是前者扣减历年累计折旧的数值以历史购置价格来表示的资本品价值的加总，不能很好地表示资本存量的实际数量，并没有与资本品的相对效率相联系。

目前国际上测量资本存量的通用方法是永续盘存法（PIM）。永续盘存法计算资本存量的核心是对资本品相对效率递减模式的假设，最常用的假设是相对效率几何下降模式，此时折旧率是常数，资本存量的公式可以简化为：

$$K_t = K_{t-1} + I_t - \delta K_{t-1} \tag{11}$$

其中 I 表示投资额，δ 为资本品的折旧率。

使用永续盘存法估计资本存量需要四类数据：投资数据序列、投资价格指数、资本品的折旧率、基期资本存量。

1. 投资数据的确定

对我国固定资产存量估计的研究中，对于投资数据的选择存在很大的争议。不同学者的研究选用了目前已经公布的各类投资数据，主要有"全社会固定资产投资"、"固定资本形成总额"数据。黄勇峰、任若恩等（2002）和孙琳琳、任若恩（2005）的研究采用的是"全社会固定资产投资"数据，而张军等（2004）、曹吉云（2007）和单豪杰（2008）的研究采用的是"固定资本形成总额"数据。"全社会固定资产投资"对基本建设、更新改造和其他固定资产投资的统计起点在1997年之前为5万元，1997年之后提高为50万元，而"固定资本形成总额"的统计则包括了50万元以下零星固定资产投资额，因此，我们也选择"固定资本形成总额"作为投资数据。

2. 投资价格指数

投资价格指数的作用是将以现价计算的投资数据缩减为以不变价计算的投资数据。《中国国内生产总值核算历史资料：1952～2004》给出了1952～2004年的固定资本形成总额指数，近年的固定资本形成总额指数可以从近年的《中国统计年鉴》中获得。

3. 资本品的折旧率

在资本品的折旧率的选择上，不同的研究差异也较大。综合不同的研究者的方法，首先我们参考黄勇峰、任若恩等（2002）和孙琳琳、任若恩（2005）的研究，假设中国的建筑和设备寿命分别为40和16年，法定残值率为3%～5%，在相对效率几何下降的假设下，分别估计出建筑的经济折旧率为8%，设备的经济折旧率为 17%。然后利用单豪杰（2008）提供的方法，利用 1978～2007 年建筑安装工程和设备工器具购置在固定资产投资中所占比重的平均数为权数（建筑安装工程为 72%，设备工器具购置为 28%），计算固定资本形成总额的折旧率为 10.5%。

4. 基期资本存量

基期资本存量的估算对后续年份资本存量的估算影响较大。我们假设经济稳态的情况下资本存量的增长率与投资增长率是相等的，则：

$$K_0 = \frac{I_0}{g + \delta} \tag{12}$$

其中，g 表示相邻时期的投资增长率。

我们用这种方法估算出来的 1978 年（1978 年价）的资本存量为 5 933.15 亿元，与黄勇峰、任若恩等（2002）估算的 5 821.66 亿元相差不大。

（三）工资

"职工平均工资"是我国一直沿用的官方统计指标，"职工平均工资"指企业、事业、机关单位的职工在一定时期内平均每人所得的货币工资额，未包括乡镇企业、私营企业、城镇个体劳动者的工资，也未包括企业、事业、机关单位中的其他就业人员的工资。如果把这部分工资水平偏低、工资增长缓慢的劳动者的劳动报酬统计进来，社会平均工资水平将会降低，增速将会变缓。虽然"职工平均工资"指标不能全面反映全社会的平均劳动报酬情况，但是在没有其他数据可以替代的情况下，我们只能选取该数据作为平均工资数据。相应的，在计算实际工资时，我们用"城镇居民消费价格指数"来缩减"职工平均工资"。

（四）进口渗透率和出口导向率

我们将进口渗透率和出口导向率分别定义为：

$$M_t^m = \frac{IM_t}{Q_t - EX_t + IM_t} \tag{13}$$

$$X_t^x = \frac{EX_t}{Q_t - EX_t + IM_t} \tag{14}$$

其中，IM 表示进口，EX 表示出口。

同时，我们将 1978～2007 的现价国内生产总值用国内生产总值指数缩减为以 1978 价格计算的不变价国内生产总值。对于进出口数据的缩减应当分别采用进口商品价格指数和出口商品价格指数，但是我国的"对外贸易指数"是 2005 年开始正式公布的，鉴于没有可以利用的进出口商品价格指数的时间序列数据，我们选取商品零售价格指数作为替代，用来缩减进出口总额。

数据处理结果见表8–1。

表8–1　　　　　数据整理结果（按1978年价格计算）

年份	就业人数（万人）	资本存量（亿元）	职工实际平均工资（元）	出口导向率	进口渗透率	GDP（亿元）
1978	39 764.5	5 933.1	615.0	4.6	5.1	3 645.2
1979	40 588.0	6 438.8	655.5	5.3	6.0	3 922.2
1980	41 692.5	7 019.2	695.9	5.9	6.5	4 228.7
1981	43 043.0	7 515.0	688.1	7.5	7.5	4 450.4
1982	44 510.0	8 078.0	697.6	7.6	6.6	4 853.5
1983	45 865.5	8 742.9	707.8	7.1	6.9	5 380.3
1984	47 316.5	9 636.6	812.3	7.9	8.5	6 196.8
1985	49 035.0	10 728.5	855.4	8.6	13.3	7 031.2
1986	50 577.5	11 924.9	925.5	10.0	13.9	7 653.3
1987	52 032.5	13 343.6	934.1	11.7	12.3	8 539.8
1988	53 558.5	14 853.8	926.8	10.6	12.3	9 503.1
1989	54 831.5	15 815.7	882.8	9.6	10.8	9 889.2
1990	60 039.0	16 767.8	964.0	14.3	12.3	10 268.9
1991	65 120.0	18 035.6	1 003.0	16.3	14.4	11 211.4
1992	65 821.5	19 900.5	1 069.9	16.3	15.5	12 808.5
1993	66 480.0	22 509.3	1 145.8	13.9	15.5	14 596.6
1994	67 131.5	25 685.0	1 233.8	20.5	19.6	16 505.9
1995	67 760.0	29 291.9	1 280.3	19.5	17.3	18 309.5
1996	68 507.5	33 200.9	1 328.6	16.8	15.4	20 141.7
1997	69 385.0	37 132.2	1 342.6	18.8	14.7	22 014.2
1998	70 228.5	41 392.8	1 561.4	18.0	13.8	23 738.7
1999	71 015.0	45 802.1	1 765.2	18.1	15.3	25 547.5
2000	71 739.5	50 597.8	1 966.2	21.5	19.4	27 701.5
2001	72 555.0	55 956.4	2 265.1	21.3	19.5	30 000.8
2002	73 382.5	62 384.6	2 614.6	24.3	22.0	32 725.5
2003	74 086.0	70 586.4	2 928.7	29.6	27.9	36 006.4
2004	74 816.0	80 081.2	3 235.9	35.4	33.5	39 637.7
2005	75 512.5	88 849.6	3 650.2	42.1	36.4	43 773.0
2006	76 112.5	96 955.0	4 113.5	47.6	38.8	48 871.2
2007	76 695.0	104 889.2	4 672.4	50.3	39.4	54 703.5

数据来源：根据各年《中国统计年鉴》、《中国贸易外经统计年鉴》、《中国劳动统计年鉴》、《中国国内生产总值核算历史资料：1952~2004》、《中国固定资产投资统计数典（1950~2002）》的相关数据计算得到。

五、计量分析结果

我们首先对 1978~2007 年的时间序列数据进行估计，然后将整个时间段分为 1978~1992 年和 1993~2007 年两个阶段进行估计。

在对数据进行计量分析时发现模型存在序列相关，在使用 DW 检验的同时，我们使用回归检验法进一步确定了自相关的形式，并采用 CO（Cochrane-Orcutt）迭代法对模型进行了估计。估计结果显示，各个时间段的方程拟合程度均较佳。计量分析结果见表 8-2。

表 8-2　　　　　　　　　　　计量分析结果

	资本约束模型			产出约束模型		
	1978~2007 年	1978~1992 年	1993~2007 年	1978~2007 年	1978~1992 年	1993~2007 年
LNK	0.376 (0.045)***	0.322 (0.073)***	0.086 (0.008)***			
LNW	-0.366 (0.066)***	-0.085 (0.203)	0.021 (0.010)*	-0.135 (0.074)*	-0.173 (0.216)	0.011 (0.027)
LNX	0.086 (0.048)*	0.164 (0.059)**	-0.017 (0.006)**	0.062 (0.034)*	0.203 (0.058)***	-0.043 (0.018)**
LNM	0.052 (0.048)	-0.006 (0.059)	0.003 (0.007)	-0.008 (0.039)	-0.020 (0.059)	0.022 (0.021)
LNGDP				0.276 (0.061)***	0.318 (0.073)***	0.126 (0.029)***
R^2	0.941	0.954	0.999	0.812	0.953	0.996
Adjusted R^2	0.931	0.933	0.999	0.779	0.932	0.995
S	0.025	0.022	0.002	0.020	0.022	0.003
DW	1.243	1.296	2.080	1.358	1.434	1.538

注：表中各栏上方的数据表示变量的系数，括号中的数据表示标准差，* 表示 $P<0.1$，** 表示 $P<0.05$，*** 表示 $P<0.01$。常数项和时间虚拟变量的估计结果没有列在表中。

从 1978~2007 年的资本约束模型的计量分析结果可以看出，资本存量、工资和出口导向率对就业有着显著的影响，进口渗透率对就业没有影响。资本存量增加 1%，就业增加 0.38%；工资增加 1%，就业减少 0.37%；出口导向率增加

1%，就业增加 0.09%。从 1978～2007 年的产出约束模型的计量分析结果可以看出，GDP、工资和出口导向率对就业有着显著的影响，进口渗透率对就业也没有影响。GDP 增加 1%，就业增加 0.28%；工资增加 1%，就业减少 0.14%；出口导向率增加 1%，就业增加 0.06%。资本约束模型中出口导向率对就业的影响比产出约束模型中出口导向率对就业的影响要大，这与资本约束模型的构造是吻合的，说明在整个时间段中，出口品价格受到国际价格的影响而上升，然后通过产出的增加而增加了对劳动力的需求。这种结论符合新古典贸易理论的结论。但是，从计量分析的结果显示，出口对我国就业的影响并不算大，1978～2007 年间，我国出口导向率增长了 91%，就业增长了 48%，以出口导向率增长 1% 就业平均增长 0.074% 来推算，出口导向率的增长对就业增长的贡献是 6.7%，换言之，出口导向率的增长只能解释 14% 的就业增长。

从 1978～1992 年和 1993～2007 年分阶段的资本约束模型和产出约束模型的分析结果来看，出口导向率对就业的影响均由 1978～1992 年的正影响转变为 1993～2007 年的负影响。在 1978～1992 年间，出口对就业有着较大的促进作用，出口导向率的增长对就业增长的贡献是 13.2%，出口导向率的增长解释了 33.4% 的就业增长，这与该时间段内我国的出口产品大多以初级农产品和劳动密集型工业制成品为主有关。1993～2007 年间，出口导向率对就业产生了负面影响，虽然出口导向率产生负面影响的程度并不大，但已经显示出近年来我国出口产品贸易结构的变动，即劳动密集型产品的比重下降，而资本密集型产品的比重上升，对促进就业不利。

分阶段的分析显示，资本对就业的影响有明显的下降趋势，说明随着资本和劳动的要素价格比下降，资本对就业的影响降低；同时，GDP 对就业的影响也有下降趋势，劳动生产率的提高也降低了产出对就业的拉动作用。

六、结论和讨论

（一）继续发挥劳动力密集型产品出口对就业的促进作用

新古典贸易理论表明，一个国家在进行国际贸易时出口密集使用其相对充裕和便宜的生产要素的商品，而进口密集使用其相对缺乏和昂贵的生产要素的商品。按照新古典贸易理论的理论，我国出口劳动密集型产品的确为我国的就业带来了积极的影响，在对外贸易中充分发挥我国劳动力相对丰裕的优势是非常必要的。虽然我国面临劳动力成本上升的压力，劳动密集型产品的国际竞争力下降，但是要解决就业问题，必须要发展劳动密集型产业。况且，我国的劳动力成本与发达国家相比还有很大的差距,与印度、越南等周边国家相比我国劳动力的劳动生产率相对较高,因此,我国的劳动力资源仍然有着较大的优势,必须利用这种优势,通过出口促进就业的增长。

(二)增强产业内贸易对就业的促进作用

新贸易理论认为,相对要素禀赋差异和规模经济以及垄断的共同作用才是贸易的根本原因,相对要素禀赋差异不再是唯一的原因。产业内贸易在发达国家之间的普遍存在说明水平国际分工已经日益发展成为国际贸易分工的主导形式,其比较利益来源于一国企业的垄断优势和规模经济。我国在发展产业间贸易的同时,应当积极发展产业内贸易,利用自身相对优势从国际贸易分工中获得更大的利益。目前我国的出口产品中技术和资本密集型产品已经占有较大的比重,但出口企业经营规模普遍偏小,显然不能适应国际市场上的竞争格局。因此,政府应当对具有规模经济效应的产业进行适当干预和扶持,实施所谓的"战略性贸易政策",使其在国际贸易中逐步处于有利的位置,在扩大生产规模的基础上促进就业。

(三)鼓励外资企业在国内的投资,创造就业机会

我国进出口货物中有相当大的比例为外商投资企业的进出口,外商企业的进口在我国进口总额中所占的比例在1996年就已经达到了50%以上,出口比例在2001年达到了50%以上。外商投资企业的进口商品大多是作为投资的资本品,资本品的进口是为了进行商品的生产,生产活动本身又拉动了就业。或许是因为进口资本品对劳动力的需求抵消了进口消费品减少国内就业机会的原因,进口对我国的就业并没有产生影响。我国政府对外商投资项目给予进口税收优惠政策,目前为了保护国内制造业的发展,这些优惠政策的范围正在逐渐缩小。无论是从国外进口固定资产设备还是从国内购买固定资产设备,由于外资企业的相当大一部分产品都是出口的,因此,通过适当地鼓励外资企业在国内的投资,将会为我国的劳动力市场创造更多的就业机会。

第九章

技术进步对我国就业影响的理论与实证研究[*]

一、研究背景和基本观点

当前就业问题已经成为我国急需解决的战略性问题。概括而言，我国就业与失业存在以下四个基本事实：一是就业量持续增长，2007年比1978年增长91.7%；二是宏观产业就业结构持续变迁，三次产业就业的相对地位由"一二三"转变为"三一二"；三是劳动力的技能/职业就业结构发生变化，中、高技能劳动力就业增长的同时出现民工荒现象（陆学艺，2004；任若恩，2008）；四是与上述变化相伴随出现的结构性失业问题，如下岗、大学生就业难、农民工就业问题等。国内研究众多，从技术进步角度看分别有以下几种研究角度及观点：一是认为技术进步对就业水平具有影响，然而对影响方向的看法不一（如姚战琪、夏杰长，2005）；二是认为技术进步影响产业就业结构变迁并造成结构性失业；三是认为技术进步对不同技能劳动力需求各异，造成技能劳动力就业差异（如蔡昉、林毅夫，2003；姚先国，2005）。总体上，国内研究集中于介绍或借鉴国外相关成果，或针对上述部分事实进行研究，取得了丰硕的成果。

国外相关研究最早可溯源至古典经济学时期，亚当·斯密等人就曾指出技术进步对劳动力就业的上述各种积极与消极影响，"李嘉图之谜"对此做了个极好的表述。随着理论认识的深化和分析工具的高级化，各学派对此从不同角度进行

---

[*] 本章由毕先萍执笔。

了研究，基于基本着眼点的不同，各流派大致可归纳为两类：均衡派和演进派。均衡派基于资源配置和均衡视角，关注经济系统均衡时的就业水平，探讨就业冲击及相应的就业破坏、就业补偿，包括古典和新古典经济学的就业补偿理论（Vivarelli，1995；宁光杰，2007），内生经济增长理论对熊彼特"创造性破坏"机理的动态化等（Aghion et al.，1994）。演进派则强调经济系统的演进特性，该学派共同拥有一个来自熊彼特（和马克思）的基本假设：资本主义经济制度的首要特征在于，它是一个与技术创新和组织创新联系在一起的、具有演化性质的扰动过程。演进派的研究路径有二：一是佩雷兹（Perez）、弗里曼（Freeman）等为代表的新熊彼特学派运用"技术—经济范式"理论，阐述了技术进步通过深化社会分工、引发产业结构变迁，并影响劳动力产业就业结构的机理；二是马克思（Marx）、布雷弗曼（Braverman，1978）、曼宁（Manning）等考察以机器为表征的技术进步对劳动力各种技能的延伸与替代，及相应的劳动力技能就业结构的变化。总体而言，经济发展具有动态演进特征，显然演进派的理论是理解技术进步对就业影响的基础，而均衡派的理论揭示了技术冲击导致失业发生周期性波动的微观机理。

本章基于上述思路，在演进的基础上明确相关理论框架，进而系统分析改革开放以来技术进步对我国就业的影响，并提出相应的对策建议。本章的基本发现是，改革开放以来，在制度变迁基础上，我国通过技术引进、自主技术创新等方式大力促进技术进步，加速了我国工业化进程，从两个层面对就业产生了深远的影响：一是使得三次产业乃至工业内部主导产业结构更替，尤其是加速工业化进程，使工业结构高度化，促进产业就业结构变迁；二是促进劳动力内在劳动执行技能和劳动概念技能的逐渐分离，使劳动力技能结构日趋细化和完善，新技术总体上呈现技能退化倾向，低技能劳动力就业份额相对增加。当前，我国总体上处于工业化中期，制度变迁的滞后及历史原因使得工业化进程存在显著的地区差异，致使结构性失业将长期存在；同时工业总体的技能退化倾向和"中国制造"危机的反差，预示着传统工业化模式濒临困境，影响着我国经济和就业持续增长。为此，迫切需要基于深化改革、促进技术与制度的匹配，实现技术进步与就业增长的统一。指导原则是基于科学发展观构建我国就业战略，具体而言包括以技术创新为导向，基于制度变革和技术创新，转变经济增长方式和工业化模式，实现地区经济与就业均衡发展，建立技术进步利益共享机制，实施人力资本积累政策等。

二、理论分析及其历史应用

（一）理论框架

就业、失业是特定历史时期的产物，即资本主义时期大批生产者与生产工具的分离使得这些生产者变成工资劳动力后的结果。缺少生产资料的劳动力与生产资料的结合形成就业，两者不匹配则导致失业。生产资料的微观载体是企业，企业对劳动力的需求包括数量和质量（技能）两方面，对劳动力数量的需求不仅取决于企业自身经营管理水平，还取决于其所在行业生命周期演变规律，对劳动力技能的要求取决于生产中运用的技术类型。分析技术进步对就业的影响，就必须要基于这两方面入手。

技术进步的分类很多，英国苏塞克斯大学的科学政策研究所（Science Policy Research Unit，简称 SPRU）根据技术进步对经济影响的重要性将之分为四类：增量创新、基本创新、技术体系的变革和技术—经济范式变革。技术—经济范式变革突出了技术进步对于整个社会经济的全面影响，其中新技术影响着生产中所有可能投入的相对成本结构，使之发生动态变化，从而对整个系统产生强有力影响，同时新技术的大量应用要求进行相应的组织创新。例如，始自英国的产业革命就是通过用机器代替人工、用非生物力代替人力和畜力，实现从手工工业向机器大生产的转变，并由此导致现代经济的诞生（兰德斯，2007）。技术—经济范式的变革具有内生性，基于上述分析显示，技术进步带来发明和创新，高效能的工具和机器的制造及使用，更推动一场庞大的经济、社会、政治和文化变革，而后者反过来又对技术进步的速度和进程施加了交互的影响，进而促进技术—经济范式的不断演进。显然，本章所指技术进步不是广义的全要素生产率，而是狭义的技术进步，即指硬技术方面的进步，如更新改造生产设备，改进工艺、设计或引进新工艺，产品更新换代和质量的提高，降低原材料消耗，采用新能源、新材料等。

因此，在技术—经济范式中，技术进步的动态演进特性及其综合影响体现得最为广泛、彻底，基于技术—经济范式及其变迁的研究能够十分全面地揭示技术进步对就业的影响。佩雷兹等（2007）和弗里曼（2007）将18世纪60年代至今分为五次技术—经济范式的变迁。具体而言，在技术—经济范式框架下，技术进步通过促进产业革命，对就业产生了以下两个方面的影响：一是技术进步通过工艺创新提高传统产业劳动生产率、引起传统产业就业比重下降，通过新产品的发明、创造促进一系列新兴产业的出现。两者综合作用使得主导产业依次出现变迁，产业就业结构日趋高级化，引起劳动力从传统产业向新兴产业转移，产业就业结构出现根本改变。二是技术进步通过深化劳动分工，促进劳动执行与劳动概念的分离，以及劳动执行、劳动概念内部的再分离，逐步扩展劳动力技能结构，同时在劳动分工的基础上实现新技术对劳动力相应技能的延伸或部分替代。随着技术—经济范式的持续变迁，新技术对劳动者内在技能的延伸或替代路径是，首先促进劳动执行技能与劳动概念技能分离，实现对人的劳动执行器官——肢体的部分延伸和替代（机械化、自动化），然后促进劳动概念技能的扩展以及内部再分工，并逐步实现对人的智力器官——脑、眼、耳的延伸乃至部分替代（自动化、信息化），这一过程体现在就业方面就是劳动者技能需求结构的相应变化。

（二）技术进步对产业就业结构的影响

经济系统的长期结构动态学理论（帕西内蒂，1962；利昂，1967等）指出，经济的结构变化与技术进步、消费者需求之间存在着密切联系，其中技术进步更是引发经济结构变迁的动因。一方面，技术进步引起人均可支配收入的增长，影响着总需求的构成，从而引起生产结构的调整；另一方面，无论从量上还是质上，技术进步在不同经济部门中是不一致的，这也会引起价格系统中一系列结构变化。

技术进步引发产业结构变迁可表现为产业间结构以及产业内部结构两方面的变化。（1）产业间结构变迁方面，产业结构经历了农业——工业——服务业的变化过程。例如，第一次技术—经济范式标志着以英国为代表的当时的发达国家从农业社会向工业社会的转变，第二产业取代第一产业成为国民经济的主导产业。第四次技术—经济范式标志着以美国为代表的发达国家完成工业化进程。这两次范式期间对应的是工业化历程。第五次技术—经济范式则意味着发达国家进入以信息服务业为主导的后工业社会。（2）产业内部结构方面，工业化历程是以工业内部主导产业高级化为代表的，标准之一是"霍夫曼工业化经验法则"，即在工业化进程中资本品生产通常相对于消费品生产出现大幅增加，传统工业化先行国家工业化进程显示，工业内部结构演进具有从轻工业到重工业的不平衡演进规律。如张培刚（2004）等人分析的，这种工业发展方式只限于纯粹演进型工业化类型，且比较适用于工业化初期、中期，而不能反映整个工业化进程。标准之二是概括出经济发达大国在工业化三个阶段的共同主导部门，钱纳里等（1968）认为主导部门依次为传统加工业、劳动对象工业和加工、组装工业。概括而言，工业化进程中工业内部结构演进具有从轻工业到重工业，再到新型工业的不平衡演进规律：工业化初期，在经济发展中起主导作用的一般是农业和轻纺工业，基础工业和基础设施有一定的发展；工业化中期，产业发展重心明显向重化工业化倾斜，石油、化工、电力、钢铁、机械制造业等成为国家经济中的主导产业，基础工业和基础设施得到迅速的发展；工业化后期，以汽车、家用电器为代表的耐用消费品和以微电子技术、信息技术、航空航天、光电子技术、办公自动化设备、信息处理系统、生物工程、能源和新材料为代表的新兴产业和高新技术产业得到飞速发展，并成为这一阶段的主导产业。为便于本章后面进行国际与国内的比较分析，本章以第二种标准为主，兼顾第一种标准。

　　产业结构的变迁必然引起劳动力等资源在部门间的重新配置，即各产业的产出结构变动必然伴随着就业结果的同向一致性调整。产业结构演变过程中，出现生产要素从劳动密集型向资本密集型、资本技术密集型再向技术知识密集型产业的必然转变；在产业技术含量方面，由传统产业向新兴产业、高新技术产业转变。配第一克拉克定理揭示出相应的产业就业结构变迁一般规律：经济增长过程中各产业之间收入（附加值）的相对差异，导致劳动力在不同产业之间的转移。具体而言，随着经济的发展和人均收入水平的提高，一个国家或地区的劳动力就业结构会发生变化，劳动力从第一产业向第二、三产业转移是一个普遍的规律；而且，随着人均收入的提高，又会出现劳动力由第二产业向第三产业转移的现象。钱纳里等在1975年出版的《发展型式：1950～1970》中，根据101个国家在1950～1970年间的统计资料，归纳出反映经济发展与结构变动典型事实的多国模型，指出在经济发展过程中就业结构的变动要滞后于产业结构的变动，但从较长时期来看，二者之间具有合比例性，即随着工业化程度的提高和产业结构的调整，就业结构也必然发生相应变化，从而证实了配第一克拉克定理。

　　结合上述学者的研究成果，本章基于技术—经济范式将技术进步对产业就业结构的影响概括如下（见表9-1）。

表 9-1　　　　　　　　技术进步对宏观就业结构的影响

技术革命名称	产业革命及相应的技术、组织创新	产业结构和主导产业	宏观就业结构
产业革命 始于 1771 年 英国 蒸汽和铁路时代 始于 1829 年 英国（扩散到欧洲大陆和美国）	工业化 第一阶段 工业机械化 （原始资本主义阶段）	第二产业居主导 工业内部：传统加工业（棉纺织业）占主导，劳动对象工业次之	手工工业就业下降 农业就业比重下降，工业就业比重上升，超过农业
钢铁、电力、重工业时代 始于 1875 年 美国和德国追赶并超越英国	工业化 第二阶段 工业、运输和家庭电气化和化学化（大工业资本主义阶段）	第二产业比重继续上升 工业内部：劳动对象工业占主导，机械工业上升，传统加工业下降	工业就业比重继续上升 服务业就业迅速增长
石油、汽车和大规模生产的时代 始于 1908 年 美国，后扩散到欧洲	第三阶段 运输、民用经济和战争动力化、机动化（管理资本主义阶段）	第三产业居主导，其中信息业加速发展；第二产业先升后降，高加工度机械工业、高技术工业占主导	第三产业就业占主导地位，信息业就业上升工业就业比重开始下降
信息和远程通讯时代 始于 1971 年 美国，后扩散到欧洲和亚洲	后工业化 国民经济计算机化（数字资本主义阶段）	信息产业居主导	信息产业就业占主导，传统服务业就业增长，与制造相关的服务业就业下降

（三）技术进步对劳动力技能结构的影响

劳动力技能分为劳动执行（体力劳动）技能和劳动概念（脑力劳动）技能两类。在工业革命以前，上述两类技能通常没有明确的分离，而是统一于一个典型的劳动者如手工业者身上，由于同时习得这两类技能的成本较高，因此可得劳动力的数量十分有限，从而制约着经济的发展。技术进步打破了这一局限，通过深化劳动分工，促进劳动执行与劳动概念的分离，以及劳动执行、劳动概念内部的再分离，形成了劳动力技能结构体系，并逐步实现对劳动力相应技能的延伸和部分替代，影响着劳动力技能结构变迁。

技术进步对劳动力技能结构的影响包括以下两方面：一是技术进步通过深化劳动分工，逐渐实现劳动力内在劳动概念技能和劳动执行技能的分离，使得劳动力可以根据成本—收益分析而专业化于一种技能的习得，进而延展和增强人类改造、控制社会的各项能力，这一过程创造出种类繁多、相互依存的职业类型，扩大了可得劳动力的范围，从而决定着整个社会劳动力技能结构的规模和发展方向。二是技术进步通过不断延展、增强乃至替代劳动力的特定技能，实现劳动力自我的逐渐解放。例如，工业革命以来，技术进步的演进历程使得社会从工业化向后工业化发展，相应地，这代表着劳动手段的机械化、标准化、自动化（工业化的三个阶段）和信息化与智能化（后工业社会）。这也意味着，技术进步从对人的劳动执行器官——肢体的延伸乃至替代（机械化、自动化），逐渐发展到对人的智力器官——脑、眼、耳的延伸及部分替代（自动化、信息化）（蒋选，2004）。这使得人类可以从繁重的体力劳动与常规脑力劳动中解放出来，专注于创新。

值得注意的是，"部分"替代揭示劳动分工的复杂性，劳动分工不仅适用于体力劳动范围或体力与脑力劳动之间，也适用于体力劳动与脑力劳动本身。根据奥托、列维和莫奈（Auto, D., Levy, H. F., Murnane, 2003）的研究，无论体力劳动还是脑力劳动，根据其是否具有重复性都可区分为常规和非常规技能两类。常规性工作是指其具体工作步骤能够为人类识别、转化为程序化指令的工种，因而可能为人类设计出的自动化机器设备替代。随着技术的发展，机器替代劳动力的范围不断扩展，由简单的体力劳动如装配工作、延伸至文字及信息处理等脑力劳动。非常规性工作是问题解决式的（例如管理），完成这些工作需要人类特有的灵活性、创造性及复杂的沟通联系技能。目前人类对这类活动规则的认知仍然十分有限，尚无法将其转化为明确的程序化指令，并由机器来操作。这类工作不仅包括管理决策等脑力劳动，还包括顾客导向的服务等体力劳动。因此，无论对于劳动执行和劳动概念技能，技术进步替代这两种技能中的常规技能都较为容易。即不同技能劳动力的就业地位及前景主要取决于技术进步对其具有技能的可替代性。

例如，在工业化初级阶段，大机器生产的形成和发展，不仅逐渐用科学原理驾驭的自然力、机械力、热力、化学等代替了人力和畜力，而且逐渐将人们世世代代口传心授积累起的劳动经验和技巧从生产者的身上分解出来，物化为更系统、严密准确、专门化发展的机器体系和规范化的生产技术（杨云龙，2008）。由此，技术进步促进了劳动力劳动执行技能和劳动概念技能的分离，增强了劳动力的劳动执行技能（工人从多面手的工匠转变成为专门从事局部工作的工人，工人的技能开始丧失，马克思将这一现象称为"技能退化"）。相应地，这意味着扩大了可得劳动力的范围，劳动力技能结构中低技能劳动力就业量和比重上升，手工工业就业急剧下降。19世纪末以来工业化的第二阶段，技术进步的发展使得劳动概念和劳动执行的分离达到了极为严格的程度，布雷弗曼（1978）对此进行了系统的探讨。一方面技术进步促进了劳动执行技能内部的进一步分工，雇佣工人的部分体力劳动被分解为一般的、不断重复的各种标准化动作，以便保持并加强资本家对劳动过程的控制来榨取更多的劳动，劳动技能退化趋势更加明显；另一方面，劳动过程中概念与执行的分离导致管理职能的扩展，生产规模的扩大促使劳动概念功能本身也进行了再分工，形成了越来越多的非生产性职位如办公室工作人员、销售人员、管理人员等。整体上看，劳动力技能就业结构中，一方面常规劳动执行者的绝对就业量继续增加，同时劳动概念者的职业种类迅速扩大、就业增长迅速，就业比重上升。到了工业化后期，自动化技术的出现减少了直接生产过程中的劳动需求，常规劳动执行者的就业开始减少。20世纪70年代部分发达国家进入后工业化时期以来，信息技术的发展以及开始代替劳动概念技能中的常规技能，使得常规劳动技能就业者的就业出现下降趋势。基于上述研究，将技术进步对技能就业结构的影响概括如下（见表9-2）。

表9-2　　　　技术进步对劳动力技能就业结构的影响

技术革命名称	产业革命阶段	技术对劳动力技能的替代或增强	技能就业结构
产业革命 始于1771年 英国 蒸汽和铁路时代 始于1829年 英国（扩散到欧洲大陆和美国）	工业化 第一阶段 工业机械化 （原始资本主义阶段）	水力及蒸汽驱动的机械操作和专业化生产替代了工场手工劳动的生产方式，技术增强了常规劳动执行技能，劳动力劳动执行和劳动概念开始分离	手工业者就业下降 常规劳动执行者就业增加（新兴工业部门吸纳大量剩余农业人口）
钢铁、电力、重工业时代 始于1875年 美国和德国追赶并超越英国	工业化 第二阶段 工业、运输和家庭电气化和化学化 （大工业资本主义阶段）	重型机器替代了简单机械； 标准化技术增强了常规劳动执行技能，促进劳动概念技能发展	常规劳动执行者就业继续增加 劳动概念者就业增加
石油、汽车和大规模生产的时代 始于1908年 美国，后扩散到欧洲	工业化 第三阶段 运输、民用经济和战争动力化、机动化（管理资本主义阶段）	自动化技术替代常规劳动执行技能，增强了劳动概念技能	常规劳动执行者就业减少 劳动概念者就业成为主导

续表

技术革命名称	产业革命阶段	技术对劳动力技能的替代或增强	技能就业结构
信息和远程通讯时代始于1971年美国，（后扩散到欧洲和亚洲）	后工业化国民经济计算机化（数字资本主义阶段）	信息化技术替代常规劳动概念技能，增强了非常规劳动概念技能	非常规劳动概念者就业增加常规劳动概念者就业下降

三、技术进步对我国就业影响的实证分析

（一）我国技术进步演变路径

研究技术进步对我国就业的影响，必须置于同样的分析框架才便于比较。按此逻辑，首先需要回顾我国技术进步历程，发现可能的技术—经济范式及其变迁轨迹。然而，技术进步有两种基本模式：一种是自然演化型；另一种模式是外部因素推动型。欧美等早期工业化国家属于前一种模式，我国则主要属于后一种。我国政府经济体制和发展战略的变革决定着技术进步以及工业化进程。因此我国工业化进程本身具有强烈的制度变迁意味。制度变迁有两种作用路径：一是通过市场经济体制改革，发展多种成分所有制经济，确立微观企业的市场经营主体和技术创新主体的地位，充分发挥市场在资源配置中的基础作用；二是通过影响市场运行、市场要素价格形成机制，对企业技术进步选择间接产生影响。根据改革历程，一般将我国工业化进程分为两大阶段，1953~1978年是封闭式工业化发展阶段，1978年后改革开放以来又依据其程度不同分为半开放（1978~2001年）和完全开放（2001年至今）两个子时期。

在第一阶段，自新中国成立以来，在与国外技术进步存在较大差距的情况下，我国采取赶超型的重工业优先发展战略。在这种背景下，技术进步本身也是政府决策的产物，整体水平十分落后，而且多局限于重工业，市场自发演进条件下技术进步对就业影响的传导机制完全失效，技术进步对就业的影响更主要的是政府政策的结果。我国工业化进程始自1953年的第一个五年计划，1956年第二产业产值比重首次超过第一产业，至今我国从总体上仍处于工业化中期（陈佳贵等，2007）。在高度集权计划经济体制下优先发展重工业的工业化发展战略，致使农业、轻工业和重工业的比重严重失调，出现了产业结构和就业结构的严重偏离以及就业损失。据冯兰瑞、赵履宽（1982）估计，改革以前轻工业部门的就业吸纳能力是重工业的3倍，在1952~1980年间，中国在轻重工业的非均衡

投资使得就业机会有可能绝对减少2000万个就业机会。因此，本章主要分析1978年以来的情况。

(二) 技术进步引致三次产业及工业内部就业结构变迁

1. 技术进步发展状况

改革开放以来工业化进程的两阶段：

(1) 第一阶段，初期 (1979~1988年) 为结构纠偏、轻重工业同步发展阶段，基于当时渐进改革特性，新兴非公经济成分 (如乡镇企业) 和国有企业增量部分开始具有自主选择技术水平的权力，劳动密集型技术成为他们的首选。随着改革的逐渐深入，市场逐渐替代政府成为资源配置的主体，企业日益发挥出技术创新主体的作用，技术选择倾向日益偏重与发挥劳动资源禀赋。中国经济研究中心发展战略组 (2002) 以制造业资本密集度为基础构造了制造业技术选择指数 (Technology Choice Index, TCI)，TCI指数的含义是一个经济体的制造业的实际资本劳动比率除以整个经济体的资本劳动禀赋量比率。该战略组对我国1928~1997年28个省工业 (包括国有工业部门、乡镇企业) 的测算显示，改革开放以来无论从总体上还是就国有或乡镇工业部门看，TCI基本呈下降趋势。蔡昉、林毅夫 (2003) 根据《中国统计年鉴2001》比较国有及非国有经济在各行业的分布，发现非国有经济在劳动密集型工业部门中占主导地位，其技术选择也倾向劳动使用型或资本节约型，三资企业 (外商独资、中外合资和中外合作企业) 的劳动密集性也高于国有企业。这也表明，随着国有经济布局的战略性调整、国有经济成分比重的下降，整个国民经济技术选择是趋向于劳动密集型的。程晓农 (2003) 指出，上述现象表明20世纪90年代以来中国的正规制造业逐渐被外资和本国非正规制造业双重替代，其本质是"弱质替代强质"。即：一方面，以港澳台企业为代表的大部分外资企业所从事的是技术简单、劳动密集型的出口导向型生产，一些从事高技术产品生产的企业虽然进口的产品零部件的技术含量高，但在中国的加工装配工艺的技术含量却并不高；另一方面，我国非正规制造业多是技术简单、规模很小。本章参考了程晓农 (2003) 等人的计算结果，基于历年《中国统计年鉴》整理了相关数据，具体见图9-1。

(2) 21世纪以来，市场经济体制初步建立，市场替代政府成为资源配置的主体，企业日益发挥出技术创新主体的作用，这一时期技术进步及工业化路径主要是市场选择的结果，技术进步方式由初期的技术引进为主，到实现技术的引进、吸收、消化和再创新，直至2006年我国正式确立了自主创新发展战略的地位。相应地，技术进步影响产业结构乃至影响就业的传导机制开始逐渐发挥应有的作用。中国的工业化总体上进入到从劳动力密集向资本密集全面转型阶段，尤其工业结构实现从轻型工业化向重型工业化结构的转移 (殷醒民，2003)，体现

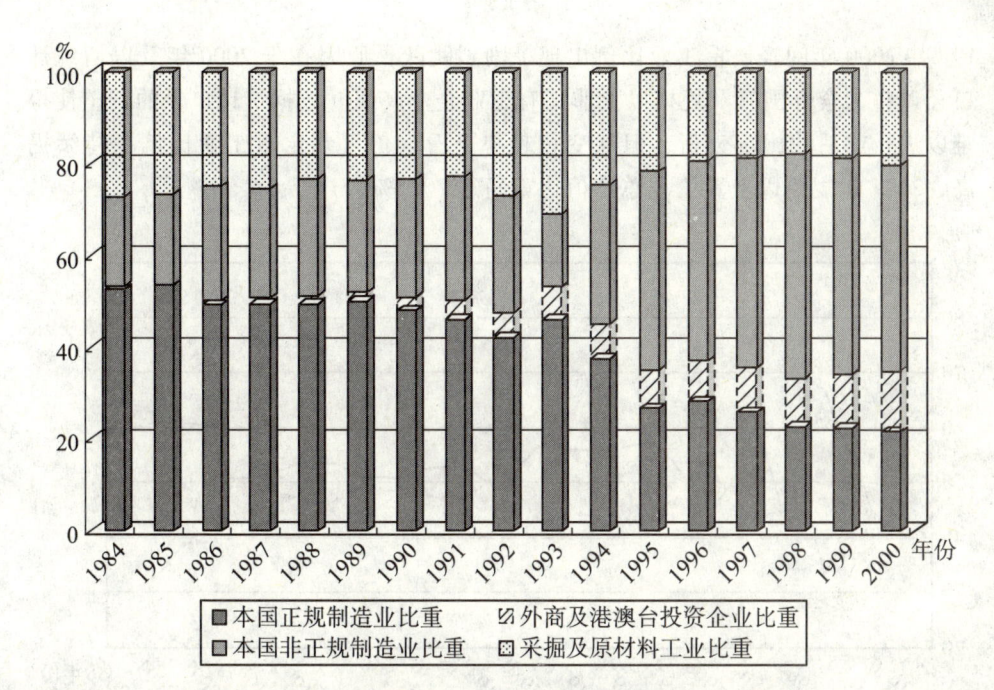

图 9-1　我国正规制造业和非正规制造业发展情况

在：20 世纪 90 年代后期以来，一些传统上属于劳动密集型制造业的资本密集程度在显著提高，纺织品加工和制造、饮料制造业、家具制造业等行业的统计指标与普通机械制造业、专用设备制造业的差距在明显缩小，甚至超过了后者。受我国产业政策引导的影响，90 年代后期以来，随着巨型跨国公司投入的增多，三资企业在我国工业中的分布结构开始缓慢地向能源、原材料和基础工业部门倾斜，同时用资本和技术密集型或者资本技术双密集型产业替代劳动力密集型产业。

上述技术进步速率和方向的变化促进了我国产业结构的变化，进而带来就业增长和产业就业结构变迁。基于我国处于工业化阶段，分别从工业内部就业结构和三次产业就业结构两方面综合分析。

2. 工业内部就业结构

本章第二部分提到划分工业化阶段的两种方法，从轻重工业的关系来看，改革以来可分为两个阶段（见图 9-2）。1979~2001 年的工业化初期，尤其是 20 世纪 80 年代轻工业获得了补偿性发展，其占工业总产值比重较改革前有了普遍的提高。20 世纪 90 年代除了传统轻加工业的发展外，新兴制造业如 IT、医药等产业和新兴第三产业如房地产、金融、电信等取得了长足发展。21 世纪以来，我国进入工业化中期阶段，特征是重化工业加速发展、产业结构明显高度化。与改革开放前不同的是，重工业的发展优势是在中国市场化进程中凸现出来的，即此轮重工业的强势发展更多的是市场选择的结果。需要指出的是，图 9-2 中

1999~2000年间轻、重工业比例出现了剧烈跳跃，原因在于2000年及以后统计口径调整为全部国有及规模以上非国有工业企业产值。数据统计口径的调整使得难以进行前后的比较分析，但从变化趋势上看，仍可判定重工业比例在持续提高，2007年规模以上重工业总产值比重高达70.5%。

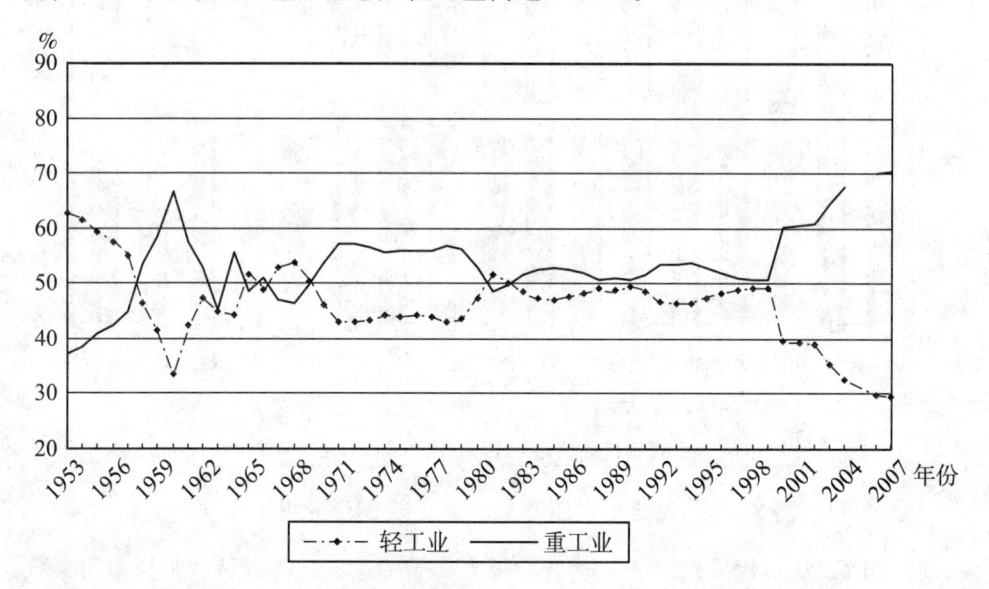

图9-2 1953~2007年我国轻工业、重工业占总产值的结构变化

除了统计口径的调整，考虑到霍夫曼系数本身的局限，轻重工业比重数据不能反映关于工业化进程的更多信息。基于工业结构三类产业（传统加工业、劳动对象工业和机械制造业）标准的分析能够得到更为全面的信息。本章稍加修正的是，将我国工业化内部结构分成四部分，即除了传统加工业、劳动对象工业外，在机械工业中单独区分出高技术产业。原因在于，我国作为后发的发展中国家自1978年重新进行工业化进程时，世界主要发达国家已经完成了工业化，并在世界新技术革命引领下进入以高技术产业为主导的后工业社会。随着改革开放的深入，基于技术引进和FDI等技术交流途径，我国工业中的高技术产业获得了迅速发展。

根据2002年7月国家统计局印发的《高技术产业统计分类目录的通知》，中国高技术产业的统计范围包括航空航天器制造业、电子及通信设备制造业、电子计算机及办公设备制造业、医药制造业和医疗设备及仪器仪表制造业共五类行业。国家统计局等编写的历年《中国高技术产业统计年鉴》只记载了1995年以来我国高技术产业的工业增加值及年均从业人员数等。为确保数据分析的一致性，本章认为应补齐1995年以前高技术产业的数据，即便那段时期乃至更早时候我国高技术产业可能少有发展，或其技术含量较现在要低很多，但所谓技术含量的高或低本身就是相对的、具有动态性。补齐方法如下，除了航空航天器制造业，其他四类行业数据都能在历年《中国统计年鉴》中找到，本章基于《中国统计年鉴》对1996年以来上述四类行业数据进行加总计算，发现该数值与高技术产业数据差距很小，这表明我国航空航天器制造业规模较小，由此我们可以运用该方法倒推出1995年以前我国高技术产业的工业增加值、就业等数据。基于历年《中国统计年鉴》统计数据的可得性，数据范围为1985~2007年，中间少数年份数据缺失。

图9-3的工业内部产值结构图显示，1985~2007年间，我国工业以劳动对象工业为主，中低技术机械制造业次之，高技术产业比重最低。对比各工业产值比重变化态势，20世纪80年代末以前，传统工业增速最快。此后，劳动对象工业和中低技术机械制造业都有了一定的发展。21世纪初以来，这两类产业有了迅

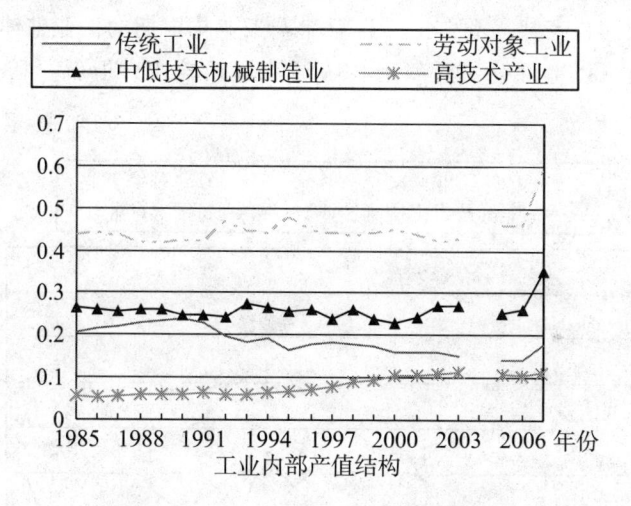

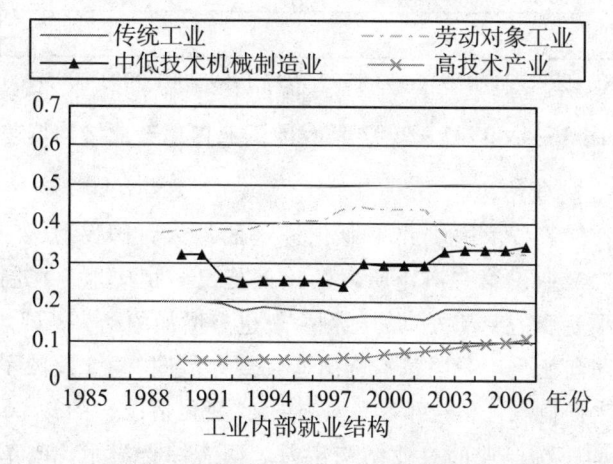

图9-3 1985~2007年我国工业内部产值结构与就业结构变化

速的发展。体现在住宅、汽车、电子通讯和基础设施建设等产业的发展，拉动了劳动对象工业的发展，包括具有中间投资品性质的产业如钢铁、有色金属、建材、机械、化工等，以及电力、煤炭、石油等能源行业，这些基本证实了我国工业化进入中期的判断。相应地，工业产业结构的高级化引致就业结构呈高级化态势，两者具有显著的一致性。

然而，从图9-4可知，工业内部各产业结构偏差（也称比较劳动生产率，即用各产业产值比重除就业比重，该值越小于1，表明其就业吸纳能力越强）的差异很大，显示不同工业化阶段以及同一阶段不同类型技术主导的工业的就业吸纳能力有异。在工业化初期，除了高技术产业外，其他三类产业的就业吸纳能力都是逐渐提高的，尤其以中低技术机械制造业的就业创造能力最强；进入工业化中期，主导产业劳动对象工业的就业吸纳能力显著下降，而低技术机械制造业和传统工业呈现同样态势。总体上，这意味着工业化中期的工业整体就业吸纳能力趋于下降。这可以部分解释近年来我国经济增长较快、但就业压力仍然很大的现象。

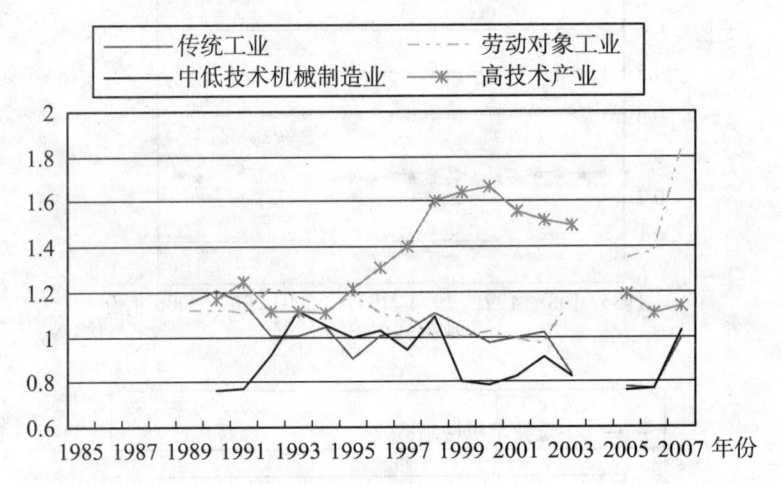

图9-4 1985~2007年我国工业内部产业结构偏差

3. 三次产业就业结构

一般来说，随着技术进步和工业化进程的深入，国民收入（或地区收入）中制造业和第二产业、第三产业所占的比例提高。相应地，在制造业和第二产业、第三产业中就业的劳动人口的比例一般也有增加的趋势，即产业产值结构和产业就业结构同向变化。我国基本遵循这一规律。图9-5反映了改革开放以来中国经济中三次产业的产值比重和就业比重的变化情况，图9-6进一步揭示了1978~2007年间三次产业的就业结构偏差。两者综合显示，改革以来第一产业和第三产业的产值与就业比重的变动方向一致，前者为持续递减而后者则持续上

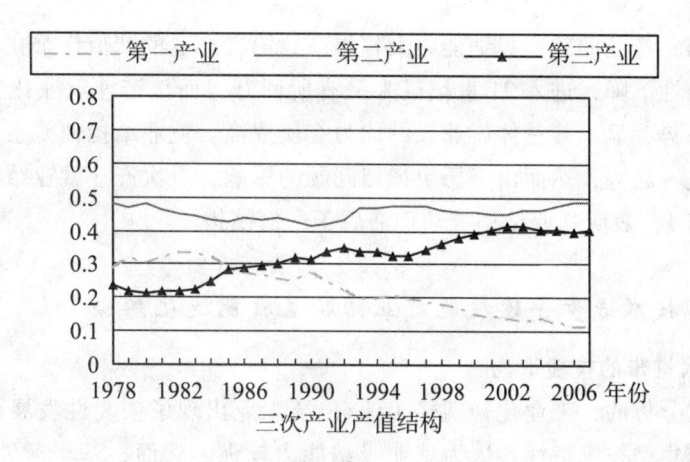

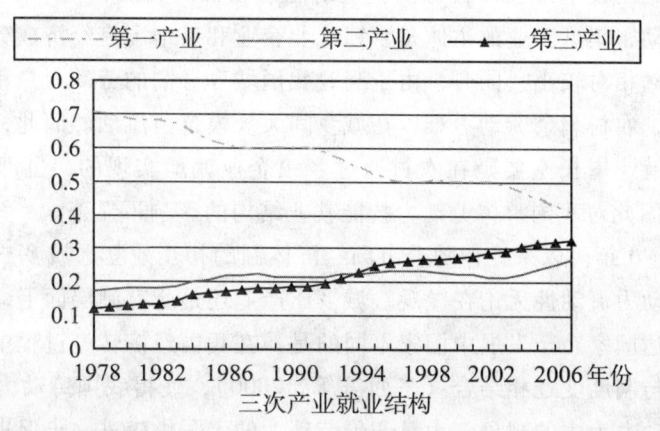

图 9-5　1978~2007 年我国三次产业的产值和就业结构变迁

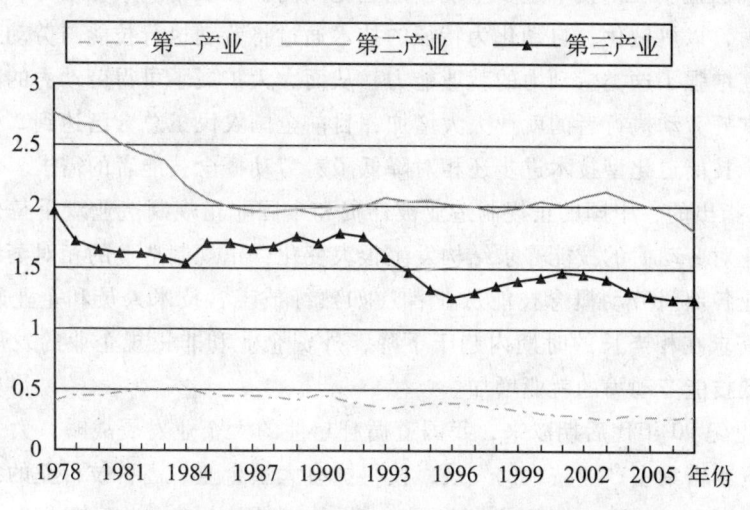

图 9-6　1978~2007 年三次产业的就业结构偏差

升，表明第三产业的就业吸纳能力大幅提高；第二产业的产值比重在工业化初期出现了波动性下降，进入 21 世纪以来又有所回升，而该产业就业比重则呈现波动性上升态势，显示其总体就业吸纳能力有所提高。就业结构偏差系数更为清晰地反映出这一趋势，然而由于历史遗留问题的影响，三次产业就业结构偏差系数还远远偏离 1，表明就业结构变动仍滞后于产值结构。

（三）技术进步导致技能就业结构呈技能退化态势

1. 技术进步的技能取向

如前文分析的，工业化初期轻工业/传统工业出现了恢复性发展，这些产业具有劳动密集型技术特性，因为就业吸纳能力较强。然而，基于渐进改革特性，这一时期劳动密集型工业的主体是乡镇工业企业和新增国有经济成分企业，其占国民经济份额相对较小；同时，由于当时我国城乡分割的劳动力户籍制度尚未进行根本改革，农村剩余劳动力难以在城乡间大规模自由流动。因此，劳动密集型工业带来的就业增长主要是在农村通过乡镇企业就地实现的，也即"离土不离乡"模式。因此对我国整体劳动力技能就业结构的影响不显著。

20 世纪 90 年代以来，伴随着市场经济体制的初步建立，城乡户籍制度的改革，我国劳动力流动性无论在微观、城乡、产业还是所有制层面上，都有了显著提升。与发达国家乃至发展中国家不同的是，在我国经济转型过程中，原有的二元经济结构与制度变迁相结合（王西玉等，2000），使得我国劳动力流动呈现以农村剩余劳动力为主的现象。大量廉价劳动力的无限供应进一步促进劳动密集型产业出现迅猛发展，技术进步呈现技能退化倾向。即农村剩余劳动力多属于低技能劳动力，以机械化、自动化为特征的技术通过将劳动执行技能与劳动概念技能的分离，增强了这类劳动力的就业能力，从而大大扩展了可得劳动力的范围，结果导致常规劳动执行者的就业大大增加，目前全国农民工总数已达到 2 亿人。另一方面，技能退化型技术进步还相对降低了对劳动概念技能者的需求。如程晓农（2003）指出的，中国的正规制造业被外资和本国非正规制造业双重替代，使得我国工业对劳动力的技能需求结构发生很大变化：正规制造业的相对萎缩意味着对制造业各部门劳动概念技能从业者（如熟练技工、技术人员和企业管理人员等）的需求在相当长的时期内趋于下降，外资企业和非正规企业的发展导致低工资、低技能劳动力的就业增加。

20 世纪 90 年代后期以来，我国遵循赶超性的大企业发展战略，大力扶持大企业和资本密集型产业技术的发展，使得国有大型企业、高科技行业的技术选择路径朝着资本、技术密集型方向发展。例如，在国家自主创新技术政策的扶持下，我国高新技术产业遵循"有限目标、重点突破"的原则，在航空航天、信息、通讯等行业获得了迅猛发展；利用高新技术改造传统产业的步伐也在加快。这种技术选择路径意味着企业将日益需要具有高学历和丰富工作资历的劳动力，所体现的是技能偏向型技术进步。然而，如上分析显示，我国高技术产业发展的相对规模较小，且国有大型企业、高科技行业多聚集在对外开放程度较高、经济较发达、技术基础较好的大中城市。这意味着，在区域、产业、所有制乃至城乡之间存在着技术进步技能取向的差异，技能偏向型技术进步对劳动力技能结构的影响仅仅局限在一定区域内，总体上我国技术进步仍以技能替代型为主。

2. 技术进步对劳动力技能就业结构的影响

通常而言，劳动力技能结构是按照劳动分工即其职业的技术等级来区分的。由于我国这方面数据较为欠缺，也有学者按照教育水平区分。根据第二部分的分析，结合我国工业化进程，技术进步对我国劳动力技能就业结构的影响大致分为两大时期。实证方面，基于可信数据的制约，目前可得的数据多为2000年以前的，基本可反映工业化初期劳动力技能就业结构变化。

（1）按职业技术等级区分的劳动力技能就业结构。我国按职业技术等级将劳动者分为八类，根据第二部分对劳动力技能类型的分析，一般可认定具有劳动概念技能者包括前四类（国家与社会管理者、经理人员、专业技术人员、办事人员），其中办事人员可视为具有常规性劳动概念技能；商业人员、服务人员和生产工人为具有劳动执行技能者。1982~2000年，我国进行了三次全国人口普查，即1982年的第三次人口普查，1990年的第四次人口普查和2000年的第五次人口普查，见表9-3。表9-3显示，我国这一时期的技术进步呈技能替代型特征，不考虑农业生产者这一群体，就业比重增幅最大的是具有劳动执行技能的低技能劳动力职业。1982~2000年间，就业量增加最多的是商业工作人员（2 959万）和生产工人（2 290万）；从就业比重看，增幅最大的前三类分别是商业人员、办事人员和服务人员，专业技术人员、企事业管理者、国家和社会管理者的比重极低，并且增长十分缓慢。

表9-3　　1982~2000年按职业区分的我国劳动力技能就业结构变化

年份 分类	1982	1990	2000
国家与社会管理者	0.49	0.62	0.5
企事业管理者	1.06	1.13	1.18
专业技术人员	5.07	5.31	5.62
办事人员	1.3	1.74	3.05
生产工人	15.99	15.16	15.75
商业人员	1.81	3.01	5.78
服务人员	2.21	2.4	3.24
农业劳动者	71.98	70.58	63.81

资料来源：转引自陆学艺：《当代中国社会流动》，社会科学文献出版社2004年版，第104页。

（2）按劳动力受教育水平区分的劳动力技能就业结构。表9-4比较分析了1982~2000年间按劳动力受教育水平区分的劳动力技能就业结构和工资份额（任若恩，2008）。表9-4支持了关于技能退化型技术进步的结论，即从就业份额数据看，总体上增长最快的是具有中等教育水平的劳动者（初中水平劳动者的就业份额最高且增速最快），大专及以上高等教育群体就业的增速次之、但所占份额最小；从工资份额数据看，也呈现类似态势，然而幅度有所不同。

表9-4 1982~2000年按教育水平区分的我国劳动力的就业与工资份额

年份 分类	就业份额					工资份额				
	1982	1987	1990	1995	2000	1982	1987	1990	1995	2000
文盲或半文盲	28.2	22.9	16.9	12.7	8.1	25.6	19.6	12.3	6.2	2.2
小学	34.4	36.3	37.8	37.2	32.8	32.0	31.5	30.5	28.9	19.9
初中	26	29.5	32.3	36.2	41.7	26.3	30.9	35.9	37.8	41.1
高中及中专	10.5	10.1	11.1	11.1	12.7	13.8	15.0	17.2	19.6	23.9
大专及以上	0.9	1.2	1.9	2.9	4.7	2.2	3.1	4.1	7.6	13.0
合计	100	100	100	100	100	100	100	100	100	100

数据来源：任若恩：《测量中国经济的劳动投入：1982~2000年》，载《经济研究》2008年第3期，第16~28页。

表9-5是基于表9-4计算的各类劳动力相对工资水平（即工资份额与就业份额之比）。与表9-4显著不同的是，表9-5显示，改革开放以来不同技能劳动力的工资报酬差距日渐扩大。例如，1982~2000年间，相对工资水平增幅最大的是高中及中专教育水平劳动力，2000年比1982年增长43.2%，其次是具有大专及以上教育水平劳动力，具有初中教育水平的劳动力尽管就业增幅最大，其相对工资水平在1990年前略有增长，此后下降，2000年的相对工资甚至略低于1982年，而半文盲和文盲以及小学教育水平劳动力的相对工资下降十分显著。不同技能劳动力工资报酬差距的扩大集中体现在低教育水平劳动力群体，以小学教育水平劳动力为例，其就业份额在1995年前一直是增加的，2000年比1982年仅下降1.6个百分点，相比之下其工资份额显著减少了12.1%，这表明低教育水平劳动力拥有就业机会，然而却是"贫困"的就业机会。鉴于这类人群占我国劳动力的1/3以上，如果缺乏相应的就业保障体系，他们很难享受到技术进步带来的收益，这将影响到国民经济总需求水平和就业增长，甚至可能危及社会稳定。

表9-5　　　　　1982～2000年按教育水平区分的我国
劳动力相对工资水平

年份	1982	1987	1990	1995	2000	2000/1982
文盲或半文盲	0.908	0.856	0.728	0.488	0.272	0.299
小学	0.93	0.868	0.807	0.777	0.607	0.652
初中	1.012	1.047	1.111	1.044	0.986	0.974
高中及中专	1.314	1.485	1.55	1.766	1.882	1.432
大专及以上	2.444	2.583	2.158	2.621	2.766	1.132

数据来源：根据表9-4数据整理得出。

对于工业化中期以来劳动力技能结构的变化，由于年限较短，只能有个大致的认识。《中国劳动统计年鉴》提供了2002～2006年按教育程度和职业等级表示的劳动力就业结构，见表9-6。总体上，劳动力的受教育程度有所提高。从职业等级上看，就业比重增加的还是劳动执行者，劳动概念者的就业数量有所增加、但其就业比重都有所下降。长远的判断还需结合当前工业化的进程，由图9-4可知，在工业化中期，该阶段主导产业劳动对象工业的就业吸纳能力显著下降，低技术机械制造业和传统工业的就业结构偏差系数逐渐上升至1的水平，预示这两者作为吸纳低技能劳动力就业主体的地位将有可能出现逆转。高技术产业的就业吸纳能力的增强，意味着高技术产业将增加对相应高技能劳动力的需求，然而该产业份额较小，因此引起的需求增长也会较少。

表9-6　　　2002～2006年我国按不同分类标准的劳动力技能结构

年份	2002	2003	2004	2005	2006	年份	2002	2003	2004	2005	2006
未上过学	7.8	7.1	6.2	7.8	6.7	国家、社会及企事业管理者	1.7	1.8	1.7	1.5	1.2
小学	30.0	28.7	27.4	29.2	29.9	专业技术人员	6.0	6.9	7.2	7.5	5.7
初中	43.2	43.7	45.8	44.1	44.9	办事人员	7.0	7.7	7.6	3.7	3.4
高中	13.1	13.6	13.4	12.1	11.8	商业、服务人员	9.6	10.0	10.0	12.1	11.4
大学专科	4.3	4.8	5.0	4.5	4.3	农业劳动者	60.8	57.7	54.9	57.1	62.5
大学本科	1.6	1.9	2.1	2.1	2.1	生产工人	10.6	11.0	10.7	17.8	15.5
研究生及以上	0.1	0.1	0.1	0.2	0.2	其他	4.4	4.9	4.9	0.3	0.3
总计	100	100	100	100	100	总计	100	100	100	100	100

资料来源：根据历年《中国劳动统计年鉴》整理而成。

四、我国就业前景及对策建议

（一）我国就业前景判断

由上分析，技术进步对于我国就业的影响体现在两方面：一是促使产业就业结构及工业内部就业结构的变迁；二是促进劳动力技能的分工，社会劳动力技能结构日益细化和完善，尤其技能退化型技术进步使得我国工业化进程吸纳了大量低技能的劳动力，两者结合促进了我国就业总量的持续增长。对于未来我国的就业前景，蔡昉（2007）等分析认为，我国的"刘易斯转折点"即将到来，劳动力供大于求的矛盾有望得到缓解甚至是根本解决。然而，这并不意味着不存在失业问题。当前主要面临两大突出难题。

一是从技术进步及相应的工业化进程看，基于制度变革相对于技术进步、经济结构变迁步伐的滞后，结构性失业问题将在相当长的一段时期存在。表9-7显示，当前我国工业化进程存在显著的地区差异。

表9-7 当前我国工业化进程的地区差异（2005年）

阶段		四大经济板块	省区市
后工业化阶段			上海、北京
工业化后期	后半阶段	东部	天津、广东
	前半阶段		浙江、江苏、山东
工业化中期	后半阶段	东北	辽宁、福建
	前半阶段		山西、吉林、内蒙古、湖北、河北、黑龙江、宁夏、重庆
工业化初期	后半阶段	中部、西部	陕西、青海、湖南、河南、新疆、安徽、江西、四川、甘肃、云南、广西、海南
	前半阶段		贵州
前工业化阶段			西藏

资料来源：陈佳贵等：《中国工业化进程报告：1995~2005年中国省域工业化水平评价与研究》，社会科学文献出版社2007年版，第42页。

这意味着，在相当长的时期内，我国将处于不同技术进步水平并存的阶段。处于不同工业化进程的地区，技术进步对其产业就业结构及劳动力技能结构的影响存在显著差异，这些地区将显示出对劳动力技能的不同需求，而在市场分割的约束下，各类劳动力供给无法实现完全自由流动，供求的地域性失衡使得这些地区面临不同的就业及失业问题。例如，后工业化地区如京、沪以知识技术密集型产业为主，倾向于增加高技能劳动力需求，然而其需求相对于我国整体工业化水平对各类劳动力的需求而言较少，而在市场分割环境下高技能劳动力大量涌向这些地区，使得这些地区出现了人才滥用和大学生就业难等问题，而其他地区面临高技能人才短缺现象。基于制度改革的滞后，长期以来我国实施的地区偏倚和城市偏倚政策以及地区资源禀赋的差异，决定着地区间分割和相应的经济发展差异在相当长时期内仍将存在，结构性失业问题难以解决。

二是在当前国际、国内形势下，现有工业发展模式和经济增长方式面临危机，难以保障就业持续增长和和谐社会建设。一国经济增长源泉最终只能是来自于技术进步或生产率提高。无论是我国 20 世纪 80 年代依靠廉价劳动力要素的发展模式，还是当前依靠资本的重工业发展阶段，它们与我国资源禀赋和国内、国际各种约束条件之间的冲突越来越明显。据 2008 年 10 月 29 日《中国新闻周刊》报道，在美国金融危机的冲击下，2008 年 10 月 15 日，位于东莞的玩具代理加工商合俊集团倒闭，近 7 000 名员工面临失去工作的境地。不仅如此，国家发改委中小企业司统计表明，2008 年上半年，全国有 6.7 万家规模以上的类似中小企业倒闭。制造业的危机表面上看是受美国金融危机的影响，从根源上则是中国经济增长方式带来的结构性失衡的必然结果。一方面，以出口为导向的劳动力密集型产业面临困境，急需通过技术升级调整产业结构；另一方面，长期以来较低技能劳动力相对工资水平的持续走低意味着技术进步收益未能由大众分享，进而制约着内需和就业增长。能否在变化的环境下保持经济增长的可持续性、促进就业增长，取决于我国如何基于技术进步进行发展战略的调整和制度创新。

（二）对策建议

1. 基于科学发展观构建我国就业战略

党的十七大提出的目标要求，坚持以人为本，更加重视改善民生，促进社会和谐。以人为本，是科学发展观的核心。我国仍处于并将长期处于社会主义初级阶段，目前又处于社会结构深刻变动、利益格局深刻调整的时期，在推进现代化的过程中，必须将促进充分就业的目标作为经济和社会政策的一个基本优先目标，实行能够最大限度促进创造就业机会的经济增长模式，使所有劳动者通过自由选择的生产性就业，获得有保障的、可持续的生活手段，实现技术进步和扩大就业的有机统一。在政府职能定位方面，政府应从深刻干预经济的宏观调控定位中抽身，回归服务型政府本色。在政策实施上，应致力于完善市场经济体制改革，辅之以产业政策、税收政策等，促进市场竞争，提高生产效率；同时利用财政政策、货币政策和收入政策调控失业率，保护就业弱势群体，维护就业公平，积极开发人力资本。

2. 以技术创新为导向，转变经济增长方式和工业化模式

提高创新能力是增加就业的关键。包括两方面：一是创新取向；二是资源再配置。经济增长中，充分发挥市场基础作用，政府作用应定位于服务协调、保护知识产权、激励新思想形成并推动基础技术创新的传播和应用等，充分发挥企业的技术创新主体作用，回归技术进步在产业革命、经济与就业增长中的关键作用。在此基础上，选择正确的技术进步路径，实现经济增长方式的根本转变，以创新立国，工业化模式选择上应基于我国国情，培育扶持具有潜在资源禀赋优势的主导产业如知识智力密集型产业等，并大力发展基于信息产业和非常规不易被替代的个人服务业等。

3. 基于制度变革和技术创新、实现地区经济与就业均衡发展

现阶段，应正视地区工业化差异，在我国不同区域技术进步路径的选择上，充分利用我国地区间资源禀赋优势的差异，因地制宜，针对性地引导产业升级及地区间产业转移、承接。例如，针对进入工业化后期的江浙、广东等地，鉴于其资源、廉价劳动力优势已趋消失，应加快创新，形成新的工业或产业优势；针对处于工业化中期甚至是初期的中部、西部地区，借鉴日本模式，在政府扶持方面以完善基础设施环境建设为主、避免过多从财政、货币政策等方面进行直接干预。从长远角度看，必须通过深化改革等一系列配套措施，消除地区差异，实现一体化发展。包括深化要素市场改革，健全统一的劳动力市场和资本市场、消除地区垄断及行政干预等，实现劳动力及资本等要素自由、平等的流动，消除阻碍技术进步推动就业增长的各种因素。

4. 建立技术进步利益共享机制，完善社会保障等体系建设

从我国国情出发，促进经济和就业增长的真正动力来自于内需拉动，因此必须建立技术进步收益的共享机制，通过提高劳动者报酬、增进每一位社会成员的福利，中国经济才能最终增加其消费能力与总体需求，并实现更加充分的就业。同时，利益共享还体现在社会保障方面，具体包括促进公平就业和适度有保障的就业，维护劳动者权益，抑制收入差距扩大等。

5. 实施人力资本积累政策，完善教育培训

随着创新成为经济增长的主要动力，人的素质或质量成为新时期的最重要因素。只有通过实施人力资本积累政策，才有可能将巨大的人口负担转化为我国新时期的资源禀赋优势。具体包括，贯彻教育公平原则，推进教育培训体制改革，完善和协调广义教育体系，实现普通教育与职业教育、学校教育与社会教育、阶段性"终端教育"与终身教育的协调与联结，尤其注重提高低技能或易被技术替代的阶层的自我生存与发展能力。

第十章

城市化进程、就业促进与农村转移就业战略[*]

中国进行经济改革开放以来,随着农业部门的发展和农业生产率的提高,必然有大量的农民面临转移,人多地少的国情决定了这些过剩的农业人口流向城市,寻求非农就业岗位。正因为如此,不少的专家学者(杨宜勇,2000;周天勇,2001;王小鲁,2002)认为加快城市化发展是解决剩余农村劳动力就业的重要途径,其中城市化发展的模式、分割的城市劳动力市场对就业的影响是分析的重点。这些国内研究缺乏城市化促进就业的机制的实证分析,也缺乏我国城市化发展的水平与农村剩余劳动力转移就业的定量分析。尽管有文献分析了城市化进程与非农就业水平的关系(张欣,2001)。对于我国来说,非农就业的重要组成部分就是农村剩余劳动力的进城就业,了解城市化如何促进就业以及目前我国城市化状况对农村劳动力进城就业的影响将有利于全面建设小康社会中相关政策的制定与执行。

本章的内容分为三个部分:一是分析城市化过程中的就业促进;二是对目前中国城市化发展水平与农村劳动力进城就业的关系展开分析;三是关于研究结果的讨论以及政策建议。

---

[*] 本章由卢亮执笔。

一、城市化过程中的就业促进

长期以来,经济学家们都认为经济增长能够促进就业,无论是早期古典学派的亚当·斯密、大卫·李嘉图,还是后来的索洛-斯旺模型以及丹尼斯对于经济增长因素的分析,我们都可以看到作为生产要素之一的劳动投入和经济增长的密切关系。通过对我国1978~2003年国内生产总值和就业人数的格兰杰因果检验(见表10-1),证实了在过去的26年的时间里,经济增长确实是引起就业增加的格兰杰原因,经济增长带来了就业的增长。同时,我国1978~2003年的数据回归分析的结果显示就业弹性为0.17,这说明中国至少在过去的26年里基本上还是属于一个高经济增长和就业机会扩大的阶段。[①]

表10-1　　　　　　就业与经济增长格兰杰因果检验结果

零假设	F统计值	P值	结论
LGDP does not cause LRE	6.51962	0.00699	LGDP cause LRE
LRE does not cause LGDP	1.65523	0.21743	LRE does not cause LGDP

注:LGDP和LRE都是各年的GDP(国内生产总值)和RE(就业人数)的自然对数值。

这样,我们就可以把分析城市化与促进就业的关系转换为分析城市化与经济增长之间的关系。如果城市化能促进经济增长,那么其导致的经济总量的增加就会导致就业的增加;反之则减少。

城市化是一个经济结构变动的过程,在这个过程中,农村人口向城市转移,一方面刺激消费和投资需求,另一方面促进产业结构转变和升级,并形成集聚经济效益,促进经济增长。

从消费需求的角度来看。长期以来,我国城乡居民的消费方式和消费水平存在差异,农业部门的劳动力向城市部门转移能够改变自身现有的消费方式,提高消费水平。农业部门的生产与非农部门相比,具有自我封闭和自给自足的特点。同时生产与消费是紧密联系的,生产的封闭性决定了消费也具有封闭性。在传统的农业社会中,对于农业劳动力来说,自给自足的实物性消费在其

[①] 根据UNDP对经济增长率和就业增长率之间关系的划分,二者之间的关系主要包括四种类型:一是高经济增长、就业机会扩大类型,UNDP对69个国家20世纪80年代的情况的研究表明,人均GDP每年增长1%,就业率相应增长0.18个百分点以上的国家属于此类型。二是高经济增长、低就业或无就业类型,即高经济增长不能带动相应的就业增长或无就业增长。三是经济增长率下降,就业机会下降类型。四是经济增长率下降,就业机会有所扩大。UNDP, Human Development Report 1996, Oxford University Press, 1996.

消费构成中占有支配性的地位。农民向城市部门转移，就意味着城市现代部门的以市场交换为主的货币性的消费方式会取代自给自足的消费。由于我国的农村居民的转移方式具有渐进性，那么其消费方式也具有渐进性，即自给自足的实物消费的比例会逐渐下降，而货币性消费方式的比例会逐渐上升。1978年以前我国的农业劳动力很少能转移到城市，实物性消费、自给自足性的消费方式占据主导地位，而到了2002年，实物性的消费所占比例比1978年下降了37个百分点（见表10-2）。

表10-2　　我国农村居民人均生活消费支出构成变化（%）

年份	货币性消费占生活消费支出比重	实物性消费占生活消费支出比重
1978	41.0	59.0
1980	51.7	48.3
1985	61.3	38.7
1990	64.1	35.9
1995	65.6	34.4
1999	72.6	27.4
2002	78.0	22.0

注：1978~1999年的数据来自《中国统计年鉴（2000）》，2002年的数据来自《中国统计年鉴（2003）》。

与此相适应，农村居民每百家拥有的耐用消费品也不局限于原来的老三件，和城市居民一样，消费品类也日益多样化起来，农村的社会消费品零售总额也从1978年的673.0亿元上升到2003年的10 816.9亿元。我国耐用消费品行业例如家用电器行业的大发展在很大程度上就是得益于这种消费方式的改变。

不仅如此，农村劳动力向城市部门转移，还能刺激与食品有关的行业如食品加工业与销售业的发展，正如库兹涅茨[①]所说："相对于那些靠近食品供给来源的农村居民对食品的需求而言，城市居民对食品的需求会引起对食品制造、运输和销售更大的需求"，因此，"总消费支出中，食物支出份额增加是因为加工、运输与分配费用的增加，并随人均支出水平及城市化程度增加，食品中最初投入在消费支出中所占的比例急剧下降，而加工、运输和分配部分在消费支出中不断上升"。

就农村居民和城市居民的消费水平比较而言，农民纯收入中有很大的一部分

---

① 库兹涅茨：《现代经济增长》，北京经济学院出版社1991年版，第92、241页。

用于购买农具、化肥等再生产投资或者因为其他的原因（乱收费和乱摊派）而被征收，所以真正用来消费的部分比较少。城市居民就不存在上述的情况，再加上很多的收入外来源，用于消费的部分比较大。即使按照凯恩斯的绝对收入假说：收入越高边际消费倾向或者平均消费倾向越低，收入越低边际消费倾向或者平均消费倾向越高的逻辑推理，可以得到农村居民的边际消费倾向比城市居民的边际消费倾向高的结论的话，但由于农村居民自身可支配收入水平的限制，用于消费的收入数量不一定比城市居民高，况且在实际中两者的边际消费倾向或者平均消费倾向[①]相差不大，并且城市居民的收入水平还大大高于农村居民的收入水平。在这种情况下，消费水平主要取决于收入水平。从表10-3可以看到，城市居民和农村居民的相对收入水平的差距拉大的同时，两者的相对消费差距也在不断加大。

表10-3　　　我国农村居民与城市居民的收入、消费水平对比

年份	城市居民消费水平（元）	农村居民消费水平（元）	消费水平的相对差距	城镇居民可支配收入（元）	农民人均纯收入（元）	收入水平的相对差距
1978	405	138	2.9	342.5	133.6	2.6
1980	496	178	2.8	477.6	191.3	2.5
1985	802	347	2.3	739.1	397.6	1.9
1990	1 686	571	3.0	1 510.2	686.3	2.2
1995	4 874	1 434	3.4	4 283.0	1 577.7	2.7
2000	7 402	2 037	3.6	6 280	2 253.4	2.8
2002	8 047	2 269	3.6	7 702.8	2 475.6	3.1
2003	8 471	2 361	3.6	8 472.2	2 622.2	3.2

资料来源：《中国统计年鉴（2004）》，中国统计出版社2004年版。

因此，农村劳动力无论以何种方式（暂时性和永久性的转移方式）转移到城市就业或者成为城市居民，都能增加其收入，进而改变消费方式和消费水平。

当大量的人口聚集在城市，就会使得许多行业由于城市消费需求规模的扩大而获得规模收益，消费品工业的发展又会为生产资料和生产服务性的服务提

[①] 对于农村居民的消费倾向是否比城市居民的消费倾向高，不同的学者给出的答案是不同的。例如林毅夫（1999）就认为农村居民的消费倾向远远低于城镇居民。刘建国（1999）研究的结论是1995年以前农村居民的边际消费倾向高于城镇居民，1995年以后城镇居民的边际消费倾向高于农村居民，平均消费倾向也是存在同样的情况。但是王检贵（2002）的研究发现至少在1997年之前，农村居民的边际消费倾向和平均消费倾向高于城镇居民。尽管如此，两者消费倾向之间的差距并不大。

供更大的需求，加快这些行业的发展和更多的企业在城市的聚集，从而对城市的公共基础设施建设提出了更高的要求。按照联合国的有关资料显示，发展中国家的城市基础设施投资比例应该占城市固定资产投资的9%~15%、GDP的9%~15%（朱铁臻，1999）。依照我国目前的经济实力，仅此一项就需要上万亿元的投资。1997年亚洲金融危机以来，国家通过积极财政政策、发行国债，相当大的投资用于城市基础设施建设。根据《中国统计年鉴》，在2003年，基础设施中的电力、煤气和水的生产和供应、交通运输和邮电通讯占基建和更新改造投资中的24.9%，占全社会固定资产投资的14.1%，加上房地产的18.3%，全社会固定资产投资的32.4%直接转向于城市化建设，有效地拉动了国民经济的增长。与此同时，人口的聚集会刺激某些行业的发展，以城市化最重要标志的房地产建筑业为例（国研网，2003），商品房销售额由1992年的450亿元增长到2004年的10 376亿元，相应的投资需求也会急剧增加，而且住宅建筑业与许多产业的关联度非常高，它涉及冶金、化工、建材、机械等许多生产部门，其诱发的投资系数为1.5~1.7，即每100元的投资会产生150~170元的相关产业的投资。

从经济结构变动来看，大多数国家的经济结构转换都是通过农业剩余劳动力向城市非农产业转移来实现的，其结构转换中农业劳动力向非农产业转移和人口向城市迁移是同一过程。库兹涅茨在他定义的现代经济增长的特征中[①]也强调了结构因素的作用。钱纳里也认为经济结构转变和经济增长之间存在着密切的相关关系，特别是在非均衡条件下的结构转变（要素市场分割等），能够加速经济增长。结构转变对于经济增长的潜力和意义，对于发展中国家比发达国家更为重要。这种结构变动能起到把各种生产要素例如劳动、资本和技术在有着生产率差异的不同部门之间进行优化配置的作用，在不增加生产要素总量的情况下，通过结构的转换，即高效率部门的扩张和低效率部门的收缩，提高要素生产率，从而导致经济总量的增加。由此可见，结构转变的关键在于生产要素的自由流动。

加快城市化进程首先带来的是劳动力生产要素流入城市，这种流动导致两种后果。一是提高城市生产部门要素产出率，增加经济总产量。库兹涅茨的统计分析已经证明无论是发展中国家还是发达国家都存在这一趋势。以我国为例，1981年我国的工业与农业的比较生产率约为6.5倍，随着农业剩余劳动力的大量转移到城市，城市化水平的提高，工农业的比较生产率下降为4.5倍，带动了经济的

[①] 库兹涅茨认为现代经济增长有六个特征，即人均产值的高增长率、生产率的高增长率、经济结构的高速增长、社会结构和意识形态的变化、各国联系的不断加强、现代经济增长的扩散仍然有限。

增长（万解秋，1993）。世界银行（1998）的研究表明，劳动力部门转移可以解释16%的中国国内生产总值增长。蔡昉（1999）的研究也表明，仅仅农村劳动力向工业部门的转移导致劳动力配置对GDP增长的贡献平均在1.5个百分点，还不包括其对产业结构调整效益的贡献。二是城市消费规模的扩大。这样，生产部门效益的提高和市场需求规模的扩张会加速企业与产业规模的扩大，从而带来资本的流入、技术的创新、交流和扩散，有利于生产部门的升级换代。由要素流动引发的人口数量的增加、企业规模的扩大和生产部门的升级又会形成对第三产业发展更高等级的要求。两者的良性互动促进了城市经济的增长。例如，从20世纪40、50年代到90年代，美国、日本和英国经济呈现服务化的特点，第三产业产值占GDP的比重由40%左右上升到60%~70%，并主要集中在大城市。

从城市的集聚经济作用来看，加快城市化进程有利于创造更好的经济效益。在城市化进程中，正是生产部门首先在城市的集聚，随后导致了服务业的产生和发展，生产与服务两种集聚经济的存在才是生产要素与经济活动向某一区位集聚的主要动力，而不仅仅只是生产集聚经济在发挥效益。就生产与服务行业而言，它们会分别从以下三个方面获得发展：一是企业层面。企业会在原有的基础上扩大产量规模或者产品种类，而且随着产量的扩大和品种的增多，厂房和设备得到更加集约的使用，降低成本，技术也越来越精深，生产率得到提高。二是行业层面。主要指同行业的企业或者一组密切相关的产业，这些企业群将由于聚集在一个特定的区域而获得规模经济效益和分工协作效益。三是城市层面。不同的行业、不同的企业的经济活动在城市区域集中的时候，首先可以在用地和基础设施建设上获得经济效益，从而减少投资、降低成本。其次是可以形成比较完善的产业结构、技术结构和产品结构体系，彼此之间互为原料供应商和产品使用者，减少相互之间的交易成本和运输成本，提高相对收益。

关于集聚经济的实证研究表明：城市规模越大，生产力也越大（金相郁，2004）。杨小凯在他的新兴古典城市化理论中也认为，城市是作为一种完全形式的分工结构，分工会带来网络效应，由于企业是在城市中较小的区域中进行交易的，因而能够提高交易效率，交易效率的提高又会促进分工水平，促进技术进步。从区位上说，城市的规模越大，这种网络效应也就越大，从表10-4的数字也可以得到证实：当城市规模扩大时，城市的各项功能得以发挥，要素生产率提高迅速，经济效益更加明显。

表10-4　　　　我国不同规模城市的经济指标对比分析

规模（万人）	数量（个）	全要素生产率	人均GDP（元）	人均建成区面积（平方米）
超大城市 >200	11	22.6	15 812	66
特大城市 100~200	23	18.1	14 457	86
大城市 50~100	44	4.1	13 061	99
中等城市 20~50	195	-4.3	8 400	106
小城市 0~20	393	-1.6	6 281	132
全部城市	666	0	9 139	99

资料来源：王小鲁：《城市化在经济增长中的作用》，载《"十五"计划前期研究资料》（城市化专辑），国家计委发展规划司，1999年12月。

为了进一步找到城市化水平与经济增长之间的关系，本章对1978~2003年我国人均GDP（lnY）与城市化率（X）进行了回归分析，结果如下：

$$lnY = 3.047 + 0.164X$$
$$(10.66^*)\ (16.23^*)$$

其中 $F = 263.361$，$Sig.\ F = 0.000$，$R^2 = 0.916$。

公式下面括号里的数值均为各估计值的t检验值，其中带有*的说明统计显著值达到了1%的水平。从结果发现，两者存在较强的相关关系，城市化率越高，人均收入水平也就越高，经济增长也越快。我国的城市化水平每提高1个百分点，人均GDP上升0.16个百分点。

二、城市化发展水平与农村劳动力进城就业

国内学术、政策研究界对中国城市化水平状况的判断并不一致。主流的看法是中国的城市化进程严重滞后（王小鲁、夏小林，2000）。也有观点认为城市化的发展的水平不是那么滞后（国家计委课题组，2000；周叔莲、郭克莎，2002）。还有极少的观点（邓宇鹏，1999）认为中国的城市化的发展水平不存在滞后，而是隐形超城市化。

世界各国城市化的经验表明，非农产业发展越快，城市化的进程也就越快（周叔莲、郭克莎，2002）。非农就业比重越高的国家，城市化比重也就相应地越高。2005年世界发展指标的数据显示：2002年年底，中国非农就业率为50%，高收入国家、世界平均的非农就业率为96%、57%。与此同时，中国城市化率为39%，高收入国家的平均水平80%，世界城市化率的平均水平为

49%。

本章用非农化水平来测算我国城市化的进程状况，构建了一个新的城市化偏离系数：Ue = Pn/Pu - W，Pn 为观察期内非农就业人口的比例，Pu 为观察期内城市人口的比例，W 为世界标准，它是用一定国民收入水平下的非农就业比例除以城市化水平。如果 Ue 大于 0，则表示观察期内城市化进程滞后于非农化进程，如果 Ue 小于 0，则表示观察期内城市化进程超过了非农化进程，如果 Ue 等于 0，则表示观察期内城市化进程和非农化进程处于同步状态（见表 10 - 5）。

表 10 - 5　　　　　　　　中国城市化的偏离程度

年份	标准结构（1964 年美元）		中国（换算为 1964 年美元）		偏离程度
	人均 GNP	世界标准的非农就业率与城市化率之比	人均 GNP	中国的非农就业率与城市化率之比	
1978	小于 100	2.25	70.6	1.65	- 0.6
1983	100	1.55	96.3	1.52	- 0.03
1992	200	1.22	200.1	1.51	0.29
1996	300	1.16	322.9	1.62	0.46
2000	400	1.15	403.8	1.38	0.23
2003	500	1.15	498.2	1.26	0.11

资料来源：根据钱纳里：《发展的型式：1950～1970》（经济科学出版社 1988 年版，第 32 页），以及《中国统计年鉴（2004）》和世界银行 2004 年世界发展指数数据库（World Development Indicators database）计算，其中中国栏目里 1978～1992 年人均 GNP 的数据来自陈甬军、陈爱民：《中国城市化：实证分析与对策研究》，厦门大学出版社 2002 年版，第 10 页。

如表 10 - 5 所示，从非农化水平来看，改革前我国的城市化进程并不落后于世界的标准水平，1978 年偏离系数为 - 0.6，在改革后却出现了城市化落后非农化的趋势，1996 年偏离化程度达到最大值，为 0.46。随近年来城市化进程的加快，这种情况有了一定的改善，2003 年的偏离系数降为 0.11。这一结果与国内的主流从工业化和经济发展水平角度分析得到的结论大概一致。

从上文的分析可以看出，城市化的发展可以通过促进经济结构的调整和形成集聚经济效益来刺激经济增长从而增加就业，可现实情况是尽管改革以来我国的城市化发展水平很快，相对于非农化水平来说还是略显滞后，两者没有保持同步发展。这种滞后又通过各种方式影响经济增长速度和产业结构的调整从而影响着城市就业岗位的创造。尽管有研究表明在中国 1999 年因为城市化滞后损失了 10% 的 GDP 和 7 500 万个非农工作岗位（张欣，2001）。他们没有分析城市化发展程度对于城市居民和进城农村劳动力各自造成的就业损失量,对于后者的关注正是农村劳动力转移到城市并真正融合进城市的关键所在。

为了测算这一数字,首先必须计算出中国城市化滞后的程度。为了了解中国城市化与世界的差异情况,我们首先必须构建一个关于城市化与经济发展的标准模型,在这方面,存在着两种表达方式,一是 logistic 曲线关系,二是线性关系。然后把中国的 GNP 数值带入并和中国城市化的实际情况对比即可获得理论与现实的差异值。

关于标准模型的估计,张欣常和布拉达(2001)的研究提供了一个很好的思路,他们选择 1960~1999 年世界上超过 2 000 万人口的国家,把这些国家的 GNP 值分别取自然对数值和原值作自变量,城市化率作因变量,进行线性回归得出了世界上关于经济发展和城市化率的标准模型。由于数据获取的问题,我们则使用 2000 年到 2003 年世界上人口超过 1 000 万的国家的人均 GNP,logistic 曲线只能适用时间序列的数据,所以本章没有使用它来模拟经济发展与城市化的关系,只能就线性关系进行分析。计算时发现城市化率和人均 GNP 的自然对数值之间存在着较强的相关性,相关系数为 0.84,而城市化率和人均 GNP 的原值之间的相关系数值仅为 0.72。然后对两者分别进行回归分析,又发现把 GNP 取自然对数值比直接使用 GNP 原值获得的线性模型的拟合效果更理想,表达式如下:

$$U_r = -85.674 + 16.607 \ln(perGNP)$$
$$(-15.43^*) \quad (25.853^*)$$

其中 $F = 639.207$,$\text{Sig. } F = 0.000$,$R^2 = 0.701$

括号里的数值均为各估计值的 t 检验值,其中带有 * 的说明统计显著值达到了 5% 的水平。

其次,还必须找到非农就业比重在多大程度上受到城市化的影响。一般来说,一国就业结构受到其人均收入水平、城市化程度和农业生产在国民生产总值中所占的比例这三个因素的影响。虽然这三个因素在理论上和统计上相关,高收入一般会引起较高的城市化程度和较低的农业生产比重,但并不完全一致,例如澳门城市化程度和非农业产出比美国还高,可人均收入比不上美国。新西兰虽然人均收入很高,但是农业所占的比重很高。有研究采用世界银行发展指标中印度、印度尼西亚、日本、泰国、菲律宾和韩国等亚洲国家的数据(陈甫军、陈爱民,2001),对此做了研究,发现非农就业比重和上述三个影响因素的关系式如下:

非农部门就业比重 = 25.32 + 0.00078 人均国民生产总值 + 0.72 城市化程度 - 0.28 农业在国民产出中的比重

在国外,由于农村非农部门不能像中国那样就地解决农村劳动力的就业问题，所以农村里的劳动力一般涌向城市，他们的非农就业一般也就意味着在城市部门的就业。中国的情况不同，非农就业由两部分构成，一是农村非农部门，二是城市非农部门（或者说主要是城市部门）。由于本章测算的是城市化（城市部门）给进城农村劳动力带来的就业岗位损失，与农村劳动力在农村非农部门的就业无关。只要把农村劳动力在城市部门的就业比例找出来，再乘以每年因为城市化进程滞后而带来的城市部门就业需求的损失量，就可以得到最终的结果。考虑到中国城市部门的就业也基本上相当于国外非农部门的就业，所以我们仍然使用中国 1978~2003 年人均国内生产总值、城市化程度、农业在国民生产总值中的比重和城市部门就业比重的数据做出回归分析，得到了以下关系式：

城市部门的就业比重 = 13.83 + 0.0006 人均国内生产总值
$$(7.912^*) \qquad\qquad (6.137^*)$$
$$+ 0.32 \text{城市化程度} + 0.13 \text{农业在国民产出中的比重}$$
$$(6.832^*) \qquad\qquad\qquad (3.572^*)$$

其中 $F = 546.095$，Sig. $F = 0.000$，$R^2 = 0.987$

公式下面括号里的数值均为各估计值的 t 检验值，其中带有 * 的说明统计显著值达到了 1% 的水平。

这样，有了人均国民生产总值和城市化程度的关系系数（16.607）、城市化程度与城市部门就业比重的关系系数（0.32），就可以计算出中国城市化滞后程度对城市部门就业需求数量所造成的损失程度。表 10-6 和表 10-7 是具体的计算结果。

表 10-6　　中国城市化滞后带来的非农就业需求量损失

年份	城市化水平（%）	人均 GNP 美元（PPP）	城市化滞后程度（%）	城市就业总人数（万人）	损失的就业岗位（万个）
1978	17.9	310	8.3	9 514	—
1979	19.0	350	7.4	9 999	—
1980	19.4	410	5.2	10 525	—
1981	20.2	470	3.7	11 053	—
1982	21.1	530	2.6	11 428	—
1983	21.6	610	0.8	11 746	—
1984	23.0	710	-0.3	12 229	-11.7
1985	23.7	820	-2.0	12 808	-82.0
1986	24.5	900	-2.7	13 292	-114.8
1987	25.3	1 020	-4.0	13 783	-176.4
1988	25.8	1 160	-5.7	14 267	-260.2
1989	26.2	1 230	-6.2	14 390	-285.5
1990	26.4	1 310	-7.1	17 041	-387.2
1991	26.9	1 460	-8.4	17 465	-469.5

续表

年份	城市化水平（%）	人均 GNP 美元（PPP）	城市化滞后程度（%）	城市就业总人数（万人）	损失的就业岗位（万个）
1992	27.5	1 680	-10.1	17 861	-577.3
1993	28.0	1 930	-11.9	18 262	-695.4
1994	28.5	2 190	-13.5	18 653	-805.8
1995	29.0	2 450	-14.9	19 040	-907.8
1996	30.5	2 700	-15.0	19 922	-956.3
1997	31.9	2 960	-15.1	20 781	-1 004.1
1998	33.4	3 200	-14.9	21 616	-1 030.7
1999	34.8	3 440	-14.7	22 412	-1 054.3
2000	36.2	3 770	-14.8	23 151	-1 096.4
2001	37.7	4 120	-14.8	23 940	-1 133.8
2002	39.1	4 500	-14.9	24 780	-1 181.5
2003	40.5	4 890	-14.8	25 639	-1 214.3

注：真实的城市化水平、城市就业总数来自《中国统计年鉴（2004）》，人均 GNP 美元（PPP）来自世界银行 2004 年世界发展指数数据库（World Development Indicators database）。

表 10-7　中国城市化滞后给农村劳动力带来的就业需求量损失

年份	农村劳动力总数（万人）	净转移的比重（%）	农村劳动力进城就业的人数（万人）	农村劳动力进城就业占城市部门就业的比例（%）	城市化滞后导致进城农村劳动力就业需求量的损失（万人）
1990	42 009.5	2.90	1 218.3	7.1	-27.7
1991	43 092.5	3.00	1 292.8	7.4	-34.8
1992	43 801.6	3.10	1 357.8	7.6	-43.9
1993	44 255.7	6.90	3 053.6	16.7	-116.3
1994	44 654.1	5.50	2 456.0	13.2	-106.1
1995	45 041.8	5.40	2 432.3	12.8	-116.0
1996	45 288.0	3.80	1 720.9	8.6	-82.6
1997	45 961.7	5.80	2 665.8	12.8	-128.8
1998	46 432.3	5.50	2 553.8	11.8	-121.8
1999	46 986.5	5.90	2 772.2	12.4	-130.8
2000	47 962.1	7.74	3 712.3	16.0	-175.8
2001	48 228.9	3.14	1 514.4	6.3	-71.7
2002	48 526.9	2.76	1 339.3	5.4	-63.9

注：根据 1991~2003 年《中国农村统计年鉴》和《中国统计年鉴（2004）》计算。

三、结论与政策建议

由计算出来的结果可以看出,每年中国城市化滞后带来的非农就业岗位损失量不少,但对于进入城市从事非农就业的农村劳动力的影响不大,也就是说进城农村劳动力所得到就业岗位并不是很多,没有我们原来预想中的那么大。例如在2002年,因为城市化滞后而损失掉的非农就业岗位数量是1 181.5万个,但是留给农村劳动力的就业岗位数量是63.9万个,只占5.4%。这可能有三个原因:一是城市本身的就业压力非常大,仅在2002年城市的登记失业的人数就有770万,而实际上的失业人数可能达到1 620万人(蔡昉,2005),城市户口的劳动力凭借自身的优势条件或者政府政策的扶持挤占了大多数的就业岗位。二是城市对农民转移限制政策的存在,加大了其留在城市的成本。对于从农村转移而来的劳动力来说,特别是对于第一批转移的农村劳动力而言,他们是脱离了熟悉的社区来到一个完全陌生的城市,不可能借助原来农村社区里强大的家族、血缘关系以及原来的乡镇政府来解决自己公民权利受到侵害的难题,也不可能像城市居民那样有效和充分地利用诸如新闻渠道、司法渠道来申诉自己受到的不公平待遇,他们在和强大的城市部门的利益博弈过程中处于一个相对弱势的地位。我国还有大量的农村劳动力留滞在农村,这意味着城市化将是一个漫长的过程,同时也意味着转移的农村劳动力和城市部门的利益博弈将是一个长期的过程,而且这种博弈过程是偏向依附于原有制度的利益集团(如公安部门以及一些收费性质的事业部门)。然而既得利益者在这种过程中仍旧可以牟取好处,使得具有实质意义并利于农民转移的制度创新出现缓慢的局面,而且由于制度的关联性,当一项制度产生出来以后,就可能产生出一系列与此关联或者互补的制度,加大了农民们留在城市的成本。三是近年来,在城市非正规市场的工资增长速度缓慢。目前中国的城市劳动力市场被分为正规的劳动力市场和非正规的劳动力市场,农村劳动力进入城市以后,结合自身教育和技能较为低下的特点,将不得不选择在城市非正规部门工作或者即使被城市正规部门招聘的话,也只能以计划外用工或者临时工的形式从事一些劳动强度大、工作环境差、低技术的简单劳动,不享受企业的各种福利待遇,属于城镇就业群体中的下层劳动者。其权益得不到维护,与之而来的是劳资纠纷次数上升,以及工作不稳定导致的流动率加大,不能真正成为城市居民。在政府对农村农业农民重视情况下,农村劳动力的务农收益增加,不少农民工离城返乡,削弱了其进城就业的意愿。

可见,仅仅用加快城市化发展来促进经济增长的方法来解决农村剩余劳动力进城就业是不够的。而应该实行适合我国国情的城市化发展策略,辅之以城市、农村地区的社会、经济制度变革，发挥众多政策措施的合力，增强城市的"吸力"，加大农村地区的"推力"，从而使得他们能够融入城市，而不是成为城市中匆匆的过客，对此，我们提出以下三点政策建议。

1. 增强城市对农民工的"吸力"可以从以下方面入手：创造公平的就业环境，通过培训提高农民的就业能力，改革原有的城市的社会保障制度

创造公平的就业环境是要彻底废除一切城市行政部门歧视外来劳动者的就业政策，建立企业的平等用工制度。要强化城市政府促进就业的责任体系，把农村劳动力就业的目标也纳入政府的工作考核范围，建立完善的城乡统一的就业服务体系，这样既有利于城乡统筹就业的实现，也有利于加快城市化的进程。

对进城农村劳动力所在的城市非正规劳动力市场调控的时候，要注意调控力度。如果把它按照正规劳动力市场的要求来规范的话，将会使劳动者的就业环境恶化，反而丧失其特有的灵活性。例如1990年世界银行的《世界发展报告》就曾指出："对70年代和80年代的研究表明，工作条例减少了对劳动力的长期需求——政府在减少正式部门就业的同时，还努力通过提高正式部门工人福利，增加对农村和城市非正规部门的劳动力供应，而这样做的结果是在大多数穷人集中的部门减少了劳动力的收入。"但是劳动力在非正规劳动力市场上所遭受的种种就业不平等的问题又是无法回避的。因此在使之规范化的时候，还是应当使两个劳动力市场在工资、福利和社会保障方面有所差别，但是不宜过大，并首先解决农村劳动力在正规部门里非正规就业的相关配套制度完善的问题。

同时还要消除由于城乡差距条件下农村劳动力在获得教育与培训等人力资本投资方面的不足，有助于提升他们的就业能力。美国经济学家舒尔茨认为，人力资本是决定农村剩余劳动力能否转移的决定性因素。人力资本越高，农民从事非农经营的机会就越多，其非农劳动的报酬也越高。由于西方发达国家对农业教育和农村职业教育的重视，这些国家的农村劳动力，不仅能够在农村的发展中起积极的作用，而且也很容易适应工业化、城市化的要求。在对农民工进行培训的时候，有两个问题值得重视：一是资金负担的问题；二是培训效果的问题。资金的负担上，政府应该负担首要的责任。培训内容要有针对性、实用性，培训要达到培训与就业良性互动的经济社会效果。

由于进城农村劳动力绝大部分处于城市的非正规劳动力市场中，不仅享有的社会保障水平远远低于正规劳动力市场的就业者，工作条件差，发生工伤事故的比率也远远高于后者，而且抱有"城里打工，农村生活"想法的人很多，就业的不稳定程度较高。同时，在目前非正规市场劳动力供求的情况下，要求企业为所有的员工按照法律的要求参保也不现实，强制实施的话，很有可能因为企业成本的增加而降低劳动需求。建立健全进城农村劳动力的社会保障制度应该结合他们自身特点、国家财政负担和企事业单位的承受能力，分阶段实施，可以考虑首先重点建设社会保险制度。社会保险制度可以按照先工伤保险、其次医疗保险、最后养老保险的顺序来进行。并在条件的允许的时候，试行医疗保险和养老保险的异地转移，以确保农民工的利益。工伤保险制度的建立，能够为劳动者提供全面的工伤预防、工伤补偿和职业康复在内的保障，从而保证劳动者最基本的人权，而规范用工单位和就业者的劳动关系是解决其工伤问题的前提。医疗保险制度的设计注意以下两点，一是国家财政应该给予大力支持，将进城农村劳动力的疾病预防和卫生保健纳入城镇卫生体系。例如非典期间的大量城市农民工的"逃离"，无疑和不完善的城镇卫生体系有紧密的关系。二是尽快建立适合他们的大病医疗互助制度和住院医疗保险制度。根据分类指导的原则给予进城农村劳动力多元化的选择方式来建立养老保险，例如对于在城市正规部门就业时间较长（例如达到5年以上），而且工作比较稳定的农村劳动力，将他们纳入城镇社会养老保险体系，其养老保险的缴纳办法可以参照城镇职工的标准实行。对于流动性比较大的农村劳动力，则可以设计过渡性的方案，按照自愿性的原则，设计不同档次的缴费率供他们选择，而雇用农民工的企业必须根据农民工自愿选择的缴费率来缴纳相应档次的基本养老保险费。对于进入城市非正规部门就业的农村劳动力则可以用城镇个体工商户的保障制度为标准来作出相应的安排。

2. 结合我国新农村建设的实际，提高农业部门的生产率，调整农村非农部门的产业结构，加大农村地区的"推力"

要顺利解决上述两点问题，国家是要给予多方面政策措施的支持。仅以完善农村土地流转制度为例：农业部门生产率的提高需要土地制度的改革和创新。和很多欧美国家相比，日本、韩国和我国台湾省因为没有有效的土地集中机制，造成了其农业的长期低效率和低竞争能力。目前，我国承包后农户的平均土地经营规模比日本的农场土地经营规模小，远小于美国、西欧各国的家庭农场规模，而且地块零碎，使土地实际经营规模比土地经营面积数字所显示的规模更小，形成农业区域规模化经营的障碍，导致生产成本上升，经济效益下降。如果我们强化和稳定农户的土地承包关系，明晰土地使用权的产权界定，把土地使用权流转的决策权界定给农民，实现农村土地产权制度的法律化，改善现有的农村土地流转形式。这样有利于土地的合理配置，重构农村集体经济组织，为农业规模化、集约化、高效化经营提供发展空间，从而进一步激活农村剩余劳动力的转移。

在农村非农部门的产业结构调整方面，应该注意把它和城镇化建设联系起来。我国农村地区非农产业的过分分散，不仅不利于产生集聚经济效益和服务业部门的产生，而且还导致城镇规模过小，基础设施难以配套，从而影响这些非农企业对农村劳动力的吸收，所以鼓励应非农产业企业向城镇集中，非农产业企向城镇的集中除了制度安排的变动（例如土地制度的改革、企业产权制度改革和城镇建设资金的筹资投资制度改革等），还要有城镇具有对生产要素及产业的吸引力作为前提，而城镇的吸引力又在于它独特的功能定位。这种独特的功能定位就是结合当地非农企业的优势或者特色，形成"一镇一业"的专业镇，这种专业化分工不仅使得非农企业实现内部规模经济，还可以通过相对完善的社会化服务获取外部规模经济效益，从而使专业镇区内得非农企业的竞争能力得到了范围经济优势和特色创新优势的进一步强化。

3. 推行适合我国国情的城市化发展战略

关于城市化发展的道路的选择上，有两类观点：一种是主张发展小城镇，理由是方便农村劳动力的转移，而且小城镇解决就业的能力是最强的，从亿元固定资产投资所增加的就业人数来看，小城市分别是中等城市、大城市、特大城市和超大城市的 3.5 倍、7.3 倍、4.6 倍、34.4 倍（刘秀梅，2004）；另一种认为应该实行发展大城市的战略，因为大城市的劳动生产率、土地利用率、技术创新能力存在较大的优势，能充分发挥城市的集聚经济效益，而且体现一个国家的大都市发展水平和城市的国际竞争能力。这两种观点有值得商榷的地方，片面强调其中的一种方式都会有这样或者那样的不足之处。其实，城市化不仅是农村劳动力向城市转移，城市数量增多的过程，也是城镇结构层次不断完善的过程。我国特大城市与大城市数量相近，中等城市与小城市相差 1 倍，而大城市与中等城市却相差 4 倍。小城市与建制镇的比例为 1∶44，与一般集镇的比例是 1∶109（蓝海涛，1997）。城市的层级结构显得不够合理。为了吸取两种城市发展战略的优点，在合理调整城市层级结构的基础上，可采用城市群的发展战略，根据各地的具体情况，形成以若干大城市为中心，不同等级、不同规模的一定数量的中小城市形成的城市群体，实现资源的优化配置和功能的合理分工。在该城市化的发展模式下，特大城市或者大城市成为经济发展的中心极，中小城市则能够发挥解决农村劳动力转移就业的作用，并从特大城市或者大城市得到技术、资金和信息的帮助，逐步提高经济效益，既利于"一镇一业"的专业镇的形成，也有利于区域间的城乡劳动力的流动，形成统一的劳动力市场。

第四篇

劳动力市场中介与就业

第十一章

劳动力市场中介组织的发展与就业促进[*]

一、问题的提出

我国不仅是一个发展中国家,而且过去也曾是实行"统包统配"用人制度的计划经济国家。正因为如此,劳动力市场中介服务体系很不发达。即使在经济高速增长的今天,这一问题仍然相当突出。已有的研究发现,我国的自然失业占总失业的比重很高(曾湘泉、于泳,2006)。这也就意味着失业人口当中摩擦性失业和结构性失业是其主要部分。对于求职者来说,有效的工作搜寻方式可以减少工作搜寻时间,降低搜寻成本,从而提高劳动力市场上工作——个人匹配的效率,最终降低摩擦性失业。因此,深入和系统地开展对劳动力市场中介组织的研究,将具有十分重要的理论和实践意义。

本章在对已有的劳动力市场中介问题研究成果回顾的基础上,通过文献研究、问卷调查和深度访谈等方法,对国内外劳动力市场中介组织的起源和发展、功能与作用、信用体系、队伍建设、绩效管理、规制与法律、不同地区求职者工作搜寻渠道的选择及其影响因素、保险行业中介使用等进行了系统和全面的理论分析和实证研究。希望这一研究对于认识当前我国劳动力市场中介组织发展的状况、帮助求职者,特别是为失业人员选择适合自身特点的工作搜寻渠道、推动各

---

[*] 本章由曾湘泉执笔,收录于《中国就业战略报告2007:劳动力市场中介与就业促进》。

级政府加强劳动力市场中介服务体系建设、实施有效的就业发展战略等提供一些有价值的政策建议。

二、文献回顾

劳动力市场中介实际上就是人力资本配置的专业化机构,通过这种社会分工和专业化可以节约大量的搜寻成本,降低风险,并在信息收集和处理上具有规模经济(Osterman,1999)。在理论研究上,20世纪70年代信息经济学的引入"突破"了古典经济学主流框架阿罗—德布鲁范式(Arrow - Debreu)导出的中介无效论,这时经济学才开始真正关注劳动力市场中介。70年代以来研究者在不同的分析框架(工作搜寻理论、逆向选择理论、委托代理理论、制度变迁理论等)下对劳动力市场中介存在缘由、对就业和总体福利的影响以及与企业、劳动者和政府的关系等进行了探讨和解释。

国外学者对劳动力市场中介的实证研究,涉及影响求职者选择不同的劳动力市场中介形式的决定因素、劳动力市场中介与就业关系、劳动力市场中介的绩效评估等。

对于影响求职者选择不同的劳动力市场中介形式的决定因素,特别是求职者(包括就业者和失业者)使用工作搜寻渠道的差异分析,有着大量的实证研究。以美国当前人口调查数据(CPS)(Eberts,Holzer,2005)、欧洲劳动力调查数据(ELFS)(Mosley,1997)及福特基金(Manuel Pastor et al.,2001)所做的研究最具有代表性。研究发现,与正规搜寻渠道(劳动力市场中介)相比较,非正规搜寻渠道(社会关系网络)是主要的求职方法,求职者通过非正规渠道找到工作所获得的工资,比使用公共就业服务这样的正规渠道找到工作所获得的工资总体水平更高。社会关系网络与劳动力市场中介之间存在着替代关系。波海姆和泰勒(Böheim and Taylor,2001)在对英国劳动适龄人口调查的基础上,研究了不同工作搜寻渠道的使用及其对就业的影响。研究发现,个人特征(年龄、技能水平、受教育程度、家庭收入状况、失业持续期)和当地的失业率等因素影响工作搜寻渠道的选择。巴比里、格纳里和塞斯蒂托(Barbieri,Gennari and Sestito,2001)针对意大利公共就业服务机构(Public Employment Services)的使用人群和使用效果进行研究后发现,影响使用公共就业服务机构的因素主要与个人特征(包括性别、年龄、学历、家庭状况、家庭其他成员就业情况、个人脱离教育后的年限、家庭其他成员选择的是何种求职渠道、是否有工作经历、失业原因)、劳动力市场特征和地理因素等有关。罗辛和马尔科娃(Roshchin and Markova,2004)通过对俄罗斯劳动力市场上已就业以及目前处于失业状态的工作搜寻者进行研究后发现，个人特征（年龄、性别、民族、受教育程度、就业或失业状态）和地区失业率等对工作搜寻渠道的选择有显著的影响。马克斯和鲁伊斯－塔格莱（Márquez and Ruiz-Tagle，2004）利用1994～2002年委内瑞拉家计调查和半年调查的数据研究了求职过程中的影响因素，发现个人特征（包括性别、年龄、受教育水平、失业持续期等）和先前就业环境对工作搜寻渠道选择具有不同程度的影响。

国外大多数研究都表明劳动力市场中介对就业具有积极而重要的影响。中介组织作为公益性组织，对于降低失业时间，提高就业率具有积极作用（Thomas，1997；Martin，1997；Denis，2005；Lee，2007）。在竞争性的配置市场下公共与私人劳动力市场中介的存在将提高再就业率（Etienne Campens et al.，2005），特别是公共就业中介能够增加低教育程度和低技能劳动者的再就业率（Denis Fougere et al.，2005）。有的学者则认为私人就业中介比公共中介更具效率和质量，主张鼓励发展私营就业中介（Pissarides，1979；William Clark，1988；Peter，1996）；加强政府的市场化功能，鼓励中介服务体系采取合营方式，这似乎也成为一种趋势（Etienne，2005）。关于劳动力市场中介对就业能力提升作用的研究，集中在中介对职业生涯发展的影响、人员培训、工资变化等方面。沃尔夫·鲍尔斯（Wolf-Powers，2004）选择美国电信企业，采用案例研究及问卷调查，研究了劳动力市场中介对于弱势群体的就业作用，结果表明，在分割的劳动力市场，与需求方有着紧密联系的中介、同业公会或职业培训中介，更有可能帮助求职者或从业人员找到工作；中介组织的成功，主要基于劳动力市场中介与雇主的联系；劳动力市场中介在帮助求职者或从业人员提升就业能力时，应当遵守产业技能的标准。格拉布（Grubb，1996）的研究认为，对于许多公共和非营利培训项目的评估表明，劳动力市场中介对于工人收入水平具有重大影响，而福特基金（Manuel Pastor et al.，2001）对知识经济的代表——硅谷、传统经济的代表——密尔沃基两地的比较研究表明，中介对于工资的影响很小。

劳务派遣作为新型的中介组织与就业的关系是国外学术界高度关注的研究问题。就劳务派遣对就业规模的影响而言，目前存在着争议。由布尔达（Burda，1992）、霍彭哈恩和罗杰森（Hopenhayn and Rogerson，1993）、圣保罗（Saint-Paul，1995）早期进行的一般均衡分析（general equilibrium analyses）得出解雇成本下降对就业规模存在消极影响。而由阿尔瓦雷斯和维西尔茨托（Alvarez and Veracierto，1998）、莫滕森和皮萨里德斯（Mortensen and Pissarides，1999）后来进行的一般均衡研究得出的结论却认为解雇成本降低对就业规模的影响是积极的。在劳务派遣对摩擦性失业影响这一问题上，研究结论较为一致，大部分学者认为派遣机构能够有效地帮助失业工人找到新工作，特别是那些短期失业人员

(Segal and Sullivan, 1997; Otoo, 1999; J. Ignacio García-Pérez, Fernando Muñoz-Bullón, 2005)。美国20世纪90年代新增的就业岗位中10%归功于派遣机构(David, 2004),并且这些机构的发展是90年代后期低失业率背后的主要劳动力市场因素之一(Lawrence F. Katz et al., 1999),其发展并不会挤出正规就业岗位(Michael Neugart et al., 2002)。劳务派遣对派遣员工就业质量的影响则是一个较为复杂的问题。已有的研究较多关注派遣员工的工资福利、就业稳定性和职业发展三方面。在工资福利影响方面,大部分研究认为派遣员工工资比正式员工较低(Nollen, 1996; Segal, 1997; Rudolph and Schröder, 1997),尽管在90年代早期的研究发现,某些职业的派遣员工(如打字员和簿记员)的工资和同岗位正式员工的工资差不多(Cohen and Haberfeld, 1993)。已有研究认为派遣员工的工作稳定性普遍较低(Melchionno, 1999; Houseman and Polivka, 1999; J. Ignacio García-Pérez, Fernando Muñoz-Bullón, 2005)。劳务派遣对劳动者职业发展影响方面,国外学者将"找到稳定或长久工作"看成是派遣员工最好的职业发展前景。许多研究文献表明劳务派遣中介组织为派遣员工提供的工作机会往往是迈向长期就业的一个台阶(Booth et al., 2002; Neugart and Storrie, 2002; Ichino et al., 2004; García-Pérez and Muñoz-Bullón, 2003; Houseman, 1997)。卡特利娜(Catalina, 2005)的研究却得出了不一致的结论,认为大部分派遣工作通常是低技术层面的,而且将来没有发展潜力。劳务派遣中介能够帮助高就业能力的工人快速地签订长期合同;而对于低就业能力群体,这个作用并不明显(Nollen, 1996; García-Pérez and Fernando, 2005; Segal and Sullivan, 1997)。

20世纪80年代,经合组织对不同国家公共就业服务的"职业介绍活动评价"进行了一次调查(OECD, 1984),提出了一些绩效评估的方法。从20世纪90年代早期开始,经合组织对几个有限的国家分3次进行了有重点的系列研究,第一次主要关注日本、挪威、西班牙和英国的公共就业服务绩效;第二次涉及丹麦、芬兰和意大利3个国家;第三次涉及澳大利亚、德国以及瑞典。经合组织的绩效评估重点关注就业服务机构的管理实践。另外,世界公共就业服务联合会(WAPES)发起了绩效测量问题的专题研讨会,并出版了针对许多不同国家的绩效测量方法及结果报告(WAPES, 1995)。作为被柏林科学中心(WZB)编辑的《劳动力市场政策和评价的国际手册》的一部分,系统讨论了就业服务绩效评估方法,并对不同国家的公共就业服务的作用作出了评价(Walwei, 1995)。在预算管理的约束下,公共服务开始注重"结果导向",更加关注资源投入后所产生的实际效果,关注客户满意度。绩效评估已经成为公共服务一个重要的关注领域,并已被引入到就业服务中,成为劳动力市场中介研究的一个重要组成部分(Walwei, 1996)。不过,需要指出的是,在劳动经济学的文献中,最缺乏的是对绩效的评估和实证分析（Zimmermman，2004）。

尽管从严格的学术研究来讲，国内对于劳动力市场中介及其对求职者就业影响的研究尚不多见，但也有一些相关的实际调查和学术讨论。李永杰、张华初（2003）依据《中国统计年鉴》及人口普查数据，分析了广东省公共职业介绍机构，介绍了公共职业介绍机构的数量、分类、服务功能及求职者的构成特征。2003年6月，劳动和社会保障部培训就业司发布的《中国职业介绍机构发展报告》对经各级劳动保障部门审批的县以上公共机构、街乡公共机构及社会职业介绍机构的发展情况进行了调查，调查共回收问卷12 713份（不包括上海市），调查内容包括职业介绍机构的基本情况、职业介绍服务项目、职业供求信息的来源和发布、职业介绍机构的工作保证等。国内部分学者对社会关系网络、校园招聘会、劳务派遣等特定形式的劳动力市场中介形式进行了分析和探讨。认为社会关系网络是当代中国劳动力流动的主要途径和支撑（卜长莉，2004）。对社会关系网络的研究主要集中在社会关系网络的使用对农民工和下岗职工等弱势群体就业的影响上。中国农民的流动更多的建立在强信任的基础上，针对农民工的公共就业服务严重不足（翟学伟，2003）。社会转型期对于下岗职工来说使用社会关系网络并不会带来更好的工作（赵延东，2006）。校园招聘会虽然是毕业生求职的主要渠道，具有明显的优点，但是也存在诸多问题（赵彩瑞，2007）。国内学者对劳务派遣的认识存在一定的争论。有学者认为，劳务派遣使灵活就业组织化，有利于解决供需错位问题，而且能将劳动力需求信息集中，降低劳动力供求的交易成本，提高劳动力市场配置效率（张丽宾，2003；夏波光、邱婕，2005）。劳务派遣不仅为企业提供了一种低成本的用工方式，而且还为缓解我国目前严峻的就业压力提供了一种新途径（赵小仕，2006）。另外有部分学者则认为，劳务派遣增加了就业不稳定因素和劳动者失业风险，用人单位只与核心员工直接签订劳动合同，员工数量随着业务量随时变动，使雇员人数永远维持在最低量，会进一步增加失业（王全兴、侯玲玲，2004；常凯、李坤刚，2006）。派遣员工的工资相对较低，并且在某种程度上派遣员工已经成为工资待遇低于正式员工的一种身份（王全兴，2005）。

总体而言，国外对劳动力市场中介进行了比较系统和深入的研究，无论在发达国家、发展中国家或者转型经济的国家，都取得了一系列的研究成果。相比较而言，我国经济学界对劳动力市场中介的学术研究成果不多，尽管我国对中介组织有一些实际调查报告，部分学者也对某种特定形式的劳动力市场中介进行过一定的分析和探讨，但总体而言，无论在理论或实证层面，我们对于求职者工作搜寻渠道（如社会关系网络、公共就业服务结构、网络、猎头、人才派遣等）的选择以及工作搜寻方式选择的影响因素、劳动力市场中介组织的信用、队伍建设和绩效评估等都缺乏全面、系统、深入的分析和探讨。

三、研究内容和方法

（一）研究内容

在总结和借鉴国内外已有的研究成果基础上，本章提出以下几个方面的研究内容：

第一，中介组织的发展现状研究。包括：我国的劳动力市场中介组织，特别是公共就业服务组织经历了哪几个发展阶段，它的发展水平及程度如何？目前的发展对就业的促进作用如何？

第二，有关我国求职者工作搜寻渠道的实证研究。包括：当前我国就业者和失业者选择的工作搜寻渠道是什么？工作搜寻的渠道是否存在着变化？个人工作搜寻渠道的决定因素是什么？社会关系网络、公共就业中介、劳务派遣、网站等在个人工作搜寻过程所占有的比例和发挥的作用如何？对促进就业的影响效果如何？

第三，完善我国劳动力市场中介组织服务体系建设研究。包括：我国目前公共就业服务组织面临的突出问题是什么？哪些因素制约着我国公共就业服务组织在就业促进中的作用发挥？政府如何加强对中介组织的有效管理？如何进一步完善我国中介服务的法律和法规体系？

（二）研究方法

本章采用了文献研究、问卷调查、统计分析和计量及现场访谈等研究方法。

第一，文献研究。课题组查阅了100多篇国外有关中介组织研究的论文和专著，并对收集到的我国政府有关中介的法规和政策以及部分中介组织的档案资料等进行了深入的分析和研读。

第二，问卷调查。课题组在文献检索和试访谈的基础上，针对课题研究的内容和要求，设计了《企业使用就业中介情况调查问卷》、《企业在职员工使用就业中介调查问卷》、《公共就业服务机构求职者使用就业中介调查问卷》和《登记失业人员工作搜寻渠道调查问卷》共4类问卷。并对北京、上海和石家庄等地3 165位在职人员（其中保险公司1 166人）、284个招聘单位（其中保险公司22家）以及1 321位求职者（其中882位失业者）进行了工作搜寻和招聘渠道的问卷调查。

第三，统计和计量分析。我们对回收到的调查问卷进行了描述统计分析。并采用Logistic回归分析方法，检验了个人特征对求职者工作搜寻渠道的选择是否存在影响以及影响程度的大小，检验了不同地区、不同劳动力市场环境下的求职者工作搜寻渠道的选择是否存在差异（计量模型及计算结果参见第十二章）。

第四，深度访谈。课题组对国家人力资源和社会保障部培训就业司、国家人事部人才交流协会、北京市人力资源和社会保障局职业介绍中心、北京市海淀区职业介绍服务中心、北京市海淀街道劳动和社会保障所、北京信立强劳动服务中心、海淀工会职业介绍中心、北京京仪控股有限责任公司、ABB 公司、北京中科大洋科技发展股份有限公司、石家庄市职业介绍服务中心、苏州市职业介绍服务中心、苏州工业园人力资源开发公司、无锡市职业介绍服务中心等单位进行了现场深入访谈，并形成了 10 万多字的访谈记录。

四、研究结论

（一）劳动力市场不断开放，匹配方式发生转变，中介的作用日趋上升

第一，我国劳动力市场中介组织经历了 1978 年至 20 世纪 80 年代初的萌芽阶段、20 世纪 80 年代的初步发展阶段、20 世纪 90 年代的加速发展阶段、2000 年以来开放竞争四个阶段即 30 年的发展后，当前已经具备了一定的规模，并初步形成了以劳动部门举办的职业介绍所和人事部门举办的人才交流中心为主体，民营和外资中介机构为重要组成部分的就业中介行业局面。在进入新世纪开放竞争阶段的短短几年里，涌现出了如前程无忧、中华英才网、智联招聘等一批以网络为依托的就业服务企业，这些机构利用品牌优势，与公共就业服务机构形成了既存在互补，又存在竞争的格局。民营中介机构数量迅速增长，外资人才中介机构采取合资以及并购的方式，与民间资本结合，迅速抢占高端人才市场。有数据显示，2001 年年底，全国仅有民营人才中介服务机构 419 家，从业人员 2 596 人。而到 2004 年 10 月，全国 4 600 多家各类人才中介服务机构中，民营人才中介已增加到 1 100 多家，另外还有 26 家中外合资人才中介服务机构。

第二，劳动力市场公共就业服务中介组织开放程度在不断提高。随着工业化和城市化推进，农村劳动力向城市不断流动，加之经济结构调整和地区经济发展不平衡，不同地区的劳动力流动也在加大，促使劳动力市场的发育和开放程度在迅速上升。对北京地区公共就业中介个人求职调查发现，北京地区的劳动力市场已经显示出非常大的开放程度，在北京的外地求职者已占 60.0%，本地求职者占 40.0%。北京是我国的政治、经济、文化中心，北京的劳动力市场开放程度足以代表了我国劳动力市场的开放程度。这也表明，为适应经济发展的新要求，公共就业服务中介组织已经在促进就业和再就业过程中发挥了非常积极的作用。

第三，在职工作人员工作搜寻渠道发生较大变化。在改革开放初期，受"统包统配"思想和体制的影响，人们通常是通过传统的"毕业分配"或"计划招工"等分配方式，获得求职信息，实现职位与人的匹配。而随着劳动力市场的发展，个人工作信息搜寻渠道以及工作匹配方式都发生了变化。本次对北京等地区调查发现，5年前和5年后获取职位信息的渠道发生了较大的变化。其中利用网站进行工作搜寻，获得职位信息的比例上升了8.5%，而传统的企业招工和毕业分配等方式则下降了11.5%。特别是调查中发现，工作10年以上的员工当中大多是通过传统的工作分配方式找到当前这份工作的。如表11-1所示。

表11-1　不同工作年限在职人员获得目前职位招聘信息的途径变化（%）

	5年以下 人数	5年以下 比例（%）	5年以上 人数	5年以上 比例（%）	总计 人数	总计 变化（%）
职业介绍机构	114	14.6	62	12.1	176	+2.5
校园招聘会	62	7.9	14	2.7	76	+5.2
网站	229	29.2	106	20.7	335	+8.5
社会关系网络	204	26.1	168	32.9	372	-6.8
纸质媒介	54	6.9	24	4.7	78	+2.2
其他（企业招工、毕业分配等）	120	15.3	137	26.8	257	-11.5
总计	783	100	511	100	1 294	

（二）社会关系网络是重要求职渠道，但效果却因人而异

通过对北京、上海等地在职人员的调查发现，员工通过"社会关系网络"获得目前岗位的招聘信息的比重最大，效果最好。如表11-2所示。

表11-2　在职人员获得目前工作岗位招聘信息的途径

工作搜寻渠道	频数	百分比（%）	有效百分比（%）	累计百分比（%）
社会关系网络	528	26.4	27.8	27.8
网站	406	20.3	21.4	49.3
其他	345	17.3	18.2	67.5
校园招聘会	264	13.2	13.9	81.4
职业介绍机构	254	12.7	13.4	94.8
纸制媒介	99	5.0	5.2	100.0
小计	1 896	94.8	100.0	
缺失值	103	5.2		
总计	1 999	100.0		

选择北京地区保险行业为切入点，采用 Logistic 模型，从微观层面对一个行业使用劳动力市场中介的基本特征及其影响因素进行实证研究后表明，公司产品类型、从业人员年龄、教育程度和是否有过保险从业经历是保险行业从业人员是否选择劳动力市场中介作为工作搜寻渠道的显著影响因素；北京地区与美国、欧盟等发达国家或地区的城市在劳动力市场中介基本特征方面具有一致性；作为搜寻渠道，人际关系是劳动力市场中介的主要替代，公共就业服务机构的竞争主要来自于人际关系及其他非正式求职渠道，而不是私营就业服务机构；劳动力市场中介对于促进寿险销售人员等弱势群体人员就业具有积极的作用。

就失业人员而言，社会关系网络也特别重要。虽然失业人员在获取就业信息时利用率最高的渠道是职业介绍机构，但是，在认定最有帮助的渠道时，他们对社会关系网络的认同度则较高。从数据上看，利用职业介绍机构寻找就业信息的失业人员的数量大大超过利用社会关系网络的人数，而他们对社会关系网络的认同度与职业介绍机构相差并不大，这说明社会关系网络对失业人员寻找就业信息所发挥的作用可能比职业介绍机构更有效。北京的调查表明，有 34.9% 的失业人员认为亲友对于寻找工作最有帮助。石家庄的调查表明，有 26% 的失业人员认为亲友对于寻找工作最有帮助。见表 11-3。

表 11-3　　　　　　　对失业人员最有帮助的工作搜寻渠道分布

工作搜寻渠道	北京 选择人次	北京 选择频率（%）	石家庄 选择人次	石家庄 选择频率（%）
职业介绍机构	222	44.8	136	40.2
社会关系网络	173	34.9	88	26.0
纸制媒介	26	5.2	30	8.9
网站	43	8.7	32	9.5
其他	27	5.4	32	9.5
校园招聘会	5	1.0	20	5.9

表 11-4 是对北京和石家庄失业人员选择社会关系网络的影响因素的 Logistic 回归结果，说明了无论在北京还是在石家庄，受教育程度越低的失业者越倾向于通过社会关系网络寻找工作。

对于在职人员来说，社会关系网络是获取招聘信息最有效的渠道，但北京和上海两地在职人员对社会关系网络的利用有所不同。北京在职人员利用社会关系网络进行工作搜寻的概率与工作年限正相关，而上海在职人员利用社会关系网络

表 11-4　失业人员选择社会关系网络的影响因素的 Logistic 回归结果

个人特征	求职渠道	社会关系网络	
		B	Exp(B)
性别（男性=1）			
年龄			
户口（非农业户口=1）			
来源地（本市=1）			
受教育程度		① -0.412***	①0.662
		② -0.608***	②0.545
有无工作经验（有=1）			
工作年限			
失业持续期			

注：* 表示在 10% 水平上显著；** 表示在 5% 水平上显著；*** 表示在 1% 水平上显著。①表示北京；②表示石家庄。

寻找工作只与教育程度有关。应当看到，教育程度低的求职者社会关系网络进行工作搜寻未必有效。而对于工作年限长的员工来说，通过在长期工作中建立起来的社会关系网络寻找与自己能力相匹配的工作，能够有效地降低工作搜寻成本，提高工作搜寻的效率。因此，对于这类人员应当补充和加强社会关系网络的使用，而不是建议他们基于教育水平、性别、年龄等因素选择不同的搜寻渠道（Márquez 和 Ruiz-Tagle V.，2004）。

（三）求职者基于个人特征选择不同的求职渠道

实证分析的结果显示，在所有的个人特征因素中受教育程度对工作搜寻渠道选择的影响程度最显著。受教育程度高的求职者通过校园招聘会和网站寻找工作的概率更高；受教育程度低的求职者通过社会关系网络寻找工作的概率更高。这一研究结论验证了马克斯和鲁伊斯-塔格莱（2004）对委内瑞拉的研究及波海姆和泰勒（2001）对英国的研究。二者的研究均表明受过更高教育的人可能较少使用非正式搜寻方式。波海姆和泰勒（2001）的研究表明失业者中较高学历的人依靠广告方式的可能性比低学历人群高。在中国，学历较高的求职者则更多的通过校园招聘会和网站寻找工作。校园招聘会是各类大中专院校毕业生求职的主要渠道；网站作为近些年兴起的网上职业中介，其服务对象也定位于教育水平、技术水平、管理水平较高的求职者。

经验证，我们所关注的户口因素对求职者工作搜寻渠道的影响并不大。仅仅在上海农业户口的员工利用纸制媒介获取目前工作单位就业信息的概率更大，这可能与农业户口的求职者对网络技术的掌握不够有关。说明户籍概念的逐渐淡化使得户口已不再成为影响求职者选择求职渠道的主要因素。另外，来源地对求职者选择求职渠道也存在影响。如上海和石家庄的本地求职者通过职业介绍机构寻找工作的概率更高，这是我国特有的现象。一方面，就业服务机构对外来劳动力提供的就业服务有限；另一方面，劳动力市场上依然存在着对外来劳动力的歧视现象，一些单位在招聘中仍然要求有本地户口，这些不合理的歧视性条款限制了劳动力的自由流动。

求职者的年龄，在职人员的入职年限，失业人员的失业持续期对工作搜寻渠道的选择都有较明显的影响。其他个人特征因素在不同地区、不同劳动力市场环境下对求职者选择工作搜寻渠道也有不同程度的影响。因此，对于求职者来说，应该考虑根据自身特点有目的地选择不同的工作搜寻渠道，减少盲目寻求就业信息的行为，降低工作搜寻的时间成本和失业的机会成本，从而降低摩擦性失业。

值得注意的是，虽然劳动力市场上仍然存在性别歧视现象，但是分析结果显示性别特征对工作搜寻渠道的选择并没有明显的影响，只是在北京男性失业人员通过职业介绍机构求职的概率更高。这一现象与其他国家的研究结论有较大的差别。委内瑞拉的男性求职者更倾向于通过媒体广告和直接与企业联系寻找工作（Márquez and Ruiz-Tagle V., 2004）；俄罗斯失业人员中女性更倾向于通过公共就业服务机构和朋友的帮助寻找工作（Roshchin and Markova, 2004）。在这些国家性别对求职渠道的选择存在一定的影响，而在中国男性和女性在选择求职渠道时几乎没有明显的差异，求职者已经不需要因性别差异而刻意选择不同的工作搜寻渠道。

（四）就业中介组织通过提供就业信息等发挥着就业促进作用

1. 工作信息缺乏等原因造成的短期失业是我国劳动力市场的突出特征

借助宏观数据研究已经发现，自然失业是我国目前失业的主体部分。其中，摩擦性失业占有相当大的比重。本次我们对公共就业服务中心失业人员的调查也证明了这一点。调查发现，北京地区失业人员平均失业时间为 8.94 个月，其中 1~6 个月的短期失业人数较多，所占比重为 75.2%，而 1 年以上的长期失业人数较少，所占比重为 16.3%；即使在经济并不发达的石家庄地区，调查的情况也基本相同。在石家庄，失业者的平均失业时间为 5.5 个月，其中 1~6 个月的短期失业人数占绝大多数，达到 88.2%，而 1 年以上的长期失业者较少，仅占 6.9%。

2. 不同中介对不同人群有着不同程度的就业影响

由于在工作搜寻过程中，就业困难群体大多是教育程度较低的人群，因此我们可以看到，弱势群体的工作搜寻对公共就业中介服务体系有着很大的依赖性。调查发现，学历越低的人越倾向于使用职业介绍机构、亲友、直接与企业联系、路牌等招贴广告、劳务派遣公司等就业信息渠道。而学历越高的人越倾向于使用校园招聘会、网站、猎头等就业信息渠道。如表11-5所示。

表11-5　不同教育程度的失业人员对工作搜寻渠道的使用情况（%）

	初中或以下	高中、中专或职业学校	大专、高职	大学本科及以上
职业介绍机构	77.0	73.0	65.4	50.0
校园招聘会	1.6	3.7	27.8	35.4
社会招聘会	23.0	28.5	57.0	60.4
直接与企业联系	14.8	13.6	16.3	18.8
网站	8.7	31.7	57.4	64.6
报纸杂志招聘广告	42.1	49.5	57.0	50.0
广播电视招聘广告	6.6	5.8	8.7	4.2
路牌等招聘广告	8.7	3.9	1.9	
亲友	63.4	57.1	40.3	25.0
猎头			1.1	
劳务派遣公司	4.9	1.8	0.4	
其他	2.7	1.3	0.8	

（表头：教育程度）

3. 对失业者而言，访问公共中介组织仍然是获取工作信息的重要渠道

摩擦性失业产生于劳动力市场的动态属性，问题的关键点，因此，需要解决的重要问题是如何向求职者提供充足而有效的工作信息。而劳动力市场的就业服务中介组织，特别是公共就业服务中介组织对此负有重要的职责和使命。北京的调查表明，尽管不同失业者的情况有所不同，但总体而言，除46.7%的失业者认为是因为学历太低影响自己找到合适工作外，32.5%的失业者是因为缺乏就业信息而找不到合适工作。在石家庄情况有所不同，35.2%的失业者是因为缺少工作经验而不是学历低，但33.1%的人同样也是因为缺乏就业信息而影响到自己找不到工作的。因此，职业中介机构提供职位空缺信息的有效程度就显得相当重要。调查也表明，目前北京的职业中介机构对失业人员获取职位空缺信息发挥了重要的作用。在北京，获得就业信息渠道排列前五位的依次是：职业中介介绍机构、亲友、报纸杂志招聘广告、社会招聘会和网站。其中，选择职业中介介绍机构为84.7%。在石家庄，失业人员获取就业信息的渠道排列前五位的是：职业中介机构、报纸杂志招聘广告、亲友、网站和社会招聘会。尽管前五位的顺序与北京有所不同，但选择职业中介机构的仍然是第一位，达到79.9%。毫无疑问，我国的职业中介组织，在提供就业信息、减少摩擦性失业方面已经发挥了重要的作用。如表11－6所示。

表 11－6　　　　　　失业人员工作搜寻渠道分布情况

工作搜寻渠道	北京 选择人次	北京 选择频率（%）	石家庄 选择人次	石家庄 选择频率（%）
职业介绍机构	455	84.7	275	79.9
社会关系网络	302	56.2	155	45.1
报纸杂志招聘广告	243	45.3	198	57.6
网站	176	32.8	146	42.4
其他	116	21.6	106	30.8
校园招聘会	37	6.9	71	20.6

4. 劳务派遣是我国当前迅速发展的一种新的劳动力市场中介形式

理论分析表明，劳务派遣通过消除编制约束，减少企业加班，减少资本、技术对劳动力的替代，扩大企业生产规模，吸引更多的投资者，从而创造更多的就业机会，扩大就业规模。调查表明，总体上劳务派遣对雇佣规模的影响是积极的，有利于扩大就业规模。不过，在不同企业间存在一定差异。企业问卷调查显示，31.2%的样本企业认为使用劳务派遣增加了雇佣量；17.5%企业认为减少了雇佣量；12.5%的企业认为部分时间增加了雇佣量，部分时间减少了雇佣量；而有38.8%的企业认为劳务派遣的发展并没有对企业员工总量变化造成影响，认为增加用工总量的企业比减少的多13.8%。

5. 网络在现代劳动力市场中介中发挥着越来越重要的作用

本次对北京、上海等地在职员工调查发现，几乎对于各种职位类型的员工来讲，社会关系网络和网站都是其获得工作最有效的两种途径。员工通过网站渠道获得目前岗位的招聘信息为21.4%，仅次于社会关系网络的27.8%。对北京和石家庄地区求职者的调查表明，网站甚至也是失业人员获取就业信息的一个重要渠道（北京为32.8%，石家庄为42.4%）。对中介组织的网络招聘研究表明，中介组织的网络招聘以其更高的联系比率、更低的成本、更大量的信息内容，将带来更小的摩擦性失业，因而会对区域就业产生积极的影响。网络为求职者提供了获取大量工作信息的机会，并可以超出他们所在的地理区域。另外，基于网络的工作搜寻为个体提供了关于劳动力市场现状、对他们的特殊技能的需求以及各种公司工作条件的更加丰富的信息。网络也为求职者提供了联系企业和与其他人通过电子邮件和聊天等更加快捷的联系方式,提高了工作搜寻活动的效率。最后,网络也使得那些被动的求职者加入到随意的工作信息浏览中变得更为容易。对于大多数求职者来讲,基于网络的工作搜寻是对传统工作搜寻活动的一种补充而非替代。

由于工作搜寻与招聘成本的降低,数以万计的组织和个人使用网络来招募人员或者寻找工作,这意味着企业和求职者都比以往有了更多的选择。在每一个匹配达成之前,企业和求职者能够获得的关于对方的信息的数量和质量都有了极大的改善。通过浏览公司的网站,员工可以获得更多的信息来帮助他决定是否会选择这个工作;企业也可以在网络上筛选简历,更容易地对员工的教育背景和其他的证书进行核实。因此双方的匹配质量——即企业可以容忍的最低生产率,或求职者可以接受的最低工资都提高了(详见第十三章)。

(五)信用差、信息缺乏、服务针对性不够等因素制约中介组织对就业促进作用的发挥

1. 信用问题成为就业中介服务机构尚未被广泛接纳的首要原因

通过对北京、上海等地企业在职人员的调查发现,未曾使用过任何就业中介服务机构的员工占全部样本的56.6%。员工之所以不使用就业中介服务机构,其首要原因是担心就业中介存在信用问题。由表11-7可见,不使用就业中介服务机构是因为就业中介存在信用问题已占到了27.7%。

表11-7　　　　　在职人员不使用就业中介服务机构的原因

	选择频次	选择百分比(%)
就业中介存在信用问题	527	27.7
不能提供有效的单位招聘需求信息	441	23.2
等待时间过长	291	15.3
收费过高	236	12.4
服务态度较差	113	5.9
其他	292	15.4

2. 招聘信息少、更新迟、反馈慢是中介组织存在的突出问题

我国目前绝大多数劳动力市场的中介机构,只是简单的档案代理和一般的信息发布。调查表明,不能提供有效的单位招聘需求信息,成为个人不使用就业中介机构的另外一个主要原因(所占比重为23.2%,仅次于信用问题的

27.7%)。其原因在于，我国目前没有对各单位职位空缺信息统计和发布的强制要求，大多数中介机构没有有效的职位空缺信息来源。即使获得了有限信息，涉及面也较窄，并且缺乏对信息的更加细致的分类。加之，信息更新速度慢，求职者在公共就业服务机构登记后，往往需要等很长一段时间才能得到信息反馈，这些都对求职者找到合适的工作带来不利的影响。对在职员工获得目前职位的途径调查表明，员工过去找到工作的前三种途径依次为：社会关系网络（占全部样本的32.9%）、其他（占全部样本的26.8%）、网站（占全部样本的20.7%）。近5年以来，劳动力市场中介获得较大的发展，26.1%的职位招聘信息是通过社会关系网络获得，与5年前的32.9%相比有所下降，如表11-1所示。

3. 公共就业服务的针对性不够

对北京和石家庄失业人员的调查发现，尽管公共就业服务目前有了较大的发展，但对就业困难群体的关注度不高。或者说，对如何解决困难群体的就业问题，仍缺乏富有成效的具体措施，如进行失业原因分析、情况跟踪、职业规划和求职辅导等。这也导致公共就业服务体系的发展使得劳动力市场上的强势群体获得好处，并造成了与劳动力市场上非公共就业中介组织不必要的竞争，而困难群体的失业问题遭到忽视，其收益不足。表11-8是失业人员选择收费和非收费职业介绍机构影响因素的Logistic回归结果。由该研究可以发现，北京失业人员选择免费或收费的职业介绍机构作为求职渠道与其个人特征的相关程度不高；石家庄失业人员选择免费或收费的职业介绍机构作为求职渠道与教育程度的相关程度较高，教育程度越低的失业人员选择收费职业介绍机构的概率越高。从另一个侧面反映出石家庄公共就业服务机构，包括其他免费职业介绍机构对教育程度低的失业人员的服务不够。这一研究结论与我们在石家庄进行实地调研的结果一致（详见第十二章）。

表11-8　失业人员选择收费和非收费职业介绍机构影响因素的Logistic回归结果

个人特征 \ 求职渠道	收费就业服务机构与非收费就业服务机构	
	B	Exp（B）
性别（男性=1）		
年龄		
户口（非农业户口=1）		
来源地（本市=1）		

续表

求职渠道 个人特征	收费就业服务机构与非收费就业服务机构	
	B	Exp（B）
受教育程度	① -0.510**	①0.601
有无工作经验（有=1）		
工作年限		
失业持续期		

注：* 表示在10%水平上显著；** 表示在5%水平上显著；*** 表示在1%水平上显著。① 表示石家庄。

五、关于加强公共就业服务体系建设的几点政策建议

（一）人力资源管理的基础设施和平台建设仍然是当务之急

我国就业中介发展的成效很大程度上要依赖于用人单位人力资源管理基础设施的发展水平和建设程度。如职位分析和职位分类、职位空缺的调查和统计、单位就业统计制度等。就中介组织目前发展的关键而言，其核心是就业需求的情况把握和统计。问题在于如果没有科学的人力资源管理基础，单位的就业需求信息就不可能是真实的。因此，加强科学的人力资源管理基础设施建设，大力发展劳动力市场信息系统，成为发展劳动力市场中介组织的基本前提。为此，应继续加大对公共就业服务的投资力度，争取把公共就业服务建设成全国统一的数据平台和服务平台；按照国际惯例，规范公营就业机构与私营就业机构的关系，把公营就业机构变为私营就业机构的管理者；要求私营就业机构提供有关的资料，以便了解私营机构的经营活动，也便于统一数据的收集、整理和分析。

（二）大力加强我国公共就业服务机构和队伍的建设

随着我国就业服务市场体系的初步形成，公共就业服务机构在缓解我国就业压力，调整结构性失业方面的基础性地位日益彰显。但与之不相适应的是，公共就业服务人才队伍素质较低、数量偏少。2001年，我国职业介绍从业人员中具有大专水平以上学历的人平均占40.5%，高中学历的人平均占50.9%。2003年对上海人才中介行业协会下属40家会员单位的调查显示，具备中介师任职资格的从业人员只占被调查机构业务人员总人数的8%，中介员只占调查总人数的

3%。从统计来看,我国平均每个就业服务机构只有 3 名工作人员,每名工作人员服务对象约 1.2 万人,是发达国家的 2~40 倍。且这些人员也并非全职人员,他们还要承担一些非就业服务的工作。这直接导致了公共就业服务机构在就业促进方面不好的效果。数据显示,2005 年人力资源和社会保障部直属的公共就业服务机构职业介绍成功率仅为 51%[①],而上海市公布的该市公共就业服务体系的职业介绍成功率只有 30%[②]。为此,我们建议,在劳动和社会保障工作中,应突出公共就业服务的突出地位。建议在国家人力资源和社会保障部成立相对独立的国家公共就业服务局或中心,并在各大中城市设立直接领导的分支机构。同时,借鉴国际的一些研究成果和实践经验,研究构建我国公共就业服务机构从业人员的素质能力模型。初步的研究表明,我国公共就业服务机构从业人员的素质能力要求和未来发展应具有三个导向:即公共就业服务专业人员素质提升应以机构职能为导向、以服务对象需求为导向和以服务规范化为导向。根据重要性和迫切性两个维度的频数高低,专业人员的核心素质要求指标可分为低阶能力要求和高阶能力要求两个层次。低阶能力要求包括:道德素质和职业精神、沟通能力、理解多元化服务对象的差异、主动学习能力、应用知识于实践的能力、分析问题能力。高阶能力要求包括:评估技能市场开发与拓展能力、关注细节能力、调查研究能力等。特别值得指出的是,在对公共就业组织人员招聘条件的规定中,一定要突出其具有劳动或人力资源管理的相关经验的任职资格要求(详见第十四章)。

(三)在公共就业服务管理中应当引入绩效管理的制度和方法

在公共就业服务领域,引入绩效评估,一方面,通过具体的绩效指标设置,使公共就业服务的产出结果更加符合其预定目标;另一方面,绩效评估能够从投入和产出的角度,对公共就业服务活动的投入和产出进行细致的监控,从而有效地降低成本、提高效率。对发达国家的研究表明,各国公共就业服务绩效评估的基础都是该国的公共就业服务的目标,即对公共就业服务实行目标管理的制度。如法国公共就业服务的主要目的是去吸引最大数量的在劳动力市场循环的空缺职位,服务质量很大程度上是取决于公共就业服务所提供的空缺职位的数量和多样化程度而决定的,因此法国的绩效评估中,职位空缺的持续时间、工作人员在填补职位空缺方面的工作时间等是很重要的指标。我国公共就业服务管理当前紧迫的任务是引入以目标管理为导向的绩效管理制度;要重点强调对困难群体就业服

---

① 《中国劳动统计年鉴(2005)》,中国统计出版社 2006 年版。
② 上海市人才中介协会报告。

务的功能；要高度重视职位空缺的统计和发布；建立明确、可量化和完善的绩效评估指标体系等。

（四）加大对公共就业服务组织自身宣传力度

本次访谈和调查表明，到公共职业服务中心求职的大部分人，大多是通过"他人介绍"、"路过看到"、"存档、交保险时得知"等被动方式得知公共就业服务机构的。由此可见，我国公共就业中介机构的宣传亟待加强。目前劳动力市场"黑中介"十分猖狂，其滋生在很大程度上与公共就业服务机构缺少公众认知度有关。为此，应通过公益性广告等形式大力加强对公共就业服务组织自身的宣传力度。

（五）完善有关中介组织管理的法律和法规

包括利用《就业促进法》将要出台的机会，统一劳动和人事部门在就业服务方面的规定；在法规中扩大覆盖范围，不仅要规范就业中介机构的行为，还要规范其他就业服务机构的行为；提高有关法规的等级，把行政性规定变为真正的法律规定；相应地，改变单一的对违规行为进行行政性罚款或者吊扣许可证的做法，把求职者拉到纠正违规行为的当事人中，通过法律程序解决有关问题；公营的就业服务机构应该实行完全的免费服务，私营机构要停止向求职者收费；鉴于青年就业问题越来越严重，把新就业人口列入"特殊服务对象"中等。

第十二章

工作搜寻、市场中介与就业促进[*]

——一项基于北京、上海和石家庄三地求职者工作搜寻渠道选择的实证研究

一、引言

我国是一个发展中国家,而且过去一直实行"统包统配"的人力资源分配制度,劳动力市场中介服务体系建设相当落后。即使在经济高速增长的今天,这一问题仍然突出存在。已有的研究发现,中国的自然失业占总失业的比重很高,在2000年以后这一情况更加明显(曾湘泉、于泳,2006)。这也就意味着失业人口当中摩擦性失业和结构性失业是其主要组成部分。而摩擦性失业产生的原因是劳动力市场信息的不完全,以及求职者在寻找工作和雇用方在寻找合适人选时产生的时滞。显然,这种失业形式并不意味着工作岗位的缺乏,只是需要信息和时间把劳动者和岗位连接起来。对于求职者来说,有效的工作搜寻方式将减少工作搜寻时间,降低搜寻成本,从而提高劳动力市场上工作——个人匹配的效率,最终降低摩擦性失业。因此,开展对我国就业者和失业者工作搜寻渠道选择及其影响因素的实证研究,正确认识和处理我国当前求职者工作搜寻渠道和劳动力市场中介发展中的问题,为国家就业战略的制定和实施提供有效的对策建议,已具有十分重要的理论和实践意义。

本章依据北京、上海、石家庄三地的调查,探讨和分析了在不同地区、不同

---

[*] 本章由曾湘泉、崔钰雪执笔。

劳动力市场环境下求职者个人选择工作搜寻渠道的差异以及个人特征对工作搜寻渠道选择的影响。希望这一研究对于认识当前我国劳动力市场中介组织提供就业服务的状况，帮助求职者、特别是失业人员选择适合自身特点的工作搜寻渠道，推动各级政府加强劳动力市场中介服务体系建设提供一些有益的参考。

二、国内外研究现状

国外关于求职者工作搜寻渠道的选择以及对其就业的影响已有较多的研究成果。霍尔泽（Holzer, 1988）认为求职者工作搜寻渠道的选择影响其获得工作的可能性。韦伯（Weber, 2008）的研究同样证实了不同人群的工作搜寻努力和帮助其获得成功的工作搜寻渠道是不同的。霍尔泽（1988）建立了工作搜寻理论模型，并通过实证分析进行验证，其研究显示失业人员使用频率最高的工作搜寻渠道，如朋友、亲戚及直接申请等，也是给予录用通知和接受求职效率最高的。霍尔泽的解释是，工作搜寻者使用这种搜寻方式是出于对这种方式的信任，同时这种搜寻方式的成本较低。霍尔泽在模型中假设公司的雇用战略是外生给定的。蒙哥马利（Montgomery, 1991）则通过建立经济理论模型，提供了一个雇员推荐的均衡分析，蒙哥马利通过理论分析得出结论，实行雇员推荐方式进行招聘的企业利润更高，解释了为什么企业希望通过雇员推荐方式来招聘员工。模型同时也证明了有着较好的社会关系的雇员（与拥有高收入工作的人有紧密联系）比那些社会关系较差的雇员所取得的工资要高。通过公共就业服务机构寻找就业信息的是那些低技能、低职业资格，工资收入较低的劳动力，对于这类人群来说，公共就业服务机构也比其他搜寻渠道更有效（Holzer, 1988; Blau and Robins, 1990; Weber, 2008）。在最近10年多的时间里，失业人员所使用的工作搜寻渠道的种类在不断增加，互联网的出现导致了工作搜寻渠道使用的重新分布。互联网的使用导致了工作变动的加快，这意味着互联网事实上导致了更好的工作匹配。受教育程度较高的年轻人是使用互联网进行求职的主要人群（Stevenson, 2008）。

虽然从严格的学术研究角度来讲，国内对于劳动力市场中介及其对求职者就业的影响的成果尚不多见，但是也有一些相关的实际调查和学术讨论。2003年6月，劳动和社会保障部培训就业司发布的《中国职业介绍机构发展报告》对经各级劳动保障部门审批的县以上公共机构、街乡公共机构及社会职业介绍机构的发展情况进行了调查，调查共回收问卷12 713份（不包括上海市），调查内容包括职业介绍机构的基本情况、职业介绍服务项目、职业供求信息的来源和发布、职业介绍机构的工作保证等。国内一些学者对社会关系网络、校园招聘会等特定形式的劳动力市场中介进行了分析和探讨，认为社会关系网络是当代中国劳动力流动的主要途径和支撑（卜长莉，2004）。对社会关系网络的研究主要集中在社会关系网络的使用对农民工和下岗职工等弱势群体就业的影响上。中国农民的流动更多的建立在强信任的基础上，针对农民工的公共就业服务严重不足（翟学伟，2003）。社会转型期对于下岗职工来说使用社会关系网络并不会带来更好的工作（赵延东，2002）。校园招聘会虽然是毕业生求职的主要渠道，具有明显的优点，但是也存在诸多问题（赵彩瑞，2007）。

总体而言，国外的研究发现，特定渠道的使用和不同的影响因素相对应，选择适合的工作搜寻方式会对就业产生积极的影响。无论在发达国家、发展中国家或者转型经济国家，这些研究都取得了基本一致的结论。尽管我国对中介组织有一些实际的调查，部分学者也对某种特定形式的劳动力市场中介进行过一定的分析和探讨，但对于影响求职者工作搜寻渠道选择的个人特征因素以及劳动力市场环境因素，并没有进行过专门的研究。

三、研究目标与假设

我们将分别对在职人员和失业人员进行研究。对在职人员的研究是为了分析在职人员是通过哪些渠道寻找到目前的工作的，分析在一定的地区，具备某些特征的求职者是通过哪种特定的渠道找到工作的。对失业人员的研究是为了分析失业人员正在通过哪些渠道寻求就业信息，他们认为哪些渠道对他们寻找工作最有帮助，分析在不同的劳动力市场环境下，使用不同的搜寻渠道的失业人员所具有的特征。检验国外的一些研究结论在中国的适用性以及中国求职者工作搜寻渠道选择的特殊性，进而提出促进我国劳动力市场中介组织发展的建议。

（一）求职者个人特征对工作搜寻渠道选择的影响

波海姆和泰勒（2002）在对英国劳动适龄人口调查的基础上，针对不同工作搜寻渠道的使用及其对就业的影响的研究，巴比里、格纳里和塞斯蒂托（2001）对意大利公共就业服务机构的使用人群和使用效果的研究，罗辛和马尔科娃（2004）对俄罗斯劳动力市场上已就业以及目前处于失业状态的工作搜寻者的研究，马克斯和鲁伊斯－塔格莱（2004）利用1994～2002年委内瑞拉家计调查和半年调查的数据，对求职过程中的影响因素的研究，都证明了个人特征（包括年龄、性别、受教育程度、家庭状况、是否有工作经历、失业持续期、失业原因等）是影响求职者工作搜寻渠道选择的因素。因此，我们提出假设1。

假设1：求职者的工作搜寻渠道选择并非是随机的，而是由一些因素决定的，不同特征的求职者其工作搜寻渠道选择存在差异。

（二）劳动力市场中介发育状况不同的地区，求职者工作搜寻渠道的选择存在差异

经济发展水平相似的城市，由于劳动力市场中介的发育状况不同，所提供的就业服务不同，对求职者工作搜寻渠道的选择也会产生影响。本纳、贝纳尔、布朗斯坦和齐默尔曼（Renner, Bernhardt, Bravnstein and Zimmerman, 2003）通过比较美国硅谷和密尔沃基两个所谓的"新经济"和"旧经济"地区的中介机构使用情况后发现，有差异的两个地区的求职者对劳动力市场中介使用的特点有所不同，求职者所处行业、职业特征、工作转换率等对劳动力市场中介的使用具有影响。因此，我们提出假设2。

假设2：劳动力市场发育状况不同的地区，求职者工作搜寻渠道的选择存在差异，工作搜寻渠道选择的影响因素也存在差异。

（三）劳动力市场环境不同的地区，求职者工作搜寻渠道的选择存在差异

即使在相同的地区，由于经济发展水平不同，求职者所处的劳动力市场环境也有所不同。经济发展水平较高的地区摩擦性失业水平较低，求职者相对容易找到工作；相反，求职者将花费更多的时间寻找工作。波海姆和泰勒（2002）、巴比里、格纳里和塞斯蒂托（2001）、罗辛和马尔科娃（2004）的研究也都发现不同的劳动力市场环境（地区失业率）下工作搜寻渠道的选择存在差异。因此，我们提出假设3。

假设3：不同劳动力市场环境下，求职者工作搜寻渠道的选择存在差异，工作搜寻渠道选择的影响因素也存在差异。

四、问卷设计与样本数据

（一）问卷设计

由于缺少现成的统计数据，通过发放调查问卷的方式获取研究所需的基础数据是开展本研究的主要工作之一。由于在职人员和失业人员的情况有所不同，我

们分别设计了《员工调查问卷》和《求职者调查问卷》。① 问卷包含求职者的个人特征以及工作搜寻渠道等相关问题。

1. 个人特征

个人特征包括求职者的性别、年龄、受教育程度、有无工作经验、工作年限、在职人员的职位类别、入职年限、失业人员的失业持续期等。性别、年龄、受教育程度是最基本的个人特征因素。在职人员在寻找目前所从事的工作之前是否有过工作经验、失业人员是初次进入劳动力市场还是重新进入者以及求职者的工作年限、失业人员的失业持续期等是否对工作搜寻渠道的选择有影响有待验证。另外,在职人员目前所从事的不同职位类别的工作是否是通过不同渠道找到的,也能够从反面印证寻找不同职位的工作是否应该选择不同的渠道。值得一提的是,针对中国的特殊情况,我们还增加了户口和来源地两个变量。虽然许多城市都已开始实行户籍制度改革,但是作为计划经济时代的产物,户口对求职者工作搜寻渠道的选择是否存在影响,随着各地区劳动力流动的不断增加,本地和外地求职者的工作搜寻渠道是否存在差异都是我们关心的问题。

2. 工作搜寻渠道

在设计工作搜寻渠道的内容时,既要考虑到与国外的对比,也要考虑到中国的实际情况。我们采取了在调查中尽量细分工作搜寻渠道,待取得数据后通过分析再行合并的方法。在两类问卷中,《员工调查问卷》主要了解在职人员是通过哪一种渠道获得了目前工作单位的招聘信息;《求职者调查问卷》主要了解失业人员在失业期间曾经通过哪些渠道寻找过就业信息以及对于失业人员而言最有效的工作搜寻渠道。问卷中所涉及的工作搜寻渠道包括职业介绍机构、校园招聘会、社会招聘会、直接与企业联系、网站(包括工作单位的网站、就业中介网站、商业网站)、报纸杂志招聘广告、广播电视招聘广告、路牌等招贴广告、社会关系网络(包括家人、亲戚、朋友、熟人、老师、同学、同乡、同事等)、猎头、劳务派遣公司和其他等。对调查数据进行初步分析后,将使用较多的渠道进行单列,对其他的渠道进行了归并,重新分类后的工作搜寻渠道分别为职业介绍机构、校园招聘会、网站、纸质媒介、社会关系网络和其他。

(二) 调查样本

课题组分别在北京、上海、石家庄三地对 1 706 位在职人员和 882 位失业人

---

① 为失业人员设计的调查问卷之所以称为《求职者调查问卷》,是为了避免直接用"失业者"的表述会引起被调查者的反感。本章中所指的求职者则是包含在职人员和失业人员两类人群,因为在职人员就业之前也曾经通过各种工作搜寻渠道寻求工作信息,他们曾经也是"求职者"。

员进行了调查。在职人员的调查在北京和上海两地进行，主要以不同性质、不同行业、不同规模的企业中不同职位类别的员工为调查对象，其中北京的样本量为740人，上海的样本量为966人。失业人员的调查在北京和石家庄两地进行，主要以在公共就业服务机构求职的失业人员为调查对象。调查采用访谈调查的方法，调查时由每位调查员与求职者面对面访谈，调查员口头提问，并记录被调查者的回答。其中北京市的样本量为538人，石家庄市的样本量为344人。

之所以选择北京、上海、石家庄三个城市，是因为北京和上海是我国目前现代化水平最高、综合实力最强的两个城市。两者都属于劳动力市场发达地区，理论上不存在由于劳动力需求不足而产生的失业。这有助于我们集中研究由于劳动力市场信息不发达所造成的摩擦性失业问题。与上海相比，北京在发展经济的同时必须保持政治、文化中心的地位，其社会经济发展的定位与上海有所不同，两地的劳动力市场就业服务，尤其是对外来劳动力，在就业服务内容和就业服务形式上也存在一定的差别。石家庄虽然距离北京较近，但石家庄的经济发展水平相对落后，依据经济发展速度测算，石家庄在"十一五"期间仍有20万以上的就业岗位缺口，就业压力比较大。[①] 选择石家庄的劳动力市场作为研究对象，有助于我们进行比较研究，以观察总需求不足情况下中介服务对就业的影响。

（三）样本数据的描述统计

1. 个人特征数据的描述统计

（1）在职人员个人特征。

描述统计分析结果（见表12-1），被调查的在职人员主要为年龄在30岁以下、工作年限在6年左右、入职年限在3年左右、来自本地、非农业户口、大学本科学历、进入公司前有过工作经验的员工。北京和上海两地被调查的在职人员的个人特征差异不大。

表12-1　　　　北京和上海两地在职人员个人特征的描述统计

离散变量		总体 频数	总体 有效百分比（%）	北京 频数	北京 有效百分比（%）	上海 频数	上海 有效百分比（%）
性别	男	801	48.8	346	47.7	455	49.6
	女	842	51.2	379	52.3	463	50.4

[①] 参见石家庄政府信息网（http://www.sjz.gov.cn/art/2006/10/20/art_16844_131519.html）。

续表

离散变量		总体		北京		上海	
		频数	有效百分比（%）	频数	有效百分比（%）	频数	有效百分比（%）
户口	非农业户口	1 429	87.3	656	90.0	773	85.1
	农业户口	208	12.7	73	10.0	135	14.9
来源地	本地	1 057	64.6	504	69.1	553	60.9
	外地	580	35.4	225	30.9	355	39.1
受教育程度	初中或以下	47	2.8	9	1.2	38	4.1
	高中、中专或职校	241	14.6	83	11.4	158	17.0
	大专、高职	336	20.3	142	19.5	194	20.9
	大学本科	778	47.0	334	45.9	444	47.8
	硕士或以上	254	15.3	159	21.9	95	10.2
进入公司前有无工作经验	有	1 153	70.9	459	64.2	694	76.2
	无	473	29.1	256	35.8	217	23.8
职位类别	管理人员	439	27.5	219	31.2	220	24.6
	专业技术人员	374	23.5	171	24.4	203	22.7
	市场营销人员（业务员）	237	14.9	85	12.1	152	17.0
	行政后勤人员	312	19.6	128	18.3	184	20.6
	生产操作人员	165	10.4	60	8.6	105	11.8
	其他	67	4.2	38	5.4	29	3.2

连续变量	总体		北京		上海	
	均值	标准差	均值	标准差	均值	标准差
年龄	28.9	6.493	28.7	6.364	29.0	6.594
工作年限（年）	6.0	6.812	6.4	7.190	5.8	6.537
入职年限（年）	3.0	3.919	2.8	3.673	3.2	4.089

（2）失业人员个人特征。

描述统计分析结果显示（见表12-2），北京和石家庄两地被调查的失业人员的个人特征有一定的差异，表现在石家庄失业人员中绝大多数是本地失业者。其中，石家庄样本中来自本市的失业人员就占到61.6%，如果加上河北省其他市的失业人员，总比例达到了95.6%，可见石家庄失业人员的来源地基本为本市或邻近地区。另外，石家庄失业人员的工作年限相对较短、失业持续期也相对较短。从失业人员受教育程度可以看出，石家庄"大专、高职"学历失业人员所占比重较大，说明石家庄的失业人员中高学历者所占比重较大。由此可以看出，石家庄短期失业，即摩擦性失业现象较为严重；石家庄本地的高学历青年的短期失业问题较为严重。

表 12-2　北京和石家庄两地失业人员个人特征的描述统计

离散变量		总体 频数	总体 有效百分比（%）	北京 频数	北京 有效百分比（%）	上海 频数	上海 有效百分比（%）
性别	男	585	66.4	336	62.5	249	72.6
	女	296	33.6	202	37.5	94	27.4
户口	非农业户口	494	57.4	316	59.8	178	53.5
	农业户口	367	42.6	212	40.2	155	46.5
来源地	本市	429	48.6	217	40.3	212	61.6
	外地	453	51.4	321	59.7	132	38.4
受教育程度	初中或以下	184	20.9	135	25.1	49	14.3
	高中、中专或职校	382	43.4	238	44.3	144	42.0
	大专、高职	263	29.9	135	25.1	128	37.3
	大学本科	48	5.5	28	5.2	20	5.8
	硕士或以上	3	0.3	1	0.2	2	0.6
以前是否工作过	是	805	91.5	500	93.1	305	88.9
	否	75	8.5	37	6.9	38	11.1

连续变量	总体 均值	总体 标准差	北京 均值	北京 标准差	石家庄 均值	石家庄 标准差
年龄	29.3	8.671	30.7	9.673	27.0	6.166
工作年限（年）	6.5	98.8	7.8	110.706	4.75	73.723
失业持续期（月）	7.4	19.292	8.9	22.026	5.1	13.768

2. 工作搜寻渠道数据的描述统计

（1）在职人员获取工作的搜寻渠道。

从表12-3可以看出，社会关系网络是在职人员找到工作的最有效的渠道，网站次之，通过职业介绍机构找到工作的在职人员所占比重并不大。从描述统计分析结果看，北京和上海两地在职人员找到工作的渠道并不存在明显的差异。

表 12 – 3　　　　　　在职人员获取目前工作单位招聘信息的分布

工作搜寻渠道	总体 数量	总体 有效百分比（%）	北京 数量	北京 有效百分比（%）	上海 数量	上海 有效百分比（%）
社会关系网络	456	28.1	237	26.1	219	30.9
网站	363	22.4	191	20.9	172	24.2
其他	281	17.3	170	18.7	111	15.7
校园招聘会	223	13.8	128	14.0	95	13.4
职业介绍机构	208	12.8	121	13.2	87	12.3
纸质媒介	90	5.6	65	7.1	25	3.5
小计	1 621	100.0	912	100.0	709	100.0
缺失值	85		54		31	
总计	1 706		966		740	

（2）失业人员工作搜寻渠道的使用状况。

从表 12 – 4 可以看出，职业介绍机构是失业人员使用最多的搜集就业信息的渠道，社会关系网络和纸制媒介对于失业人员寻求就业信息也较为重要。两地同时使用职业介绍机构和社会关系网络的失业人员占到 40%，同时使用职业介绍机构、社会关系网络和纸质媒介的失业人员也达到近 20%。北京和石家庄两地的失业人员对校园招聘会的利用率虽然都较其他渠道低，但石家庄的失业人员相对于北京的失业人员对校园招聘会的利用率更高，说明石家庄受教育程度高的大学生就业问题严重，就业压力较大。

表 12 – 4　　　　　　失业人员工作搜寻渠道分布

工作搜寻渠道	总体 选择人次	总体 选择频率（%）	北京 选择人次	北京 选择频率（%）	石家庄 选择人次	石家庄 选择频率（%）
职业介绍机构	731	82.9	456	84.8	275	79.9
社会关系网络	457	51.8	302	56.1	155	45.1
纸质媒介	441	50.0	243	45.2	198	57.6
网站	322	36.5	176	32.7	146	42.4
其他	222	25.2	116	21.6	106	30.8
校园招聘会	108	12.2	37	6.9	71	20.6
总计	2 281	258.6	1 330	247.2		276.5
职业介绍机构 + 社会关系网络	354	40.1	245	45.5	109	31.7
职业介绍机构 + 社会关系网络 + 纸质媒介	171	19.4	109	20.3	62	18.0

(3) 失业人员的工作搜寻强度。

表12-5数据显示，大多数失业人员通过2种或3种渠道在寻求就业信息，使用4种以上渠道搜寻信息的失业人数较少，而仅仅使用一种渠道的人数也相对较少。与北京相比，石家庄的失业人员平均使用的工作搜寻渠道的数量较多，反映出石家庄失业人员的搜寻强度较大，在寻找工作的过程中要付出较大的搜寻成本。

表12-5　失业人员使用工作搜寻渠道的数量

数量	总体 人数	总体 频率（%）	北京 人数	北京 频率（%）	石家庄 人数	石家庄 频率（%）
1个	133	15.1	92	17.1	41	11.9
2个	308	34.9	196	36.4	112	32.6
3个	282	32.0	173	32.2	109	31.7
4个	114	12.9	60	11.2	54	15.7
5个	40	4.5	15	2.8	25	7.3
6个	5	.6	2	.4	3	.9
总计	882	100.0	538	100.0	344	100.0
平均数量（个/人）	2.59		2.47		2.76	

在调查中，我们追加询问了失业人员"您认为以上哪一种渠道对您找工作最有帮助"，对此问题回答的分析见表12-6。失业人员使用频率最高的渠道和他们认为最有帮助的渠道是基本吻合的。这种一致性从一定程度上验证了霍尔泽（1988）的工作搜寻模型的结论，失业人员选择使用的方式对他们的就业产生积极的影响。

描述统计分析的结果可以部分的验证了假设3，即不同劳动力市场环境下求职者工作搜寻渠道的选择存在差异。

表12-6　对失业人员最有帮助的工作搜寻渠道分布

工作搜寻渠道	总体 选择人次	总体 选择频率（%）	北京 选择人次	北京 选择频率（%）	石家庄 选择人次	石家庄 选择频率（%）
职业介绍机构	358	42.9	222	44.8	136	40.2
社会关系网络	261	31.3	173	34.9	88	26.0
纸质媒介	56	6.7	26	5.2	30	8.9
网站	75	9.0	43	8.7	32	9.5
其他	59	7.1	27	5.4	32	9.5
校园招聘会	25	3.0	5	1.0	20	5.9

五、实证分析及结果解释

本章将采取实证分析的方法对影响求职者工作搜寻方式的因素进行分析。

(一) 在职人员工作搜寻渠道的影响因素

目前已有工作的在职人员可能是从不同的劳动力市场状态转换到目前的工作状态的,如就业——就业、失业——就业、退出劳动力市场——就业,无论他们找到工作之前的状态如何,他们获得目前工作的渠道对他们来说就是有效的工作搜寻渠道。因此,我们要分析在职人员获得目前工作的渠道与其个人特征及其所在的地区之间的关系,分析具备某些特征的人是否通过某类渠道获得工作的可能性更大。我们采用 Multinomial Logistic 回归分析方法检验在职人员工作搜寻渠道选择的影响因素及其影响程度。用公式表示如下:

$$Logit channel_i = \ln \left[\frac{p_i}{p_n} \right] = \alpha_i + \sum_{k=1}^{k} \beta_{ik} x_k + \varepsilon \quad (i = 1, n) \tag{1}$$

其中, P_n 表示参照类发生的概率,由于在职人员通过纸质媒介获得工作的可能性最小,我们选择纸质媒介作为参照类,近似的认为它属于"独立于无关类型"。式中 $Logit channel_i$ 表示在职人员通过第 i 类渠道获得工作相对于通过纸质媒介获得工作的发生比。x_k 为解释变量,解释变量包括在职人员的个人特征变量以及地区变量,k 表示解释变量的个数。回归分析结果见表12-7。

分析结果显示,入职前没有工作经验,年龄较小,受教育程度相对较高的在职人员通过校园招聘会找到工作的概率较高。入职前没有工作经验的求职者通过校园招聘会找到工作的概率是通过纸质媒介找到工作的概率的8倍。同时,模型分析结果也显示,入职年限在3年以上的在职人员通过校园招聘会找到工作的概率比通过纸质媒介找到工作的概率高2倍,说明在职人员对通过校园招聘会找到的工作的满意度相对较高。这一结论说明,校园招聘会为大中专毕业生提供就业服务发挥着重要的作用。

近3年入职的在职人员通过网站找到工作的可能性比通过纸质媒介找到工作的可能性更大,说明近几年互联网越来越多的发挥了劳动力市场中介的作用。年龄、受教育程度对通过网站找到工作影响显著,受教育程度相对较高、年龄相对较小的在职人员通过网站找到工作的可能性更大。

表12-7　　在职人员工作搜寻渠道影响因素的多元Logistic回归分析

	职业介绍机构		校园招聘会		网站		社会关系网络		其他	
	B	Exp(B)	B	Exp(B)	B	Exp(B)	B	Exp(B)	B	Exp(B)
常数项	0.912		-4.089		-5.054		1.362		2.628	
性别	0.077	1.080	0.270	1.310	0.136	1.146	0.231	1.259	-0.155	0.856
年龄	-0.191	0.826	-1.126***	0.324	-0.445*	0.641	0.115	1.122	0.239	1.270
来源地	0.551	1.734	0.305	1.356	0.459	1.582	0.433	1.542	0.073	1.076
户口	1.059	2.883	0.578	1.782	1.198	3.314	1.347**	3.845	0.931	2.537
受教育程度	0.017	1.017	0.577***	1.781	0.472**	1.604	-0.082	0.922	0.123	1.131
有否工作经验	0.353	1.423	2.093***	8.111	-0.410	0.664	0.393	1.481	0.211	1.235
入职年限	0.053	1.055	0.694*	2.001	-0.566*	0.568	-0.184	0.832	-0.227	0.797
管理人员	0.539	1.715	1.467	4.337	1.564	4.778	0.779	2.179	0.730	2.074
专业技术人员	0.001	1.001	0.176	1.192	0.374	1.453	0.065	1.067	0.237	1.267
市场营销人员	0.200	1.222	0.589	1.803	1.084	2.955	0.622	1.863	0.472	1.603
行政后勤人员	1.456	4.290	1.858	6.409	1.476	4.375	0.984	2.676	1.865*	6.457
生产操作人员	-0.258	0.773	0.364	1.439	2.010	7.460	0.432	1.541	0.164	1.179
地区	0.636**	1.889	0.217	1.242	0.770**	2.159	1.012***	2.750	0.535*	1.708

-2Log Likelihood 2916.743 Chi-Square 387.095 df 45 Sig. 0.000

Cox and Snell R^2 0.258 Nagelkerke R^2 0.267

注：Significance *=0.10；**=0.05；***=0.01。

户口对通过社会关系网络寻找工作影响显著。通过社会关系网络找到工作的农村户口的在职人员是通过纸质媒介找到工作的近4倍。这一结论说明通过亲戚、朋友、熟人介绍外出务工是农村劳动力寻找工作的主要渠道。

行政后勤人员通过其他渠道找到工作的可能性相对更大。如通过直接与企业联系、猎头、劳务派遣等方式。

分析结果显示，地区因素对于在职人员通过职业介绍机构、网站、社会关系网络和其他渠道都有一定的影响。其中，北京的在职人员通过职业介绍机构找到工作的概率是通过纸质媒介找到工作的概率的近2倍。说明北京的职业介绍机构为求职者提供了较为有效的就业服务。

（二）失业人员工作搜寻渠道选择的影响因素

我们希望通过实证分析验证的是目前利用某一类工作搜寻渠道寻找工作的失业人员具有哪些特征，不同的劳动力市场环境是否也是影响他们选择工作搜寻渠道的因素。Binary Logistic回归模型适用于这类问题的分析。

$$Logit channel_i = \ln\left(\frac{p_i}{1-p_i}\right) = a + \sum_{k=1}^{k} b_k x_k + \varepsilon \qquad (2)$$

其中，x_k 表示解释变量，包括失业人员的个人特征变量以及地区变量，k 表示解释变量的个数。我们用似然比检验（likely ratio test）来检验模型的因变量对自变量是否有显著的解释能力，用 Hosmer – Lemeshow 检验来检验模型的拟合优度。回归分析结果见表 12 – 8。

表 12 – 8　失业人员工作搜寻渠道影响因素的二元 Logistic 回归分析

	职业介绍机构		校园招聘会		网站		纸质媒介		社会关系网络	
	B	Exp(B)	B	Exp(B)	B	Exp(B)	B	Exp(B)	B	Exp(B)
性别	0.352**	1.421	-0.196	0.822	0.157	1.170	0.099	1.104	-0.008	0.992
年龄	0.182*	1.199	-0.599**	0.549	-0.783***	0.457	-0.266**	0.766	-0.220**	0.802
来源地	0.404**	1.498	0.269	1.309	-0.031	0.970	-0.116	0.891	0.301*	1.351
户口	-0.094	0.910	0.087	1.091	0.249	1.282	0.098	1.103	-0.196	0.822
受教育程度	-0.178*	0.837	1.259***	3.522	0.928***	2.530	0.149	1.161	-0.459***	0.632
工作经验	-0.026	0.974	-0.240	0.786	-0.053	0.948	0.579	1.784	-0.050	0.951
工作年限	0.234	1.264	-0.319***	0.727	-0.110	0.895	0.049	1.050	0.079	1.082
失业持续期	-0.322*	0.724	-0.118	0.888	0.129*	1.137	0.106*	1.111	0.010	1.010
地区	0.761***	2.140	-0.883***	0.414	-0.134	0.875	-0.449***	0.638	0.422***	1.525
常数项	0.224	1.251	-2.461***	0.085	-1.232**	0.292	-0.566	0.568	0.970**	2.639
模型检验统计量	-2 对数概率 872.985　H – L 拟合优度检验　方差 5.876　自由度 8　显著性 0.661		-2 对数概率 405.828　H – L 拟合优度检验　方差 18.020　自由度 8　显著性 0.210		-2 对数概率 867.313　H – L 拟合优度检验　方差 10.795　自由度 8　显著性 0.216		-2 对数概率 1107.720　H – L 拟合优度检验　方差 5.074　自由度 8　显著性 0.750		-2 对数概率 1090.667　H – L 拟合优度检验　方差 8.496　自由度 8　显著性 0.387	

注：显著性 * = 0.10；** = 0.05；*** = 0.01。

分析结果显示，来自本地的失业人员比来自外地的失业人员到职业介绍机构寻找工作的概率更大。年龄较大的，受教育程度较低的，失业时间较短的失业人员到职业介绍机构寻找工作的概率更高。北京的失业人员到职业介绍机构寻找工作的概率是石家庄失业人员的 2 倍多，这也说明北京的职业介绍机构为失业人员提供了有针对性的服务。

曾经通过校园招聘会寻找工作的是那些受教育程度较高的，年龄较小失业人员。他们要么是从学校毕业后初次进入劳动力市场的大中专毕业生，由于未能找到合适的工作，成为失业者；要么是找到的工作不理想，短期就业后重新开始寻找工作。石家庄的失业人员曾经通过校园招聘寻找工作的概率比北京更高，这再次说明石家庄本地的大中专学生就业存在一定的困难。

使用网站寻找工作的失业者年龄较小，受教育程度较高，而他们的失业持续期可能相对较长。

石家庄的失业人员通过纸质媒介寻找工作的概率较高。而且年轻的失业人员比年龄大的失业人员更多的使用纸质媒介寻找工作。

受教育程度、年龄、来源地对选择社会关系网络寻找工作影响显著。受教育程度低的，年轻的，本地的失业人员通过社会关系网络寻找工作的可能性相对要高。北京的失业人员通过社会关系网络寻找工作的可能性比石家庄的失业人员要高。

实证分析的结果分别支持了假设1、假设2和假设3，说明求职者在选择求职渠道时并非是随机的，而是受个人特征因素等内部因素的影响。同时，劳动力市场中介服务发育状况以及劳动力市场环境等外部因素对求职者选择工作搜寻渠道也有一定的影响。

六、研究结论和政策建议

（一）社会关系网络是求职者寻求就业信息的重要渠道，但求职效果因人而异

对于求职者来说，社会关系网络是较为重要的工作搜寻渠道。虽然失业人员在获取就业信息时利用率最高的渠道是职业介绍机构，但是，在选择最有帮助的渠道时，他们对社会关系网络的认同度也较高。从数据上看，利用职业介绍机构寻找就业信息的失业人员的数量大大超过了利用社会关系网络的失业人员的数量，而他们对社会关系网络的认同度与职业介绍机构相差并不大，这说明在失业人员寻找就业信息方面，社会关系网络可能比职业介绍机构更有效。

该结论与波海姆和泰勒（2001）对英国劳动适龄工人的研究结论一致。他们认为在其他条件相同的情况下，近期失业者使用非正式渠道（亲友和社会关系）寻找工作的可能性会降低，原因可能是近期失业者由于失业而与社会联系减少，或者因为他们在过去失业时已经用过了所有的社会关系。而马克斯和鲁伊斯-塔格莱（2004）对委内瑞拉已登记失业人员的研究显示，在不考虑劳动者以往劳动岗位的情况下，个人更倾向于通过"其他"方式找寻工作，而不是通过正式的搜寻方法。然而，赵延东（2006）的研究却认为，社会转型环境下下岗职工使用社会关系网络并不会获得更好的工作；翟学伟（2003）也认为正是

由于中国农民的流动更多地建立在强信任的基础上，才造成了中国都市里一支支以亲属和乡村为单位的劳动大军，出现了一个个"漂浮在城市中的村庄"的奇特景观。虽然在北京，失业人员能够通过职业介绍机构获得更多的就业信息，而在上海和石家庄，专门针对失业人员的劳动力市场中介服务可能较为不足。失业人员通过职业介绍机构这种渠道找不到合适的工作时，必然会依靠他们认为更可信、更可靠、更有能力的亲友寻找工作。对于人力资本存量偏低的弱势群体来说，这种搜寻渠道却未必能够帮助他们找到最合适的工作。解决这部分失业人员的就业问题，一方面需要提高公共就业服务的覆盖面和就业服务质量，为城市外来劳动力提供高效率的就业服务，使他们脱离只能通过社会关系网络这一狭窄的搜寻渠道寻找工作的局面；另一方面需要通过培训等方式提高他们的人力资本积累，使他们自身具备更强的职业竞争力。

对于在职人员来说，获取目前工作单位招聘信息的最有效的渠道也是社会关系网络。应当看到，受教育程度低的求职者通过社会关系网络寻找就业信息对其就业未必有利，他们获得的工作很可能是那些劳动报酬较低的工作。对于那些工作年限长，受教育程度较高的求职者来说，通过在长期工作中建立起来的社会关系网络寻找与自己能力相匹配的工作，应该能够有效地降低工作搜寻成本，提高工作搜寻的效率。对于这类人员应当补充和加强那些在先前的工作中建立起来的，对他们找工作有帮助的社会关系网络，而不是指导他们基于教育水平、性别、年龄等选择不同的搜寻渠道（Márquez M. and Ruiz-Tagle V., 2004）。

（二）求职者应当基于个人特征选择不同的工作搜寻渠道

实证分析的结果显示，在所有的个人特征因素中受教育程度对工作搜寻渠道选择的影响程度最显著。受教育程度高的求职者选择通过校园招聘会和网站寻找工作的概率更高；受教育程度低的求职者选择通过社会关系网络寻找工作的概率更高。

这一研究结论验证了马克斯和鲁伊斯－塔格莱（2004）对委内瑞拉的研究及波海姆和泰勒（2001）对英国的研究。二者的研究均表明，受过更高教育的人可能较少使用非正式搜寻方式。波海姆和泰勒（2002）的研究表明，失业者中较高学历的人依靠广告方式寻找工作的可能性比低学历人群高。在中国，学历较高的求职者则更多的通过校园招聘会和网站寻找工作。校园招聘会是各类大中专院校毕业生求职的主要渠道；网站作为近年来兴起的网上职业中介，其服务对象也定位于受教育程度、技术水平、管理水平较高的求职者。

经验证，我们所关注的户口因素对求职者工作搜寻渠道的选择存在影响。这主要是因为农村劳动力外出务工缺乏就业信息，只能依靠社会关系网络获得信息。这种状况应该随着劳动力市场的不断开放而有所改变，户口不应该再成为影响求职者选择工作搜寻渠道的因素。

另外，来源地对求职者选择工作搜寻渠道也存在影响。本地求职者选择通过职业介绍机构寻找工作的概率更高，这是我国特有的现象。一方面，就业服务机构对外来劳动力提供的就业服务有限；另一方面，劳动力市场上依然存在着对外来劳动力的歧视现象，一些单位在招聘中仍然要求有本地户口，这些不合理的歧视性条款限制了劳动力的自由流动。

求职者的年龄、在职人员的入职年限、失业人员的失业持续期对工作搜寻渠道的选择都有较明显的影响。其他个人特征因素在不同地区、不同劳动力市场环境下对求职者选择工作搜寻渠道也有不同程度的影响。因此，对于求职者来说，应该考虑根据自身特点有目的地选择不同的工作搜寻渠道，减少盲目寻求就业信息的行为，降低工作搜寻的时间成本和失业的机会成本，从而降低摩擦性失业。

值得注意的是，虽然劳动力市场上仍然存在性别歧视现象，但是分析结果显示，性别特征对工作搜寻渠道的选择并没有明显的影响，只是女性失业人员通过职业介绍机构求职的概率相对男性稍高。这一现象与其他国家的研究结论有较大的差别。委内瑞拉的男性求职者更倾向于通过媒体广告和直接与企业联系寻找工作（Márquez M. and Ruiz-Tagle V.，2004）；俄罗斯失业人员中女性更倾向于通过公共就业服务机构和朋友的帮助寻找工作（Roshchin and Markova，2004）。在这些国家，性别对工作搜寻渠道的选择存在一定的影响。在中国，男性和女性在选择工作搜寻渠道时几乎没有明显的差异，求职者已经不需要因性别差异而刻意选择不同的工作搜寻渠道。

（三）应进一步重视劳动力市场中介服务体系的建设，制定更加有效的促进就业政策

在调查中发现，各地劳动力市场开放程度不同，劳动力市场中介服务体系的建设在各地的发展仍不平衡。同时，失业人员工作搜寻成本存在差异，就业中介服务机构（尤其是公共就业服务机构）对失业者关注的广度和深度仍有待加强。

北京作为首都，是全国的政治和文化中心，2006年北京的城镇登记失业率仅为1.98%，如果加上常住人口，应当说其失业率要高于此数字。在追求经济发展的过程中，北京需要继续通过劳动力市场的开放来改善本地低端劳动力短缺的格局。上海作为全国的经济中心，其地位在得到不断巩固和加强，劳动力市场也应得到不断发展。据劳动部门统计，2006年年末，城镇登记失业率为4.4%。登记失业率连续3年有所下降，失业状况得到有效控制。问题在于，虽然上海对本地求职者的就业中介服务非常发达，但仍然面临解决外来低端劳动力就业的问

题,因此,需要加快对外来劳动力就业中介服务的发展,并加大对劳动力市场的开放。石家庄的劳动力市场环境与北京和上海两地差别较大。2005年石家庄职业介绍机构的登记招聘人数为18.14万人次,登记求职人数为19.41万人次,求人倍率为0.93;而北京的职业介绍机构登记招聘人数为160.17万人次,登记求职人数为135.69万人次,求人倍率为1.18。[①] 显然,石家庄在重视经济增长、提高总需求水平的同时,也要更加重视对失业人员的公共就业中介服务工作,降低失业人员的工作搜寻成本。

国外的研究表明,只有那些与劳动者和公司之间都有着紧密的、持续的关系的劳动力市场中介才是最有效的 (Benner, Brownstein, Dresser and Leete, 2001),因此,推动公共就业中介服务组织自身建设,包括职位空缺信息的收集和发布、科学的绩效管理以及中介服务人员队伍的职业化和专业化建设,都将促进劳动力市场的发展,大大降低摩擦性失业。

(四)发挥网站在劳动力市场中的作用,降低摩擦性失业

受教育程度较高的年轻人通过网站找到工作的概率更高,失业人员也有相当一部分人在利用网站寻找工作信息。随着互联网的迅速普及,网络招聘在中国的劳动力市场中发挥的作用也越来越大。相对于传统招聘方式,网络招聘对于求职者来说具有信息量大、获得信息更容易、信息真实等特点,同时,求职者可以通过网络提供的方便、快捷地互动方式及时与用人单位联系。通过网站搜寻就业信息,可以大大降低工作搜寻成本,缩短工作搜寻时间,从而降低摩擦性失业。

七、研究限制与有待进一步研究的问题

(一)研究限制

由于缺少现成的统计数据,本章采用的是抽样调查数据,受预算限制及其他条件的局限,调查过程中更多的考虑采用便利抽样的方法。同时,由于调查问卷中涉及的变量数目有限,所能探讨的影响因素也有限。比如家庭状况及家庭其他成员的工作搜寻渠道选择情况、失业人员先前所从事的行业和收入水平等都可能对工作搜寻渠道的选择有一定的影响,而在此由于没有获取相关的数据而无法逐一讨论。

[①] 该数据仅包括劳动部门审批的职业介绍机构,不包括人事部门所属的人才交流中心。

（二）有待进一步研究的问题

第一，从统计分析结果上看，有一些因素对求职者选择工作搜寻渠道具有显著影响，但是在文章中并没有作更多的解释。比如，我们在研究中发现北京在职人员通过社会关系网络获取目前工作单位招聘信息的比例是30.9%，上海在职人员通过社会关系网络获取目前工作单位招聘信息的比例是26%，北京比上海高出近5个百分点。北京失业人员通过社会关系网络寻找工作的比例是56.2%，石家庄失业人员通过社会关系网络寻找工作的比例是45.1%，北京比石家庄高出11个百分点。考虑到三个地区的人口结构、居民受教育程度以及经济结构等存在显著的差别，要说明三个地区关于社会关系网络使用的区别可能需要从其他的角度给出合理的解释。

第二，本章虽然探讨了不同的工作搜寻渠道适应不同特征的求职者，但是并没有对各种工作搜寻渠道的搜寻成本和搜寻效果进行专门研究，而搜寻成本和搜寻效果与工作搜寻渠道的选择有着密切的联系。这一问题也是非常值得今后进一步研究的。

第十三章

中介组织网络招聘能力提升策略
——网络招聘与就业促进研究*

一、研究背景

网络招聘作为一种新型的招聘方式，固有的许多优势使其成为劳动力市场中求职者工作搜寻和企业招聘活动的最重要组成部分，给劳动力市场带来了深远的影响。有学者指出，网络在劳动力市场中的角色远远超出了一般工具的价值，它塑造了一种全新的文化（Capelli，2001）。

从网络招聘在全球企业的发展来看，在 1998 年，全球 500 强企业中还有 14% 的企业没有创建自己的网站，仅有 29% 的企业拥有招聘专栏；到了 2003 年全球 500 强企业全都建立了自己的企业网站，其中 94% 的企业建立了自己的招聘专栏，5 年时间增长了 3 倍多。全球 500 强企业对于网络招聘的运用能够体现这种招聘方式的快速发展态势。北美与欧洲是网络招聘发展程度最高的地区，发展中国家的网络招聘市场也在快速发展。根据 Net-Temps 的数据，在美国采用网络招聘形式的企业高达 77.6%，采用报纸/杂志招聘的占 12.2%，采用人才招聘会招聘的企业占 7.1%，采用广播和电视进行招聘的企业分别占 2% 和 1%。根据 Stepstone 的数据显示，网络招聘已经取代传统的印刷媒体的招聘广告，成为企业招聘的首选。在欧洲已经有 23% 的企业把招聘活动全部

---

* 本章由徐芳、孙媛媛、沙伟影执笔。部分内容发表于《经济理论与经济管理》2007 年第 10 期。

通过网络实现，而只采用印刷媒体进行招聘的企业只占 8%。根据 Emnid 的数据，在德国，超过 70% 的互联网使用者通过互联网寻找工作，而德国的互联网使用者已经占到总人口的一半。根据英国第二大招聘网站 Hotonline.com 数据统计，2003 年英国有 700 万人通过互联网找工作，9/10 的毕业生通过互联网寻找自己的第一份工作。以上数据表明，21 世纪以来，网络招聘的市场规模的扩大尤为迅速。

2004 年，我国网络招聘占整个招聘市场容量的 13.2%，还远远低于报纸和现场招聘会。2005 年网络招聘市场成长迅猛，占招聘市场份额接近 20%。2006 年这一比例达到 25%，市场规模约为 14.2 亿元。艾瑞（iResearch）市场咨询通过调查预测，未来 3 年内中国网上招聘个人用户规模仍将继续增长。2006 年中国网上招聘个人用户规模达到 1 730 万人，比 2005 年增长 53.1%，个人用户占网民比例为 12.8%，比 2005 年增长了 2.6 个百分点，至 2010 年中国网上招聘个人用户规模将达到 5 730 万人，当年增长率为 27.3%，个人用户占网民比例为 24.7%。未来 3 年内中国网上招聘企业用户规模也将继续增长。2006 年中国网上招聘企业用户规模达到 149 万，比 2005 年增长 35.5%，至 2010 年中国网上招聘企业用户规模将达到 481 万，当年增长率为 34.7%。

随着互联网在中国的迅速普及，网络招聘在中国的劳动力市场中也发挥了越来越重要的作用，尤其是中介组织的网络招聘扮演着日益重要的角色。因此深入地了解网络招聘在中国的应用现状，尤其是中介组织利用网络招聘的现状，企业与求职者选择中介组织网络招聘的原因，我国中介组织网络招聘效果，并深入考察其对于区域就业的真实作用程度，这将对促进我国的积极就业战略的实施具有重要的意义。在我国当前摩擦性失业、结构性失业仍然相当突出的背景下，研究如何提升网络招聘能力以促进就业和提升就业质量对整个国家具有战略性的重要意义。

二、网络招聘的国内外研究综述

最早提到网络招聘的文章出现于 20 世纪 80 年代中期（Galanaki, 2002; Gentner, 1984; Casper, 1985）。在人力资源管理杂志中系统地涉及网络招聘则是在 10 年之后，即 20 世纪 90 年代。国内外有关网络招聘的文献主要开展了以下几个方面的研究。

（一）网络招聘具有的独特优势

迄今为止，已有大量的文章探讨网络招聘所具有的独特优势。综合起来，认为网络招聘具有以下优势：一是招聘成本和对申请者筛选成本降低（Capelli, 2001；McDougall, 2001）；二是降低了职位空缺被填补之前所损失的生产成本（CIPD, 1999；Williams and Klau, 1997；Workforce, 2000）；三是招聘过程所需的时间成本也极大地降低（McDougall, 2001）；四是减少了人力资源部门的工作量，使人力资源部门能够有更多的时间来关注一些战略性的问题（Galanaki, 2002）；五是企业的整体雇用质量得到提高（McDougall, 2001）；六是便于吸引那些当前没有寻找新工作的高素质人才，即所谓的被动求职者（Hays, 1999；McDougall, 2001）；七是企业形象的展示平台。企业通过网络进行招聘被认为是一种灵活性和创新的体现，赋予了企业更加现代化的形象（Fister, 1999；Boehle, 2000）也认为由于企业网站的招聘网页是企业网站中浏览量第二大的地方，故提供了一个绝佳的机会来展现公司良好的工作条件，是维持企业的市场地位与良好声誉的有效手段。

（二）网络招聘中存在的问题

有些文献也同时指出了网络招聘所具有的某些缺陷。一是目标群体比较窄。网络招聘一般被认为是面向某些特殊群体如 IT 职业和年轻的大学毕业生。这降低了吸引其他专业人才的有效性（CIPD, 1999）。二是缺少适合高级职位的候选人。麦克杜格尔（McDougall, 2001）指出招聘网站虽然能够很好地产生出初级和中级职位的求职者储备，但是却难以产生适合高级职位的人选。三是求职者的数量多但质量不高。例如，伯勒（Boehle, 2000）认为网络招聘存在的另一个问题是，虽然在网上现在据预计有 250 万份简历，但是大多数招聘者发现数量的增加并没有引起质量的提高，对于大型招聘网站尤其如此。奥托（Autor, 2001）在其文章中还转述了一位招聘经理的话，他发现网络工作布告栏中充满着四种类型的简历："不快乐的（因此也很可能不是我们想要的员工）；好奇的（并且因此很可能是频繁跳槽者）；获得不了晋升的（也许出于某种原因）；以及失业者（也许出于某种更糟糕的原因）"。四是使用网络招聘的企业通常需要指定专门的人员来负责网络招聘的相关工作，从而网络招聘工作的实施需要企业投入更多的时间和精力。

（三）网络招聘对求职者行为的影响

有关网络招聘对求职者行为的影响的研究也是研究者研究的热点。费尔德曼和克拉斯（Feldman and Klaas, 2002）通过对美国东南部一所大学商学院的校友进行的调查，考察了管理者和专业人员利用网络来搜寻工作的经历。展现了网络对求职者的求职行为的影响，影响个人使用网络来寻找工作的因素及其影响程度，以及网络工作搜寻的有效性和存在的困难。博伊斯和雷尼（Boyce and Rainie, 2002）通过对 2 259 名网络使用者的调查中得到的数据总结归纳了最有可能利用网络寻找工作的求职者的特点；指出网络为求职者在工作搜寻中起到的至关重要的作用。值得注意的是，伯纳德·J·詹森和卡伦·詹森（Bernard J. Jansen and Karen J. Jansen, 2005）利用长达 5 年的时间从一个主要搜索引擎中接受到的与工作相关的搜索请求的数据，分析了求职者如何通过网络寻找工作信息，这些搜寻方式的有效性以及求职者找到合适的职位的可能性。这是利用纵向的实际数据来研究网络工作搜寻方式的最早研究之一。

（四）网络招聘与政府政策

从政府政策和国家战略层面来研究网络招聘也是研究中的一个视角。中村和皮尤（Nakamura and Pugh, 2000）认为网络招聘以及加拿大的企业和求职者有效使用网络信息服务的能力对于整个国家具有战略性的重要意义。文章介绍了加拿大网络招聘信息服务的概况，考察了网络招聘服务对不同类型的求职者的就业结果所产生的预期影响，最后提出一系列有助于确保加拿大企业在网络时代的人才竞争中取得成功的公共措施。彼得库恩（Peter Kuhn, 2000）则指出政府可以利用迅速增长的网络招聘与网络工作搜寻来收集劳动力市场数据，并特别指出政府是否也应当尽力加入到此项活动中来。

（五）对国内网络招聘研究的评价

中国目前已经在高度关注迅速发展的网络招聘活动；然而，有关网络招聘的研究型文献非常少，大部分是介绍性的和描述性的文章。但国内的一些网络招聘报告提供了非常翔实具体的数据。最具代表性的是艾瑞咨询公司在 2004 年和 2005 年发布的网络招聘报告，以翔实的数据呈现了网上招聘市场规模、占整体招聘市场情况、网上招聘用户规模、网上招聘企业主规模等。互联网实验室撰写的《网络招聘未来之路——中国网络招聘研究报告》通过翔实的数据对全球和中国网络招聘产业的规模与潜力进行了分析，依托大量一手数据，深入、全面地分析了中国网络招聘市场总体竞争格局以及地方和行业市场竞争格局，通过对国内外网络招聘企业的深度研究，对国内外网络招聘主流商业模式的基本类型作了总结概括，并结合各类商业模式的典型企业进行了分析和评论，分析了新环境下网络招聘企业所面临的种种挑战，并给出了理念与模式、策略两个层面的解决方案。

综合国内外的研究可以发现，国外对于网络招聘的研究仍以描述性的文章居多，定量分析的研究性文章较少。国内外的研究都没有涉及网络招聘对于就业促进的定量或实证性质的分析，特别是专门探讨网络招聘的有效性以及如何提升网络招聘能力。

三、研究问题与研究方法

本章在对中介组织的网络招聘现状调查的基础上，深入探讨中介组织的网络招聘对于促进中国的区域就业所产生的实际影响，并构建衡量中介组织网络招聘有效性的模型，以此来评估网络招聘能力以及提出提升网络招聘能力的若干建议。

（一）研究问题

随着网络招聘的迅速发展及其重要性的日益加强，它在为企业招聘与求职者带来便利与收益的同时，也加剧了劳动力市场上的人才竞争。中介组织的网络招聘渠道作为联系求职者和企业职位空缺的重要媒介，对传统招聘市场产生重大影响与冲击。因此，本研究将选取中介组织的网络招聘作为主要研究对象，重点关注以下几个方面的问题：

（1）目前我国网络招聘市场现状，尤其是我国中介组织网络招聘的现状；

（2）企业与求职者选择中介组织网络招聘的原因；

（3）我国中介组织网络招聘效果以及评价中介组织网络招聘能力的标准；

（4）中介组织网络招聘对于区域就业的影响；

（5）如何提升中介组织的网络招聘能力。

（二）研究方法和技术路线

本章的主要研究方法包括：

第一，文献研究。有关国外在网络招聘方面的研究论文本课题共检索到46篇，主要是埃尔顿·斯蒂芬公司（EBSCO）和综合性学术期刊全文数据库（PROQUEST）两大数据库中的核心期刊发表的论文。与本研究最相关的主要文献在参考文献中都有所引用。国内文献主要是有关网络招聘的商业研究报告，如水清木华研究中心《2006年网络招聘市场和趋势研究报告》；2005年的艾瑞市场咨询有限公司《中国网上招聘研究报告》；互联网实验室《网络招聘未来之路——中国网络招聘研究报告》，通过对大量国内外既有研究文献的梳理，了解了当前的研究现状，并确定本研究的重点。

第二，问卷调查。根据网络招聘课题关注的重点研究内容，课题组在调研问卷中设计了专项调研题目，将其放在了中介组织研究总课题的调研问卷之中，主要包括对企业和对企业员工的两项调查。课题组于2006年11~12月对北京、上海、深圳、广州、江西、沈阳等省市的众多企业进行了问卷调查。调查共计发放问卷200份，回收有效问卷数量为158份，有效回收率79%。调查样本的按照公司规模分，既有500人以下的中小型企业，也有10 000人以上的大型企业；样本企业的性质以外资企业、国有企业（含控股）和民营企业为主，分别占总有效样本数的31.4%、27.5%和22.2%，而国家机关及事业单位所占比例较小。行业分布：有25%的企业属于机械、电子制造业/工业，这是样本中比例最大的行业或部门，其次是IT业、交通/物流行业和商业服务/咨询业（分别占总样本的13.5%、9.0%和8.3%），属于餐饮服务业和卫生行业的企业最少，仅占了总样本的1%左右。调查对象为企业的人事总监或人事部门负责人，调查方式为在京单位委托人民大学在职班学生带回企业填写的方式，由他们负责自己单位的填写并交回问卷。外地的企业是通过寄发问卷并回收问卷方式调查的。通过对调查过程的严格监控，以及对回收问卷的逻辑检验，从总体来看问卷填写质量较高，调查结果是可信的。

针对企业员工的调查，课题组于2006年下半年对上海、北京、深圳、江西等7个城市的企业员工进行了一次中等规模的问卷调查活动，调查样本量为1 895人。

第三，重点企业和中介组织的招聘经理访谈。根据调查的重点内容，本课题选取了北京地区的一些重点企业和一些有代表性的中介组织的招聘经理进行了重点访谈。深入了解评价中介组织网络招聘能力和效果的主要指标，网络招聘中存在的问题以及如何提升网络招聘的效果等。访谈的对象包括电力和自动化技术有限公司（ABB）公司招聘经理、北京京仪控股有限责任公司人力资源总监、北京中科大洋科技发展股份有限公司人力资源总监等。访谈的企业既包括国有企业，也有民营企业和合资企业。中介组织的访谈主要是3家最主流的招聘网站。

四、研究结论

（一）网络招聘已成为我国企业招聘渠道的首选，中介组织的网络招聘占据网络招聘的主体地位，高学历者是网络招聘渠道运用的主体

通过针对企业和企业员工的问卷调查以及对北京地区企业的访谈，可得出以下关于我国中介组织当前网络招聘活动的实践现状的几点结论。

1. 网络招聘是企业和求职者招聘渠道的首选

通过课题组对 158 家企业的调查发现，网络招聘、招聘会、员工推荐、内部招聘是各个企业普遍运用到的招聘方式；尤其是网络招聘（包括企业网站和就业中介网站），在企业高层管理人员、中层管理人员、生产操作人员、专业技术人员和营销人员、行政后勤人员这六类人员招聘渠道排名中都位列第一，已经成为企业招聘渠道的首选。本企业的招聘网站和中介组织的招聘网站的使用率基本相当。

如果将本企业的网络招聘和就业中介组织的网络招聘进行细分，只考察就业中介组织的网络招聘，我们发现在对高层管理者的招聘上，主要采用的招聘渠道分别是内部招聘、猎头、员工推荐、本企业网络招聘、中介组织的网络招聘、社会招聘会。就业中介网站的使用率排名第五位；在招聘中层管理者时，对就业中介网站的使用率排名第三，仅次于内部招聘和员工推荐；在招聘生产操作人员、专业技术人员、营销人员和行政后勤人员方面，员工推荐与招聘会仍然是最主要的方式，而就业中介网站的排名在第三位左右（见图 13 - 1）。

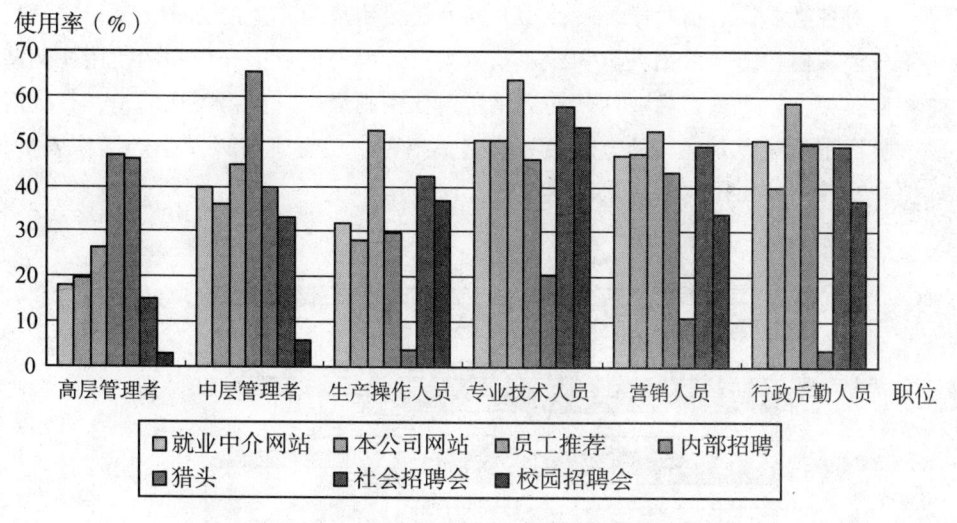

图 13 - 1　按不同职位划分的不同招聘渠道的使用率

另外，通过调查企业员工获得现任职位的途径，结果更明确地体现了网络求职运用的普遍性。有 23% 的被调查者是通过网络获得现任职位，仅次于由社会关系获得工作信息的员工所占比例（28%）（见图 13 - 2）。

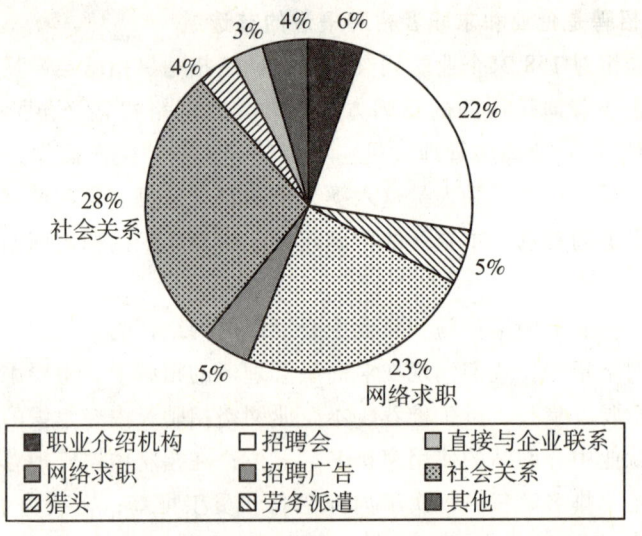

图 13-2 被调查者获得现任职位的招聘信息途径

2. 就业中介网站在网络招聘与求职中占据主体地位

在对各类职位的招聘中,就业中介网站是使用最为广泛的方式,公司网站处于第二位。但在招聘营销人员和专业技术人员方面与就业中介网站的使用比例基本相同。相比较而言,商业网站的运用所占比例则最少。值得关注的是,行政后勤人员运用就业中介网站的方式最为普遍,招聘中层管理者以及生产操作人员,就业中介网站的使用比例也最高(见图 13-3)。

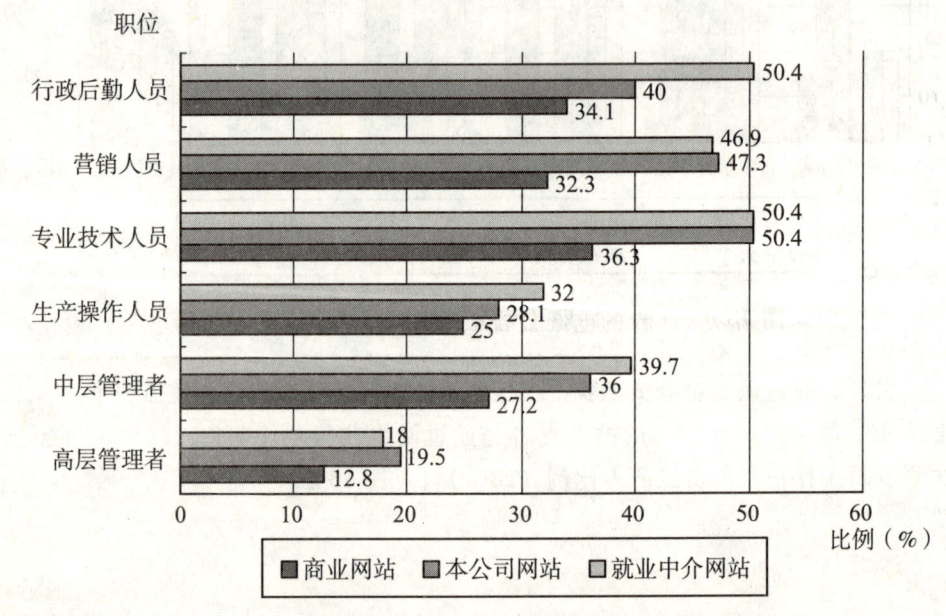

图 13-3 按不同职位分的三种网络招聘渠道使用比例

而企业员工从网络获得当前职位的招聘信息的主要方式是通过就业中介网站，其次是商业网站和工作单位的网站（见图13-4）。

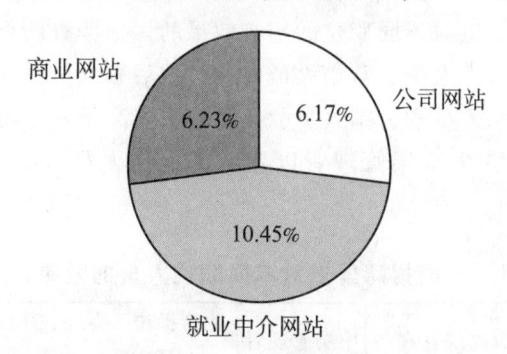

商业网站 6.23%　公司网站 6.17%
就业中介网站 10.45%

图13-4　被调查者通过三种网络求职方式获得现任职位的招聘信息途径比较

3. 网络招聘方式在外企中使用最为普遍

第一，在被调查企业中，外企中有89.6%使用过网络招聘方式，高于国企和民企使用网络招聘的比率；国企中有76.2%使用过网络招聘的方式，而民企中仅有58.8%运用过网络招聘的方式。

第二，外企普遍使用中华英才网、51job、智联招聘这三大招聘网站。所接受访谈的这几家外企，都主要使用中华英才网、前程无忧和智联招聘三大招聘网站。使用这些中介组织网站的原因主要是这三大网站面向群体较多，在中国历史比较早，并且也得到了求职者的普遍认可，因此收到的简历的数量与质量也比较高。另外他们从区域上来讲也可以起到互补的作用（例如有的网站可能在北京更盛行，而有的可能在其他地区影响力更大）。

和中介组织网络招聘的合作的方式上，主要是将其作为一个信息发布的平台在网站上发布信息，在招聘网站首页刊登招聘广告或做链接。企业对网络招聘公司的使用基本上是只使用他们提供的技术，而凡是涉及对候选人进行判断的部分则由公司自己来做。如其中接受访谈的一家外企的人力资源部招聘经理谈到，网络招聘在企业招聘活动中所起到的作用很大。如在校园招聘中，便主要是通过网络（包括招聘网站以及学校的电子公告板（BBS））将信息发布给学生，包括所有的校园招聘的职位信息以及整个招聘的时间计划。学生可以在网上投递简历，公司免费通过这个平台去看各个简历，然后把简历放到不同的阶段，如面试阶段、笔试阶段等，然后通过系统去发布笔试信或者面试信。在网站上所发布的职位基本上都是现阶段要招的职位，公司有专门的人负责更新。并且所接受访谈的企业对今后网络招聘发展的趋势的看法均一致认为会上升。至于费用，接受访谈的企业均认为网络招聘使得招聘成本降低；而主要的成本不是在于把信息发布出去，而主要集中在做页面广告上，实际的信息发布成本并不多。

第三，网络招聘对于招募专业技术职位、营销职位和行政后勤职位最为有效，高学历者是网络求职方式运用的主体。

根据不同招聘渠道对不同职位的招聘效果的评估调查所得数据分析，网络招聘方式对招募专业技术人员、营销人员以及行政后勤人员最为有效。其中，就业中介网站对专业技术人员和营销人员的招聘效果要高于其他所有招聘方式。但网络招聘方式对于招募中高层管理者以及生产操作人员的效果则不甚理想（见表 13-1）。

表 13-1　　　不同招聘渠道对不同职位人员的效果比较

		高层管理者	中层管理者	生产操作人员	专业技术人员	营销人员	行政后勤人员
各类职业介绍机构		2.80	2.72	3.35	2.81	2.54	3.02
招聘会	校园招聘会	2.25	2.00	3.30	3.44	2.98	3.34
	社会招聘会	2.25	2.82	2.91	2.97	3.16	3.22
招聘广告	报纸杂志	2.95	3.05	2.73	3.06	3.13	3.08
	广播电视	3.40	2.25	2.50	2.22	2.56	2.20
	直接张贴招聘广告	3.67	2.4	2.95	2.13	2.29	2.53
网络招聘	本公司网站	2.65	3.12	2.78	3.13	2.84	2.93
	就业中介网站	2.92	2.83	3.07	3.81	4.11	3.53
	商业网站	3.06	2.78	2.53	3.00	3.21	3.22
员工推荐		2.91	3.00	3.13	3.31	3.12	3.32
内部招聘		3.60	3.67	3.08	3.44	3.32	3.06
猎头		3.27	3.30	2.00	3.04	3.00	3.80
劳务派遣		1.50	1.50	3.50	2.64	2.90	2.73
委托招聘		3.19	3.06	3.50	2.94	3.09	3.20

注："1"表示效果非常差；"2"表示比较差；"3"表示一般；"4"表示比较好；"5"表示非常好。

通过对企业员工获得现有职位的途径的调查验证了以上的结论。有 30.77% 的被调查者通过网络获得了当前的专业技术职位，高于其他所有的求职方式；有 24.21% 的被调查者通过网络获得了当前的营销职位，仅低于招聘会（28.25%）；有 28.09% 的被调查者通过网络获得了当前的行政后勤职位，该比例仅低于通过社会关系获得工作的比例（33.23%）。而通过网络获得生产操作岗位的企业员工的比例相当低（4.79%）。而这与网络求职方式的运用主体基本是高学历求职者有关。调查表明，在通过网络获得当前工作的求职者当中，有超过一半（54%）是大学本科教育程度及以上；分别有 27.66% 的大学本科教育程度的求职者和 26.41% 的研究生或以上的求职者通过网络获得当前的工作，超过了使用其他求职方式的求职者所占比例（见图 13-5），因此也不难理解企业往往不通过网络对低端职位进行招聘。

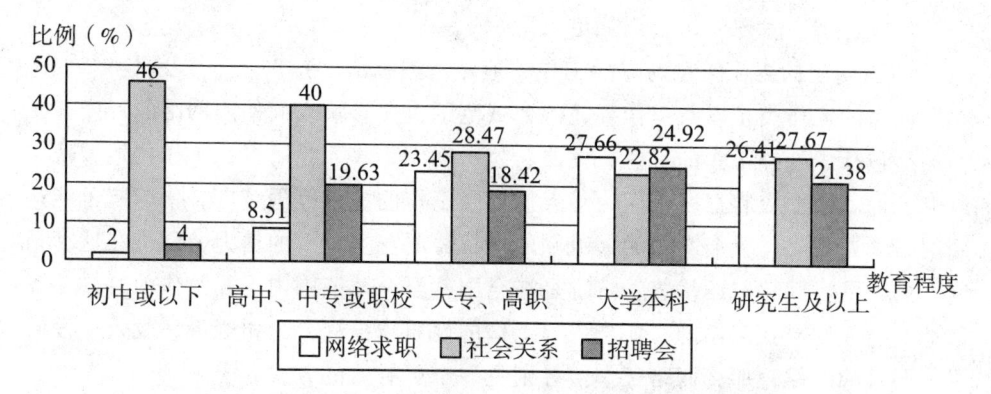

比例（%）

```
初中或以下：网络求职 2，社会关系 46，招聘会 4
高中、中专或职校：网络求职 8.51，社会关系 40，招聘会 19.63
大专、高职：网络求职 23.45，社会关系 28.47，招聘会 18.42
大学本科：网络求职 27.66，社会关系 22.82，招聘会 24.92
研究生及以上：网络求职 26.41，社会关系 27.67，招聘会 21.38
```

图 13-5　求职者教育程度与获得当前工作的途径

第四，通过网络招聘渠道进行的在职工作搜寻相当普遍。

虽然人们通常对自己的工作不满意，但是要变换工作由于要支付一定的成本，所以仍然要经过慎重的思考。而网络的出现则大大降低了这种成本。网络可以为在职搜寻者提供全天候的工作机会搜寻，便于员工进行时间方面的协调。而且由于网络求职的隐秘性，在职搜寻者引发上司的不满的风险也大大降低。

接受访谈的外企均表示，投递简历的大部分人在当前都有工作。网络在一定程度上提高了在职搜寻的比例。认为网络只是为企业和求职者之间搭建了一个信息的平台，为求职者增加了一种获取信息的途径，竞争更加激烈是肯定的，但企业之间对人才的竞争一直都是很正常的。企业有自己的吸引和保留人才的方式，网络对员工流失基本影响不大。而公司在招聘网站向其开放的简历库中搜寻时，也肯定会有主动联系到"被动求职者"的状况，因此网络也在一定程度上增加了吸引这部分被动求职者的作用。

（二）企业与求职者选择中介组织网络招聘的原因

1. 影响求职者利用网络进行工作搜寻行为的因素分析

（1）网络熟悉度。

网络熟悉度会影响人们使用网络求职的程度。调查表明，个人的认知和个性特点与他们的求职行为是相关的，网络熟悉度与人们的求职行为相联系，也是因为这种熟悉度是与人们对工作机会是否可得和最终能否得到录用通知的理解相联系的。积极的网络求职者更有可能接触到网络信息并收到录用通知书。一些对电脑技术熟悉的招聘经理可以通过网络搜索来寻找潜在的感兴趣的工作申请者。同样，对那些网络操作熟练、经常在网上发布信息的人来说，通过中招聘网站，被企业招聘经理所发现的机会也就更大。

（2）期望的工作类型与寻找工作的地域范围。

期望的工作类型以及工作寻找的地域范围也会影响人们使用网络的程度。工作类型包括了选择工作的行业、性质、公司规模、收入等。寻找工作的地域范围影响人们的网上应聘程度是因为：人们寻找工作的地理范围越广，便越有可能选用网络来寻找工作机会。因为大范围的寻找需要花费更多的精力，网络在这种情况下则显示出其特殊的优势，特别是在全国甚至全球范围内寻找工作的时候。类似地，当人们寻找工作的行业越广、工作的性质越模糊，公司规模、收入等没有明确要求的时候，那么网络工作搜寻则是一个更有效的方式。

（3）网络搜索的技术问题。

网络搜索是否方便快捷是影响网络求职有效性的一个重要因素。调查发现，许多人在找工作过程中遇到了网络问题，从而降低了对企业的网络招聘的满意度。这些问题中有些是与技术相关的：比如很难找到公司的网页、中介组织的招聘网站与公司网站之间的超级链接缓慢、上传文件的图表质量差、查看公司网站时网络反应速度慢等。还有一个技术方面的问题就是要根据不同公司的规范要求填写和提交个性化的简历，个人不能更改；在网站找工作的时候要填写各种简历，不如参加招聘会一个简历可以投递多个不同公司方便。

（4）网页内容和招聘实践。

网页上的实际内容和公司的网络招聘实践，也是影响个人是否使用网络进行工作搜寻的决策。在调查中，求职者经常反映的问题是公司的招聘广告上没能够提供详细的岗位说明、任职要求、薪资范围、工作地点、出差需求等等与岗位相关的信息，以及递交申请之后无法得到反馈等。

2. 求职者与企业选择中介组织网站的原因

网络招聘相对于传统招聘具有低成本、招聘周期短、覆盖面广、反馈质量高，时效性高，同时能够赋予企业现代化的形象，面向劳动力市场中的特殊群体，吸引被动的求职者。求职者在选择网络招聘时可以选择企业招聘网站、中介组织的招聘网站以及商业网站。在调研中，我们重点关注了求职者使用中介网站进行求职的主要原因。按出现的频率依次为获得信息更容易、信息更真实有用、成本低、成功率高、上当受骗的可能性少（如图13-6所示）。

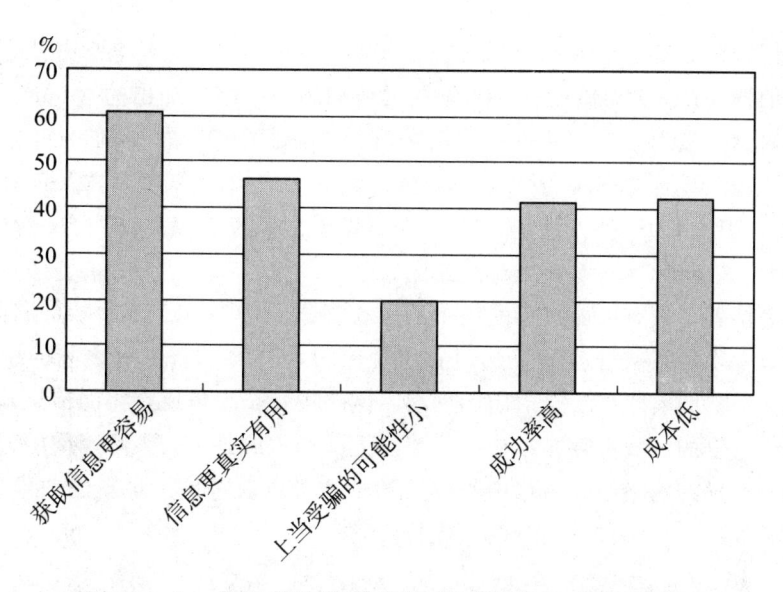

图 13-6　求职者选择中介组织网站进行求职的原因

企业使用网络招聘所获得的收益是巨大的。美国有学者测算表明，通过网络进行招聘的成本仅是通过报纸广告和其他传统方式招聘同样的人的成本的 1/20。并且节省的时间也是巨大的。由 Recruitsoft/iLogos Research 对财富 500 强中的 50 家企业进行的研究揭示出一般的企业通过在网上发布职位信息而不是在报纸上，这使他们从原来雇佣所需的 43 天时间减少了 6 天，通过在线收取申请又减少了 4 天的时间，通过网络甄选和处理申请又节省了一个多星期的时间。有了这样的有效的成果，并不奇怪美国大企业的 90% 都已经通过网络来进行招聘。在我国，和其他各种招聘方式相比，网络招聘方式的成本也是最低的。在各个地方的人才市场每周举行的小型招聘洽谈会，直接费用比较少，一般是 300～1 000 元/摊位；大型的招聘洽谈会，费用较高（如每年的春季人才市场），至少也要两三千元。报纸杂志广告等招聘方式的费用也很高，其费用高低受版面大小、位置、色彩、报刊覆盖面等因素制约。人才猎头费用很高，按照国际惯例应提取招聘者年薪的 30% 作为招聘费用。在人才网站进行注册，成为会员，成本较低。

此外，由于网络招聘可以消除地域限制，因此企业可以通过网络招聘获得比传统招聘方式更多的求职者储备，而且网络招聘能够获得信息量更大的求职者，这些求职者更有能力对自己与企业是否匹配做出合理的判断，从而企业能够获得更合适的人才，并且企业在使用中介网站发布招聘信息的同时，能够同时传递企业的价值理念及其产品信息，让浏览者能够获得企业的产品与品牌信息，从而挖掘与吸引潜在的客户与消费者。

在研究中，我们重点考察了为何许多企业利用中介组织的招聘网络，其中原因可以用结构洞理论来解释。"结构洞"（Structural Holes）理论是由社会学家罗纳德·伯特（Ronld S. Burt）1992年在《结构洞》一书中提出的（Burt, 1992）。他将结构洞定义为"非冗余联系之间的分割"。如图13-7，我们用4个行动者A、B、C、D所形成的A的个人人际网络来说明结构洞。左图中A具有3个结构洞BC、BD、CD，因为B、C、D三个行动者之间没有联系，只有行动者A同时与这3个行动者有联系。相对于其他3个人，行动者A明显具有竞争优势，他处于中心位置，最有可能接近网络中的所有资源，另3个行动者则必须通过他才能与对方发生联系。行动者A通过占据3个没有联系的行动者之间的中心位置而获利。而右图实际是一个封闭的网络，网络中每个个体所获得的信息基本上是对等的、重复的，故不存在结构洞。事实上，结构洞是个人人际网络中普遍存在的现象。这样的网络中，占据中心位置的个体可以获得更多更新的非重复信息，并且具有保持信息和控制信息两大优势。

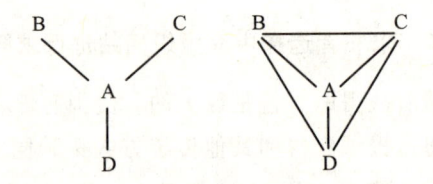

图13-7 中介组织所占据的结构洞

伯特依据结构洞理论对市场经济中的竞争行为提出了新的社会学解释。他认为，竞争优势不仅是资源优势，而且更重要的是关系优势（即只有结构洞多的竞争者，其关系优势就大，获得较大利益回报的机会就多）。任何个人或组织，要想在竞争中获得、保持和发展优势，就必须与相互无联系的个人和团体建立广泛的联系，以获得信息和控制优势。伯特认为社会网络是一种社会资本。既然网络关系是一种投资，那么我们就需要一个有效率的网络：（1）非重复性信息源可以带来较高效率；（2）不需要把所有关系都建立起来，只需要打通主信息源就能够实现与其他信息的有效沟通，而结构洞则正是建构有效率的网络结构的核心概念。

中介组织存在的重要价值主要是因为它占有了大量人际网络中的结构洞。中介组织网络招聘手段成为组织占有大量结构洞的有利工具。求职者通过网络招聘可以获得更多有关职位的信息，从而弥补了自身的"结构洞"不足的状况，中介组织的网络招聘体现了整个社会对于网络资源的有效利用，也是信息网络服务能力提高的重要体现。有效的网络招聘要体现伯特结构洞理论所强调的重点：提供更多的非重复的关系。各个中介招聘网站要避免同质化，通过技术与理念的创新提高网络招聘市场的异质性，为用户提供不同的服务，从而不断促进网络招聘的发展，促进就业数量和质量的提高。

（三）我国中介组织网络招聘效果及网络招聘能力评价体系

有关各种类型人员使用中介网站的效果（见图 13-8）。多数企业在招聘高层管理者时未使用过中介网站。使用过中介网站进行招聘的企业多数认为，这种渠道对于招聘行政后勤人员、营销人员、生产操作人员、专业技术人员等一般员工时效果比较好。多数使用过中介网站招聘高层管理者的企业认为这种招聘渠道对于中高层的招聘效果不佳。

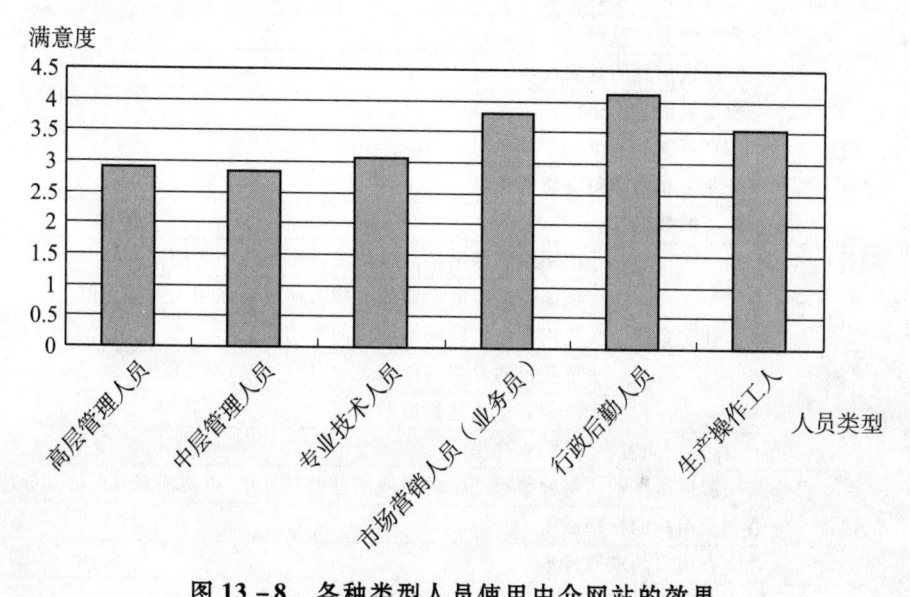

图 13-8　各种类型人员使用中介网站的效果

通过对国外大型盈利性网站的研究发现，大型的盈利性的专业网站比起大多数企业网站有着很多的优势。这些大型网站不仅对一般求职者提供了更多的服务，他们也有更多数目的职位信息。但大型招聘网站存在着两个主要的缺点：

首先，他们可以更好地产生大量的求职者，但是却不是质量很高的求职者。因此，他们需要开发出更加有效地筛选求职者的软件。这些大型的招聘网站依赖于新型的筛选和分类软件来减轻企业处理过多简历的负担。

其次，大型招聘网站能够更好地进行初级和中级职位的求职者储备，但是在获取高级职位的人选方面能力非常有限。在正式录用之前，高级人才仍然需要进行单独的面试。为了使招聘网站在招募管理者方面成为更加有用的工具，他们需要确保与申请工作的管理者和潜在企业间进行直接交流的保密性。

提升中介组织网络招聘能力的前提是能够准确获知当前的招聘能力水平。这就需要以一组实际的可测量的指标来对网络招聘结果的各个因素进行分解，设计出一个全面而又突出重点的指标系列，来反映网络招聘能力的现状。

由于在本课题中，网络招聘直接与对就业的促进相联系起来，因此对衡量专业招聘网站内部的收益与支出不做探讨。而主要从招聘网站自身的服务能力与公众评价等方面来构建和衡量其有效性的模型。表 13-2 是所建立的劳动力市场中介组织网络招聘有效性模型。

表 13-2　　　　　　劳动力市场中介组织网络招聘有效性模型

覆盖面	个人用户与企业用户的数目	
	企业用户中知名企业的数目	
	覆盖的地区范围	
信息	所提供信息的真实性	
	所提供信息的全面性	
	信息更新的速度	
	企业发布的职位空缺的数目	
	简历的数量	
匹配	针对企业	使用该招聘网站的求职者占全部求职者的比例
		该渠道产生的新雇用人数占所有新雇用人数的比例
		使用网络招聘的申请者的平均质量
		可获得的合格的申请者数目
		产生合适人选所需的时间
	针对求职者	求职成功率
成本	来源价值指数：每种渠道产生的新雇用量的百分比/招聘预算分配的百分比	
	企业用户的招聘成本	
	个人用户的求职成本	
社会声望	企业用户对于网络招聘方式的投资回报率的满意度	
	个人用户对于使用网络招聘的企业的满意度	
	求职者对网络招聘这种方式帮助自己找到工作的信心	

（四）中介组织的网络招聘对于区域就业的影响分析

中介组织的网络招聘除了对企业与求职者产生影响外，它对于促进区域的就业也起到了不可忽视的作用。

1. 更高的联系比率、更低的成本、更大量的信息内容将带来更小的摩擦性失业

网络为求职者提供了获取大量工作信息的机会，并可以超出他们所在的地理区域。另外，基于网络的工作搜寻为个体提供了关于劳动力市场现状、对他们的特殊技能的需求以及多种公司的工作条件的更加丰富的信息。网络也为求职者提供了联系企业和与其他人通过电子邮件和聊天组的更加快捷的方式，提高了工作搜寻活动的效率。最后，网络也使得让那些被动的求职者来加入到随意的工作信息浏览中变得更为容易。对于大多数求职者来讲，基于网络的工作搜寻是对传统工作搜寻活动的一种补充而非替代。然而，对于面向大学毕业生的初级职位，基于网络的工作搜寻有效地补充了传统的招聘方式。

网络提供了一种新的方式来接触到更多的已经满足于现有工作的被动求职者，他们偶尔地浏览工作信息，和那些积极寻找工作的失业人员截然不同。由于网络允许已经就业的员工比以往更加密切地关注劳动力市场状况，因此，这些已就业的员工一般能够更好地获得市场上他们的技能需求以及存在的机会的信息。

在网络劳动力市场中还存在着一个代际的问题。新进入劳动力市场的人更有可能将网络视作"寻找工作的最佳方式"。结果是，处在变化前端的企业更有可能从新一代的员工中雇用到最好的和最优秀的员工。

2. 更高的匹配质量

网络职位发布平台与劳动力市场的广泛联系将提高员工与职位匹配的效率。网络招聘为提高企业与求职者之间更好的匹配敞开了一条新的通道，给劳动力市场带来了更高的平均匹配质量。由于工作搜寻与招聘成本的降低，数以万计的组织和个人使用网络来招募人员或者寻找工作，这意味着企业和求职者都比以往有了更多的选择。因此双方的匹配质量——企业可以容忍的最低生产率，或求职者可以接受的最低工资都提高了。另外，在每一个匹配达成之前，企业和求职者能够获得的关于对方的信息的数量和质量都有了极大的改善。通过浏览公司的网站，员工可以获得更多的信息帮助他决定是否会选择这个工作；企业也可以在网络上筛选简历，更容易地对员工的教育背景和其他的证书进行核实。于是，匹配质量得以提高。更高的匹配质量也提高了生产力，这由员工更高的收入和企业更高的利润的形式来体现。网络技术通过在公司和职位候选人之间进行更广的或更深层次的信息传播，具有改善匹配质量的作用。

（五）中介组织的网络招聘能力提升策略

目前我国中介组织的网络招聘市场的竞争力量很分散，与国外大都具备一个占主导地位的网站群的情况不同，在中国还没有出现如此权威的网站。另外，很多企业反映招聘网站收取的广告费用确实太高。招聘网站一般起不到对简历的筛选过滤的作用，收到的简历的质量参差不齐，并且网站的一对一的服务质量不是很高，缺乏主动交流，与客户基本只是电话沟通。本研究在对企业的问卷调查和访谈结果的基础上，根据我国中介组织招聘网站的有待改进与完善的方面，提出了对中介组织的网络招聘能力提升的具体对策。

1. 增强客户服务意识

（1）为不同类型的人才提供信息交流的平台。目前企业通过网络招聘寻求的主要是中低层管理人员以及 IT 技术人员。招聘网站有必要根据不同人才的特点，增加其与企业的信息交流，为更多类型的人才提供服务。扩大网络招聘的覆盖面，这也是其实现增加就业能力的基础。

网络招聘行业目前已经进入了客户服务时代，因此，以客户为导向的招聘网站必将吸引更多的用户。招聘网站可以通过提供个性化的产品以及各种增值服务提高其客户服务水平。建立相关配套的信息服务体系，调查和研究用户及其信息需求，争取更多的用户更全面地利用信息服务，加强与应聘者的互动沟通，提高招聘过程的可信度。

（2）提供更加详细的职位描述与工作说明书。调查发现接受调查者普遍认为许多中介组织的招聘网站没有提供关于职位的足够详细的信息。这使得一部分求职者的申请意愿大大降低。

（3）提供更多的反馈和后续的工作。包括收到简历后的通知，空缺岗位已经被填补时的通知，以及一些替补的候选人。尤其是很多企业想利用网络来发展与"被动的"职位候选人的关系。更快的反馈和更多的注意会对与这些候选人建立关系至关重要。这些人在当前并没有很认真地寻找工作，但是也许是将来某个职位空缺的绝佳候选者。

2. 提高招聘网站的技术水平

（1）改进简历提交和处理的程序。在很多招聘网站中提交简历的界面对使用者不够友好。当然不可能发展出一种通用的简历格式使得所有企业都能够使用，但是如果能够允许申请者将简历以 Word 文档的附件形式提交或者找到其他一些可以使提交简历的过程更加简化的方法，则会更受到求职者的欢迎。

（2）网站升级以及确保信息的时效性。令网站导航界面更加便于用户使用。网络招聘公司应当重新审视其网站的可靠性及有效性，以及通过其网站导航的便利性。因此应该改进公司网站内部的链接以及公司网站与工作布告栏之间的链接。同时还应该让网页更加清晰并且更加容易浏览。接受调查者还提出建议认为公司对职位的分类最好能够反映出求职者所使用的术语和分类，使人们更快、更有效地搜寻职位。

（3）利用网络固有的互动性创建高度个性化的与反应迅速的网络招聘渠道。目前有四种互动式的工具——网络搜索引擎、互动式的职位申请表格、电子邮件自动应答以及电子邮件列表，正被越来越广泛地使用，并且在人力资源网站中有着相当大的普及性。这些工具使得人力资源部门将其企业数据库与网站相连接，并使得求职者能够与企业更有效地交流。

网络搜索引擎这种工具可以被加入到企业网站中允许求职者快速地搜索人力资源数据库找到整个组织中的职位空缺。最简单的搜索引擎可能只有一个搜索变量，如向企业数据库中输入职位空缺这样一个搜索变量。利用更加成熟的搜索引擎，求职者还可以细分若干变量，如职位地点、薪水、福利或者其他人力资源部门决定包含进入的类别。网络追踪软件是网络搜索引擎技术的一个应用，有助于帮助求职者确定哪些职位是最需要的，网站中的哪一部分访问次数最多哪一部分的访问次数最少。

互动式的职位申请表格是由求职者来完成大部分信息的填写，以便于人力资源部门可以有更多的时间来分析和处理数据。例如，数据可以被发掘出来确定最受欢迎和最不受欢迎的岗位与公司地点以及求职者对多种职位所期待的薪酬水平。在线职位申请的方式是指求职者可以自由选择申请时间。最后，电子邮件自动回复与邮件列表可以让求职者了解到有关公司和职位的更多的信息，从而更有效地吸引求职者。

3. 注重品牌营销策略的运用

网络招聘的出现使劳动力市场终于成为一个真正的市场，自由开放，不受单个企业的制约，也不受地理位置的制约。招聘不再被视作被动的，人力资源部门的大量的行政性事务性的工作。以一种新的视角来看待招聘则会发现它已经更多地像营销。现今，人员招聘和录用的过程已经几乎无法从营销过程中区分出来。对待当今的职位申请者需要像对待潜在的消费者那样来接近：仔细辨别和确认，利用企业品牌将其吸引，然后将职位"卖出"。在一个对人才争夺激烈的环境中，掌握了网络招聘艺术和技术的企业才能吸引和保留到最好的人才。

网络招聘的过程可以被分为三个步骤：吸引、挑选和联系求职者。网络招聘能力的提升有赖于对这三个环节的改进。

（1）吸引求职者。在大型的、开放的、竞争的市场中，品牌和声誉至关重要，这已经不仅仅只适用于产品市场，而且同样适用于当今的劳动力市场。企业在对自身的宣传所做出的努力不仅影响到了潜在的消费者，也同样影响到了潜在的雇员。由 WetFeet.com 最近所进行的一项调查发现，商品广告对吸引求职者具有非常重要的影响。在该项调查中，有 20% 的求职者被企业产品的广告所吸引而向公司提交求职申请。成熟的企业通过如同产品宣传的模式来做招聘广告（运用类似的模式、颜色以及风格），便可以建立起独特的人力资源品牌，从而有效地吸引求职者。

（2）挑选求职者。很多职位发布栏可以自动进行简单的筛选。现在还有很多的公司提供进一步的筛选服务。如提供一系列测试来确定求职者的技能，或开发出专门的软件来进行背景核查。

(3) 迅速进行联系。一旦发现了好的求职者，速度很重要。有着这么多公司来竞争人才，第一个进行联系的公司会有巨大的收获。在有些情况下，企业发现改进招聘效率的最好的方式是将此职能外包，部分地或者全部。网络招聘有助于进行外包。

五、网络招聘的发展趋势及需要进一步研究的问题

（一）我国中介组织网络招聘的未来发展趋势

1. 网络招聘未来应该对甄选过程产生影响

随着网络劳动力市场的成长和传统的劳动力市场的衰退，招聘过程的整体模式将有所改变。迄今为止，网络主要影响了简历库的储备以及筛选求职者的步骤。然而，目前企业已经将更多的注意力放在甄选上。在未来，中介组织的网络招聘还应该重点关注如何对甄选过程产生影响。

2. 网络招聘主流地位不会改变，并将借助其他渠道完善自身招聘职能

在近3年内，网络招聘不会消除求职者与企业在劳动力市场中达成匹配的传统的方式。报纸广告、招聘会、与亲朋好友联系等方式对某些人仍将是工作搜寻中的重要的部分。然而这些传统的工作搜寻方式现在也越来越依赖于网络。例如，招聘会逐渐被虚拟招聘会所取代，更多地与人建立联系是通过网络来完成的。在长期，随着更多的工作搜寻和招聘活动在网络上进行，网络劳动力市场将取代传统劳动力市场。随着网络招聘实践持续快速的变化，将出现更多的创新与变革。

3. 网络招聘的竞争将取决于理念与模式的创新

网络招聘的主流商业模式是中介组织平台的模式，从出现以来在国内一直缺乏创新。近年来随着互联网技术和理念不断发展，新的技术和应用不断涌现。如基础设施方面有线宽带网络和移动互联网，理念方面有以博客（Blog）、维客（Wiki）等社会性软件为基础的新一代互联网，以及由此产生的一些模式和营销方面的创新等。这些新技术的涌现将带来网络招聘多方位的变革。随着移动互联网的发展，未来的网络招聘将朝着个性化，移动化发展。

4. 招聘网站技术、功能创新将成为竞争优势

在线面试、网络搜索引擎、互动式的职位申请表格、电子邮件自动回复与邮件列表等各种互动技术的使用，将提高招聘网站的吸引力，体现中介组织网络招聘客户服务意识的增强。利用网络平台的优势来实现"猎头"服务的部分功能，将过去需要花费很大精力和高昂成本才能寻找到的精英人才群体集中起来，从而

大幅度降低企业寻找这些人才的难度，提高中高端人才交流的效率。

抵御同质化竞争所带来的风险已经成为网络招聘行业谋求生存与发展必须正视的问题。因此，市场细分和技术革新成为当务之急。新技术的应用、新功能的开发将促使招聘网站首先抢占市场，获得更多的客户资源。今后的网络招聘市场，集中化程度将会提高。传统模式下的网络招聘企业将面临整合，小公司将被收购或者退出，在竞争中持续生存与发展的企业将是专注细分者和创新者。

5. 中介组织的网络招聘应该更加注重品牌的塑造，诚信将成为用户关注的重点

国内网络招聘发展程度不均，但在一定程度上，中国的网络招聘已经进入品牌时代。品牌影响力成为与服务专业性、产品可靠性等同等重要的因素，影响着招聘网站的综合竞争力。因此，在全面实现绝对领先、实现国际化的进程中，中介组织的网络招聘应该更加注重品牌的塑造，诚信将成为用户关注的重点。

（二）需要今后进一步研究和关注的问题

人才是信息时代的重要且稀缺的资源。因此网络招聘能力的提升关系到国家未来的发展与繁荣，为了促进网络招聘这种商业模式的发展与提升，研究者与政府应该承担起相应的责任，行使其使命促进人才的合理流动与有效配置。

1. 政府有必要收集网络招聘服务、使用及效果的信息

政府有必要收集有关网络招聘服务的提供与使用的信息。加拿大统计局（Statistics Canada）已经开展了这项工作。目前，加拿大大多数关于 IRI 信息服务的收集是由政府的 IRI 服务机构来进行，他们分类管理、储存这些信息，并使用这些信息来优化他们提供的服务；同时，他们更多地把收集来的信息作为一项盈利业务提供给企业。我国政府可以借鉴加拿大政府的做法，收集这方面的基本信息源作为公共做决策的基础，这项信息收集工作可以由一个独立且专业的部门来完成。

2. 研究学者需要对网络招聘进行更深入的研究与系统评价

对各种网络招聘服务水平的严格评估，以及各个机构用来提高这些服务所用费用的研究也是必要的。不同教育背景、不同年龄、不同职业、地位、职位的求职者使用网络招聘具有的差异性特征，没有使用网络求职的求职者特征及其原因，使用网络的求职者的特征及其原因，我国企业的网络招聘情况与美国等发达国家相比存在的差距，至今没有使用网络招聘的企业数量、类型及原因，以及网络招聘对劳动力市场的匹配在本质上所产生的影响等是需要进一步研究的问题，这必然需要研究学者在该领域内的努力。

3. 应重新审视与公共资源相关的服务

求职者并不需要政府的帮助就能够很容易在网上找到大规模的中介组织的招聘网站。但是，求职者与企业招聘者在寻找一些更小的、更专业化的网站时却需要帮助。关于求职者在哪发布简历，招聘者如何了解求职者的求职活动等这方面的信息对于劳动力市场是很有价值的。如果企业在招聘时所花费的成本过高，会使得他们今后不能给员工提供更高的工资、更好的福利，也不能在研发以及市场营销上投入更大。因此，政府应该重新审视并提供公共资源相关的服务，从而帮助降低企业及求职者的网络招聘成本。

第十四章

建设专业化与职业化的我国
公共就业服务人才队伍[*]

——关于我国公共就业服务机构专业人员核心素质研究

一、问题的提出

我国的就业服务市场建设起步于20世纪80年代初,经过20多年的发展,市场体系已初步形成,市场交流日趋活跃,市场配置人才资源的基础性作用日益彰显。其中发挥重要引领作用的公共就业服务已经成为缓解我国就业压力,调和结构性失业的重要途径之一。但从服务水平、服务方式和服务内容上来看,公共就业服务机构的运作仍然处于粗放型阶段,就业服务质量和市场需求存在着较大不适应,就业服务特别是职业介绍和指导人员、社区劳动保障工作人员的素质亟待提高,街道社区平台功能的发挥还很不够,就业服务不能满足广大求职者和企业的需要,培训的质量和实效也需加强(张小健,2003)。这些问题具体可表现为机构人员配备素质较低、数量偏少、服务在低水平上简单重复。总体来看,就是任务繁重,工作压力大,不能为求职者提供切实有效的职业指导和培训,而更多地只是单纯的提供就业信息(赵瑞美、张小兵,2005)。数据显示,2005年劳动和社会保障部直属的公共就业服务机构职业介绍成功率仅为51%[①],而上海市

---

[*] 本章由李瑞执笔。
[①] 《中国劳动统计年鉴(2005)》。

公布的该市公共就业服务体系的职业介绍成功率只有30%[①]。同时，2003年对上海人才中介行业协会下属40家会员单位的调查显示，具备中介师任职资格的从业人员只占被调查机构业务人员总人数的8%，中介员只占调查总人数的3%。可见公共就业服务机构专业人才普遍缺乏，专业技能水平亟待提高，从业人员较低的专业技能和素质已经成为阻碍公共就业服务机构发展和降低服务品质的主要因素之一。

目前公共就业服务机构从业人员的素质主要面临两个方面的挑战，一方面是机构职能的转变对从业人员专业素质水平的挑战。公共就业服务机构职能已经从计划经济体制下处理简单的行政事务例如劳动保障事务代理、失业管理等，转换为在市场经济体制下既承担公益性任务，履行政府部门部分社会职责，又与其他类型就业中介机构平等竞争，互相合作，提供职业介绍和指导、就业培训、就业信息管理、失业保险基金筹集等业务。行政职能逐渐弱化，依赖于行政职能建立起来的机制和行为规则将面临重新整合。但同时，大部分公共就业服务机构的从业人员尤其是管理人员都是由政府传统人事管理人员转型过来，仍然保持着管理官办化和行政方式机关化的思维和行为方式，应对新业务的专业技能缺乏。因此，专业素质不足与机构新的职能要求之间的矛盾日益突出。

另一方面是劳动力市场中劳动力供大于求的总量矛盾和技能素质不适应的结构性矛盾给就业服务带来的新挑战。当前我国劳动力流动日益活跃，结构性矛盾愈加突出，公共就业服务机构必须承担其缓冲器的作用。以主要服务对象农村转移劳动力为例，随着农村城市化进程的加快，农业占地面积日趋减少，大批农村劳动力从农业生产中分离出来，既为非农产业的发展提供了非常丰富的人力资源，同时又给社会尤其是农村地区带来就业压力。只有真正解决农村劳动力的就业问题，实现农村劳动力的合理转移，才能避免劳动力资源的浪费，但同时农村劳动力普遍科学文化素质偏低，绝大多数也没有接受过专业技能培训，与当前劳动力市场正在由单纯的体力型向专业型、技术技能型转变的要求不相适应，而且普遍择业观念陈旧，因此如何转变其就业观念、加强职业技能培训、强化职业指导的针对性、提高职业介绍和指导水平都对公共就业服务机构从业人员专业素质提出严峻挑战。

事实上，对提供高质量服务所必需的能力素质的清晰认识，将会更为有效地提高从业人员的绩效水平（Company and Echeverria, 1994）。虽然人力资源和社会保障部已经推出了职业指导人员、职业信息分析师和劳动保障协理员的国家职业标准，但该标准更偏重基于工作功能和内容出发的行为要求，对于培训工作可

---

① 上海市人才中介协会报告。

以起到很好的指导作用，但并没有对人员的潜在素质能力要求做深入的探讨。事实上，通过对潜在能力需求的研究，可以为我们判断该员工是否适合从事就业服务职业提供帮助，真正做到合适的人做合适的事，从而为根本上提高整个行业人员专业素质水平奠定基础。

因此，对于目前我国公共就业服务机构从业人员需要哪些核心能力素质展开深入研究和探讨，以期进一步构建出公共就业服务机构从业人员的核心素质模型，对于提高专业人员工作绩效、提升公共就业服务品质，从而保证公共就业服务机构职能的完成都具有重要的现实意义。

二、国外就业服务从业人员素质模型借鉴

本章选取了在国际范围内影响较大，得到行业内广泛认同的三个行业组织的素质模型作为参考，在研究背景、研究对象范围、研究方法和研究结论四个方面加以对比分析，明确其研究的优势与不足，为探讨我国公共就业服务机构人员素质要求提供借鉴。

（一）IAEVG 的从业人员素质模型

国际教育与职业指导协会（International Association for Educational and Vocational Guidance，IAEVG）于1999年提出构建教育与职业发展从业人员国际通用的胜任力模型，这一决议的产生与推动主要受到了以下两方面因素的影响。一是随着经济的不断发展，就业环境发生了很大变化，人们对于自身职业选择与发展规划提出了更多的需求，这就对职业发展与指导机构如何提供有效服务提出了挑战。因此，重新梳理和分析职业指导与发展从业人员的角色、功能和基本素质要求，形成清晰的系统框架，为招聘和培训从业人员提供指导和规范成为首要解决的问题。二是由于世界各国在提供职业介绍、职业咨询与指导和职业培训服务上，千差万别，各有不同，随之匹配的各国对于其从业人员的胜任力标准也不尽一致。因此，有必要在全球范围内，通过各国业内专家的共同参与，构建一个可以得到不同国家从业人员普遍认同的胜任力标准，以期提高职业服务绩效水平，推动全球就业服务产业的发展。

该模型的研究方法是首先成立研究指导委员会，由8位成员组成，他们以已有的各国胜任力模型和研究文献为依据，吸取各模型的优点，采用德尔菲法构建出了一个初步的胜任力模型框架并制成调查问卷，由指导委员会的专家在各自所属国家选取20~30名相关的专家和从业人员作为问卷调查对象，被调查者需要对每项指标从清晰性、相关性、可获得性和有效性四个维度进行分等。通过对回

核心素质能力还无法得以保障，需要补充新的素质要求，因此某一特定的服务机构会因为机构本身的功能职责不同而需要核心素质要求和某几个领域的特殊素质要求相结合。同时该模型需要说明的是，无论是核心素质还是特殊素质，都是从服务功能本身出发提取的，在重要性和地位上是平等的。因此，其基本结构包括了四个层次，即：

聚类（Cluster）→领域（Area）→功能（Function）→素质（Competencies）

其中核心素质要求分为了专业行为、人际沟通、职业发展理论知识和需求的评估与推介四个部分。而特殊素质要求分为了评估能力、指导和推动个人和群体学习、职业咨询、信息和资源的管理、工作开发和社区能力建设六个部分。针对每个部分的功能提取了相应的素质技能要求。

（三）NCDA的从业人员素质模型

美国国家职业发展协会（National Career Development Association，NCDA）先后推出了职业咨询师素质模型（Career Counseling Competencies，CCA）和全球职业发展规划师（Global Career Development Facilitator，GCDF）两大素质模型。国家职业发展协会之所以一直继续致力于从业人员的素质模型开发和更新，是由美国当时的历史背景决定的。美国公共劳动力职业发展系统随着1998年《劳力投资法案》（WIA）的出台，发生了深刻的变化，该法案在法律层面上要求美国各公共财政资助的就业服务机构采取合作形式，共同致力于帮助美国劳动力完成职业搜索和匹配，提高就业服务效率。基于上述目的，2000年美国劳工部要求其公共劳动力职业发展系统的原有各自独立分散的经营机构有机地结合起来，构建成著名的一站式服务系统（One-stop Career System）。而事实上，在《劳力投资法案》推出之前，公共就业服务机构的客户服务质量问题和服务提供的商业竞争模式都没有获得太多的关注。公共就业服务机构的从业人员也因为缺乏目标导向和绩效压力，对各项专业技能需求不高，服务社会的热情不足。而《劳力投资法案》的目的正是强调公共就业服务机构与客户的互动，要求为更广范围内的劳动力提供更为高质量的就业服务，为了达到这一政策目标，基本途径就是需要加强系统培训，提高一站式服务系统从业人员的专业技能，建立更为专业化的服务队伍。

正是在此背景下，以国家职业发展协会的职业咨询师素质模型为基础，美国咨询师认证管理委员会（National Board for Certified Counselors，NBCC）邀请了各大相关组织包括美国职业信息协调委员会（NOICC/CDTI）、国家职业发展协会（NCDA）、国家就业辅导协会（National Employment Counseling Association，NECA）、国家劳力发展协会（NAWDP）和国际心理学与教育学联合学会（IA-

PES）共同参与，完成了全球职业发展规划师（GCDF）素质模型的构建，并在近两年里，在国家就业辅导协会的大力推动下，在全球范围内开发出了大量基于全球职业发展规划师要求的培训课程，来应对美国一站式系统扩张所带来的人员培训需求和全球范围的就业服务机构的培训需求。

相对于国家职业发展协会推出的职业咨询师素质模型而言，全球职业发展规划师更偏重于如何通过培训的方式使就业服务机构各类从业人员获得技能的提升。这也是全球职业发展规划师与国际教育与职业指导协会（IAEVG）的主要区别，国际教育与职业指导协会在构建素质模型过程中，一个重要原则是关注于研究对象的服务过程中该完成什么，而不是在哪些方面通过培训获得提高。如表 14-3 所示。

表 14-3　　　　　　　　　GCDF 模型能力指标

1. 帮助技能	7. 信息技术
2. 人群多样化	8. 就业技能
3. 职业道德和法律规范	9. 培训技能
4. 协商技能	10. 项目管理与培训
5. 求职者素质测评技能	11. 公共关系能力
6. 劳动力市场信息	

（四）素质模型分析总结

1. 各类国外素质模型的研究方法存在共性，值得借鉴

从国际教育与职业指导协会、加拿大和美国国家职业发展协会的就业服务行业从业人员素质模型的研究方法可以看出，基于对已有素质模型的研究，有选择地提取相关能力指标，通过具有丰富实践经验的专家广泛讨论的方法对指标加以确认来构建能力指标框架是各素质模型研究流程中的共性。加拿大在构建素质模型之前，即对当时已有的包括阿尔伯塔省的职业发展行动小组（Alberta Career Development Action Group，ACDAG）、国家友谊协会（National Association of Friendship Centers，NAFC）等六个行业组织的素质研究成果进行分析总结。在借鉴各模型能力指标的同时，就当时四个方面存在争议的问题，包括素质研究是基于服务功能还是培训需求、最终素质要求成果采用何种结构表述、未来成果的使用和如何协调与已有的素质模型的关系问题，通过专家讨论形成最终统一意见。在最终能力框架确定的过程中，各模型也都以成立专家指导委员会或工作组，采用专家讨论的研究方法选择和提取能力指标，并辅以大量问卷调查对专家讨论结果予以判断。因此，以文献研究为基础，依靠专家对能力指标的理解和判断构建素质研究的框架的研究方法值得借鉴。

2. 对于研究对象的界定各模型存在分歧

目前国外多数行业组织在素质研究中，把就业服务从业人员按照为客户提供服务的方式区分为两大类人员，一类是向客户直接提供服务的人员，而另一类人员是不为客户直接提供服务，但是他们的工作将会给提供直接服务人员的就业服务任务完成提供保障，比如信息登记、搜寻和分析人员、管理人员等。尤其是职业信息的管理人员，他们对于能否为客户提供高质量服务起到至关重要的作用。而对于是否将提供间接服务的人员作为素质模型的研究对象，不同组织持有不同观点。但从结果来看，多数组织选择了不把提供间接服务的人员作为研究对象。主要原因是认为这更有利于在构建最终能力和标准框架时具有可以控制和管理的边界，但都同时强调不能忽视提供间接服务人员的重要性。因此，基于上述标准，国际教育与职业指导协会和加拿大职业发展模型把职业发展从业人员界定为在自我开发与人事管理领域、培训与职业开发领域和与个人、群体和社区合作的职业介绍领域，为客户提供直接服务的从业人员。

3. 各行业组织素质模型研究的角度有所不同，基本存在两种不同的研究出发点

一类是从就业服务本身的功能角度出发，研究为了完成该项业务的流程，从业人员应该具备哪些素质能力。而另一类是以培训作为出发点，研究哪些素质能力应该通过培训获得，从而达到保证就业服务质量，提升服务品质的目的。事实上，在加拿大对于已有素质要求的研究中可以看到，许多组织的素质研究都存在着以上两种角度的区别，而在本章介绍的三类素质模型中同样存在这个问题。国际教育与职业指导协会（IAEVG）和加拿大的研究主要偏重于功能的研究，因此在最终成果表述上，基本都把人员能力区分为核心素质和特殊素质两大类，核心素质强调能力的通用性，不考虑具体从事的业务和所在的机构，而特殊素质是根据具体职位可能会涉及的特殊能力需求，唯一不同的是加拿大的模型更为细化，将核心素质又按照专业行为、人际沟通、职业发展理论知识和需求的评估与推介四个维度进行划分，从而在态度、知识和能力三方面提出具体素质要求。但国家职业发展协会的全球职业发展规划师的模型则以培训为出发点，所列出的 11 项能力指标因此偏重于通过培训可获得的技能要求。虽然基于两种不同出发点的研究最终得出的结果相差不会很大，但基于服务功能的研究方法无论实在结果上还是在研究过程上，都易于被最终的使用者包括从业人员和客户理解和接受（Bryan Hiebert，1996），因此，对于我国的研究来说基于功能的研究可能是更为合适的选择。

4. 各国模型的研究背景各有不同，进而研究成果也由此出现差异

这种差异会受到机构所处的内外部环境的各种因素影响，既有可能是受政府

的政策导向影响，也可能是因为未来实施目的的不同。例如，目前国外尤其是美国、加拿大等发达国家的政府大力倡导终身学习，因此在其就业服务人员素质模型中，重点强调了具备推动客户持续学习，不断给予帮助的能力。因此我们需要对我国公共就业服务机构的所处的具体内外部政策环境、经济环境、文化环境和自身管理体制的优劣势以及面临的问题作具体分析和研究，从而为开发我国公共就业服务专业人员核心素质明确方向。

5. 国外就业服务从业人员所应具备11项核心素质要求

由模型的分析总结可知，各国就业服务人员素质要求的研究都受到了其所处的经济环境、政策环境和文化环境的影响。因此，为了提炼出得到行业共识的具有通用性的核心素质，就需要我们将各素质模型的具体能力指标加以横向对比，找出他们共同认可的素质特征交集。

从以上几大组织的素质模型研究背景和目的可以看出，国际教育与职业指导协会的研究和应用的对象是面对全世界范围的就业服务从业人员，而其他模型都具有一定的地理限制。因此我们可以构建出一个二维矩阵，以国际教育与职业指导协会的11项核心素质指标作为参照点，与四个国家和协会的素质模型加以对比，用以比较确认国际教育与职业指导协会的11项核心素质是否能够在其他国家的素质模型中得到体现。具体比较如表14-4所示。

表14-4   五大素质模型核心素质指标对比

国际教育与职业指导协会	加拿大SG	NCDA/CCC[①]（1997）	NCDA/CDFC（2003）	澳大利亚/NBEET[②]
C1：具备道德素质和职业精神	专业行为领域	遵守道德和法律监督职能	5. 遵守道德与法律 6. 监督职能	专业化知识和职业化行为
C2：在推动客户学习、职业发展和关切客户的行为中表现领导力	专业行为领域	指导、协商和推动绩效提升	1. 帮助技巧 6. 提高就业能力 8. 推动客户获得培训	开展客户职业咨询
C3：理解和尊重不同客户的个性差异，与各类客户实现有效互动	人际沟通素质	尊重服务人群的多样性	3. 能够与多元化人群合作	专业化知识和职业化行为

续表

国际教育与职业指导协会	加拿大 SG	NCDA/CCC (1997)	NCDA/CDFC (2003)	澳大利亚/NBEET
C4：应用理论知识和研究成果到职业咨询和指导实践中的能力	职业发展相关的理论知识需求	职业发展理论调查研究与评估技能	9. 掌握和使用职业发展理论与模型	专业化知识和职业化行为
C5：设计和执行职业咨询与指导项目，并评估项目成果的技能	需求评估与求职资源推荐 职业咨询与指导技能	开展个体和群体职业咨询能力 个体与群体需求评估 项目的提升、管理与执行能力 掌握调查研究与评估技术	1. 帮助技巧 2. 掌握职业发展理论相关知识 10. 项目的管理与执行 11. 评估领域技能	课程与项目设计能力 专业化知识和职业化行为职业培训与职业指导领域
C6：对自我能力和不足的清晰认识	人际沟通领域	自我监督	7. 自我监督	专业化知识和职业化行为
C7：能够使用恰当的语言风格与客户实现有效的沟通	人际沟通领域	与多样化人群的沟通技能	1. 帮助技巧 7. 协商与自我监督 8. 推动客户获得职业培训 12. 提升和维护公共关系	专业化知识和职业化行为 职业咨询技能
C8：掌握在教育、培训、就业趋势、劳动力市场和社会问题上的知识更新	专业行为领域	信息资源搜集与管理 掌握信息技术	2. 掌握劳动力市场的信息资源 4. 职业发展知识和信息技术 6. 就业技能	信息资源管理
C9：对社会文化与跨文化的感知能力	人际沟通领域	理解多元化人群	3. 能够与多元化人群合作	专业化知识和职业化行为
C10：团队的有效合作能力	人际沟通领域 专业行为领域	指导、协商和推动团队绩效提升	7. 团队协商与监督 12. 提升和维护公共关系	团队的组织、管理与协商

续表

国际教育与职业指导协会	加拿大 SG	NCDA/CCC（1997）	NCDA/CDFC（2003）	澳大利亚/NBEET
C11：掌握终身职业学习与发展技能	职业发展知识	职业发展理论	4. 职业发展理论与技术 6. 就业能力	专业化知识和职业化行为

注：①CCC 全称为职业辅导能力（Career Counseling Competencies），是由 NCDA 于 1997 年推出的职业咨询师素质模型。

②NBEET 全称为国家就业教育和培训委员会（National Board of Employment, Education and Training），是澳大利亚知名职业服务行业协会。

通过表 14-4 的比较可以看出，虽然不同素质研究的结构有所差异，例如加拿大的素质模型分了四个层次，每个层次都做了系统的维度划分，而全球职业发展规划师的素质模型只是各种的素质技能要求的罗列，但基本都直接或间接的反映了对国际教育与职业指导协会提出的 11 项核心素质技能的要求。

因此，我们可以认为国际教育与职业指导协会提出的 11 项核心素质指标基本涵盖了发达国家就业服务行业从业人员通用的知识和能力要求。事实上，核心素质的研究对于了解就业服务人员的素质需求有着重要作用，国外就业服务从业人员素质模型的研究普遍将所应具备的素质分为核心素质和特殊素质两个层面，而以培训作为研究出发点的素质研究更是将通用的知识和技能要求作为关注的重点。因此，清晰认识国外就业服务从业人员所应具备的 11 项核心素质，对于进一步研究我国就业服务从业人员的素质要求有着重要借鉴意义。

三、确立公共就业服务机构专业人员素质提升的三大导向

通过国外几大素质模型的对比分析，使我们认识到不同国家的研究背景和不同性质的就业服务机构对人员的素质要求都是存在较大差异的。因此我国公共就业服务专业人员的素质的提升，人员队伍专业化和职业化的建设也必须以我国公共就业服务需求的特点为基础。

为了更为真切地了解目前我国公共就业服务发展状况，笔者赴北京、苏州、深圳、无锡等地公共就业服务机构和上级管理部门进行实际调研和访谈，积累了大量一手资料。在调研访谈中，以公共就业服务机构内外部环境因素的态势分析法（SWOT）为主要理论框架，以公共就业服务机构的内部服务机制和流程、人员素质、培训机制和外部的服务对象来源（求职者和企业）、竞争对手和合作伙伴情况及整体产业发展环境等因素作为主要关注内容。同时辅以大量的国内外文献研究，从而形成了对我国公共就业服务机构发展的内外部环境较为清晰的认

识。我们可以概括的认为,目前公共就业服务机构的发展主要受到了三个方面力量的影响:一是机构自身具备的相对优势因素和突出不足,公共就业服务机构的优势主要表现在政策支持优势和基础设施相对完善,特别是目前国家大力推动的综合服务场所和信息网络建设,而不足主要体现在自身体制的僵化和自身定位不清晰,没有明确的战略发展规划。因此,正反两面因素就促使其需要积极转换自身角色,由原来的单一任务承担者向资源整合者的方向努力。既能够利用自身的优势提供更为全面高效的就业服务,又可以实现社会效益最大化。二是就业服务市场存在的两大需求矛盾,即得到广泛共识的劳动力供大于求的矛盾和就业人群技能素质不适应的结构性矛盾,以及求职群体和雇主群体在服务手段、服务流程和服务内容上日益多样化的需求。例如,企业不仅要求招到人,在用人的条件和劳动保障事务经办等方面也有很高的要求,而求职者也对工作环境、待遇条件、权益维护和职业生涯发展有着更多的期待。三是就业服务市场的竞争压力。目前我国公共就业服务的市场分割现象比较严重,基本是由人力资源和社会保障部的所属就业服务机构承担,同时由于其服务对象的层次不同,相互竞争的局面没有形成。但随着目前就业服务市场的整体竞争加剧,公共就业服务压力逐渐增大,民营和外资就业服务机构将时刻准备着成为公共就业服务的外包承担者。

以上三个方面的影响力量即可看作机遇,又存在挑战。因此,从如何通过提升从业人员的素质水平的途径对机遇和挑战予以应对的角度来思考,我们将我国公共就业服务机构从业人员的素质能力要求和未来发展界定为以下三个导向。

(一) 公共就业服务专业人员素质提升应以机构职能为导向

组织行为学认为,组织的行为应以组织的目标为导向,而组织个体的能力与行为相匹配时,员工的工作绩效便会提高(罗宾斯,1997)。国际劳工组织(ILO)认为就业服务是作为最佳方式组织劳动力、实现和维持充分就业、开发利用生产资源的重要手段,因此就业服务机构作为其主要的职能载体,必然有其明确的机构职能和目标。分析思考我国公共就业服务机构专业人员的能力素质要求,也必须以我国公共就业服务机构的自身职能特征作为分析的切入点。

通过对国内外就业服务机构职能探讨的相关文献研究可以发现,对于公共就业服务机构承担何种职能的观点,并没有存在较大差异,但必须强调,存在于不同经济和社会背景下的公共就业服务机构承担的职责必然有所偏重,需要顺应政府宏观政策和社会的职业发展需求。中介指南(Intermediary Guidebook)比较抽象地把美国公共就业服务机构的战略职能概括为了四个方面:市场领导职能,作为中介为求职者、企业和教育机构提供信息和服务,保证服务质量和政策实施的有效性。事实上,这四个方面基本涵盖了国际教育与职业指导协会几个知名素质模型所涉及的职责领域。而对于我国公共就业服务机构的角色定位思考则不能脱离我国特有的社会和经济转型的大背景（李新建，2005）。在计划经济体制下，劳动力的配置功能由政府承担，在政府与社会的两极之间存在配置真空，职能配置低效甚至失效。在计划经济向市场经济转轨的过程中，出现了劳动力配置的市场失灵问题，特别是在劳动力明显供大于求的情况下。因此政府承担了降低失业率，提高社会就业水平、培育劳动力市场的多项职能。2002年召开的全国再就业工作会议表明利用市场经济的方式解决再就业问题是我国的基本思路，因此公共就业服务机构的根本任务就是促进就业，兼顾公平，为求职者提供公益性的就业服务，同时应与民办市场中介建立互补的合作伙伴关系，共同促进就业。可见，我国公共就业服务机构具有强烈的政府主导色彩和行政化职能，因而具有经济和社会两重属性（韩光耀，2000），职能也表现为产业化和社会化两个方面。

我国公共就业服务机构的产业化职能主要针对于就业服务的基础职能，主要包括收集劳动力市场信息，以供求双方信息为主；进行求职和招工登记；开展职业介绍和工作安置；参与失业保险金的管理和发放等。可以看出，以上职能作为就业服务机构的基础性服务功能，其对知识和能力的要求也成为公共就业服务机构专业人员的基础素质要求，是每一个从业人员胜任公共就业服务所必需的任职资格标准。因此，提高从业人员队伍的专业化水平，首先需要从完成基础职能所必需的各项素质能力入手。在员工的招聘甄选和绩效考核中，将完成基础职能的胜任力要求作为重要考核标准，并加大相关知识和能力培训，确保每位员工都可以高绩效的完成所承担的基础公共就业服务职能。

之所以称为产业化职能，是因为该项职能属于就业服务的一般职能，是无论公共还是私有性质的就业服务机构都具有的主要服务功能。通过对各级公共就业服务机构的实际调研和访谈了解到，随着就业服务市场发展的不断完善，各类性质服务机构的竞争日益加剧，公共就业服务机构承担的公共服务的一般职能的垄断正逐渐打破，国家给予的补贴性政策优势逐渐弱化。例如，澳大利亚政府实施了政府购买就业服务成果的改革，公共就业服务机构全部民营化，政府只负责监督和评估，从而降低了成本并提升了服务质量。因此，我国公共就业服务机构面临着各类民营、外资就业服务机构成为潜在竞争者和职能外包承担者的威胁和挑战，进一步强化人员基础职能的胜任素质要求，提高自身竞争力变得更为迫切。

我国的公共就业服务机构置身于市场经济中，并不单纯是经营性机构，它在全国就业服务体系和社会保障体系下，除了经济性因素，其社会服务性职能发挥着更为重要的作用，主要精力用于弥补市场缺憾，提供基础性和保障性公共服务（陈力，2007）。公共就业服务机构的社会化职能主要是指相对于其他性质服务机构的特殊职能，包括采取适当措施促进劳动力在行业间、地区间流动；参与政策制定；维护就业服务市场公平和稳定市场秩序；加大与其他性质服务机构合作，使自身的基础设施优势发挥更大的社会效益；加强与企业沟通和联系，促进地方经济发展从而有助于开发更多的就业资源等。上述职能更偏重于职能的社会效益，是从政府的角度出发，力求维护整个劳动力市场的稳定和可持续发展。是与全国再就业工作会议上胡锦涛总书记强调的"新三化"原则中社会化原则，即面向社会服务、动员社会资源、接受社会监督的政策导向高度一致的。因此，为了保证上述职能的高效完成，有必要对以上职责对人员的胜任素质要求予以分析提炼。例如，参与政策制定是公共就业服务机构的一项重要职责，需要对失业原因，残疾人、青少年等特殊就业群体的就业安置，就业调整，劳动力市场组织形式做定期而持续的分析，这就对从业人员的调查和科学研究能力提出了要求，需要积极主动的学习能力，从大量的经验和数据中发现问题并予以解决。

可见，公共就业服务机构的从业人员的素质能力要以机构的职能要求为基础，既能够承担基础的就业服务功能，又要具备完成公共就业服务机构社会化职能的素质技能。

（二）公共就业服务专业人员素质提升应以服务对象需求为导向

就业服务"新三化"的核心理念和基本要求是人本服务，就是把"以人为本"作为整个就业服务的宗旨。这个"人"就是服务的对象。就业中介的功能目的就是要满足劳动力供求双方相互结合的需求和各自不断增长的需求。因此它的服务对象包括了求职群体和雇主群体两个主体。从业人员作为两方主体连结的桥梁，为了能够实现供需之间的最佳匹配，就必须对双方的多样化需求充分了解，提供针对性的服务，这就对从业人员的素质能力提出了直接要求。

从宏观角度来看，我国劳动力的就业需求面临着两大主要矛盾：一是劳动力供大于求的总量矛盾，就业对象更加多元，要求服务范围进一步扩大，现在的服务对象扩展到城镇所有劳动力，比如大学从精英教育变成平民教育，有些大学生一毕业就会面临失业，需要规定到原户口所在地进行失业登记；同时随着农村城市化进程的加快，农业占地面积日趋减少，大批农村劳动力从农业生产中分离出来，造成农村转移劳动力涌入城镇，都给就业服务带来严峻挑战。二是就业人群技能素质不适应的结构性矛盾。目前一些地区缺工现象严重，同时大量低技能劳动者求职无门，劳动者技能与岗位需求不适应的矛盾更加尖锐。以沈阳为例[①]，该市 2000 年高级工的求人倍率[②]为 0.87、技师为 1.53、高级技师为 1.63；而发

---

① 数据来源：沈阳市就业服务统计报告。
② 求人倍率＝招聘人数/求职人数，表明劳动力市场中每个招聘岗位所对应的求职人数。如 0.9 表示有 10 个求职者竞争 9 个岗位。

展到 2005 年高级工的求人倍率为 1.80、技师为 4.76、高级技师为 7.10，而同年无技术等级或职称的人数占到了求职总数的 55.7%，应对这些求职需求的矛盾，从业人员就必须提高相应的知识和技能水平，提高自己的分析问题和解决问题的能力，能够根据不同的需求矛盾，为求职者提出可行的解决方案。

微观角度来看，无论是求职群体还是雇主群体，都呈现多元化特征。通过实际调研了解到，目前公共就业服务机构服务的求职群体来源主要包括农村转移劳动力、城镇失业人员、大中专毕业生和弱势群体等。每类人群都具有自身独特的求职特点，从求职意愿的角度来看，农村转移劳动力和大中专毕业生具有更为强烈的求职意愿，而城镇失业人员和弱势群体较弱，尤其以北京为代表的发达城市，许多当地城镇失业人员眼高手低，宁可继续失业也不愿意从事相对比较艰苦的工作，这就为就业服务工作带来了很大难度。从就业能力角度来看，农村转移劳动力和弱势群体普遍较低，无法承担技术含量较高的工作岗位。服务的另一主体是雇主群体，来自不同行业、具有不同所有制性质的企业都赋予了其工作需求信息特征的多样性。同时用人单位和求职者的需求日益多样化，企业不仅要求招到人，在用人的条件和劳动保障事务经办等方面也有更高的要求，而求职者也对工作环境、待遇条件、权益维护和职业生涯发展有着更多的期待。

除了呈现求职需求多元化特征外，公共就业服务机构服务的求职群体普遍存在年龄偏大（以城镇失业人员占主体），文化水平较低，知识结构不合理，择业观念未能与市场接轨等现象，极大地增加了就业服务的难度。以南通市为例[①]，该市 2005 年市区登记失业人员平均年龄 38.6 岁，而当年招聘单位招 40 岁以下男性占 63%，招 35 岁以下女性占 55%，许多单位对"4050"人员基本不予考虑。从年龄与职业介绍成功率的数据对比来看，20 岁以下就业匹配成功率为 59%，31～40 岁的就业匹配成功率为 40%，而 41～50 岁则只有 21%，年龄偏大带给就业服务的难度可见一斑。而求职群体的文化水平较低也是公共就业服务的难题之一。以山东省为例[②]，全省转移就业农村富余劳动力具有初中及以下文化学历的人数占 67%，导致面对许多具有较高学历要求的岗位只能望洋兴叹，但令人诧异的是，求职人员主动获得培训的意愿很低，北京市市区街道社区劳动保障服务所对辖区失业人员培训意愿调查显示[③]，主动要求培训的只占 3.09%，政府为失业人员提供的免费培训，乏人问津。

可见，我国公共就业服务对象群体的背景特征和需求非常复杂，这样的市场需求形势就要求从业人员更加关注于客户和市场，深入分析研究所服务对象的个

[①] 数据来源：南通市劳动就业管理处内部资料。
[②] 数据来源：山东省农村劳动力转移就业抽样调查报告。
[③] 数据来源：北京市职业介绍服务中心内部资料。

性化需求，以服务对象的需求作为自己提升知识、能力的导向，明确需要哪些技能才可以更有效地帮助求职群体和用人单位解决问题。从已有研究来看，培养客户服务意识，理解不同服务对象的文化和背景差异，能从市场需求的角度不断提升服务手段、改善服务态度和优化服务流程能力是为服务对象提供更加细致、更加周到、更具有针对性的就业服务的基本能力需求。

（三）公共就业服务专业人员素质提升应以服务规范化为导向

服务规范化是强调服务理念、服务内容、服务流程更加科学、标准、有效。就业服务的功能本质即是满足劳动者求职和用人单位招工的需求，实现人职匹配，因此人与人之间的沟通交流成为主要服务形式，但事实上，这种个人影响占主导的服务形式在增加了灵活性优势的同时，也带来了许多不可控的因素，无法确保一项就业服务流程的顺利完成（Sandberg，2000）。事实上，国外对于规范化的服务策略是否能够带来高绩效的问题已经开展了许多相关研究，包括美国总审计局（Government Accountability Office，GAO）开展的对全美 14 个绩效较高的一站式中心（One-Stop Center）实际调研，从寻求最佳服务策略的角度出发进行访谈研究，最终从为求职者提供流畅的就业服务、为雇主提供优质服务和构建强有力的基础设施三个维度提出了具体有效的最佳服务策略模式。可见，通过规范服务策略和流程，寻求符合我国需求的最佳服务模式对于提升绩效水平，提高公共就业服务机构的市场竞争力将是有益的策略选择。

我国公共就业服务机构是由政府主导培育起来的，虽然在 1995 年实施事业单位机制改革，实施政事分开运营，但仍然具有较强的行政管理色彩，管理体制和激励机制相对呆板，等、靠、要的思想仍较为严重，这就直接导致机构本身发展动力不足，内部运营管理水平落后，造成了目前服务流程不够细化和科学、服务内容和类型较为单一、产业规模弱小等结果。面对当前的激烈市场竞争和严峻的劳动力市场就业压力，我国公共就业服务机构必须强化经营服务的管理水平，对所提供的服务的类型、功能和服务方式重新审视评估，制定科学的服务流程标准，明确职业介绍、职业咨询指导和职业信息登记等业务的操作流程，以科学的制度和标准来降低不可控的人为因素的影响，从而确保高效率的提供满意服务。同时，强调服务的规范化还包括通过专业的调查分析，清晰界定服务目标，细分市场，采取项目管理的方式开展针对弱势群体的相关服务活动，对每一项服务展开绩效评估等。

归根结底，优化的服务流程必须由高素质的从业人员来具体承担和实践，因此，规范化的服务需要从业人员具备哪些知识和能力要求值得深入探讨，熟练员工组织（Corporation for Skilled Workforce，CSW）发起的美国六大人力资源机构参与完成的研究报告一站式中心的标杆管理（Bench marking One-Stop Centers）

提出了 10 项提高就业服务质量的最佳服务行为，目的在于通过最佳的行为描述来阐述如何完成规范化的服务流程。而通过已有文献的研究可以知道，分析问题能力、积极主动的学习专业理论、项目设计和管理技能、服务评估和自我评估技能都是实施规范化就业服务所必需的基础素质要求。以上海为例，该市 19 个区县的区、街道公共就业服务机构强调以人为本的细分化服务，因此从业人员需要对求职者实施素质测评，对其就业能力加以分析判断，能力较强者，依托招聘网站，通过信息引导，倡导其自主择业；对就业能力一般者，依托职业介绍所，通过职业指导，帮助就业；对就业能力较弱的人员，依托社区服务网络，通过购买岗位，扶助就业。对于用人单位同样根据其不同需要提供针对性的用工指导和管理，以保证劳动力市场的正常运行。

四、我国公共就业服务机构专业人员所应具备的核心素质

为了更为确切地提炼出我国公共就业服务机构从业人员应具备的核心素质，本研究采用了德尔菲专家调查法，要求专家对每项候选能力指标从重要性和迫切性两个维度上给予评估。从最终数据汇总来看，道德素质和职业精神、应用知识于实践的能力、理解多元化服务对象的差异、沟通能力、主动学习能力、分析问题能力、评估技能、市场开发与拓展能力、关注细节能力、调查研究能力获得了专家高度认同，其中前八项获得所有专家的认同，频数为 7。在这十项能力指标中，被认为具有迫切需求的指标是道德素质和职业精神、应用知识于实践的能力、理解多元化服务对象的差异、沟通能力、主动学习能力、分析问题能力，均获得专家的多数认同，频数都在 5 以上。

因此，我们根据指标的重要性和迫切性两个维度的频数高低，尝试把我国公共就业服务机构专业人员的核心素质要求指标分为低阶能力要求和高阶能力要求两个层次，其中，低阶能力是指既具有重要性又对实际工作存在迫切需求的能力，而高阶能力是指被专家认同具有重要性但需求不够迫切的能力。详见表 14–5。

表 14–5 　　　　　　公共就业服务机构人员核心素质指标

低阶能力要求	高阶能力要求
道德素质和职业精神	评估技能
沟通能力	市场开发与拓展能力
理解多元化服务对象的差异	关注细节能力
主动学习能力	调查研究能力
应用知识于实践的能力	
分析问题能力	

（一）指标选取的解释分析

在十项重要性程度获得专家高度肯定的能力指标中，迫切性同样很高的指标包括道德素质和职业精神、应用知识于实践的能力、理解多元化服务对象的差异、沟通能力、主动学习能力、分析问题能力。事实上，这六项指标基本反映了我们通过态势分析法（SWOT）所判断出的我国公共就业服务机构人员能力需求的以客户为导向的结论。

具备基本的道德素质和职业精神，理解多元化服务对象的差异能力是就业服务职业的基本要求，这在国外研究中得到了共识。但它们在我国特殊的服务环境下具有特殊的现实意义。当前，大量农村富余劳动力向城镇转移是我国劳动力市场特有的现象，并随之带来一系列社会问题例如农民工在就业中受到歧视的问题。事实上，大量农民工从农村进入城市，还无法很快适应城市环境，生活上比较艰难，心理上相对比较脆弱，因此提供优质服务更加重要（张华初，2003）。这样的特殊人群就需要从业人员具备高度的工作热情和责任感，能够理解其文化差异，一视同仁，真正发挥公共就业服务的公益化职能。

从实质来看，从事就业服务的人员在职业介绍和咨询的过程本身就是沟通和分析问题的过程，因此对它们这两项能力的要求放到了突出的位置。但同时我们应该注意到，职业介绍的沟通能力并不是简单的人际沟通能力，而是需要专业化的沟通，能够应用专业知识和经验，选择合适的沟通方式，获得服务对象的信任，在友好的氛围中识别求职者的求职困难和障碍，并为求职者尽快提供解决方案。

对于主动学习能力、应用知识的实践能力的强调，是由就业服务本身的特质和我国就业市场的特点所决定的，具有重要的现实意义。就业服务的本质就是促进求职者和企业需求职位的最佳匹配，但无论是求职者群体还是雇主群体，其中的每个个体都具有自身独有的特质，这就为就业服务实现最佳匹配功能带来极大的挑战。客观要求每个从业人员应具备的不是单一的某项技能，而是需要广泛地涉猎各个领域的知识，不断更新对劳动力市场和社会问题的了解和认识，从而才能确保充分理解服务对象的需求。可见就业服务本身就是对员工知识和能力要求较高的职业。与之不相协调的是，我国就业服务发展较晚，历史较短，相关的知识和经验积累较少，大量从业人员不具备专业化的学习和培训背景，加之服务群体需求的多样化和复杂性，这些不利因素都对我国公共就业服务机构的从业人员的职业精神和学习能力提出了挑战。

评估技能、市场开发与拓展能力、关注细节能力和调查研究能力被认为是不够迫切需求的重要能力指标。从国外研究文献和实践来看，这四项能力对人员的能力水平要求较高，例如调查研究能力和评估技能本身是需要以大量的理论知识和研究能力为基础的，但对机构绩效的改进、未来的发展甚至行业相关政策的制定产生重要影响，同时这两项能力也符合前文论述中公共就业服务机构从业人员能力需以职能要求和服务规范化为导向的分析。

值得一提的是，市场开发与拓展能力对于我国公共就业服务的重要现实意义。公共就业服务的市场开发与拓展能力更集中表现为与企业建立良好合作关系、积极推动本地经济的发展，从而开发更多的职位需求。美国一站式中心对企业雇主服务极为重视，为企业办理个别化的求才服务，并且代为发布工作机会的信息及依企业条件筛选人才，得以获得企业信赖；另外由专人积极办理企业合作及就业开拓的工作，例如企业拜访或参加区域内厂商工作会议等，以期为雇主提供更佳服务，增强雇主使用就业服务机构的意愿。公共就业服务机构要懂得开发当地企业资源、促进当地经济的发展，只有经济发展，才可能提供更多职位与更佳就业环境（Kazis，1999）。通过访谈发现，许多专家认为目前我国各级公共就业服务机构的市场开发和拓展意识淡薄，直接表现为与企业沟通较少，对企业用工需求了解有限，同时缺乏与其他市场主体的合作，导致掌握的工作信息资源有限。事实上，为了应对我国就业市场面临的劳动力供大于求的矛盾，在努力提高就业服务水平的同时，如果能够大力开发企业需求，掌握更多有价值的企业需求信息，可能是提高职业匹配成功率，解决就业压力，促进就业水平的另一有效途径。可喜的是，目前国家已经投入了大量资金用于信息网络建设，目的在于充分实现各地区的工作需求信息共享，使劳动力市场信息更加透明公开，更好地服务于公共就业服务工作。

（二）国内外指标的差异分析

从各指标频数可以看出，跨文化的感知能力、终身职业发展意识、对自身素质检视的能力、领导力并没有获得专家的一致通过，而它们在国外尤其是美国和加拿大的素质模型中却占据了重要的地位。之所以造成如此差异，是由各国具体研究背景和职业服务产业发展阶段有不尽相同造成的。在欧美国家，各种文化交融纷杂，种族歧视问题突出，而职业服务人员作为中介是人与企业的沟通桥梁，人际沟通占据了工作内容的主要部分，因此，具备良好的不同文化感知能力，才能保证沟通的顺畅。同时，发达国家的职业服务产业发展较早，历史较长，专业化水平也要普遍高于我国，因此有能力不断拓展和提高服务的范围和水平，例如通过自己的专业影响力，推动求职者的职业学习和发展，形成终身学习意识，而不仅仅是关注于个体的入职匹配，这也符合发达国家政府的政策导向。而我国的劳动力市场目前的就业压力和公共就业服务机构本身资源的有限性都决定了我们机构的职能导向更多关注于职业介绍和匹配,而不是职业发展。这也就是为什么终身职业发展意识、自身素质的检视和领导力三项指标没有获得专家通过的原因。

五、政策建议

胡锦涛总书记在全国再就业工作会议上提出就业服务体系"新三化"的要求。"新三化"把"以人为本"作为整个就业服务的宗旨,而事实上,公共就业服务机构发展的"本"就在于其专业人才队伍。只有整体提升我国公共就业服务机构从业人员的专业化水平,坚持走职业化道路,才能保证以制度化、专业化和社会化为主要内容的"新三化"建设顺利展开,才能为我国公共就业服务的发展奠定坚实的人力资源基础。

因此,结合本章研究结论,提出以下三点政策建议:

第一,政府应大力推动构建我国公共就业服务从业人员的素质模型。

通过文献研究可知,国外许多发达国家都已经开发了统一的公共就业服务从业人员的素质模型,而我国目前对此研究仍属空白。随着我国公共就业服务产业的发展和逐步壮大,社会对就业服务人员的需求逐渐增加,对于行业内从业人员的管理,特别是人员专业素质水平的控制更为重要,这直接关系到最终是否能够为社会提供高质量的就业服务。虽然人力资源和社会保障部出台了职业指导人员、职业信息分析人员等职业标准,但它更偏重于具体知识和行为的要求,并没有对从业人员从态度、知识和能力的维度提出系统性的要求和具体的任职标准。本章对于我国公共就业服务人员核心素质要求的研究尚很粗浅,离构建行业素质模型的目标还相差很远。因此,政府有必要推动公共就业服务机构或行业组织构建我国公共就业服务从业人员的素质模型,从而有利于推动就业服务行业各职位的任职资格标准的完善,指导行业内的相关培训,保证就业服务质量。同时为就业服务行业人员素质研究界定概念和框架,有利于进一步的理论研究。

第二,完善我国公共就业服务行业的准入制度,确立职业化发展方向。

相对于具体知识和技能要求,人的潜在能力很难通过短期的培训获得改进,而通过本研究发现,员工的工作态度、职业精神和潜在能力都会对就业服务绩效水平产生重要影响。因此,保证队伍建设的职业化,首先需要在入职之初就确保新员工在个人内在特质和潜在能力上符合公共就业服务职业本身的要求,只有选择了合适的人从事合适的事,才能进一步探讨如何加强专业化培训,提高绩效水平问题。鉴于此,我国有必要基于素质模型的研究,建立公共就业服务机构从业人员入职的能力标准,将核心素质能力考察列入对新入职员工的考察范围,提高就业服务行业的入职门槛，在源头上对能力素质加以控制，保证从业人员的能力素质符合队伍职业化发展的需求。

第三，能力提升和技能培训并举，全面提高专业水平，满足现实需求。

本章主要偏重于从业人员的潜在核心素质能力的研究。但事实上，真正能够让十项能力指标运用于实际工作中，达到提升服务绩效的目的，必须以专业的知识和技能为基础。例如，访谈中，许多专家认为沟通能力是职业指导和介绍中最为重要的能力要求，但就业服务中的沟通能力不是简单的人际沟通和交往，而是需要专业化的沟通技能，能够在最短的时间建立合作关系，运用职业咨询知识、心理学知识和信息管理等技能，帮助服务对象分析问题，提供解决方案。因此，必须既要在入职门槛上对从业人员的潜在能力提出要求，又要在培训上保证专业知识和技能的有效获得，两个环节相互结合才是提升人员绩效的根本途径。

同时，基于前文对于公共就业服务机构发展环境的分析，素质需求应以我国公共就业服务职能、客户需求和规范化为基础，因此培训的设计开发也必须以三个导向为基础，才能够保证员工的专业化提升真正为提升公共就业服务品质发挥作用。

六、研究局限与未来研究建议

本章的局限与不足主要存在于两个方面：一方面是核心能力指标提取的实证基础不足，本研究能力指标的提取主要是来自国内外的已有研究文献和成果，因此缺乏对国内公共就业服务机构从业人员具体能力指标在实际工作中如何应用的真切感受和关键行为描述。如果能够辅以一定国内机构的案例研究将会使最终指标的提取和描述更加全面、准确。另一方面是问卷调查选取的专家主要集中于北京、长三角和珠三角地带，对中西部地区较少涉及，可能会对全面描述国内公共就业服务机构从业人员素质现状和需求带来一定误差。

对未来研究的建议：本章主要偏重于对就业服务机构专业人员的核心素质需求研究，希望未来的研究能够以所获得的研究成果为基础，进一步探讨如何在实践中具体应用素质能力模型以及相关培训课程开发问题。

附 录

附录一

世界就业发展趋势和就业战略*

一、问题的提出

我国是世界上人口最多、劳动力资源最丰富的国家,促进就业是一项长期而又艰巨的任务。解决好就业问题,对于维护改革发展稳定的大局,实现全面建设小康社会的目标,都具有十分重大的意义。

20世纪90年代以来,经济全球化所产生的商品和资本在国际范围内大规模流动,竞争不断加剧,保持宏观就业的稳定性面临全球化带来的诸多不确定的因素。解决我国的就业问题,毫无疑问,需要从全球工业化和服务业化发展的历史高度,来研究和认识自工业革命以来就业发展变化的发展趋势和一般规律;需要吸收人类已有的对就业问题研究的知识体系和理论成果,实现理论创新;需要从国际的视野和角度,学习和借鉴各国大量而丰富的就业促进的政策和措施。这些研究都将使我们在考虑和制定中国就业发展战略时,可以充分分享国际丰富而有益的经验。

就业既是现代宏观经济学理论研究、政策分析涉及的重大问题,更是劳动力市场的经济分析,即劳动经济学关注的核心命题。从庇古提出,失业存在是以"摩擦性"或"自愿性"方式存在,故"改良机构,增加远见",以减少"摩擦性失业",并降低劳动力的边际负效用(真实工资),以减少"自愿失业"(庇古:《失业论》),到凯恩斯的革命,他提出有效需求不足和通过政府的财政政策,对付经济萧条,解决失业问题(凯恩斯:《就业、利息和货币通论》,1936年),到战后经济出现"滞涨",即正斜率的菲利普斯曲线理论,再到弗里德曼的"自然失业率"、供给学派的减税、劳动力市场的搜寻模型和效率工资理论等,就业问题的研究一直是国际经济学界研究和关注的热门话题,一系列有关就

---

* 本附录由曾湘泉执笔。

业问题的理论和实践研究，推动了现代经济学的不断发展，也为各国经济和社会发展过程中的失业问题的解决提供了重要的理论依据和政策支持。从国外就业的发展趋势、理论前沿与政策变迁的角度进行研究，无疑对我国就业发展战略的制定，将提供坚实的理论基础和政策借鉴。

二、世界经济发展与就业趋势

就业问题是工业革命后因雇佣劳动而产生的社会经济现象。随着经济发展和就业形势的不断变化，社会对就业问题的关注不断提升。从自由放任到宏观经济政策调控，再到积极的劳动力市场政策、完善的现代就业服务体系和法制化建设，世界各国政府对就业问题的认识不断深化，并在促进就业的过程中，扮演着越来越重要的角色。

（一） 就业问题的产生与发展

1. 伴随市场经济的兴起，依靠市场机制自动调节就业

第一次工业革命使生产力获得了巨大发展。雇佣劳动得到普及，农业文明逐渐演化为现代工业文明。在市场经济发展的初期，以供求、价格和竞争为核心的自由市场机制在劳动力资源配置中发挥着主导作用。20世纪30年代以前，受萨伊"供给创造需求"、马歇尔"市场供求决定论"经济观点的影响，对就业问题政府没有纳入管理的范围，完全由市场自动调节。

2. 面对大萧条，实施政府干预；顺应经济振兴，促进充分就业

1929～1933年，全球经济出现大萧条，整个资本主义国家的就业形势恶化，主要资本主义国家的失业率超过了20%，美国的失业率最高时达到25%。大萧条动摇了人们对自由放任的市场经济思想的信仰。1933年，罗斯福开始实施国家干预经济的"新政"，3个月之内，出台了《田纳西河流域综合开发计划》等15项法案。1936年，凯恩斯在《就业、利息和货币通论》中提出了"有效需求不足"的理论，主张通过政府干预经济，实现充分就业。由此拉开了自工业文明以来政府干预市场经济活动、解决就业问题的序幕。1944年5月，英国政府发表《就业政策白皮书》，承诺维持高就业水平的责任。1946年2月，由美国国会通过，并由杜鲁门总统签署的《就业法》，对政府调节经济赋予了法律上的权力，明确政府有促进就业和为失业者创造就业机会的责任。

第二次世界大战后至20世纪60年代，主要市场经济国家在经济恢复和振兴的大背景下，政府对经济实施宏观调节，出现了一个"黄金"时期，经济增长迅速，物价稳定，就业扩大，失业水平较低。美国的失业率在5%左右，多数西欧国家在4%以下，德、法等国还吸收了大量外国移民工人。特别引人注目的是，日本政府投资兴建大量基础设施和公共工程，而后又启动了"国民收入倍增"计划，经济迅速崛起，并创造了高增长、低失业的"奇迹"。

3. 面对经济停滞和通货膨胀，实施失业治理

20世纪70年代到80年代，在两次石油危机爆发的背景下，主要资本主义国家出现了高通货膨胀率和高失业率同时存在的现象。多数国家的失业率持续攀升并居高不下。"滞胀"现象引发了对凯恩斯主义政府干预理论的批判，并加深了政府对失业问题复杂性的认识和思考。

面对失业的总量矛盾和结构性矛盾的并存、劳动力市场功能作用的不健全等问题（如工资刚性等），学者们提出了各种主张。其中，从关注总需求转向同时关注总供给，特别是劳动力供给的主张，成为一种主流。政府对就业问题的解决，从对付周期性失业的单一财政政策，转向加强教育培训、扩大人力资本投资、完善就业服务，以及通过减税鼓励生产投资、增加就业需求等多种综合治理政策①。

综上所述，我们可以看到，随着社会经济的发展，就业也经历了一个从依靠市场机制自动调节就业，到政府干预促进就业，再到从劳动力供需两方面综合治理的轨迹。

（二）20世纪90年代以来的就业挑战

20世纪90年代以来，在经济全球化加快和新一轮结构调整的背景下，世界就业形势严峻。国际劳工组织对世界就业形势的最新报告指出，全球失业者已达到1.8亿，就业不充分和"工作中的穷人"有9亿，约占全世界30亿经济活动人口的1/3。到2010年，全球需要创造5亿个新岗位，其中亚洲需要近3亿个新岗位。这一时期，不同类型国家都面临着新的就业挑战。

1. 西方国家失业问题突出

美国经济在维持了10年的繁荣之后进入了调整阶段，美国劳工部公布的报

---

① 拉弗曲线（Laffer Carve）表达了税收水平和经济增长和就业增加的一种关系描述，认为一定的减税会引起投资者利益增加，从而投资积极性增加，最终会增加就业。

告显示，2002年12月份的失业率为6%，仅12月一个月减少的工作职位就达10万个。华盛顿经济政策研究所预测，在2004年前，美国失业率将徘徊在6%～6.5%之间，难以回落到5%的"心理警戒线"以下。

西欧各国平均失业率从20世纪70年代的3.8%，攀升至80年代的7.6%，进入90年代又升至9.6%，其中1993～1997年达到10%以上，近几年有所下降，但仍停留在较高水平。西欧国家的高工资、高税收和高福利，助长了失业者的消极倾向，也抬高了企业的用人成本，导致雇主不愿多用人，大大增加了解决失业问题的难度。1995年德国工人每小时劳动成本费用为32美元，日本为24美元，美国为17美元，英国为14美元。1995年，德国缴纳各种社会保险费已相当于雇员工薪总额的近40%（雇主替雇员缴纳其中的一半）。

日本自20世纪90年代初"泡沫经济"崩溃后，经济一蹶不振，多年经济零增长甚至负增长，失业率一路走高，1998年4月突破4%，目前已达到5%以上，失业者自1999年达到300万人以来一直居高不下。严重的失业问题已成为制约日本经济恢复的主要因素。

2. 转型国家就业状况恶化

在中东欧和独联体国家，20世纪90年代初采取了"休克疗法"的经济改革政策，导致对劳动力需求的大幅度减少，失业率迅速上升，达到两位数以上。许多转型国家在计划经济时代形成的经济结构和知识结构都对劳动者转换职业带来重大影响，导致了大量结构性失业的出现。俄罗斯的失业率由1992年的4.7%，上升到1997年的11.3%，近年来虽有所下降，但长期失业（国际通用的标准是失业持续期超过一年以上的失业）、隐性失业和人们因丧失信心而退出劳动力市场等现象都成为更为棘手的经济社会问题。

3. 发展中国家失业和不充分就业严重

发展中国家面临的就业问题与发达国家不同，主要表现为：劳动人口严重过剩，农业劳动力比重较大，劳动者受教育程度较低、不充分就业问题突出。

拉丁美洲国家面临的主要问题是失业率高、劳动报酬减少和就业不稳定。由于国内储蓄率和投资率较低，正规经济部门吸收就业能力弱，过分依靠外资，一旦外部环境急剧变化，其经济增长和就业水平都会受到极大的冲击。

亚洲的印度、巴基斯坦等国家人口压力大，农业劳动力比重大，现代部门创造就业岗位严重不足，非正规经济中的不充分就业现象十分普遍，低收入和贫困问题突出。

此外，韩国、泰国、新加坡等新兴工业化国家，受金融危机冲击，原本比较平稳的就业形势发生剧烈变化，失业率大幅度上升。1990年韩国失业率为2.5%，1999年上升为6.3%。同期，新加坡失业率由1.7%上升到4.6%，泰国的失业率由2.2%上升为4.3%。

（三）世界就业发展趋势

纵观100年来的社会经济发展史，世界就业呈现以下三大趋势：

1. 产业变动进程加快、服务业逐步成为就业主体

工业革命以来，由于农业生产率提高，农业劳动力不断向工业流动；在工业日益走向细分工和专业化的同时，随着人们消费需求的变动和服务业的兴起，发达国家又从"产值的工业化"和"劳动力的工业化"形态，先后进入了"产值的服务业化"和"劳动力的服务业化"。2001年美国的农业、工业和服务业的就业比重分别为2.4%、21.6%和76%（如图1所示）。由图1我们可以得出一个结论，在发达的市场经济国家，服务业已成为就业活动的主体。

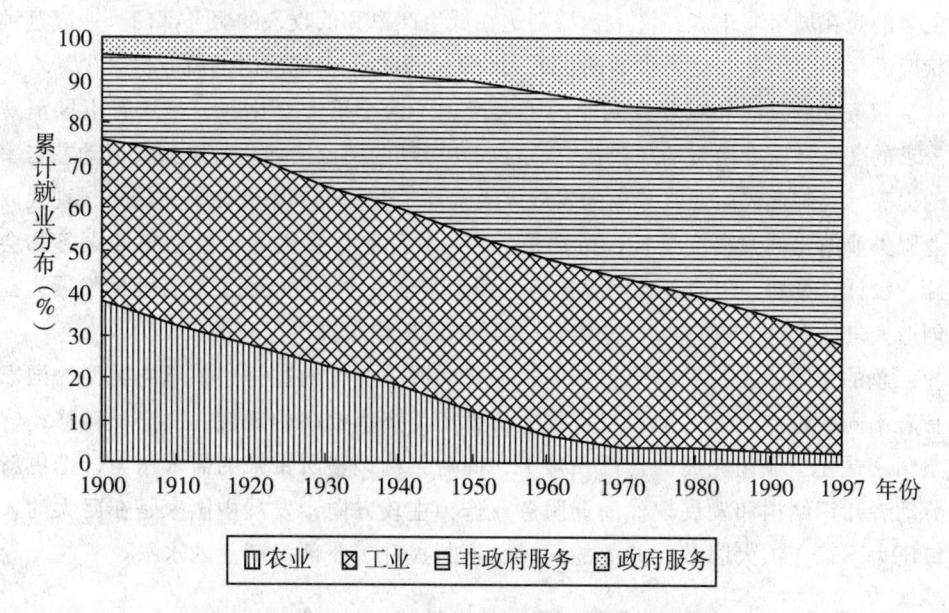

图1　1900～1997年美国主要产业部门就业分布

发达国家是在经历了漫长的经济发展进程之后，才完成了"劳动力的工业化"和"劳动力的服务业化"这两个重要的转变。而后起国家或地区则以较快的速度实现了这种转变。从降低等比例农业劳动力所花费的时间看，美国用了90年（54.8%～17.0%），日本用了57年（56.3%～17.4%），韩国只用了36

年（61.9%~16.7%），如图2所示。

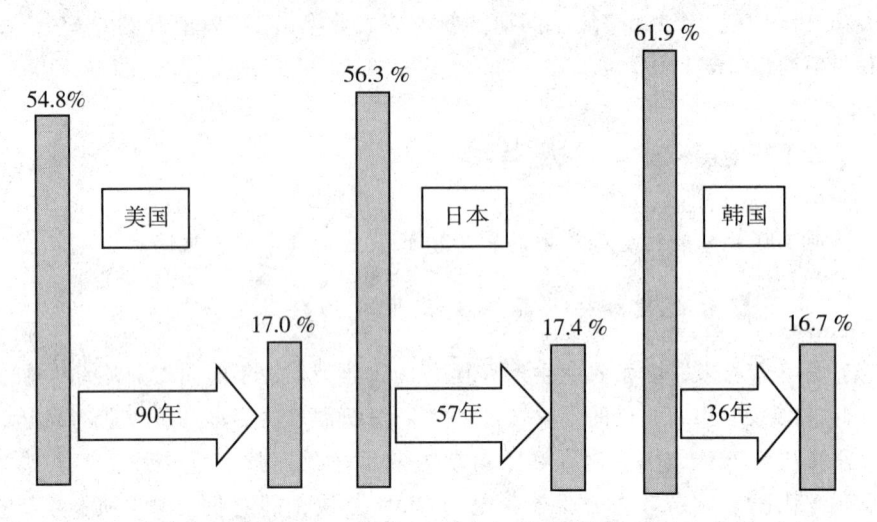

图 2　后起国家与发达国家降低等比例农业劳动力所花费的时间

美国 54.8% → 17.0%　90年
日本 56.3% → 17.4%　57年
韩国 61.9% → 16.7%　36年

在发展中国家，服务部门的就业也在增长，其中有一部分是现代服务业，但更多的是在城市非正规经济中，特别是在低生产率和低收入的服务部门。造成这种状况的主要原因是劳动力供给的压力大，失业率高，正规部门的就业机会少。

服务业的发展和服务业就业的扩大产生了两个重大变化：一是随着市场消费需求的变动和家庭消费的现代化，适合妇女劳动的岗位增加，带来妇女劳动参与率的提高。二是现代商业服务业的发展大大提高了劳动生产率。在发达国家，现代商业服务业的比例大幅度增长，特别是广告、软件和计算机等信息密集性服务和会计、设计、策划、法律、咨询等知识性服务增幅更大。现代商业服务业的发展，在创造大量就业岗位的同时，也为现代经济的高速增长提供了新的推动力。

总的来看，在劳动力结构转向工业化和服务业化的过程中，不同类型的国家有着不同的特点：发达国家是直接向有助于生产率提高的现代三次产业转移；转型国家是在工业化完成的背景条件下，面对结构调整所带来的需求压力，把更新劳动者知识结构和发展现代商业服务业作为主攻方向；发展中国家是在巨大的人口压力下，在扩大服务业就业的同时，不断提升工业部门就业的水平。

2. 灵活就业比重不断上升，就业模式日趋多样化

在传统的工业社会中，工厂制度中的集中就业是典型的就业模式。随着服务业成为经济活动的主体和现代信息通信技术的发展，灵活就业的比重在不断上升，就业模式日趋多样化，出现了短期就业、季节性就业、非全日制就业、家庭就业、自营就业、派遣就业，以及兼职就业、远程就业等多种就业形式。

在发达国家中，从事非全日制工作的劳动者比重在不断上升，数量不断增加。欧盟从1990年的13%上升到2000年的16%，其中荷兰最高，达到30%。美国2002年达到17%的水平，从业人数为2300万。1995年，法国对200万个空缺工作岗位的统计表明，其中有2/3的工作属于中短期合同。

在发展中国家里，灵活就业的方式更多地表现为在非正规经济中就业，1998年，拉丁美洲国家城市劳动力在非正规经济就业的比例达到46%。自营就业、家庭服务和微型企业等非正规经济被称为巨大的"劳动力海绵"。在发展中国家，劳动力市场分化的程度日趋严重：一方面，高技能人才能够在更大的范围内频繁流动，自主择业，获得较好的劳动报酬。在激烈的人才竞争中，如何吸引人才和留住人才的问题，是一大挑战。另一方面，低技能劳动者的就业条件更加不利，劳动者的工资有向下走低的态势。对于广大发展中国家来说，在灵活就业比重不断上升，就业形式日趋多样化的条件下，如何在继续扩大正规经济就业规模的同时，有效促进非正规经济中的就业，并不断改善劳动条件，提供相应的社会保障，已成为解决就业问题的关键。

3. 工作岗位的创造与消失速度加快，就业稳定性下降

20世纪90年代以来，以信息技术为特征的产业革命和日益加剧的全球企业竞争，对就业，特别是对工作组织和职业岗位的寿命产生了巨大的影响，工作岗位创造与消失速度加快，就业不稳定性上升。

高新技术的发展，促进了产业结构的变化，出现了一种以相对成本为基础的全球劳动大分工。发达国家正沿着"价值链"向上移动，而将低附加值的生产对外转包给人工成本较低的发展中国家（比如研发和销售放在本国，而将普通的加工制造放在发展中国家）。在欧美国家，"信息职业"已占各种新职业总和的40%以上。高新技术创造出软件编程、网络设计和通讯服务等新职业，也创造出新的所谓"好莱坞"式的劳动力市场模式①，在这种模式中，劳动者频繁地变换着工作，为不同的雇主服务。由于管理和咨询活动对于经济、社会乃至个人生活的影响越来越大，它们成为另一个发展最快的职业群组。旅游、康乐、健身、医疗以及其他生活服务领域都有许多新职业涌现出来。

在第一产业、第二产业和第三产业中，都有许多传统职业在新的条件下发生了较大调整和变化。传统农民转化成为农机师、农艺师；传统操作工人转化

---

① 这是国际劳工组织在2001年的世界就业报告中，总结信息经济时代就业特征所提出的一个概念。好莱坞是美国电影生产的基地。一般电影公司都不养制片人，也不养导演、演员。还有各类经纪人、律师、会计师等，他们都独立自主。在信息经济时代，有许多职位，如计算机的编程人员与好莱坞的制片人或演员类似，没有固定的雇主和稳定的雇主，以项目或任务完成为起点和终点。

成为数控机床和其他先进设备的操作工；过去的理发员转化为形象设计师，等等。由于技术或产品的更新，以及禁止使用某种材料或工艺，导致一些职业失去市场，目前衰落和消退的职业主要集中在第一和第二产业，第三产业也有部分传统职业消退。

美国劳工统计局曾预测，美国在1996~2006年间，高技能计算机专业人员将是职业增长最快的群体，在计算机和数据处理行业就业人数将增长一倍。新信息和通信技术的扩张将刺激对计算机工程师、系统分析师和信息科学家的需求。同时保持高增长率的还有个人和家政助手等服务性职业。另一方面，就业人数下降最多的将是缝纫工、纺织工、编织机安装工等操作岗位人员。竞争的加剧，还导致了企业寿命的缩短。美国道·琼斯指数挂牌以来，起初上市的几十家公司中，仅有通用电气一家公司幸存。企业寿命的缩短，加大了劳动力的流动性，使就业稳定性下降。就业模式的多样化，也导致了工会组织化程度下降，进一步加剧了就业的不稳定性。

工业化进程加快、服务业逐步成为就业主体；灵活就业比重不断上升、就业模式日趋多样化；工作岗位创造与消失速度加快，就业稳定性下降，是20世纪以来劳动力市场发生的最重要的变化趋势。另外，劳动力市场还有一些新的特点。比如，在经济全球化的进程中，日益增大的人口规模和越来越多的农业劳动力进入城市寻找工作，世界范围内的就业岗位正在成为稀缺资源；又如，劳动密集型产业，特别是制造业，向后起的工业化国家和发展中国家转移已成明显趋势；再如，未来一段时期内，就业岗位的国际化竞争，特别是在发展中国家之间的竞争已经不可避免，世界范围内的劳动者的收入水平差距也在不断扩大等。

三、各国促进就业的战略与政策措施

由于以上就业形势的变化，20世纪90年代以来，西方国家特别是美、日、欧等国家和地区开始实施积极的就业政策。所谓"积极的就业政策"指的是以强化劳动力市场的配置功能、指导劳动力市场的分配结果、提高改革在政治上的可接受度等为目标的一系列就业政策。它们往往能够成为在降低失业风险、增强劳动者就业能力方面卓有成效的干预手段。积极的就业政策主要包括两方面的内容：一方面是通过创造工作岗位、提供工作补贴等手段来协调劳动力需求；另一方面则主要是着眼于对劳动力供给水平的影响，主要措施包括提供公共就业服务和工作搜寻帮助、为失业人员以及面临失业风险的人员提供培训或再就业机会、对失业人员创业行为提供支持、向雇佣失业者的企业提供相关补贴等。

归结起来,各国政府促进就业战略与政策措施主要包括以下四个方面:

(一) 促进就业成为各国政府施政纲领的重要内容

1995 年,在哥本哈根举行的社会发展问题世界首脑会议提出:"把促进全球充分就业作为各国经济和社会政策的基础,并尽最大努力使所有劳动者通过自由选择的、生产性的就业而获得有保证的、可持续的生活条件"。

2001 年,全球就业论坛提出,"工作是人们生活的核心,是人们生存、融入社会、实现自我和为后代带来希望的手段。因此工作是社会和政治稳定的关键。"

1946 年,美国国会通过的第二次世界大战后第一部《就业法》提出,通过相应的财政与货币政策,防止经济衰退,刺激经济复兴,以实现最大程度的就业。至此,政府就业政策体系得以正式确立。在 20 世纪 80 年代,里根政府面对与日本的激烈竞争,把发展新兴信息通讯、生物化学等高科技产业作为施政的重点,为 90 年代的经济持续增长和失业率大幅下降,打下了良好的基础。另外,发展中小型企业,也是战后美国历届政府促进就业战略的重要组成部分。目前,小企业已占美国企业总数的 99% 以上,创造的产值占美国 GDP 的一半,提供的就业岗位在私人部门就业中超过半数,如图 3 所示。

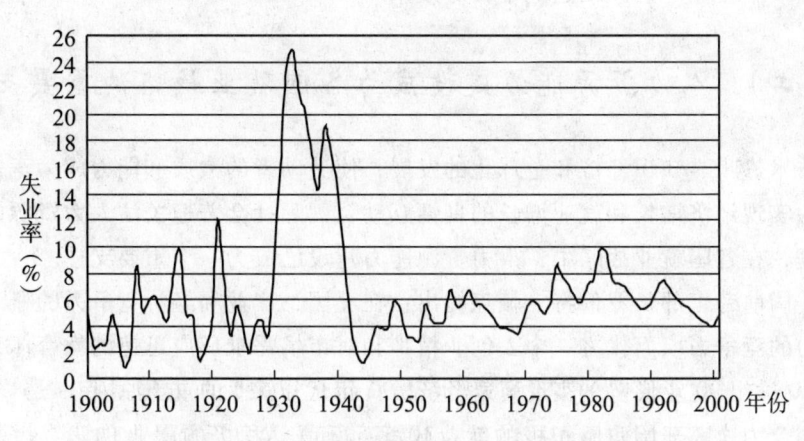

图 3　1900～2000 年美国劳动力失业率

面对严重的失业问题,欧盟在 1997 年 6 月通过的《阿姆斯特丹条约》中首次将就业问题作为独立的内容。同年 11 月,欧盟就业特别峰会确定了"欧洲就业战略"①。要求各成员国每年制定《国家就业行动计划》。在过去 5 年中,欧盟

---

① 该战略提出欧盟就业战略的四大支柱。支柱之一是创业精神;支柱之二是提升就业能力;支柱之三是增加劳动者对新技术与新的市场环境的适应性;支柱之四是男女平等就业。

各国实施就业战略取得了一定的成效,失业率由 1997 年的 10.1% 下降到 2001 年的 7.4%,青年失业率和长期失业率均有不同程度的下降。

在德国,执政联盟 2002 年 10 月发布的施政纲领明确指出:今后的主要任务是减少失业人数和降低国家债务。前任总理施罗德指定经济界、雇主、工会和政府部门四方面人士,组成专门的委员会研究就业问题,在吸收近年来改革思路和周边国家经验的基础上,推出了"哈茨计划"(哈茨本人是大众汽车公司的人力资源主管),包括提高职业介绍效率、创办人力资源服务机构、扶持失业者创业、对企业减少裁员给予资金支持等内容,其目标是激活劳动力市场,引导劳动者积极寻找工作,参加职业培训,实现自主创业和自我雇佣,从而大幅减少失业。

在英国,为改变一些失业者靠福利补贴生活和不积极找工作的现象,工党政府从 1998 年 1 月开始实施"新政",主要举措是将以前实行的失业救济变为"找工作补助",目的是帮助失业者从享受福利补贴走向工作岗位,这一政策也被称为"从福利到工作"的计划。

近些年来,各国政府还注重运用税收、财政、信贷、贸易以及人力资本投资等政策来促进就业,这些政策对扩大就业特别是化解失业的尖锐矛盾,"熨平"经济周期中失业率的波动起到了良好效果。

(二) 人力资源能力建设成为各国就业战略的重要支柱

技术进步、知识经济和全球化的发展,使劳动者的素质和能力成为竞争的核心。为实现经济增长和就业增长的良性互动,国际社会普遍关注人力资源的开发与管理,在各国就业战略中,人力资源能力建设已成为一个重要支柱。

美国前劳工部长罗伯特·赖克提出:在美国,产业和经济竞争力的概念应由劳动力的竞争力取而代之。个人创业精神和对市场需求反应迅速的教育体系,是美国 20 世纪 90 年代以来实现高速经济增长和充分就业的重要原因。

迄今为止,美国政府先后颁布了 10 多部有关人力资源开发的法案,其中最主要的有《人力开发与培训法》、《职业教育法》和《国家就业和培训法案》。美国企业每年用于教育、培训和提高员工技能的投资总额高达 600 多亿美元。克林顿上台后通过了《美国再就业法案》,强调为失业者提供有针对性的高质量培训,政府拨款资助再就业培训计划,每年培训 100 万左右的失业人员。

欧盟在就业战略中明确,以创业为核心的企业家精神和借助现代化的教育与培训体系提升就业能力,是两个最为重要的支柱。

日本政府推出"日本新生计划",把"培训具有世界通用技术和能力的人才"作为重要内容，并由政府提供补贴，鼓励企业对 45 岁以上的富余人员进行培训。1997 年后，"山一证券"和"八佰伴"等大型企业的破产，给日本过去强调的"不解雇一个员工"的观念带来巨大冲击。恶劣的经济环境使一批大型企业放弃了传统的终身雇用制度。员工开始强调自身人力资本投资，注重自身素质的培养。同时，国家也开始通过提供培训补助等方式，鼓励个人通过自主学习提升就业能力，以促进就业。

韩国政府在 20 世纪 80 年代提出建设"技能强国"的目标，大力开发工人技能，不但促进了就业，而且促进了韩国经济的起飞。亚洲金融危机后，韩国从 1999 年开始实施"职业能力开发和培训 3 年计划"，将信息等知识经济产业作为职业培训发展的战略重点，根据产业需求制订培训计划，注重对失业者的技能培训，政府提供部分补贴。职业能力的开发对韩国及早走出危机发挥了重要作用。

亚太经合组织在 1996 年将人力资源开发列为经济技术合作 6 大优先领域之首，近年来所开展的项目中，属于人力资源能力建设的占 42%。从 1996 年至 1999 年亚太经合组织先后召开了 3 次人力资源开发的部长级会议，2001 年还在北京召开了各成员领导人出席的"人力资源能力建设高峰会"，就实施新型就业战略达成共识，标志着在这一领域从理论研究走向实践。

国际劳工组织 1999 年"世界就业报告"集中阐述了教育和培训对提升就业能力的作用。强调指出，面对技术的迅速变化，要建立终生学习制度；为增强经济活动创造就业的能力，必须突破技能短缺这一瓶颈现象。特别强调，教育和培训机构应当从供给导向型向需求导向型转变[①]，通过改革，提升教育和培训对市场变化的快速反应能力。

（三）完善就业服务体系成为实现就业目标的重要手段

就业服务兴起于 20 世纪初。最初的作用是改善失业者的生存境况，维护社会的稳定。40 年代末至 60 年代，西方国家经济高速增长，就业需求扩大，为满足劳动力供求双方结合的需要，就业服务迅速发展。在许多国家，收集、发布岗位信息和介绍就业，已成为政府公共服务的重要内容。70 年代至今，就业服务体系的功能不断扩大，逐渐成为国家就业政策最直接的执行者。

美国劳工部在 90 年代提出，企业、求职者和公共、民间职业介绍机构要共

---

① 所谓供给导向型，是指教育和培训的内容、方法等依据现有的师资，即所谓有什么样的老师开设什么样的课程，而不考虑社会的需要，比如企业的需要和政府的需要等。这主要是由于计划经济所导致的一种教育资源配置的一种现象，也使得教育的生产率很低。

同努力，构建就业服务网络系统，使求职者通过网络直接获取劳动力市场信息。整个系统由劳动力市场信息系统、培训网络、岗位银行和人才银行4个数据库网络相互连接组成，提供全方位的就业信息和就业服务。1997年，美国岗位银行每天登记的岗位需求信息量有70万~90万条，全年有超过1 200万人次的访问量。另外，1998年的《劳动力投资法案》以法律的形式确定了"一站式"就业服务体系，要求将原来分散在不同地方的就业工作集中在一个场所，为劳动者提供求职帮助、就业咨询、职业介绍、职业培训、申领失业津贴等多项服务。

德国在2002年11月通过《劳动力市场的现代服务业法案》，明确在全国建立"人力资源服务机构"，由该机构雇用失业者，再将他们派到其他用人单位工作。实行工作介绍、职业咨询、转岗培训和再就业扶助等"一条龙"服务，成为目前德国劳动力市场就业服务体系的主要特点。在法国，国家就业管理局在全国拥有850个分支机构。1996年，就业管理局开展的职业介绍在法国就业市场上的份额达到40%。在加拿大，政府高度重视职业指导工作。从80年代开始，通过开发技术、培训人员、编制指南、评估效果等多项措施推进职业指导工作，在促进失业者的就业中发挥了积极作用。

总体而言，各国政府都高度重视就业服务体系的建设。就业服务手段日趋现代化，就业服务方式更突出"一站式服务"，促进了服务功能的完善和服务效率的提升。需要特别提出的是，各国就业服务的发展，是建立在规范和准确的劳动力市场信息统计的基础上的。20世纪30年代的大危机和以后的几次大变动，引发了经济学家对劳动力市场信息统计的高度重视和深入研究。各国都开始加强对工作岗位增加和消失等动态信息的收集和分析，强化对劳动力市场变化的研究和监控。这也是90年代以来各国完善就业服务体系的重要内容（比如5%的失业率，是5%的人100%的时间都失业了，还是100%的人，5%的时间失业了，或者是其他。其效果评估是不一样的）。

（四）就业立法成为政府调节劳动力市场的主要依据

通过立法，确立政府对促进就业和管理劳动力市场的角色与地位，规范劳动力市场中政府、企业、求职者三方的行为，维护市场的公平，保护就业困难群体是世界各国劳动力市场建设的突出特点。

在美国，自1926年制定实施第一部劳动法规《铁路劳动法》以来，已出台64部相关法规。1933年的《瓦格勒法案》，规定在劳工部设立培训与就业服务司，专门提供各种各样的就业服务。2002年的《行业调整改革法案》，规定对那些受到产业结构调整影响的工人提供一定的财政援助。由此看出,在美国这样强调高度自由市场经济的国家,在就业方面的政府行为也是不可或缺的,从就业服务、职业培训到对失业者的扶助,每一项工作都有法律法规的依据,并明确资金的投入,做出制度性安排。

英国于 1909 年制定了《劳工交换法》,规定在全国各地设置服务机构帮助失业者就业,该法通常被认为是世界上第一部就业服务法。1948 年的《就业与培训法》,授权劳工部发布全国就业信息,指派就业委员会举办成人就业培训,辅导劳工异地就业等。1964 年的《工业培训法》,授权成立工业培训委员会,加强劳工培训工作。一个世纪以来,英国制定了大量的劳动法案,比较重要的就有 66 部。其目的是维护劳动力市场的公平,促进社会就业水平的提高。

日本的劳动立法中大部分都与就业有关,其中最为重要的有《劳动基准法》、《职业安定法》、《雇佣对策法》、《最低工资法》和《雇佣保险法》等。这些法律的基本精神,都是强调政府及雇主在就业方面的责任和义务,以保障劳动者的就业权,并实现职业安定和社会经济的发展。

综上所述,世界就业的发展趋势在不同国家不同阶段,都面临不同的问题。但总的趋势是,产业变动进程加速,服务业成为就业主体;灵活就业比重不断上升,就业模式多样化;工作岗位的创造与消失速度加快,就业稳定性下降。各国政府纷纷将促进就业置于国家发展的战略地位,在加强人力资源建设、强化就业服务体系和完善劳动力市场的法制化建设等方面,做了大量工作,对促进就业产生了积极作用。参考和借鉴世界各国促进就业的政策、办法和改革措施,对研究和解决我国的就业问题具有十分重要的意义。

附录二

全面建设小康社会就业战略的若干问题思考[*]

就业是民生之本、安国之策，关系着人的生存发展，也关系着社会的安定团结，是"人民群众最关心、最直接、最现实的利益问题"，只有解决好就业问题才能促进社会主义和谐社会的建立。实现社会就业比较充分是在我们这样一个人口众多、劳动力资源丰富的大国必须长期面对的重大民生问题。《劳动和社会保障事业"十一五"规划纲要（2006～2010年）》（以下简称《纲要》）将解决就业问题放在突出的位置，明确指出要实施积极的就业政策作为促进经济社会协调发展的重要内容，强调要把扩大就业作为经济社会发展和调整经济结构的重要目标，实现经济发展和扩大就业良性互动。

《纲要》以科学发展观为统领，阐述了"十一五"时期我国就业面临的严峻形势，明确了未来五年促进就业的指导思想、方针原则和目标任务，规划了具体任务，提出了实现既定目标和任务的政策措施。《纲要》与"十一五"经济社会发展规划相衔接、相配套，不仅对整个"十一五"时期的劳动和社会保障事业发展有重要的指导意义，而且为以后的更快发展打下坚实的基础，对顺利实现全面建设小康社会的宏伟目标具有重要作用。其中，以下几个问题尤其值得我们关注与思考。

一、建设劳动力市场基础信息平台

一个科学、全面的劳动力市场信息平台，能够从劳动力供给、需求、价格、构成、流动和资源利用等多个角度反映劳动力市场运行状况、劳动力市场的活力

---

[*] 本附录由曾湘泉、牛玲执笔。原载《中国劳动保障报》2007年3月17日，中国人民大学报刊复印资料《劳动经济与劳动关系》2007年第1期全文转载。

和调整，不仅是国家进行宏观调控和微观指导的基础，也为企业和劳动者进行决策提供依据和支持。同时，作为市场经济重要组成部分的劳动力市场是国家经济运行状况的宏观反映，劳动力市场信息涉及对宏观经济形势有利或不利的准确判断。因此，建设科学、准确与及时的劳动力基础信息平台，对于充分发挥劳动力市场测量在国民经济、社会发展和企业经营管理中的作用，准确把握就业形势具有十分重要的意义。

　　经过多年的探索，我国的劳动力基础信息平台建设已取得了长足的进步，基本形成了以就业与失业的测量为主的信息体系，但与政府宏观经济政策制定的科学化和规范化的要求相比，我国的劳动力基础信息平台仍需进一步完善，具体表现在以下几个方面：第一，从理论层面来看，尽管我国目前开始重视劳动力市场指标体系的建设，着手进行市场化条件下的劳动力失业统计的改进，但迄今还没有一套有效的描述我国劳动力市场中就业、失业和非劳动力的理论分析模型。第二，我国经济形式与就业形式日趋复杂化、多元化，灵活就业比重持续上升，使得现有劳动力范畴的分类、劳动力市场的指标体系和具体的统计实施很难对劳动力市场供给和需求的状况做出客观的判断，出现了公布的劳动力市场数据与实际状况不相吻合的现象。第三，职位空缺测量、失业预警等劳动力市场预测体系建设还比较滞后。劳动力市场预测是通过职位空缺测量、失业预警等手段对劳动市场上劳动力的需求与供给进行的预测，对市场经济条件下的劳动者职业生涯设计与求职、企业及其他用人单位的人力资源规划与用工招聘、政府的宏观劳动力资源规划与劳动力市场的宏观调控，以及社会的人口与教育事业的发展、人力资本投资政策的制定等都有着重要的意义。因此，要提高战略管理的预见性和科学性，必须提高职位空缺预测以及失业风险预警的水平和能力。

　　作为"十一五"时期劳动和保障事业发展的纲领性文件，《纲要》把劳动力市场基础能力作为发展劳动和社会保障事业的重要保障措施之一，强调要按照"完整、正确、统一、及时、安全"的建设要求，通过建设就业监测、失业预警体系和薪酬调查系统，完善职位分类与职位空缺调查，形成包括规划预测、统计分析、监测预警等在内的多层次的科学决策支持体系。《纲要》的实施，将进一步巩固我国"十五"期间劳动力市场信息平台建设的各项成果，对于推进政府宏观决策的科学化与规范化，顺利实现全面建设小康社会的宏伟目标具有重要作用。

二、提高劳动者就业能力

　　研究表明，我国目前的自然失业率为5%左右（曾湘泉、于泳，2005），即结构性失业和摩擦性失业是我国劳动力市场上突出的问题。因此，造成我国的就业形势严峻的原因不仅仅是供需总量方面的差距，更重要的是我国供需深层次的内在冲突。一方面，我国虽然是一个劳动力绝对数量比较丰富的国家，在国际产业转移过程中具有很强的劳动力比较优势，但是长期以来职业技术教育的匮乏，在职劳动力的受教育程度较低，技能开发不足，包括农民工与下岗失业人员在内的劳动者就业能力不强，导致我国劳动力市场上在面临越来越严重失业问题的同时，仍然表现出十分突出的技工短缺问题，各技术等级的劳动者在劳动力市场上处于供不应求的，其中技工和技师严重短缺。另一方面，当前伴随我国高校年年扩大招生比例，导致大学生就业，尤其是高学历人才的就业遇到很大挑战，而这与求职者的知识和技能结构有极大的关系，意味着劳动力市场上的需求方和供给方出现了结构性的矛盾。

《纲要》对我国的就业形势进行了科学的分析，指出劳动者整体技能水平偏低，高技能人才严重缺乏，与加快经济增长方式转变、推进产业结构优化升级的要求不相适应是我国现阶段就业面临的突出问题。针对这些问题，《纲要》提出了三项任务，一是要加快培养经济社会发展需要的技能劳动者。要通过充分发挥现有教育培训资源的作用，依托大型骨干企业和职业院校、高级技工学校、技师学院等重点职业教育培训机构、建立一批示范性、国家级高技能人才培训基地和区域性公共实训基地。《纲要》还特别提出要大力开展对农民工的技能培训和引导性培训，提高农民职业技能、转移就业能力和外出适应能力。同时完善劳动预备制度，最终实现90%以上的城乡新增劳动力在就业前接受必要的技能培训的目标；二是要进一步完善职业资格证书制度，形成技能劳动者的评价、选拔、使用和激励机制。职业资格证书制度是劳动就业制度的一项重要内容，开展职业技能鉴定，推行职业资格证书制度，是我国人力资源开发的一项战略措施。对于提高劳动者素质，加强技能人才培养，促进劳动力市场的建设和经济发展有重要的意义；三是加强职业教育和培训技术支持和服务体系建设，如完善国家职业分类和职业标准建设，广泛利用现代培训手段，建立技能人才库、技能成果信息库等。总体而言，《纲要》按照统筹协调可持续发展的要求和改革创新的思路，把就业工作放在国民经济和社会发展的全局中，既关心就业数量，更强调就业质量，充分体现出科学发展观的基本原则，为实现比较充分就业的目标奠定了基础。

三、强化政府促进就业的公共服务职能

国际经验表明，劳动力市场上的中介服务体系建设是政府就业战略制定以及

战略实施过程中的主要内容,对促进就业而言,其扮演着十分重要的角色。劳动力市场中介服务体系的作用主要表现在提高劳动力市场信息匹配,降低摩擦性失业,提高就业效率等方面。在全面建设小康社会的进程中,实施政府就业战略,必须有中介服务体系的有效参与。

目前我国劳动力市场中介服务体系尚处于低层次、不合理状态。尤其是我国的公共就业服务体系被分割为劳动和人事两个不同部门分别管辖的系统之下,从事中介服务人员的专业知识和能力与迅速发展的市场需求相比,存在较大的缺口,管理人才匮乏,公共就业服务组织的社会化、市场化、产业化程度不高,经营效率很低,其对我国劳动力市场上增加就业和减少失业作用有限。因此,建立制度化、专业化、社会化的公共就业服务体系是《纲要》提出的主要目标之一。针对我国公共就业服务体系地区发展不平衡的问题,《纲要》提出要完善覆盖城乡劳动者的就业管理服务体系,建立健全县乡公共就业服务网络,强化政府促进就业的公共服务职能。以城市为中心逐步实施公共就业服务统筹管理,完善服务手段,开发服务项目,拓展服务功能,为城乡各类劳动者提供有效服务。同时,公共就业服务组织的重要服务对象应是就业弱势群体,《纲要》中特别强调要完善对困难地区、困难行业和困难群体的就业援助制度,包括为农民工、下岗人员提供公益性的就业服务,如就业培训、求职服务等。此外,随着我国劳动力市场中介组织的发展,各类民营、外资与合资盈利性中介组织在就业促进中发挥的作用越来越大,《纲要》也支持发展各类专业性职业中介机构和提供劳务派遣、职业咨询指导、就业信息指导、就业信息服务等服务的社会化服务组织。逐步建立政府购买就业服务成果的机制,充分发挥社会各类就业服务机构的作用。

四、加强劳动力市场规制

政府在劳动力市场上扮演着不可忽视的角色,突出表现在政府对劳动力市场的规制方面。《纲要》始终把切实维护广大劳动者的合法权益放在工作的出发点和落脚点,从三个方面对"十一五"期间劳动力市场的规制问题进行了规划:

第一,健全劳动力市场立法。

通过立法,确立政府对促进就业和管理劳动力市场的角色和地位,规范劳动力市场上政府、企业、求职者三方的行为,维护市场的公平,保护就业特殊群体,是世界各国劳动力市场规制的突出特点。《纲要》指出我国在"十一五"期间,不仅要继续健全劳动保障法制建设,修改完善劳动法、制定劳动合同法、促进就业法、社会保险法和劳动争议处理法,加强劳动标准的制订修订工作,同时还要加强劳动保障监察制度和体制建设，加大监察执法力度，提高劳动力市场主体的守法意识。《纲要》强调政府及雇主在就业方面的责任和义务，重点保障劳动者的就业权和职业安定，促进了社会经济的稳定发展。

第二，消除劳动力市场歧视。

歧视是劳动力市场上的一种普遍现象，包括雇主歧视、统计性歧视和双重劳动力市场等，最常见的是一种统计上的歧视，也就是说设置了某种障碍后，挑选的范围会大大缩小，因此降低了筛选成本。在消除歧视的过程中政府无疑起到重要的作用，世界各国都把消除劳动力市场歧视现象作为劳动力市场规制的重要内容。在我国劳动市场歧视主要表现在性别歧视、地域歧视、年龄歧视，产生这些歧视的重要原因在于我国的城乡二元结构与劳动力市场分割状况。《纲要》把建立城乡统一、平等竞争的劳动力市场，逐步消除就业歧视作为"十一五"期间的主要任务之一。对农民工要取消农村劳动力市场进程和跨地区就业的限制，改善农民工进城就业的就业环境；对新成长劳动力特别是高校毕业生，要规范劳动者求职、用人单位招聘和职业中介行为。这必将有力推动我国建立统一、有序的劳动力市场，保障劳动者的合法权益，为劳动者提供和谐的就业环境。

第三，提高企业人力资源管理水平。

企业是构成劳动力市场的微观主体，其人力资源管理体制的规范化与科学化直接关系到劳动力市场是否能公平、有序地发展，因此，规范企业的人力资源管理体制也是劳动力市场规制的重要内容。随着我国城镇化、工业化和经济结构调整，以及经济成分多元化和就业形式多样化，劳动关系更趋复杂化。但我国很多企业的人力资源管理还缺乏科学的规划，缺乏长期有效的激励手段和科学的绩效评估手段，尤其是工资分配关系不合理，分配秩序不规范的矛盾日趋突出。针对这些问题，《纲要》强调要从微观角度，调节企业工资收入分配，规范工资分配秩序，推进企业工资决定机制的转变。这将有利于我企业完善薪酬管理体制，提高人力资源管理的科学性，进一步推进劳动力市场的健康发展。

附录三

青年学生就业能力提升与就业战略[*]

青年学生具有较高的人力资本水平，是劳动力市场上的优势群体。但随着全球化的发展与知识经济的冲击，青年初次与持续就业所需的能力门槛更是逐年提高，青年学生必须具备能够满足新经济要求的核心就业能力才能成功发展，而如何在高等院校和职业技术学校中有效协助学生发展就业能力，已成为许多国家青年政策的焦点。在全面建设小康社会的进程中，青年逐步成为我国就业战略中需要重点关注的群体，我国也相继出台了一系列促进青年学生就业的措施，但现有教育人才培养体系还缺乏必要的就业市场需求导向，教育通过人力资本投资培养出来的青年学生在知识和技能结构上与劳动力市场的需求存在脱节，青年学生就业的结构性矛盾日益突出。

一、问题的提出

（一）青年就业已成为我国就业战略研究关注的重点领域

青年是社会的未来和希望，是经济发展过程中最具增值潜力的人力资源。青年的就业能力和就业水平将直接关系到社会的稳定和经济的发展，世界各国在就业研究中都普遍将青年作为重点的关注对象。当前，我国正在大力构建小康社会，以科学的发展观解决失业问题，尤其是解决青年的失业问题，已经成为在新形势下我国政府保持社会稳定、促进经济发展的重要目标。

近年来，伴随国企改革的不断深化，有关下岗再就业问题的研究取得了很大

---

[*] 本附录由曾湘泉、王霆和牛玲执笔。

成果，在政府和社会各界的共同努力下，我国的再就业工程走上了制度化建设的顺利发展道路，城市下岗职工再就业问题在一定程度上得到了很大缓解，劳动力市场的主要矛盾在进入新世纪后已逐渐发生变化。2005年开始，劳动力市场表现最为显著的特征就是：在20世纪80年代出生的接受高等教育的青年以每年300万~400万的规模进入就业市场的同时，90年代出生的人口也将陆续达到就业年龄。中国青年人口规模大，每年新成长劳动力数以千万计，青年就业问题开始在劳动力市场上日益突出，目前在城镇登记失业人员中，35岁以下青年就占了70%左右。

虽然实行基本国策30多年全国累计少出生3亿多人，我国的人口出生率由实行计划生育以来的峰值年份1988年的22.37‰逐年下降到2003年的12.41‰，总和生育率已经降到更替水平之下，但是，庞大的育龄人口基数决定了到2020年新增劳动人口每年仍然保持在1 500万~2 200万之间，新成长劳动力就业需求十分旺盛。劳动力市场的变化决定了当前我国就业战略研究重点的转移：在体制转型和国有企业改革中的城市下岗职工再就业问题逐步退出历史舞台后，青年就业问题将越来越成为中国应着力解决的就业重点和难点，我国就业战略研究所关注的重点领域已经从下岗职工问题转向青年就业。

（二）学生就业能力不足是导致我国青年失业的主要原因

1. 当前大学生就业难的核心问题在于就业能力不足所导致的结构性失业

据教育部统计数据，2009年高校毕业生规模达611万人，为近年来高校毕业生人数之最，再与往年未能就业的150万大学生叠加，大学生就业难问题已经十分突出。高校毕业生就业问题研究的关键是要把握住问题形成的原因，国外大多数相关研究分别是从需求、供给以及供求匹配等三个角度来进行（Niall OpHiggins，2002）。目前国内研究主要是从总量失业、摩擦性失业、结构性失业三个方面来解释我国近年来出现的大学生就业难现象。在三种成因中，首先，供给总量上的压力是转型时期相对存在的（赖德胜，2001），是高校扩招行为短期造成的（杨伟国，2007），甚至由于统计指标的局限存在一定夸大的成分（曾湘泉，2004）；其次，摩擦性失业对大学生就业的影响是间接的，通过完善就业中介，强化就业指导是可以得到有效缓解的（姚裕群，2004）。只有第三个原因——结构性失业才是当前我国高校毕业生就业中的核心问题，也是研究中的薄弱环节和现实中较难解决的深层次问题，如果不能有效解决将会长期影响我国高校毕业生就业。谢作诗、杨克瑞（2007）认为，大学生就业难问题的实质是经济社会大量需要的是具有一定的理论知识、熟悉某项操作与技能的实务型人才，但现实的人力资本供给却与这样的需求结构不相吻合，这是大学生就业难问题存在的唯一合理的解释。杨河清（2007）对北京市大学生就业劳动力市场需求的调研显示，市场对大学毕业生的就业能力有比较高的期待，但实际上大学生还做不到：60%的被调查企业反映，应届大学毕业生到岗工作，实际知识的应用率不足40%，反映出大学在专业设置、能力的培养、课堂知识方面存在着比较大的问题。30%的被调查的大学生反映，在校学习的知识离市场需求很远，还有30%的学生认为所学知识陈旧，因此认为当前北京地区大学毕业生的就业问题已相当严重，并且主要表现为结构性问题。

2. 我国职业技术教育发展应当把培养学生就业能力作为重要目标

我国社会经济的发展不仅需要高层次的技术创新人才，也需要一大批能够适应产业发展需要的高技能劳动者，职业技术教育担负着培养高技能人才的使命，在我国现代化教育体系中发挥着越来越重要的作用。伴随我国市场经济的深入发展，特别是加入WTO后产业结构发生了重大调整，新技术、新工艺、新流程的出现对于技术工人的技能提出了更高的要求，对我国劳动力市场的就业环境产生了重大影响。当前我国劳动力市场结构性失业问题十分突出，一方面表现为我国有着丰富的劳动力资源，但另一方面技工短缺现象也十分普遍，出现明显的职位空缺和失业共存的状态。这对我国职业技术教育提出了全新挑战，以市场需求为导向"培养学生就业能力"已成为我国职业技术教育发展的重要目标，是实现职业技术学校毕业生素质就业的战略选择。2005年全国职业教育工作会议就明确提出"提高职业技术学校办学水平和质量的关键在于以就业为导向"。

二、国外高度重视青年学生就业能力的研究和培养

根据国际劳工组织定义，就业能力是"个体获得和保持工作、在工作中进步以及应对工作生活中出现的变化的能力"。高等教育和职业技术教育是培养高级人才和高技能劳动者就业能力的重要途径，为了指导教育的发展能够更加体现市场需求以有效解决青年学生就业问题，国外发达国家的很多机构都开发了青年学生就业能力模型，美国劳工部获取必要技能秘书委员会（SCANS，1991）、澳大利亚教育研究委员会（ACER，1992）、英国教育与就业部（DFEE，1997）、加拿大会议委员会（CBC，2000）等分别都从自身劳动力市场特点提出了就业能

力模型。针对大学生特点,1993 年美国缅因州劳动就业机构和商业界认识到就业环境与工作的内容已经发生变化,提出了 8 项大学生就业能力和素质要求,奈特和约克(Knight and Yorke, 2002)提出了大学生就业能力构成的 USEM(理解力(understanding)、专业技能及通用能力(skills)、自我效能感(efficacy beliefs)、元认知(meatacognition))理论,布伦南(Brennan, 2001)在对一些欧洲国家和日本高校毕业生进行比较研究的基础上,在 36 项能力清单中提出了 10 项对大学生最重要的就业能力,并对不同国家和不同专业学生的就业能力进行了量化评估。此外,黑尔芝和波拉德(Hillage and Pollard, 1998)等人也分别提出了大学生的就业能力框架。加德纳(Gardner, 1998)、哈维(Harvey, 2001)、柯伯特(Crebert, 2004)等人则针对大学生就业能力的结构和特征,指出了提升大学生就业能力以解决结构性失业问题的主要措施。同时,国外还有学者指出提升学生就业能力可以实行"就业能力卡",卡片记录包括学习成绩、实习记录、能力评价、就业期望与职业发展规划等内容,学生既可以通过"就业能力卡"证明自己的就业能力和就业态度,雇主也可以通过此卡进行筛选。

三、当前我国青年学生就业能力缺口及其原因分析

青年学生作为初次就业人群,其就业能力往往难以满足用人单位的实际需求,在劳动力市场的供需双方之间存在一定的就业能力缺口(Employability Gap),从而产生结构性失业。在全面建设小康社会的过程中,我国青年学生结构性失业问题尤其突出,其主要原因是社会经济快速发展,而我国教育改革相对滞后,培养的青年学生难以满足用人单位的能力需求,造成劳动力市场形成明显的失业—空缺(Unemployment – Vacancy, U – V)状态。下面我们将分别讨论当前我国大学生和职业技术学校学生就业能力的缺口及其产生的主要原因。

(一)当前我国大学生就业能力缺口及其成因分析

科技的迅速发展、产业结构的快递升级使得工作环境与工作内容发生了巨大变化,大学生就业所需的知识与能力随着产业结构变迁而迅速改变,大学生初次与持续就业需要的就业能力逐年提高。经济合作与发展组织(Organisation for Economic Co-operation and Development, OECD, 2001)的研究报告指出,要胜任知识经济的工作要求,受雇者必须能展现以下能力:团队合作、能在不明确的环

境中进行协作、问题解决、能处理非例行程序、能担负决策责任、沟通技能以及能从较宽广的维度来理解工作场所的发展。随着劳动市场剧烈变化，职业生涯发展呈现出多元化、弹性化的趋势，大学生必须强化核心就业能力，才能适应多元与弹性的职业生涯发展。

此外，我国服务业发展迅速，从业人员在三大产业中比重从1978年的70.5∶17.3∶12.2调整至2005年的44.8∶23.8∶31.4。与传统的工业部门相比，服务行业利润增长主要来自顾客服务的贡献，雇员需要更多的人际关系技能和积极的态度等，并协调好与其他雇员的工作关系，大学生必须具备一系列的软能力才能符合服务业发展的需要。有研究显示，目前我国大学生的就业能力满足工作的程度只能达到70%（盖洛普，2007），尤其是敬业精神、沟通能力与解决基本问题的能力等软能力亟待提高。软能力经常和一个人内在的、情感的、行为的技巧联系在一起，在个人行为和人际关系管理方面发挥更重要的作用，包括沟通、团队工作、问题解决、自我管理能力，遵守道义，在解决问题和发现机会的时候充满创造性，对不同的价值观敏感，敏捷以及乐于变化等能力。

国内学者近年来意识到就业能力对于解决大学生结构性失业的重要性，提出了各种不同框架的大学生就业能力模型（郑晓明，2003；郑学宝、孙健敏，2005；汪怿，2005；钟一彪，2006；魏立明，2006），并且分别从雇主的需求行为（唐镰，2004）、就业质量（李颖等，2005）、不同专业的需要（王建中，2006）、素质教育（叶松庆，2005）、终身学习（刘小平，2006）、心理发展（贾利军，2006）、能力培养（刘冰峰，2006）以及人力资本（黄敬宝，2008）等角度研究大学生的就业能力。我国大学生存在较大就业能力缺口的问题其实早已存在，只不过因为在高校扩招前由于高等教育的供给能力有限，大学生作为高层次人才十分稀缺，从而使这一问题得以掩盖。伴随近年来高校扩招比例的逐年增长，再加上市场经济促使用人单位对高层次人才的能力要求在不断提高，大学生就业能力不足的问题日益凸显，导致当前我国人才市场上表现出明显的U-V结构性失业状态，成为困扰我国高等教育健康发展的难题。虽然高等教育相对于社会经济发展存在一定的滞后性，即使发达国家也有这样的特点，但是高等教育改革如果不能快速响应社会经济发展的实际需求，其培养的学生就难以适应市场需要，导致人才市场上供需双方结构性矛盾突出，使有限的教育资源无法产生合理的人力资本投资回报。

当前我国高等教育已经从精英教育走向了大众教育，但高校普遍还是把研究型院校作为发展战略，一味追求大而全、高而尖的精英教育思想依然是高等院校的主流意识。"为人类的知识殿堂做出创造性的贡献"固然是大学的基本职责，但是本科教育不能脱离社会经济发展的实际需要，毕竟大多数本科生毕业后将面临就业。我国在转型期间急需要大量中、高层次的技能型、应用型人才，经常会出现 10 万高薪却找不到合适的高技能人才现象。因此，高校在对大学生培养上应该考虑分类发展的思路，对一部分有愿望在科研上发展的研究型学生注重其研究能力和研究方法的培养，而对大多数未来面临就业压力的应用型学生则应有意识地去加强其就业能力的培养。提升大学生就业能力应当成为我国高等教育大众化发展阶段的重要目标，这一目标要贯穿于本科生培养模式的每一环节。

我国大学生就业能力缺口过大是造成当前高校毕业生结构性失业的主要原因，从人力资源供需角度来分析，一方面，作为需求方的用人单位普遍缺乏对岗位技能需求的调研，行业发展对专业性人才需求缺乏必要的技能标准，人才市场需求信号不清晰，传递渠道不畅通，导致高校在对人才进行专业培养时只能闭门造车，培养目标和用人单位实际需求相差很大，知识陈旧，教材老化，学生就业能力也就很难得到有针对性的发展。另一方面，作为供给方的高校受体制的束缚，在学科建设、专业设置、培养方案、教学方法、师资力量等方面还很难体现"以大学生就业能力提升为导向"的指导思想。目前高校在学科建设和专业设置上多从自身学科发展逻辑出发，很难从真正意义上考虑市场实际需求，尤其是很少判断现在招来的学生四年后毕业时面临的市场真实需求，而是一味开设当前的热门专业，导致大学学科专业设置严重趋同，盲目追求综合化成为风气，其人才培养的最终结果必然是供不符求，产生结构性失衡。而在学生培养过程中，高校办学模式千篇一律，人才培养还是重知识轻技能，培养出来的学生思维方式雷同，知行难以合一。除专业知识和技能以外，大学生普遍缺乏对于就业而言尤为重要的创新能力、学习能力、人际交往、组织管理等通用能力，责任心、团队合作、成就意识等软技能方面也是欠缺较大。

（二）当前我国职业技术学校学生就业能力缺口及成因分析

当前我国职业技术学校学生的就业能力与用人单位的能力需求相比还存在很大的缺口。2007 年针对交通行业职业技术学校学生用人单位的一项问卷调查表明，目前职业技术学校学生在就业过程中最突出的问题排在前三位的是"自我定位不好"、"实践动手能力差"和"复合适应力差"（见图 1），这说明职业技术学校应加大培养学生的动手实践能力，增强通用技能和综合素质以提高其复合适应能力，同时更为重要的是在培养过程中就应该帮助学生增强就业时的自我定位。此外，问卷中"应聘技巧欠缺"、"专业理论不扎实"、"知识面狭窄"等选项排在最后，说明在职业技术学校学生就业过程中，应聘技巧、专业理论、知识面并不是决定性的，这和大学生等高学历毕业生就业过程的状况有很大的不同，用人单位更加看中的是职业技术学校学生动手实践能力,并且能够适应环境、脚踏实地地承担工作职责。

```
%
60  55.10
       52.00
50            42.90
                   38.80
40                       32.70
                              23.50
30                                  21.40
                                        19.40
20                                              13.30
10                                                    1.00
 0
```

图例:自我定位不好、实践动手能力差、复合适应力差、职业意识模糊、创新能力不足、专业能力不足、知识面狭窄、专业理论不扎实、应聘技巧欠缺、其他

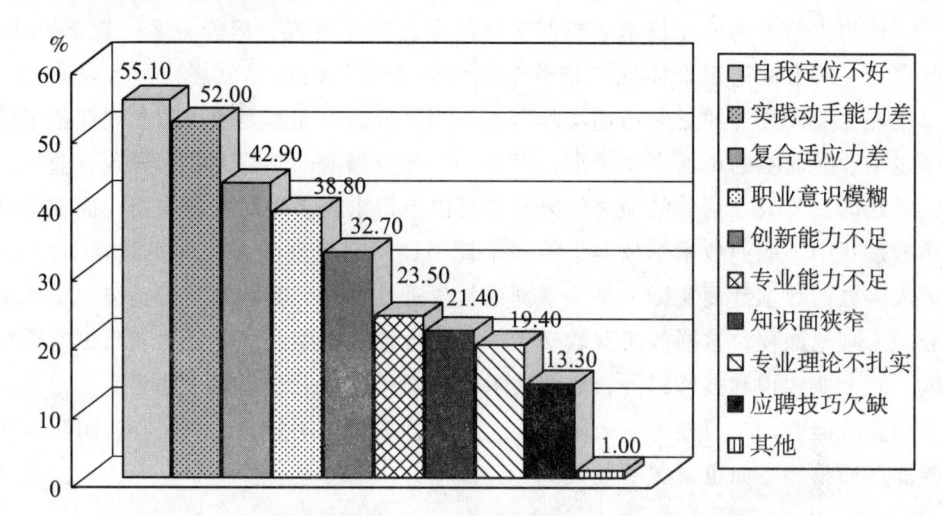

图 1 目前职业技术学校学生在就业过程中的突出问题

该项调查还从知识、技能和态度三个方面考察了用人单位对职业技术学校学生就业能力的关注要素。在知识要素方面,专业技术类知识对于职业技术学校学生就业能力影响是最大的;在技能要素方面,业务操作能力、学习能力、语言表达能力、解决问题能力、执行能力对于职业技术学校学生就业能力是非常重要的,尤其是业务操作能力是样本总体普遍认为最重要的一项就业技能,所选比例远远高于其他各项;在态度要素方面认为责任感、团队合作、工作主动、正直诚实等对于职业技术学校学生就业能力是非常重要的,尤其是责任感是样本总体普遍认为最重要的一项就业能力态度要素,所选比例远远高于其他各项,而调查样本总体上并不看重职业技术学校学生的抗压力、成就动机和自尊心等方面。

当前我国职业技术学校学生就业能力缺口过大,导致高技能人才短缺,难以满足社会经济快速发展的需要。从人力资源供需角度来分析,其主要原因有以下几个方面:

1. 用人单位对岗位技能缺乏调研,劳动力市场需求信号模糊

作为需求方的用人单位普遍缺乏对岗位技能需求的认真调研,在发展过程中对专业性人才需求缺乏必要的技能标准,人才市场需求信号不清晰,传递渠道不畅通,导致职业技术学校在对学生进行专业培养时只能闭门造车,缺乏必要的指向性,培养目标和用人单位实际需求相差很大,知识陈旧,教材老化,学生就业能力也就很难得到有针对性的提高。

2. 职业学校发展缺乏市场导向性，高技能人才培养模式单一

作为供给方的职业技术学校在学科建设、专业设置、培养方案、教学方法、师资力量等方面还很难体现"培养学生就业能力"的指导思想，目前职业技术学校在专业设置上缺乏对市场实际需求的调研分析，尤其是很少判断现在招来的学生毕业时面临的市场真实需求，而是一味开设当前的热门专业，导致专业设置大量趋同，其人才培养的最终结果必然是供不符求，产生结构性失衡。而在学生培养过程中，职业技术学校办学模式千篇一律，缺乏独立系统的实践教学方案，绝大多数的教学计划实际上是课堂理论教学进度计划，实践教学只是按一定比例分配于理论课程，这样的实践教学无法系统地训练学生的职业能力和岗位专项技能。除专业知识和技能以外，职业技术学校学生还普遍缺乏对于就业而言尤为重要的实践能力、学习能力、人际交往、组织管理等通用能力，责任心、团队合作等非认知技能方面也是欠缺较大。

3. 技能型人才发展缺乏行业规划，导致人力资源投资效率低

作为劳动力市场重要影响主体的政府和行业，目前普遍缺乏对行业内各类人才发展现状和趋势进行持续、规范的研究。我们在研究过程中发现，很多行业缺乏对技能型人才当前人才总量、人才结构、人才密度等基本数据的掌握，而对未来本行业需要什么样的技能人才、需要多少技能人才就更缺少必要的预测和规划，这将直接导致劳动力市场供需主体难以把握人才发展的宏观趋势，不能有效地培养和形成高技能人才队伍，导致行业发展过程中的高技能人才短缺现象。此外，和数量方面的人才规划相比，从本行业发展的实际需要开展对技能型人才应具备的知识、技能和态度的就业能力研究更为重要，这是形成行业职业技能鉴定标准的基础，是职业技术学校培养高素质学生的依据。政府部门和行业组织开展高水平的人才研究，将有助于我国职业技术学校学生就业能力的培养，改变现有人力资源投资效率较低的现象。

四、我国青年学生就业能力提升与青年就业战略政策建议

高校毕业生结构性失业是由大学生就业能力缺口过大导致的，实质上反映的是当前社会经济快速发展和高等教育体制现状之间的矛盾。为从实质上解决青年学生就业问题，应从社会经济大环境中去审视和讨论教育改革问题，明确提出"以提升学生就业能力为导向"的教育发展目标，通过一系列举措缓解当前青年

学生结构性失业压力。

（一）高等教育和职业技术教育应确立"提升学生就业能力"的教育目标

作为劳动力市场的供给方，高等院校和职业技术教育需要建立起与市场的密切联系，了解市场需要及其变化，根据用人单位对学生能力的需求确定教育培养目标。为了提高青年学生的就业能力，很多国家的教育机构都与用人单位合作，对工作胜任能力的基本要求进行了分析，成为青年学生提升就业能力的目标。相比而言，我们很多高等院校和职业技术学校还未建立与用人单位联系合作的机制，忽视与用人单位的有效沟通，难以按照市场对青年学生的能力需求确定清晰的培养目标，尤其是很少判断现在招来的学生几年后毕业时面临的市场真实需求，青年学生在求职前究竟应当具有什么素质和能力并不清楚，很难体现"提升学生就业能力"的教育目标。

（二）明晰和强化高等教育和职业技术教育人才培养的市场需求信号

用人单位传导的能力需求信号对人才培养有很大影响，高等院校和职业技术教育在专业设置、培养方案设计时要有市场需求导向，而目前很大的问题是人才市场和用人单位对需要什么样的人才没有清晰的表达，政府部门和行业缺乏有力的人才规划，现有的职业资格标准和认证工作脱离现实，效度很低，没有明确的市场需求信号就很难指导高校的人才培养方向和目标。我国目前还有相当多的企业缺乏科学的人力资源管理理念，作为需求方的用人单位普遍缺乏对岗位技能需求的调研对职位所需要的就业能力缺少明确的标准，造成劳动力市场就业能力信号紊乱。有些企业在招聘过程中强调学历、性别、年龄与证书等因素，而忽视了学生真正具备的能力水平。美国劳工部和相关行业组织非常关注职业分析，对各种职业所需要的雇员特征、任职要求、经验要求、职业特征、职业要求、具体职业信息（包括职业所需要的知识、技能、所完成的任务、所操作的机器、工具和设备）等都有详细的调研和明确的描述，并通过美国职业信息网对外发布以指导劳动力市场健康发展。我国各级政府部门和行业组织，包括企事业用人单位应当高度重视这项工作的持续开展，制定出科学合理、层次分明的职业认证体系，不断明晰和强化人才需求信号，并通过市场机制传递给人才供给方的高校，使其培养的大学生能够更好地适应社会经济发展需要。

（三）实现高等教育研究型和职业型双轨制均衡发展

高等教育所担负的使命是多层次的，既包括培养能够开创未来人类科学前沿的创造性人才，也包括为当前社会经济发展培养大量优秀的应用性人才。美国的高等教育是完全开放的，存在着研究型大学和职业高等院校两种体系并行的双轨制高等教育模式，两者各自目标不同、责任不同，所使用的教育方式不同。研究型大学是造就科学家的摇篮，通过教学和科研发展本学科的基础理论，以培养有较高学术水平的研究人员为主，往往将科学研究力量和成果作为衡量标准，其最终目标是培养诺贝尔奖获得者，如哈佛大学、斯坦福大学等。而职业技术教育类高等学院是从满足职业竞技和激烈竞争的要求，培养具备某种特定娴熟技能的工程师，这类学院服务于社会，同时不断调整自身以回应社会不断变化的需求，如凤凰城大学、德锐（Devry）大学等，被誉为是培养总工程师的摇篮。因此，我国高等教育改革的方向就可以借鉴国外经验，实现研究型教育与职业型教育的双轨制均衡发展，通过竞争机制形成一小部分优秀的研究型大学，并同时发展一大批以培养学生就业能力为目标的职业型高等院校。

（四）建立多层次的职业技能鉴定和培养制度

职业技能鉴定不仅是检验青年学生就业能力的重要手段之一，也是引导高等院校和职业技术学校进行教学改革方向的指示器，科学合理的职业技能鉴定制度和实施体系为学校的培养质量和培养效果提供了有力的保障。而当前我国职业技能鉴定的效度较低，难以真实地反映用人单位的实际需要，尤其是伴随技术发展日新月异以及不同行业对技术要求差异性较大，在某些工种和岗位上很难在全国统一标准。因此，职业技能鉴定制度应当打破当前劳动部门一家统管的现象，积极发挥相关行业部门和行业组织，甚至是部分有影响力的企业力量，建立包括国家标准、行业标准和企业标准的多层次职业技能鉴定和培养制度，使技能性人才的认证标准更加符合行业特点，能够更好地适应技术发展的需要，引导学校在学生就业能力培养过程中更好地满足用人单位的实际需求。

（五）建立科学的青年学生就业能力评价和跟踪机制

学校在制定学生培养方案时，需要综合研究青年学生走向工作岗位满足就业时所需要的知识、技能和态度，调研设计出既符合专业发展规律又满足市场需要的各专业学生就业能力模型，按照通用能力、专业能力的分类体系将培养目标转化为能力标准，培养效果也应以能力标准的达成作为衡量标志。美国加利福尼亚州默塞德县在2002年推广试用了一种新型的就业能力记分卡，这种工具主要是用来考查学生是否满足雇主的技能要求；学生既可以通过审核获得记分卡以证明自己的就业能力和就业态度，雇主也可以通过记分卡进行筛选。我们在明确"提升学生就业能力"这一目标的基础上，完全可以借鉴这种方式，在青年学生就业能力模型的基础上设计学生就业能力测量指标体系，通过应用性工具的开发一方面帮助高等院校和职业技术学校评价、跟踪青年学生的就业能力现状，不断调整教学方向和教学方法，另一方面可以使青年学生在就业过程中能够分析自身优劣势，帮助学生和用人单位实现双向匹配。

（六）通过毕业生就业能力状况来评价各学校办学质量

伴随青年学生就业难现象的日益突出，学生就业状况的好坏已经从某种程度上反映了一个学校或专业的办学质量和培养效果。虽然毕业生就业状况受多种因素影响，但是学生的就业能力是一个不容忽视的主要问题，因此在评判高等院校和职业技术学校办学质量的过程中，应当重视考察其毕业生就业能力状况。全球著名调查公司麦可思－盖洛普在《2007年中国大学生就业报告》中将就业能力作为指标对高校办学质量进行评估，并根据应届大学毕业生毕业半年后的调查所得数据，连续两年发布了"大学就业能力排行榜"（2007年度、2008年度），在高校和社会上产生了很大影响。排行榜的出现表明社会对青年学生就业问题的关注，也反映了市场对学校加大学生就业能力培养的强烈要求，有助于高等教育和职业技术教育改革朝着有利于学生就业能力提升的方向发展，有效缓解小康社会建设中我国青年学生的结构性失业问题。

附录四

Job Search, Labour Market Intermediaries and Employment Promotion: The Evidence from China[*]

Over the course of its development, China has traditionally relied upon a system of "manpower planning" for the management of its human resources. The construction of labour market intermediaries has remained quite backward. Nowadays, even though the economy is growing at a high speed, this problem is still prominent. According to previous research (Zeng and Yu, 2007), the proportion of natural to total unemployment has been very high in China, especially since 2000, which means that frictional or structural unemployment is the main component of unemployment. However, more effective job-search methods could reduce job-search time and costs for jobseekers, improve efficiency in matching applicants to particular jobs, and eventually reduce frictional unemployment.

Based on a survey of three cities in China – Beijing, Shanghai and Shijiazhuang – this note presents and briefly discusses the differences between job-search channels and how jobseekers' socio-economic characteristics affect their choice of job-search channels in different areas and labour markets.

1. Questionnaire design and data

In China, because of the lack of statistical data on the above issues, one of today's main research challenges is to design and administer survey questionnaires. Since some characteristics differ between the employed and the unemployed, we designed one questionnaire for the former and another for the latter. The questionnaires cover socio-economic characteristics and job-search channels.

---

[*] By Xiangquan ZENG and Yuxue CUI. Published in *International Labour Review*, Vol. 47, No. 2-3, 2008.

The socio-economic characteristics include sex, age, educational attainment, work experience, cumulative tenure, job classification, recruit time, and unemployment duration. Also included—given China's particular circumstances—are the variables of Hukou (household registration) and birthplace (where the jobseekers come from). Although the system of household registration has been reformed in numerous cities, we were concerned that Hukou-a remnant of the centrally planned economy-may still have an impact on preferences regarding job-search channels. In particular, given the general increase in labour mobility, we wanted to know whether there are still differences between local and out-of-town jobseekers in their choices of job-search channels.

The job-search channel variables captured by the questionnaires include employment agency, campus recruitment, web sites (including employer web site, employment intermediary web site, commercial web site), relatives and friends (including family, acquaintance, teacher, classmate, colleague, etc.), advertisements in newspapers and magazines, and others (including advertisement on the radio and TV, advertisement on road signs, headhunting, labour dispatch companies, direct application to the firm, etc.). While the "employed questionnaire" sought to identify the channel by which the respondent found his/her present job, the "unemployed questionnaire" tried to find out the channels by which the unemployed obtained employment information and which of those channels was perceived to be the most effective.

The questionnaires were administered to a total of 1706 employed workers and 882 unemployed workers in Beijing, Shanghai and Shijiazhuang. The survey of the employed was conducted in Beijing and Shanghai, with sample sizes of 740 and 966, respectively. The survey of the unemployed was conducted in Beijing and Shijiazhuang, with sample sizes of 538 and 344, respectively. Beijing and Shanghai are both considered to be "developed labour market" regions. Theoretically, none of the employment in these regions is caused by insufficient demand for labour, which may be helpful in conducting research into frictional unemployment caused by labour market information failures. Although Shijiazhuang is near to Beijing, its economy is relatively backward. The selection of Shijiazhuang for part of the sample is helpful for comparative analysis, while also providing an opportunity to examine the impact of intermediary services on employment in circumstances of insufficient demand for labour.

2. Job-search channel choices of the employed and unemployed

"Social network" is the most effective channel for the employed, with "web site" coming second (see table 1). The proportion of them using the services of an employment agency is lower. There is a difference between Beijing and Shanghai in the job-search channels chosen by the employed: the proportion of those who used social network and web site for their job search is higher in Beijing than in Shanghai.

Table 1　Distribution of job-search channels chosen by the employed

Job-search channel	Shanghai Number of responses	Shanghai Percentage of total	Beijing Number of responses	Beijing Percentage of total
Social network	237	26.1	219	30.9
Web site	191	20.9	172	24.2
Other	170	18.7	111	15.7
Campus recruitment	128	14.0	95	13.4
Employment agency	121	13.2	87	12.3
Paper-based media	65	7.1	25	3.5
Subtotal	912	100.0	709	100.0
Missing	54		31	
Total	966		740	

Employment agencies are the most important job-search channel for the unemployed, though "social network" and "paper-based media" are comparatively important as well (see table 2). Compared to the employed, the unemployed make much greater use of paper-based media. Although the utilization rate of campus recruitment is lower than that of other channels both in Beijing and Shijiazhuang, the unemployed in Shijiazhuang make much more use of it than do those in Beijing, which suggests that Shijiazhuang faces employment pressure from university students with higher education. The data also show that the unemployed in Shijiazhuang make less use of employment agency services and social networks than do those in Beijing while making much greater use of other channels. This suggests high job-search intensity among the unemployed in Shijiazhuang and the need for them to pay higher search costs in order to find a job.

Table 2   Distribution of job-search channels chosen by the unemployed

Job-search channel	Beijing Number of responses	Beijing Percentage of total	Shijiazhuang Number of responses	Shijiazhuang Percentage of total
Employment agency	455	84.7	275	79.9
Social network	302	56.2	155	45.1
Paper-based media	243	45.3	198	57.6
Web site	176	32.8	146	42.4
Other	116	21.6	106	30.8
Campus recruitment	37	6.9	71	20.6

The statistical data obtained from the survey thus show that there are differences between the employed and the unemployed in their choice of job-search channels, and that job-search channel choices are influenced by locational and labour market factors.

3. Concluding remarks
—A case for labour market intermediaries to promote employment

Social network is an important job-search channel, though its effectiveness varies from one type of jobseeker to another. For the employed, it is the most effective channel through which to get current job information. But, for jobseekers with low educational attainment, it does not necessarily have a positive impact on employment outcomes. For employees with long tenure and higher education, by contrast, a social network built up over time can be a real help in finding appropriate jobs, reducing job-search costs and improving efficiency. For jobseekers in this group, rather than diversifying job-search channels based on their education, sex and age, the best advice might be to broaden and reinforce the social networks they have already established (Márquez and Ruiz-Tagle, 2004).

Although the unemployed consider the "social network" channel as the most helpful in accessing employment information, this channel may be of little help to the disadvantaged, whose human capital is low. In order to solve this problem, action should be taken, on the one hand, to expand the coverage of public employment services and improve their quality in order to provide the disadvantaged with a viable alternative to dependence on social networks for job search and, on the other hand, to provide them with training so as to increase their human capital and thus enable them to meet the needs of the labour market.

Jobseekers with different socio-economic characteristics choose different job-search channels. Of all the socio-economic variables considered, educational attainment is the one with the most significant impact on individuals' choices: the higher their level of education, the more likely they are to choose campus recruitment and the Internet; the lower their level of education, the more likely they are to rely on their social network.

The survey shows that Hukou does not have a significant impact on jobseekers' choice of job-search channels. This implies that with Hukou being phased out, it is no longer an important factor for jobseekers to consider. Birthplace, by contrast, is a factor that influences jobseekers' choices of job-search channels. For one thing, the services offered to (internal) migrant workers by employment agencies are limited; for another, there is still discrimination towards migrant workers in the labour market. In addition, some enterprises still require local Hukou, which further restricts labour mobility.

Age, length of tenure and duration of unemployment all have a significant impact on the choice of job-search channels. The impact of other socio-economic characteristics varies from one location to another and according to labour market characteristics. The choice of the most appropriate job-search channels therefore needs to be made in the light of individual jobseekers' circumstances so as to avoid ineffective employment information and reduce search time, unemployment costs and, ultimately, frictional unemployment.

It is worth noting that, although there is still sex discrimination in the labour market, the survey findings suggest that a jobseeker's sex has no significant impact on his/her choice of job-search channels. In other words, male and female jobseekers in China are not influenced by gender differences when choosing job-search channels.

Lastly, the survey highlights an imbalance between the (variable) openness of labour markets and the development of labour market intermediation systems, with differences in job-search costs for the unemployed from one area to another. The services provided by employment agencies – especially public employment agencies – should therefore be more attuned to the needs of the unemployed, particularly the most disadvantaged, in terms of both coverage and quality.

附录五

Youth Employment, the Major Subject Chinese Employment Strategy Study should Focus on[*]

Youth is a future and a hope of the society. They also are human resources that are potentially capable in the developing economy. Their employment level and capability relates with social stability and its economic development, directly. Therefore, the youth employment has become one of the main targets in the employment research area all over the world.

1. Why should we pay attention to the youth employment research?

(1) The situation changes in Chinese labor market

With the adjustment and optimization of Chinese economic structure, its structure change is also in progress in its labor market. Since mid-1990s, the problem of surplus labor in companies becomes apparent under the economic reform. An extensive survey carried by Chinese labor department in 1996 estimated that the total amount of labor in the state-owned enterprises are about twenty one million. Therefore, in those days, to reduce surplus labor was a principal task of the reform. The reemployment of the laid-off workers had been the most prominent problem in its labor market.

In recent years, accompanied by the progress of reform of state-owned enterprises reform, the researches concerning to the laid-off workers' re-employment also received marvelous results. With the effort of the government and community, Chinese reemployment project has been started along the right lines. Though the urban laid-off workers' reemployment problem has relaxed into a certain level, we are now facing another con-

---

[*] By Xiangquan ZENG. Presented in the International Meeting of *Youth Employment and Sustainable Development* held by APEC in Chiba, Japan on Nov. 16 – 18, 2005.

tradition in the Chinese labor market. Since the start of a new century, that has undergone great changes.

Though China practices the Family planning as its basic national policy, more than 3 hundred million of people were born for past 30 years. Since the policy has carried out, its birthrate has dropped from 22.37‰ in 1988 to 12.41‰ in 2003. The TFR has already become under the subrogation rate. Nevertheless, because of a large reproduction age population, 15 to 22 million new labor force will continue to enter the labor market every year until 2020. Its employment demand is extremely strong. Every year, 3 to 4 million young people who were born in 1980s and are highly educated enter the labor market. Besides, the next group of people who were born in 1990's is behind them. Because China has a large youth population, the growth of new labor market participants will continue to increase marvelously each year. This is the reason that the youth employment problem in the labor market has become more prominent day by day. At this present moment, youth under 35 years old accounts for 70 percent of urban registered unemployed workers.

The labor market reform determined to change its focus on Chinese employment policy research. The laid-off workers reemployment problem had become history; it is youth employment that will become the most critical and important problem that China should make great effort to solve.

(2) Youth employment characters, problems and challenges

Youth is the period that they just have started to join in the labor market and society. Because of their immaturity, these youth tend to be a group that has difficulty being employed: they lack job-experience, they may not have the ability to be hired and they may be immature. In addition, our present social conditions, like imbalance of labor value and phenomenon of knowledge deviation, may make employment difficult. All kinds of youth employment problem appear prominent in the transitional economy. the main problems are as follows.

The instability of youth employment.

Youth have just entered upon society, their skill and wage is usually lower than that of the adults. They haven't had their career plan explicitly, yet. They often find the most suitable occupation for them through experiencing different kind of jobs. At this period of age, youth have no economic burden to run one's own home. This makes their cost to transfer one's job lower than that of the adults. Thus the youth labor turnover rate is higher than adults, and their employment is less stable. Few youth have signed a stable contract when they start working. The survey on Chinese youth employment indicates, 38 percent of youth employee has not singed any contract, 20 percent signed a temporary contract less than one year, and 36 percent signed a fixed contract from 1 to 3 years. Among the youth employee whose age is from 15 to 19 years old, 86 percent of them have no contract or one-year temporary contract. For rural youth employee, its percentage comes up to 80 percent.

The youth unemployment rate is generally higher than that of the adult

Brian E. Becker (1980), David Neumark (1998) said that, due to their immatureness and shortage of the their ability to be hired, the youth unemployment rate is generally higher than that of the adult. As many researches show, youth unemployment rate are higher than that of adult in almost all countries. The ILO study about youth and adult unemployment from 1993 to 2003 also verified this point.

Niall O' Higgins's study indicate, the fluctuation of unemployment for youth is far greater in youth than that of the adult.

It is economically reasonable for companies to release youth when downsizing as they think about costs.

When a company plan to carry out it's downsizing, there may be two points that they will take into consideration. One is the invested cost for employee to raise their human capital, such as cost for training and so on. Another is the cost that arises by dismissed employee, premium gratuity and so on. According to Katherine M. O'Regan, John M. Quigley (1996) and ILO expert Gaude, J. (1997), the cost of dismissal youth is far less than that of the adult, youth are often the main target of downsizing by depression. Also, the depression of economy may let companies stop recruiting new employees. Youth usually take a large part of job seekers; their employment may receive the biggest influence by the economic situation.

The factors that influence youth employment are structurally unbalanced.

There are a lot of factors that influence youth employment. There are many analyses about the influence of gender, race, health condition, economical situation of family, and education level. Those results show youth unemployment is prominently unbalanced. The unemployment rate of disadvantaged youth that include female, minority ethnic group, handicapped, comes from poor family and less educated, is higher than that of the average level of youth unemployment rate. The survey on Chinese youth employment problem indicates that there are several factors that influence on youth employment, such as region, gender, school, diploma and major field. I'll take college graduates for example. If there is a student who is male, his major is engineering, his university is famous and he will get a diploma from university, then it may be easy for him to get a job. The factors that influence youth employment are structurally unbalanced.

The level of youth current human capital fails to meet the required level of the working places

When youth starts his job seeking, he may face the big gap between the need by labor market and his practical capability. His human capital is lower than the market required level. This affects the competitiveness of youth in human resource market. Most of youth need to be trained for basic occupational skills. However this means that companies need to afford some extra costs, which is not economically rational for those companies. A spot check carried by Shanghai bureau of labor and social security indicates, youth who ascribe their unemployment to shortage of working experience account for 41.1 percent. In the first occupation qualification test held in Shanghai, among 410 participants, only 80 students gained the certification. The remark about college students made by Shanghai occupation skills center is, poor basic skills, poor basic operating skills and poor comprehensive application skills. Low content of human capital means limited abilities of sustainable development. Thus, continuing education should be prolonged.

(3) Requirement to built harmonious society

There are several reasons that we need to pay attention to youth employment.

Youth unemployment may influence social stability and collective security

Youth are the stage to form one's own sense of value, one's own view of life and one's own worldview. They have powerful urge for their ability and future. Though because of their shortage of skills and experience, there is a large gap between their expectation about employment and reality. When they graduate from school and start to work, they immediately face some reality in society. Those realities make youth mentally unbalanced then it may influence life and working quality of youth. As a survey shows, there are 5 percent of university students with emotional instability and they need counseling as help. When these youth enter into the society and face to one's own unemployment, they will have strong sense of failure. Furthermore, under those pressures, they may run into a sort of violent behavior that may influence social stability and collective security. The study by Henrik Urdal indicates the expansion of youth unemployment will make the society instable, it may cause an armed conflict. From 1950 to 2000, many conflicts happened in various countries have close relationship with deterioration of youth unemployment. Therefore, China has strong need to study youth employment to construct harmonious society.

Youth unemployment will do damage to people's confidence in their educational investment

High degree brings high income. This is a general thought of society. Hereby, educational investment is always one of the main investments by household. As a survey shows, 68.8 percent of households put their educational consumption in the top or second highest place on the household consumption order. This inclination is even stronger in the household that has laid-off family members. Among these families, 77.6 percent require their children to achieve diploma above junior college. Within those households, 56.6 percent require their children to achieve diploma of graduate or postgraduate. However, current rare employment opportunities to collage graduates will do decrease households' educational investment and consumption. The prominence of youth unemployment will also strike the public confidence toward educational investment.

Youth unemployment may result in a new type of loose moral behavior and social unfairness

Because the problem of youth unemployment is not able to solve effectively, the employment environment will continuously be severe. This may bring many kinds of bad influence into society through the process of job seeking by youth. It may influence youth job seeker's mentality. Not only the severe competition due to its excessive labor supply but the labor market's competition is not fair. The youth who came from a family that has rich social resources may get jobs through abnormal ways, while other youth who is practically capable to work cannot find a job. Through their job-seeking process, they cannot help to face to social iniquity. These unfair environments may severely influence to youth mental health. On the other hand, the limitation by policy and social system, such as quota of staying in Beijing and admittance of registered permanent residence, will cause new social segregation and social unjustness. This also damage labor marker' fair, just and open door competitions.

It is more difficult for youth who come from rural areas seeking job in the urban areas

In China, current employment statistics is based on the urban population only; it does not include rural youth. These days, working in cities becomes a major way to increase income for Chinese peasant. As the statistics provided by national statistics bureau shows, the amount of rural emigrant labor is about 89.61 million. This group has four apparent characters: younger, low human capital, high mobility and no security. Without permanent residence registration in cities, rural youth cannot enjoy any social securities that are provided for urban residents with employment, such as housing, medical treatment, education for children and vocational training. All of those are connected with household registration system. Therefore, rural youth cannot relevant dwelling environment in cities; they have no way to stay in awful living environment. This may cause a major social instability in developing society. Consequently, the employment transfer of rural youth will bear great influence on social security and social stability.

2. Where should its focus be in youth employment research?

In the workshop on Chinese youth employment problems and countermeasures in November 2004, the experts come to the conclusion that there are four major issues of youth employment problem. The first issue is that there is a large labor force and not enough jobs. The second issue involves that transition to a market system and major diversification of employment channels of the workers inability to cope with those changes. The third issue is the gap between low human capital and highly advanced technology. The fourth issue is the rapid increase in the number of rural workers floating the urban labor market. With an accurate understanding of the actual situation and a proper analysis of the problems to come up with proper ways and policies to deal with the issues and increasing pace of rural surplus transfer. With regard to youth employment problem and its cause and basis, we believe there are five important areas that our research must focus on under the present conditions.

(1) The changes of youth employment will

Youth unemployment is gradually related with their idea about employment. For example, according to the comparative researches in graduates between China and foreign countries verifies, highly educated people have higher employment expectation than the others. Many youth finished colleges think because of their higher knowledge level, they may place them in a higher jumping-off position, look down on jobs with low wage or in need of heavy physical strength. Besides, most companies pay more attention to their experience, not one's education level. Jobs with high wage often require people who have abundant working experience, which is fatal to graduates who have no working experience. Consequently, graduates can not find a good job.

Youth are the most vibrant and lively group in their thinking. They are easily influenced by cultural atmosphere in the society. Youth employment idea has changed a lot through different periods. From late 70s to early 80s, the idea of youth employment is explained by "to go where the country needs the most". In the middle and late 80s, the idea is "careerism". In 90s, that is "The principal occupation should be for stability, the second should be for money". And now, its idea has become diversified due to their discrepancy of region, education, growing environment and so on. There even are some youth with no desire to work. Hereby, in this critical period of social transition, we need to carry a long-term survey on youth desire to get a job. Then it will raise attention of the society. We should connect the survey results into relative policies, so that it may help youth to establish accurate expectations about working by effective measures.

(2) To promote youth working ability

In 1999, the document 'suggestions on promoting the system of labor prearrangement and improving the labor quality' regulates, new labor force and other job seekers must receive some vocational trainings and education from one to three years. Those labor force can get enter the labor market only after acquiring certain kinds of vocational qualifications or mastering certain vocational skills. But the effect of this project comes short. At present, Chinese youth employment display many kinds of problems obviously. Their Human capital needs to be improved more; insufficiency of labor skills and their immature carrier plan are implicit.

Chinese youth employment survey indicates, among the unemployed youth, those who received middle level vocational trainings accounts for 37 percent, junior high school level accounts for 30 percent, high school and junior college level account for 13 percent, and college level accounts for 5 percent. Regarding to the eight basic working abilities mentioned in the survey, the employers suppose, generally speaking, youth who has good writing skills are very few, also youth who has a wide range of knowledge and an ability to apply those knowledge are few. One of the main characteristic of youth unemployment is its ling length of unemployed period; youth who are out of work for more than one year accounts for 72 percent, cased on self-enumeration by unemployed.

In order to solve the improve employment ability of youth, one aspect may be to change education systems of universities and vocational schools to meet with the change of labor market updating architectonic and skills level. Youth should be trained to reach the basic requirement of the market. Another may be to strengthen a lifetime study system for youth. The research report of State Department 'suggestion on promoting lifetime study system with a great effort' shows, there are 7 hundred million of labor force needs to improve one's skills and continue to learn. On the job training is a key to make people learn new knowledge and maintain necessary skills. Accompany with of knowledge-driven economy, both the graduate who already acquire some knowledge and the rural youth who will receive training, can keep their own competitiveness and employment ability only through continuous learning and updating.

(3) The policy and service for youth employment

First of all, the government has to take the leadership to solve the youth employment problems. From the aspect of employment policy, the government should consider the balance of labor demand and supply as the prior goal of economy and social development, then to choose the development strategy of high employment rate under proper growth. In the light of employment environment, the government should improve the labor prearrangement system, to set up perfect labor market, strengthen employment statistic system and to eliminate failure employment information. Using these measures, it may gradually decrease discrimination against gender, college, diploma and speciality. At the same time, we can protect the legal labor right of youth and expulsion the illegal phenomenon in the labor market, which can help to built a fair and just employment environment for youth. From the aspect of employment service, the government should adjust each power in the society, expand employment channels for youth, increase position for youth, and invest more to the skill training of youth.

Secondly, government should use the market system to develop the quality and level of service for youth employment through referral systems, special organizations and agencies for training. Presently, 50 percent of youth seek jobs through direct applying or applying with introductions by relatives and friends. 40 percent of them find a job at the recruit meetings, another 20 percent through advertisement. Less than 20 percent of them apply for a job through public employment service system, educational training system and employment referral system. We can see that, the market system of Chinese youth employment service is imperfect and has some problems. We should promote the systematical level of all kinds of referral system through the guidance and regulation. Currently, the research of employment referral system is very poor; the importance should be attached to the function of employment referral system in the youth employment. To establish an employment market service system is very important to solve the youth employment problem, so the attention of research should be paid to the employment referral system. We should explore a referral service system which is proper to Chinese labor market, to draw upon advanced experience and grown-up modes of foreign countries.

(4) Social fairness and anti-discrimination against youth employment

Although the employment situation become critical day by day, youth with high human capital can indicate their employment desire through various ways. They can exert a certain influence upon one's job seeking, and then they get a series of education policy, training policy and market entering policy, which are good to them. The main part of youth is less educated; especially youth came from the rural area. They are unorganized, may be able to make little influence to policies. Their employment environment and treatment cannot raise the enough attention of the society. Therefore, we need to encourage research about employment law. Using the legal system, to built a fair, just, and open employment environment.

(5) Research methods and conditions in employment research

As an important area of employment strategy research, current situation of youth employment research is far from the requirement. The research stays on the general explanation of theory that found and applied to foreign countries, or just is superficial on the popular policy description and policy suggestion. Its width and depth are not enough. Therefore, we should learn more about research results carried by foreign countries, to expand research scope regarding to youth employment by collecting papers and international communication, so that we can understand the issue as its whole picture. Then we could build a suitable theoretical model for China's youth employment. At the same time, we should recognize the complexity and particularity of Chinese youth employment, strengthen the analysis of labor economics theory. It will encourage more strict verification of existing assumptions, and more scientific experimental study.

In order to improve the research level of youth employment, we should place more importance of youth employment on a more firm foundation. Research project should be added and funding should be increased. We should conduct international communication actively; discuss scientific measurement and statistic index system, so that we may enrich the literature and database. For more dutiful study, we also need to set scientific theory and method in this area, a specialized and professional people's group need to work together.

参考文献

中文部分

1. 胡鞍钢等：《扩大就业与挑战失业——中国就业政策评估（1949~2001）》，中国劳动社会保障出版社 2002 年版。

2. 郭继严、王永锡主编：《2001~2020 年中国就业战略研究》，经济管理出版社 2001 年版。

3. 郭庆松等：《中国城乡就业发展战略研究（2001~2010）》，上海人民出版社 2004 年版。

4. 徐平华：《就业与增长——走向和谐社会的中国就业战略》，江西人民出版社 2006 年版。

5. 《2000 年世界劳动报告》，中国劳动社会保障出版社 2001 年版。

6. Robert D. Retherford 等：《中国的生育率：到底下降了多少？》，载《人口研究》2004 年第 4 期。

7. 蔡昉等：《中国劳动力市场转型与发育》，商务印书馆 2005 年版。

8. 蔡昉、王美艳：《"未富先老"对经济增长可持续性的挑战》，载《宏观经济研究》2006 年第 6 期。

9. 蔡昉、王美艳：《中国城镇劳动参与率的变化及其政策含义》，载《中国社会科学》2004 年第 4 期。

10. 蔡昉等：《中国老龄化趋势与养老保障改革：挑战与选择》，载《国际经济评论》2004 年第 7 期。

11. 范柏乃、刘超英：《中国人口总量预测模型新探——与赵进文教授商榷》，载《中国人口科学》2003 年第 6 期。

12. 贾绍凤、孟向京：《中国人口就业预测分析》，载《中国人口科学》1996 年第 6 期。

13. 马瀛通：《控制出来的三大"人口"高峰及相关学术悖论》，载《中国人口科学》2006 年第 1 期。

14. 南亮进、薛进军：《1949～1999年中国人口和劳动力推算》，载《中国人口科学》2002年第3期。

15. 王金营、蔺丽莉：《中国人口劳动参与率与未来劳动力供给分析》，载《人口学刊》2006年第4期。

16. 原新：《中国人口转变及未来人口变动趋势推演》，载《中国人口科学》2000年第1期。

17. 袁建华等：《从生育水平估计到未来人口预测》，载《中国人口科学》2003年第1期。

18. 曾湘泉、刘彩凤：《我国劳动力供需形势分析及展望——对我国"民工荒"及就业难并存的思考》，载《中国劳动》2006年第1期。

19. 曾湘泉：《变革中的就业环境与中国大学生就业》，中国人民大学出版社2004年版。

20. 张青：《总和生育率的测算及分析》，载《中国人口科学》2006年第4期。

21. 赵进文：《中国人口总量和GDP总量关系模型研究》，载《中国人口科学》2003年第3期。

22. 朱庆芳：《我国老龄化社会的特点、问题和对策》，http：//www.cpirc.org.cn/yjwx/yjwx_detail.asp? id =2039。

23. 1990年、1995年、2000年全国人口普查资料。

24. 蔡昉等：《就业弹性、自然失业和宏观经济政策——为什么经济增长没有带来显性就业？》，载《经济研究》2004年第9期。

25. 穆熙、肖宏华：《我国城镇自然失业率及应用——通货紧缩：忽视失业对宏观调控作用的后果》，载《经济研究》2000年第7期。

26. 高铁梅：《利用可变参数模型估算中国开放经济乘数》，载《世界经济》2004年第7期。

27. 石柱鲜等：《2004年我国主要宏观经济指标的变动趋势分析》，载《数量经济技术经济研究》2004年第7期。

28. 何其祥、郑明：《中国通货膨胀成因的实证研究》，载《统计研究》1997年第5期。

29. 曾之明：《经济转型期的通货膨胀探析》，载《湖南商学院学报》2005年第1期。

30. 香港金融管理局：《失业问题的根源：近期发展与前景》，载《金融管理局季刊》2001年11月刊。

31. 康文：《城镇人口结构性失业的突出矛盾及治理体系》，载《当代经济研究》2003年第6期。

32. 阿威尔·V·亚当、罗伯特·S·格德法伯:《劳动力市场统计与信息体系设计》,载《中国劳动》1994 年第 7 期。

33. 蔡昉、王美艳:《非正规就业与劳动力市场发育——解读中国城镇就业增长》,载《经济学动态》2004 年第 1 期。

34. 蔡昉:《中国就业统计的一致性:事实和政策涵义》,载《中国人口科学》2004 年第 3 期。

35. 曹俊文:《非正规部门就业统计调查方法的选择》,载《上海统计》2003 年第 5 期。

36. 高龄芬、孙淑芬:《非正规部门的经验测算方法》,载《统计研究》1998 年第 5 期。

37. 国际劳工局:《2000 年世界劳动报告》,中国劳动社会保障出版社 2001 年版。

38. 国务院人口普查办公室、国家统计局:《中国 2000 年人口普查资料》,中国统计出版社 2002 年版。

39. 郝枫:《适应严峻就业形势,健全就业统计制度》,载《统计教育》2004 年第 6 期。

40. 胡鞍钢:《关于降低我国劳动力供给与提高劳动力需求重要途径的若干建议》,载《中国国情分析研究报告》1998 年第 1 期。

41. 胡鞍钢、杨韵新:《就业模式转变:从正规化到非正规化》,载《管理世界》2001 年第 2 期。

42. 蒋萍:《也谈非正规就业》,载《统计研究》2005 年第 6 期。

43. 李长风:《不充分就业的国际标准定义及其测度》,载《外国经济与管理》1994 年第 4 期。

44. 穆熙、肖宏华:《我国城镇自然失业率及应用——通货紧缩:忽视失业对宏观调控作用的后果》,载《经济研究》2000 年第 7 期。

45. 裴远航:《抽样调查在劳动统计中的应用》,载《统计与决策》2004 年第 4 期。

46. 阮杨等:《经济转型中的就业重构与收入分配》,载《管理世界》2002 年第 11 期。

47. 史志钦:《养老:欧洲的定时炸弹开始读秒》,载《经济月刊》2003 年第 11 期。

48. 宋长青:《就业统计新概念》,载《中国统计》2003 年第 6 期。

49. 王冬梅:《对劳动统计报表制度改革的设想》,载《统计与咨询》2004 年第 5 期。

50. 王勤学：《如何搞好当前劳动就业统计》，载《市场研究》1995 年第 11 期。

51. 吴涧生、左颖：《关于在中国开展非正规部门核算的几个问题》，载《统计研究》2001 年第 5 期。

52. 徐立案：《灵活就业的理论，实践与发展思路》，载《市场经济研究》2003 年第 5 期。

53. 徐姚根：《浅谈抽样调查在劳动统计中的应用》，载《统计与决定》1994 年第 12 期。

54. 杨伟国、王飞：《大学生就业：国外促进政策及对中国的借鉴》，载《中国人口科学》2004 年第 4 期。

55. 杨燕鸣：《劳动统计中亟待解决的问题》，载《北京统计》1998 年第 7 期。

56. 曾湘泉、李丽林：《我国劳动力市场中的就业政策支持》，载《中国人民大学学报》2003 年第 1 期、《新华文摘》2003 年第 5 期。

57. 张车伟：《失业率定义的国际比较及中国城镇失业率》，载《世界经济》2003 年第 5 期。

58. 张国艳：《劳动工资统计方法改革的探讨》，载《北京统计》1995 年第 10 期。

59. 张虎平等：《劳动工时的统计调查方法研究》，载《山西统计》2001 年第 4 期。

60. 张华初：《非正规就业：发展现状与政策措施》，载《管理世界》2002 年第 11 期。

61. 张洁：《国际劳动力市场主要指标简介及启示》，载《中国统计》2004 年第 12 期。

62. 张丽宾：《"非正规就业"概念辨析与政策探讨》，载《经济研究参考》2004 年第 81 期。

63. 张强：《改革劳动统计报表制度势在必行》，载《中国统计》2000 年第 3 期。

64. 张晓青：《劳动就业和社会保障综合体系的构建》，载《南方人口》2002 年第 1 期。

65. 张延东、赵莲初：《劳动统计制度方法要改革》，载《统计与决策》2001 年第 10 期。

66. 周海春：《劳动力无限供给条件下的中国经济潜在增长率》，载《管理世界》1999 年第 3 期。

67. 周天勇：《中国城镇的失业率究竟是多少》，载《财贸经济》2003 年第 11 期。

68. 朱海明、陈秀梅：《现行劳动统计制度存在的问题及改进建议》，载《内蒙古统计》1999年第5期。

69. 丁剑平、鄂永健：《实际汇率、工资和就业——对中国贸易部门和非贸易部门的实证研究》，载《财经研究》2005年第11期。

70. 鄂永健、丁剑平：《实际汇率与就业——基于内生劳动力供给的跨期均衡分析》，载《财经研究》2006年第4期。

71. 范言慧、宋旺：《实际汇率对就业的影响：对中国制造业总体的经验分析》，载《世界经济》2005年第4期。

72. 万解秋、徐涛：《汇率调整对中国就业的影响》，载《经济研究》2004年第2期。

73. 俞乔：《论我国汇率政策与国内经济目标的冲突及协调》，载《经济研究》2004年第7期。

74. 贝蒂尔·奥林：《地区间贸易和国际贸易》，首都经济贸易大学出版社2001年版。

75. 曹吉云：《我国总量生产函数与技术进步贡献率》，载《数量经济技术经济研究》2007年第11期。

76. 兰绍瑞：《中国对外经贸的就业效应分析》，载《国际经贸探索》2000年第2期。

77. 黄勇峰等：《中国制造业资本存量永续盘存法估计》，载《经济学（季刊）》2002年第1期。

78. 单豪杰：《中国资本存量k的再估算：1952~2006年》，载《数量经济技术经济研究》2008年第10期。

79. 孙琳琳、任若恩：《中国资本投入和全要素生产率的估算》，载《世界经济》2005年第12期。

80. 熊伟：《中国对外经贸的就业效应分析》，载《财金贸易》1999年第6期。

81. 杨玉华：《工业品贸易对工业就业影响的实证分析》，载《财贸研究》2006年第6期。

82. 俞会新、薛敬孝：《中国贸易自由化对工业就业的影响》，载《世界经济》2002年第10期。

83. 张二震：《国际贸易分工理论演变与发展述评》，载《南京大学学报（哲学·人文科学·社会科学）》2003年第1期。

84. 张军等：《中国省际物质资本存量估算：1952~2002》，载《经济研究》2004年第10期。

85. 周申：《贸易自由化对中国工业劳动力需求弹性影响的经验研究》，载

319

《世界经济》2006 年第 2 期。

86. 周申、杨传伟：《国际贸易与我国就业：不同贸易伙伴影响差异的经验研究》，载《世界经济研究》2006 年第 3 期。

87. 周申、李春梅：《工业贸易结构变化对我国就业的影响》，载《数量经济技术经济研究》2006 年第 7 期。

88. 周申、廖伟兵：《服务贸易对我国就业影响的经验研究》，载《财贸经济》2006 年第 11 期。

89. 巴里·琼斯：《醒来吧，沉睡的人们！——展望技术与就业的未来》（中译本），上海译文出版社 1987 年版。

90. 蔡昉：《刘易斯转折点及其支持挑战》，社会科学文献出版社 2007 年版。

91. 蔡昉、林毅夫：《中国经济》，中国财政经济出版社 2002 年版。

92. 陈佳贵等：《中国工业化进程报告：1995~2005 年中国省域工业化水平评价与研究》，社会科学文献出版社 2007 年版。

93. 程晓农：《重新认识中国经济：增长的动力与结果》，载《当代中国研究》2003 年第 1 期。

94. 大卫·兰德斯：《解除束缚的普罗米修斯：1750 年迄今西欧的技术变革和工业发展》（中译本），华夏出版社 2007 年版。

95. 冯兰瑞、赵履宽：《中国城镇的就业和工资》，人民出版社 1982 年版。

96. 哈里·布雷弗曼：《劳动与垄断资本：20 世纪中劳动的退化》（中译本），商务印书馆 1978 年版。

97. 霍利斯·钱纳里、莫伊思·赛尔昆：《发展型式：1950~1970》（中译本），经济科学出版社 1992 年版。

98. 蒋选：《我国中长期失业问题研究——以产业结构变动为主线》中国人民大学出版社 2004 年版。

99. 卡萝塔·佩雷兹：《技术革命与金融资本》（中译本），中国人民大学出版社 2007 年版。

100. 克里斯·弗里曼：《光阴似箭：从工业革命到信息革命》（中译本），中国人民大学出版社 2007 年版。

101. 刘伟：《工业化进程中的产业结构研究》，中国人民大学出版社 1995 年版。

102. 陆学艺：《当代中国社会流动》，社会科学文献出版社 2004 年版。

103. 宁光杰：《技术进步与就业的补偿机制》，载《经济社会体制比较》2007 年第 4 期。

104. 任若恩：《测量中国经济的劳动投入：1982~2000 年》，载《经济研究》2008 年第 3 期。

105. 王西玉等：《中国二元结构下的农村劳动力流动及其政策选择》，载《管理世界》2000 年第 5 期。

106. 杨云龙：《中国经济结构变化与工业化》，北京大学出版社 2008 年版。

107. 姚先国、周礼等：《技术进步、技能需求与就业结构》，载《中国人口科学》2005 年第 5 期。

108. 姚战琪、夏杰长：《资本深化、技术进步对中国就业效应的经验分析》，载《世界经济》2005 年第 1 期。

109. 殷醒民：《中国工业与技术发展》，上海三联书店、上海人民出版社 2003 年版。

110. 张培刚：《农业与工业化》，华中科技大学出版社 2004 年版。

111. 中国经济研究中心发展战略组：《关于技术选择指数的测量与计算》，No. C2002003. 2002。

112. 蔡昉、吴要武：《中国人口与劳动问题报告 2005》，社会科学出版社 2005 年版。

113. 蔡昉：《中国城市限制外地农民工就业的政治经济学分析》，载《中国人口科学》2000 年第 4 期。

114. 蔡昉、王德文：《中国经济增长可持续性与劳动贡献》，载《经济研究》1999 年第 10 期。

115. 陈甬军、陈爱民：《中国城市化：实证分析与对策研究》，厦门大学出版社 2002 年版。

116. 邓宇鹏：《中国的隐形超城市化》，载《当代财经》1999 年第 6 期。

117. 大卫·桑普斯福特、泽弗里斯·桑纳托斯：《劳动经济学前沿》，中国税务出版社 2000 年版。

118. 国研网：《中国房地产行业分析报告》，http://www.drcnet.com.cn/temp/report/L030924_02_fdc01.htm。

119. 国家统计局：《中国统计年鉴》1988～2005 年各年，《中国农村统计年鉴》1991～2003 年各年，中国统计出版社。

120. 辜胜阻：《非农化与城镇化研究》，浙江人民出版社 1991 年版。

121. 胡鞍刚等：《扩大就业与挑战失业——中国就业政策评估》，中国劳动社会保障出版社 2002 年版。

122. 景普秋：《中国工业化与城镇化互动研究》，经济科学出版社 2003 年版。

123. 金相郁：《中国城市聚集经济的实证分析：以天津市为例》，载《城市发展研究》2004 年第 1 期。

124. 林毅夫：《新农村运动与启动内需》，载《经济学消息报》1999年8月13日。

125. 刘建国：《我国农户消费倾向偏低的原因分析》，载《经济研究》1999年第3期。

126. 王小鲁：《城市化与经济增长》，载《经济社会体制比较》2002年第1期。

127. 夏小林、王小鲁：《中国的城市化进程分析——兼评城市化方针》，载《改革》2002年第2期。

128. 王小鲁：《城市化在经济增长中的作用》，载《"十五"计划前期研究资料》（城市化专辑），国家计委发展规划司，1999年12月。

129. 王检贵：《劳动与资本双重过剩下的经济发展》，上海三联书店2002年版。

130. 万解秋：《政府推动与经济发展》，复旦大学出版社1993年版。

131. 中华人民共和国国家发展计划委员会、中华人民共和国建设部、世界银行：《中国城市化战略研讨会论文集：机遇、问题与对策》，2000年。

132. 杨宜勇：《城市化创造就业机会与城市就业空间分析》，载《管理世界》2000年第2期。

133. 周天勇：《托达罗模型的缺陷以及极其相反的政策含义》，载《经济研究》2001年第3期。

134. 周叔莲、郭克莎：《工业化与城市化关系的经济学分析》，载《中国社会科学》2002年第2期。

135. 周其仁：《机会与能力——中国农村劳动力的流动与就业》，载《管理世界》1997年第5期。

136. 张车伟、蔡昉：《就业弹性的变动趋势研究》，载《中国工业经济》2002年第5期。

137. 朱铁臻：《城市化是新世纪中国经济高增长的强大动力》，浙江省城市化研讨论文，1999年3月。

138. 蓝海涛等：《小城镇就业与市场效应分析》，载《中国农村经济》1999年第7期。

139. 刘秀梅：《我国农村劳动力转移及其经济效应研究》，中国农业大学博士论文，2004年。

140. 杨小凯：《经济学原理》，中国社会科学出版社1998年版。

141. 库兹涅茨：《现代经济增长》，北京经济学院出版社1991年版。

142. K.F.齐默尔曼：《经济学前沿问题》，中国发展出版社2004年版。

143. 常凯、李坤刚：《必须严格规制劳动者派遣》，载《中国劳动》2006 年第 3 期。

144. 李永杰、张华初：《广东省公益性职业介绍服务的现状与发展》，载《华南师范大学学报（社会科学版）》2003 年第 2 期。

145. 王全兴：《应当理性对待劳务派遣》，载《中国劳动》2005 年第 12 期。

146. 王全兴、侯玲玲：《劳动关系双层运行的法律思考——以我国的劳务派遣实践为例》，载《中国劳动》2004 年第 4 期。

147. 夏波光、邱婕：《劳务派遣，期待走向规范》，载《中国劳动》2005 年第 6 期。

148. 曾湘泉、于泳：《中国自然失业率的测量与解析》，载《中国社会科学》2006 年第 4 期。

149. 张丽宾：《中国劳务派遣问题研究》，载《中国劳动科学研究报告集（2002）》，中国劳动社会保障出版社 2003 年版。

150. 张文彤：《SPSS11 统计分析教程高级篇》，北京希望电子出版社 2002 年版。

151. 赵彩瑞：《校园招聘会存在的七个问题》，载《中国大学生就业》2007 年第 2 期。

152. 赵延东：《再就业中的社会资本：效用与局限》，载《社会学研究》2002 年第 4 期。

153. 卜长莉：《社会关系网络是当代中国劳动力流动的主要途径和支撑》，载《长春理工大学学报（社会科学版）》2004 年第 6 期。

154. 劳动和社会保障部培训就业司：《中国职业介绍机构发展报告》，http://www.lm.gov.cn/old/gb/content/2003-09/22/content_13853.htm，2003。

155. 翟学伟：《社会流动与关系信任——也论关系强度与农民工的求职策略》，载《社会学研究》2003 年第 1 期。

156. 王济川、郭志刚：《Logistic 回归模型——方法与应用》，高等教育出版社 2001 年版。

157. 曾湘泉等：《中国就业战略报告 2007——劳动力市场中介与就业促进》，中国人民大学出版社 2008 年版。

158. 胡蓉、邓小昭：《基于结构洞理论的个人人际网络分析系统研究》，载《情报学报》2005 年第 8 期。

159. 于东阳：《如何有效实施网络招聘》，载《中国人力资源开发》2004 年第 3 期。

160. 水清木华研究中心：《2006 年网络招聘市场和趋势研究报告》，www.

pday.com.cn。

161. 艾瑞市场咨询有限公司：《中国网上招聘研究报告》，2005年。

162. 互联网实验室：《网络招聘未来之路——中国网络招聘研究报告》，2005年9月。

163. 林安男：《公共职业训练机构职训从业人员专业能力分析研究》，高雄师范大学（台湾）硕士论文，2004年。

164. 李新建：《人力资源中介组织与中介市场的发展》，载《南开管理评论》2003年第4期。

165. 莫荣：《中国职业介绍机构发展报告》，劳动和社会保障部培训就业司，2002年。

166. 饶达钦：《公共职业训练机构与培训师转型角色与功能及其进修课程规划书》，台湾师范大学，2001年。

167. 张炳辉：《就业训练中心建设的现状与对策》，载《山东劳动保障》2006年第6期。

168. 萧月华：《中高层人力中介顾问所需职能之探索性研究》，交通大学（台湾）硕士论文，2005年。

169. 于洋：《建立人才服务从业人员能力模型，提升人才服务品质，人才市场的发展与创新》，中国档案出版社2006年版。

170. 曾湘泉等：《变革中的就业环境与中国大学生就业》，中国人民大学出版社2004年版。

171. 张华初：《我国公共职业介绍服务的发展现状与政策措施》，载《经济研究参考》2003年第45期。

172. 朱长合：《美国就业服务体系及其借鉴意义》，载《职业指导》2000年第11期。

173. 赵瑞美、张小兵：《我国政府型人力资源中介组织的发展初探》，载《青岛科技大学学报》2005年第2期。

174. 张小健：《全国就业服务"新三化"工作会议报告》，2005年。

175. 就业服务体系建设研究课题组：《国外就业服务机构发展的总体趋势及加强建设的主要做法》，载《首都经济》2002年第11期。

176. 成之约：《公共职业训练中心训练师转型角色与功能评估实施方案》，政治大学（台湾）劳工研究所网站，2003年。

177. 韩光耀：《关于人才服务机构的改革》，载《劳动经济与人力资源管理》2000年第2期。

178. 李长安：《论教育的就业功能》，载《教育与经济》1999年第1期。

179. 汪怿：《就业能力：促进高校毕业生就业的重要方面》，载《教育发展研究》2005年第7期。

180. 刘小平、杨淑薇：《可就业能力及其培养研究进展》，载《科技管理研究》2006年第9期。

181. 钟一彪：《大学生就业素质与就业能力培养研究》，载《中国青年研究》2006年第12期。

182. 赖德胜：《劳动力市场分割与大学毕业生失业》，载《北京师范大学学报》2001年第4期。

183. 谢作诗、杨克瑞：《大学生就业难问题探析》，载《教育研究》2007年第4期。

184. 杨伟国：《短期紧张、结构缺口与大学生就业》，载《中国图书评论》2007年第6期。

185. 姚裕群：《大学生就业指导问题调查与研究》，载《中国大学生就业》2005年第13期。

英文部分

1. Auer Peter, Popova Natalia, "Labour Market for Restructuring in Turkey: The Need for More Active Policies", *Geneva*: *ILO*, 2003.

2. Auer Peter, Besse Geneviève, Méda Dominique, "Offshoring and the Internationalization of Employment: A Challenge for Fair Globalization", *International Institute of Labour Studies*, *Geneva*, 2006.

3. Auer Peter, "Security in Labour Markets: Combining Flexibility with Security for Decent Work", *Geneva*: *ILO*, 2007.

4. Beleva Iskra, Tzanov Asil, Atanassova Mina et. al, "Labour Market Flexibility and Employment Security: Bulgaria", *Geneva*: *ILO*, 2001.

5. Bhaduri Amit, "Macroeconomic Policies for Higher Employment in the Era of Globalization", *Geneva*: *ILO*, 2005.

6. Brewer Laura, "Youth at Risk: the Role of Skills Development in Facilitating the Transition to Work", *ILO Working Paper*, No. 19, 2004.

7. Campero Guillermo, "Macroeconomic Reforms, Labour Market and Labour Policies: Chile, 1973 – 2000", *Geneva*: *ILO*, 2004.

8. Epstein Gerald, "Central Banks, Inflation Targeting and Employment Creation", *Geneva*: *ILO*, 2007.

9. Ernst Christoph, "The FDI-employment Link in A Globalizing World: The Case of Argentina, Brazil and Mexico", *Geneva*: *ILO*, 2005.

10. Fortuny Mariangels, Nesporova Alena, Popova Natalia, "Employment Promotion Policies for Older Workers in the EU Accession Countries, the Russian Fereration and Ukraine", *Geneva: ILO*, 2003.

11. Gaëlle Pierre, "A Framework for Active Labour Market Policy Evaluation", *Geneva: ILO*, 1999.

12. Ghose Jayati, "Macroeconomic Reforms and A Labour Policy Framework for India", *Geneva: ILO*, 2004.

13. Goldar Bishwanath, "Trade Liberalization and Manufacturing Employment: the Case of India", *Geneva: ILO*, 2002.

14. Heintz James, "Globalization, Economic Policy and Employment: Poverty and Gender Implications", *Geneva: ILO*, 2006.

15. Karshenas Massoud, "Global Poverty Estimates and the Millennium Goals: Towards a Unified Framework", *Geneva: ILO*, 2004.

16. Kinaman Michael, Ridder Knight, "Jobless Deserve Better than Bush's Flawed Training Incentive Program", *Tribune Business News*, (March) 2003.

17. Kwiatkowski Eugeniusz, Socha W. Mieczyslaw, Sztanderska Urszula, "Labour Market Flexibility and Employment Security: Poland", *Geneva: ILO*, 2001.

18. Liker Malte, "Assessing the Impact of Past Distributional Shifts on Global Poverty Levels", *Geneva: ILO*, 2002.

19. Lipsey Robert, "The Labour Market Effects of US FDI in Developing Countries", *Geneva: ILO*, 2004.

20. Majid Nomaan, "National Income, Its Distribution and the Poor: Some Differences Between Present Days Developing Countries", *Geneva: ILO*, 2003.

21. Mlatsheni Cecil, Rospabe Sandrine, "Why is Youth Unemployment So High and Unequally Spread in South Africa?", *Working paper*, Development Policy Research Unit, University of Cape Town, 2002.

22. Nesporova Alena, "Why Unemployment Remains So High in Central and Eastern Europe", *Geneva: ILO*, 2002.

23. O'higgins Niall, "Youth Unemployment and Employment Policy. A Global Perspective", *Geneva: ILO*, 2001.

24. Palma Gabriel, "Trade Liberalization in Mexico: Its Impact on Growth, Employment and Wages", *Geneva: ILO*, 2003.

25. Rasiah Rajah, "Manufactured Exports, Employment, Skills and Wages in Malaysia", *Geneva: ILO*, 2002.

26. Schoof Ulrich, "Stimulating Youth Entrepreneurship: Barriers and Incentives to Enterprise Start-Ups by Young People", *SEED Working Paper*, No. 76, 2006.

27. Tchetvernina Tatyana. Alexandra Moskovskaya and Irina Soboleva, et al., "Labour Market Flexibility and Employment Security: Russian Federation", *Geneva*: *ILO*, 2001.

28. Daniel Dulitzky, "Ncentives for Early Retirement in Private Pension and Health Insurance Plans", http://www.urban.org/retirement/briefs/3/brief_3.html, 1999 - 03/2005 - 04 - 15.

29. Holland T., "China's Pension Puzzle", *Far Eastern Economic Review*.

30. Jacques Gaude, "L'insertion des jeunes et les politiques d'emploi-formation", http://www.ilo.org/public/french/employment/strat/publ/etp1.htm.

31. Jonathan Gruber, David Wise, "Social Security Induces Early Retirement around the World", http://www.nber.org/digest/apr98/w6134.html.

32. Monika Butler, Olivia Huguenin, "Federica teppa, What Triggers Early Retirement? Results from Swiss Pension Funds", http://ideas.repec.org/p/lau/crdeep/04.04.html, 2004 - 04 - 13/, 2005 - 04 - 15.

33. http://www.prb.org/pdf05/05WorldDataSheet_Eng.pdf.

34. Akerlof G. A., "Behavioral Macroeconomics and Macroeconomic Behavior", *American Economic Review*, Vol. 92, No. 3, 2002, pp. 411 - 433.

35. Friedman A., T. Suchoy, "The NAIRU in Israel: An Unobserved Components Approach", *Israel Economic Review*, Vol. 2, No. 2, 2004, pp. 125 - 154.

36. Friedman M., "The Role of Monetary Policy", *American Economics Review*, Vol. 58, No. 1, 1968, pp. 1 - 17.

37. Gordon R. J., "The Time-Varying NAIRU and its Implications for Economic Policy", *The Journal of Economic Perspectives*, Vol. 11, No. 1, 1997, p. 14.

38. Jeffrey F., M. George, "Inflation Persistence", *Quarterly Journal of Economic*, Vol. 110, No. 1, 1995, pp. 127 - 160.

39. Kalman R. E., "A New Approach to Linear Filtering and Prediction Theory", *Journal of Basic Engineering*, *Transactions ASME*, Series D, Vol. 83, 1960, pp. 35 - 45.

40. Ottosen G. K., Thompson D. N, "Reducing Unemployment: A Case for Goverment Deregulation, Westport, Connecticut", London: Praeger Publishers, 1996, p. 11.

41. Phelps E. S., "Money-Wage Dynamics and Labor Market Equilibrium",

Journal of Political Economy, Vol. 76, No. 4, Part2, 1968, pp. 678 – 711.

42. Richard R., "Theory Ahead of Language in the Economics of Unemployment", *Journal of Economic Perspectives*, Vol. 11, No. 1, 1997, pp. 73 – 92.

43. Stiglitz J. E., "Reflections on the Natural Rate Hypothesis", *Journal of Economic Perspectives*, Vol. 11, No. 1, 1997, pp. 3 – 10.

44. Yang An, "The Effects of China's Entry into The World Trade Organization on Employment, Dissertation", *University of Aosnabruck*, 2005, pp. 223 – 224.

45. Ashenfelter, O., Solon, G., "Employment Statistics: The Interaction of Economics and Policy", *The American Economic Review*, Vol. 72, No. 2, Papers and Proceedings of the Ninety-Fourth Annual Meeting of the American Economic Association, May, 1982, 233 – 236.

46. Abraham, K., "Structural/Frictional vs. Deficient Demand Unemployment: Some New Evidence", *American Economic Review*, Vol. 73, No. 4, 1983, pp. 708 – 724.

47. Akerlof, George A. and Yellen Janet L., "The Fair Wage-Effort Hypothesis and Unemployment", *Quarterly Journal of Economics*, Vol. 105, No. 2, 1990, pp. 255 – 284.

48. Ante Farm, "Defining and Measuring Unmet Labour Demand", *Working Paper 1/2003*, SOFI, Stockholm University, 2003.

49. Ante Farm, "Vacancies, Hirings, and the Duration Function", *Swedish Institute for Social Research (SOFI)*, Stockholm University, 2003.

50. Ante Farm, "A Theory of Vacancies", *Swedish Institute for Social Research (SOFI)*, Stockholm University, 2004.

51. Bell W. R., Hillmer, S. C., "The Time Series Approach to Estimation for Repeated Surveys", *Survey Methodology*, 1990, pp. 195 – 215.

52. Bertola Giuseppe, "Labor Turnover Costs and Average Labor Demand", *Journal of Labor Economics*, Vol. 10, No. 4, 1992, pp. 389 – 411.

53. Blanchard Olivier J., Katz L. F., "What We Know and Do Not Know About the Natural Rate of Unemployment", *Journal of Economic Perspectives*, Vol. 11, No. 1, 1997, pp. 51 – 72.

54. BMJ, "Focus: Brussels-Europe's Aging Population", BMJ 1996: 312: 1442 (8 June), 1996.

55. Burdett, K., Cunningham, E. J., "Toward a Theory of Vacancies", *Journal of Labor Economics*, 16, 445 – 478, 1998.

56. Burgess J. and Mitchell, W. F. (1998), "Unemployment Human Rights and Full Employment Policy in Australia", in M. Jones and P. Kreisler (eds.), *Globalization, Human Rights and Civil society*, Sydney, Australia: Prospect Press.

57. Clark, K. B., Summers, L. H., Holt, C. C., Hall, R. E., Baily, M. N., Clark, K. B. (1979), "Labor Market Dynamics and Unemployment: A Reconsideration", *Brookings Papers on Economic Activity*, Vol. 1979, No. 1 (1979), 13 – 72.

58. Commission of the European Communities, "Communication From the Commission: Structural Indicators, Brussels", 27. 9. 2000, COM (2000) 594 final.

59. Commission of the European Communities, "Communication From the Commission: Structural Indicators, Brussels", 30. 10. 2001, COM (2001) 619 final.

60. Commission of the European Communities, "Communication From the Commission: Structural Indicators, Brussels", 16. 10. 2002, COM (2002) 551 final.

61. Commission of the European Communities, "Communication From the Commission: Structural Indicators, Brussels", 8. 10. 2003, COM (2003) 585 final.

62. Constance Sorrentino, "International Comparisons of Labor Force Participation, 1960 – 1981", *Monthly Labor Review*, Vol. 106, No. 2, Feb. 1983.

63. Dow, J. C. R., Dicks-Mireaux, L. A, "The Excess Demand for Labour", *Oxford Economic Papers*, Vol. 10, 1958.

64. Ducoff, L. J., Hagood, M. J., "Objectives, Uses and Types of Labor Force Data in Relation to Economic Policy", *Journal of the American Statistical Association*, Vol. 41, No. 235, Sep. 1946, pp. 293 – 302.

65. Feldstein, M., "The Private and Social Costs of Unemployment", *The American Economic Review*, Vol. 68, No. 2, Papers and Proceedings of the Ninetieth Annual Meeting of the American Economic Association (May 1978), pp. 155 – 158, 1978.

66. Fitzpatrick, T., "The End of Europe? VISION, Foundation For A New World, Trendlines", 2004.

67. Goldberg, S. A., "The Organisation of National Statistical Services: An Overview of Major Issues: Munich Center for Advanced Training in Applied Statistics for Developing Countries", 1977.

68. Goldfarb, R. S., Adams, A. V., "Designing a System of Labor Market Statistics and Information", *World Bank Discussion Papers*, Washington, D. C., No. 205, 1993.

69. Haizhang Li, "Economic Transition and the Labor Market in China", *Contemporary Economics Policy*, Vol. 18, No. 2.

70. Hamermesh D. S. , "Labor Demand: Status and Prospects, Aspects of Canadian Labour Markets", *Essays in Honour of John Vanderkamp* (ed. Christofides L. , Grant K. and Swidinshy R.), University of Toronto Press, 1994.

71. Hansen, B. "Excess Demand, Unemployment, Vacancies, and Wages", *Quarterly Journal of Economics*, Vol. 84, No. 1, Feb. 1970, pp. 1 – 23.

72. Hoffmann, E. , "Collecting Statistics on Imbalances in the Demand fFr Labour", *Statistical Journal of the United Nations ECE*, 16, 105 – 121, 1999.

73. ILO, "Convention on the Elimination of All Forms of Discrimination against Women, Adopted and Opened for Signature, Ratification and Accession", by General Assembly resolution 34/180 of 18 December 1979, entry into force 3 September 1981, in accordance with article 27 (1), Geneva, 1979.

74. ILO, "Resolution Concerning Statistics of the Economically Active Population, Employment, Unemployment and Underemployment", *adopted by the Thirteenth International Conference of Labour Statisticians. Geneva*, 1982 (http://www.ilo.org/public/english/bureau/stat/res/ecacpop.htm).

75. ILO, "Key Indicators of the Labour Market (KILM)", *Geneva*, 1999a.

76. ILO, "Report of the Director-General: Decent Work, 87th Session", *International Labor Office Geneva*, 1999b (http://www.ilo.org/public/english/standards/relm/ilc/ilc87/rep-i.htm).

77. ILO, "Report of the Director-General: Reducing the Decent Work Deficit-a Global Challenge", Report 1 (A), First item on the agenda, 89th Session, *International Labor Office Geneva*, 2001 (http://www.ilo.org/public/english/standards/relm/ilc/ilc89/rep-i-a.htm).

78. ILO, "Poverty Reduction Strategy Papers (PRSPs): An Assessment of the ILO's Experience, Committee on Employment and Social Policy", *third item on the agenda, 283rd Session, Geneva*, 2002.

79. ILO, "Statistics of Employment in the Informal Sector", *Report for the XVth International Conference of Labor Statisticians*, 19 – 28, January 1993, Geneva (1993 a).

80. ILO, "Statistics of Employment in the Informal Sector", *Report for the XVth International Conference of Labor Statisticians*, 19 – 28, January 1993, Geneva (1993 b).

81. ILO, "Guidelines Concerning a Statistical Definition of Informal Employment in Seventeenth International Conference id Labor Statisticians", 2003, Geneva.

82. Institute of Public Finance, Ministry of Finance, "China's Employment Situation and Forecast for the Next Few Years", *China & World Economy*, No. 4, 2003.

83. Jeemol Unni, "Innovations in Data Collection Techniques on Informal Employment-Lessons Learned From India. ", *50th Anniversary Conference Reviewing the First Decade of Development in South Africa*, 2004. 10.

84. Jones, S., Riddell, W. C., "The Measurement of Labor Force Dynamic with Longitudinal Data: The Labour Market Activity Survey Filter", *Journal of Labor Economics*, Vol. 13, No. 2 (Apr., 1995), pp. 351–385.

85. Kruppe, T., "Assessing Labour Market Dynamics: European Evidence", *ILO Employment Sector*, employment paper 2001/15, Geneva.

86. Laurence Ball, N. Gregory Mankiw, "The NAIRU in Theory and Practice", *NBER Working Paper*, No. 8940, 2002.

87. Liu, E., Wu, J., "The Measurement of Unemployment and Underemployment, Research and Library Services Division Legislative Council Secretariat", RP05/98-99, Hong Kong, 1999.

88. Machin, S., "The Causes and Consequences of Long-Term Unemployment in Europe, CEP discussion papers 0400", *Centre for Economic Performance*, *LSE*, 1998.

89. Mark Schweitzer, Guhan Venkatu, "Employment Surveys are Telling the Same Story", *Economic Commentary*, May 15, 2004.

90. McClelland, A., Macdonald, F., "The Social Consequences of Unemployment, *Business Council of Australia*, 1998.

91. McGuckin, R. H., van Ark, B., European Union Shows Productivity Gains, But U. S. Continues To Lead, The Unique Challenges of Developing World-Class Business Leaders in Asia Pacific, Executive Action Number 114, The Conference Board, 2005.

92. Miller, Glenn H., Jr., "Employment Indicators of Economic Activity", *Economic Review-Federal Reserve Bank of Kansas City*; Jul/Aug 1987; 72, 7; ABI/INFORM Global, p. 42.

93. Mitchell, William, F., "Inflation and Unemployment: A Demand Story, presented to European Unemployment Conference", sponsored by the European Commission, at the European University Institute, Florence, Novebmer 21–22, 1996, forthcoming in published proceedings, 1996.

94. Mitchell, William, Watts, M., "The Path to Full Employment", *Australian Economic Review*, 4th Quarter, 1997.

95. Moffit, R. E., Peterson, P., James, E., Prewo, W., Harris, D., Rut-

kowski, M., "Perspectives on the European Pension Crises: Some Lessons for America", *the Heritage Foundation*, *social security research paper*, 2002 (http://www.heritage.org/Research/SocialSecurity/HL729.cfm).

96. NBER (ed.), "The Measurement and Interpretation of Job Vacancies", Colombia University Press, 1966.

97. Nickell, S., "Dynamics Models of Labour Demand in O. Ashenfelter and R. Layard (eds)", *Handbook of Labour Economics*, Vol, pp. 473 - 522. North Holland Publishers. 1986.

98. OECD, "OECD Employment Outlook", Paris, 2005.

99. OECD, "OECD FACTBOOK 2005", Paris, 2005.

100. OECD, "Measuring Non-Observed Economy", *a Handbook*, 2002.

101. Osberg L., "The Missing Link-Data On the Demand Side of the Labour Market", Dalhousie University, Canada, 1995.

102. Palmer, G. L., "Unemployment Statistics as a Basis for Employment Policy", *The Review of Economics and Statistics*, Vol. 32, No. 1, Feb. 1950, pp. 70 - 74.

103. Parent, A., "Ageing in Europe: Realizing and Promoting the Contributions of Older People", *AARP*, *Global Aging Program Perspectives*, 2004.

104. Pavan-Woolfe, L., "Women in the Workforce-Addressing the Challenge of Demographic Change", *European week of Regions and Cities*, *Brussels*, 2005.

105. Phelps Edmund S, "Money-Wage Dynamics and Labor Market Equilibrium", *Journal of Political Economy*, Vol. 76, No. 4, Part 2, 1968, pp. 678 - 711.

106. Phillips A. W. H., "The Relationship Between Unemployment and the Rate of Change of Money Wage Rates in the United Kingdom, 1861 - 1857", *Economica* Vol. 25, 1958, pp. 283 - 299.

107. Ray Brooks, Ran Tao, "China's Labor Market Performance and Challenges", *IMF Working Paper*, Nov. 2003.

108. Richard D. Williams., "Sources of Data for Measuring Labour Demand", *Labour Market Trends*, Vol. 112, No. 9, Sep 2004, pp. 375 - 383.

109. Richard D. Williams., "The Demand for Labor in UK", *Market Trends*; Vol. 112, No. 8, Aug 2004, pp. 321 - 330.

110. Richardson, P., L. Boone, C. Giorno, M. Meacci, D. Rae, and D. Turner, "The Concept, Policy Use and Measurement of Structural Unemployment: Estimating a Time Varying NAIRU Across 21 OECD Countries, OECD", *Economics Department Working Paper*, No. 250, Paris, 2000.

111. Robert L Stein., "National Commission Recommends Changes in Labor Force Statistics", *Monthly Labor Review*; Apr 1980; 103, 000004; p. 11.

112. Rodrigo Negrete, "Case Study on the Operation of the Concept of Informal Employment", *Fifth Meeting of Delhi Group*, 2001.

113. Roubaud, F, "Statistical Measurement of the Informal Sector in Africa: Data Collection Strategies, in Afristat (1997): Proceedings of the Seminar "The Informal Sector and Economic Policy in Sub-Saharan Africa", 10 – 14, March 1997, Bamako.

114. Rubinow, I. M., "The Problem of Unemployment", *The Journal of Political Economy*, Vol. 21, No. 4, Apr, 1913, pp. 313 – 331.

115. Black S. W., H. H. Kelejian, "A Macro Model of the US Labor Market", *Econometrica*, Vol. 38, No. 5, Sep 1970, pp. 712 – 741.

116. Saint-Paul, G., "The Political Consequences of Unemployment", *presented at Swedish Economic Council Conference*, Stockholm, 1998.

117. Samuelson P. A. and Solow R. M., "Analytical Aspects of Anti-Inflation Policy", *American Economics Review*, Papers and Proceeding, Vol. 50, 1960, pp. 177 – 194.

118. Sen, A., "Inequality, Unemployment and Contemporary Europe", *International Labour Review*, Vol. 136, No. 2, 1997, pp. 155 – 171.

119. Shen, J. and N. A. Spence, "Trends in Labor Supply and the Future in Employment in China, Environment and Planning C", *Government and Policy*, Vol. 13, No. 3, 1995.

120. Sims, G. T., "EU Joblessness Is Poised to Worsen; Unemployment May Reach Highest Level Since 1999, Raising Heat on Politicians", *Wall Street Journal.* (*Eastern edition*). N. Y., Jul 5, 2005. p. A. 2. 2005.

121. Staiger Douglas, Stock James H. and Wstson, Mark, "How Precise are Estimates of the Natural Rate of Unemployment? in Reducing Inflation: Motivation and Strategy", *Eds. C. D. Romer and D. H. Romer*, Chicago: University of Chicago Press, 1997, pp. 195 – 246.

122. Stefan Bojnec, Jozef Konings, "Job Creation, Job Destruction and Labour Demand in Slovenia", *Comparative Studies*, Vol. 41, No. 2 – 3, Summer 1999, pp. 135 – 149.

123. Stewart, C., "Unemployment Statistics and Economic Policy Uses", *The American Statistician*, Vol. 9, No. 1, Feb 1995, pp. 10 – 14.

124. Stewart, C., Wood, L., "Employment Statistics in the Planning of a Full-Employment Program", *Journal of the American Statistical Association*, Vol. 41, No. 235, Sep 1946, pp. 313 – 321.

125. Stiglitz, J. E., "Reflections on the Natural Rate Hypothesis", *Journal of Economic Perspectives*, Vol. 11, No. 1, 1997, pp. 3 – 10.

126. Summers, L. H., "Measuring Unemployment", *Brookings Papers on Economic Activity*, Vol. 1981, No. 2, 1981, pp. 609 – 620.

127. Svejnar, J., "Europe's Unexploited Potential", *the William Davidson Institute*, University of Michigan Business School, 2004.

128. Thomas, D., Beegle, K., Frankenberg, E., "Labor Market Transitions of Men and Women During an Economic Crisis: Evidence from Indonesia, RAND Labor and Population Program", *Working Paper Series* 00 – 11, 2000.

129. Timoty R. Pivetz, Michael A. Searson, James R. Spletzer, "Measuring Job and Establishment Flows with BLS Longitudinal Microdata", *Monthly Labor Review*, Vol. 124, No. 4, Apr 2001, pp. 13 – 20.

130. U. S. Department of Labor, Bureau of Labor Statistics, "BLS Handbook of Methods", http//stats.bls.gov/hom/homch6/pdf.

131. U. S. Department of Labor, Bureau of Labor Statistics, "Issues in Labor Statistics", Sep. 2002.

132. U. S. Department of Labor, Bureau of Labor Statistics, "Redesign of the Sample for the Current Population Survey", May 1994.

133. U. S. Department of Labor, Bureau of Employment Security, "Handbook on Estimating Unemployment, Employment Security Research Methods", *Handbook Series*, 1960.

134. U. S. Department of Labor, Bureau of Labor Statistics, "BLS Handbook of Methods", April 1997.

135. U. S. Department of Labor, Bureau of Labor Statistics, "Questions and Answers on the New Method for Developing State Employment and Unemployment Estimation", January 1989.

136. Winch, D., "Economics and Policy", *Hodder & Stoughton*, *London*, 1969.

137. Ann Harrison, Edward Leamer, "Labor Market in Developing Countries: an Agenda for Research", *Journal of Labor Economics*, Jul 1997, 15, 3: S1 – S19.

138. Black S. W., H. H. Kelejian., "A Macro Model of the US Labor Market",

Econometrica, Vol. 38, No. 5, Sep 1970, pp. 712-741.

139. Hamemesh, Daniel S., "Labor Demand and the Structure of Adjustment Costs", *American Economics Review*, Vol. 79, No. 4, Sep 1989, pp. 674-689.

140. Hamermesh D. S., "'Labor Demand: Status and Prospects', Aspects of Canadian Labour Markets: Essays in Honour of John Vanderkamp (ed. Christofides L., Grant K. and Swidinshy R.)", University of Toronto Press, 1994.

141. Harvey R Hamel; John T Tucker, "Implementing the Levitan Commission's Recommendations to Improve Labor Data", *Monthly Labor Review*; Feb 1985; 108, 000002; p. 16.

142. Hoffman E., "Measuring the Demand for Labour", *International Labour Organisation*, 2002.

143. Hunt, Jennifer, "Firing Costs, Employment Fluctuations and Average Employment: An Examination of Germany", *Economica*, Vol. 67, No. 266, May 2000, pp. 177-202.

144. Jan Rutkowshki, "Firms Jobs and Employment in Moldova", *Policy Research Working Paper* 3253 (the World Bank).

145. Jonathan Haskel, Barbara Kersley, "Labour Market Flexibility and Employment Adjustment: Micro Evidence from UK Establishments", *Oxford Economic Papers* Vol. 49, 1997, pp. 362-379.

146. Kanhaya L. Gupta, "Factor Prices, Expectations, and Demand for Labor", *Ecomometrica*, Vol. 43, No. 4, 1975, pp. 757-770.

147. Louis Eeckhoudt, Nicolas Treich, "Adjustment Costs, Uncertainty, and the Level of Activity", *Southern Economic Journal*, Vol. 69, No. 4, 2003, pp. 990-999.

148. Max L Carey, "Evaluating the 1975 Projections of Occupational Employment", *Monthly Labor Review*; Jun 1980; 103, 000006; p. 10.

149. Nickell, S., "Dynamics Models of Labour Demand', in O. Ashenfelter and R. Layard (eds)", *Handbook of Labour Economics*, Vol. 1, pp. 473-522, 1986 North Holland Publishers.

150. Osberg L., "The Missing Link-Data on the Demand Side of the Labour Market", Dalhousie University, Canada, 1995.

151. Palko, "How Manufactures Plan to Meet Possible Increased Labor Needs", *Plant Engineering*, Vol. 50, Aug 1996, pp. 9-13.

152. Patricia M Getz, "Implementing the New Sample Design for The Current

Employment Statistics Survey", *Business Economics*, Vol. 35, No. 4, Oct 2000, ABI/INFORM Global, p. 47.

153. Pember R. J. , "Compilation and Presentation of Labour Statistics Based on Administrative Records", *ILO/EASMAT*, 1997.

154. Robert L Stein, "National Commission Recommends Changes in Labor Force Statistics", *Monthly Labor Review*; Apr 1980; 103, 000004; p. 11.

155. Sargent, T. J. , "Estimation of Dynamic Labor Demand Schedules Under Rational Expectations", *Journal of Political Economy*, Vol. 86, No. 6, Dec 1978, pp. 1009 – 1044.

156. Victor Zarnowitz and Charlotte Boschan, "New Composite Indexes of Coincident and Lagging Indicators", Appendix 2, Handbook of Cyclical Indicators, U. S. Department of Commerce, *Bureau of Economic Analysis*, 1977, p. 185.

157. ILO, "Statistics of Employment in the Informal Sector, Report for the XVth International Conference of Labor Statisticians", January 1993, Geneva.

158. Hussmmanns, R. , "Informal Sector: Background and Statistical Definition", in Afristat (1997): *Proceedings of the Seminar the Informal Sector And Economic Policy in Sub-Saharan Africa*, March 1997, Bamako.

159. Roubaud, F. , "Statistical Measurement of the Informal Sector in Africa: Data Collection Strategies", in Afristat (1997): *Proceedings of the Seminar the Informal Sector and Economic Policy in Sub-Saharan Africa*, March 1997, Bamako.

160. CSO, "The Measurement of Informal Sector: The Indian Experience", *Country Paper*, 2000.

161. ILO, "Guidelines Concerning a Statistical Definition of Informal employment in Seventeenth International Conference id Labor Statisticians", 2003, Geneva.

162. OECD, "Measuring Non-Observed Economy-a Handbook", 2002.

163. Economic and Social Council, United Nations, *Defining and Measuring Informal Employment*, E/ESCAP/SOS/11, 2004.

164. Economic and Social Council, United Nations, *Report of the Deihi Group Informal Sector Statistics*, E/CN, 2004.

165. Jeemol Unni, "Innovations in Data Collection Techniques on Informal Employment-Lessons Learned from India", 50th Anniversary Conference Reviewing the first decade of development in South Africa, 2004. 10.

166. Hussmanns Ralf, "Measuring the Informal Economy: from Employment in Informal Sector to Informal Employment", *Working Paper* 53, ILO, 2004.

167. Amanda Hosking, "The Cost and Benefit of Flexible Employment", 2004.

168. Rodrigo Negrete, "Case Study on the Operation of the Concept of Informal Employment, Fifth Meeting of Delhi Group", 2001.

169. Jan L. Losby, *Informal Economy Literature Review*, Vol. 12, 2002.

170. Enrico Marcelli, "Informal Employment in California", http://repositories.cdlib.org/ile/scl2001/Section6/ 2001. 4. htm.

171. ILO, "Statistics of Employment in the Informal Sector, Report for the XVth International Conference of Labor Statisticians", January 1993, Geneva.

172. Burgess, S., M. Knetter, "An International Comparison of Employment Adjustment to Exchange Rate Fluctuations", *Review of International Economics*, Vol. 6, 1998, pp. 151–163.

173. Dekle Robert, "The Yen and Japanese Manufacturing Employment", *Journal of International Money and Finance*, Vol. 17, Issue 5, 1998, pp. 785–801.

174. Galindo Arturo, Izquierdo Alejandro, Montero José Manuel, "Real Exchange Rates, Dollarization and Industrial Employment in Latin America", *Emerging Markets Review*, Vol. 8, Issue 4, 2007, pp. 284–298.

175. Gourinchas Pierre-Olivier, "Exchange Rates Do Matter: French Job Reallocation and Exchange Rate Turbulence, 1984–1992", *European Economic Review*, Vol. 43 (7), 1999, pp. 1279–1316.

176. Haltiwanger John, Kugler Adriana, Kugler, Maurice et al., "Effects of Tariffs and Real Exchange Rates on Job Reallocation: Evidence from Latin America", *Journal of Policy Reform*, Vol. 7, Issue 4, 2004, pp. 191–208.

177. Jose Manuel Campa, Linda S. Goldberg, "Employment versus Wage Adjustment and the U. S. Dollar", *The Review of Economics and Statistics*, Vol. 43, No. 3, Aug 2001, pp. 477–489.

178. Magda Kandil, Ida Aghdas Mirzaie, "The Effects of Dollar Appreciation on Sectoral Labor Market Adjustments: Theory And Evidence", *The Quarterly Review of Economics and Finance*, Vol. 43, 2003, pp. 89–117.

179. Mohsen Bahmani-Oskooee, Ida A. Mirzaie, Ilir Miteza, "Sectoral Employment, Wages and the Exchange Rate: Evidence from the U. S", *Eastern Economic Journal*, Vol. 33, No. 1, 2007, pp. 125–136.

180. Ping Hua, "Real Exchange Rate and Manufacturing Employment in China", *China Economic Review*, Vol. 72, No. 6, Dec 1964, pp. 584–596.

181. Roberto Frenkel, "Real Exchange Rate and Employment in Argentina, Bra-

zil, Chile and Mexico", *Paper prepared for the G24*, draft 08/24/04, Washington, D. C. http: //www. g24. org/fren0904. pdf.

182. Roberto Frenkel, "An Alternative to Inflation Targeting in Latin America: Macroeconomic Policies Focused on Employment", *Journal of Post Keynesian Economics*, Vol. 28, No. 4, 2006, pp. 573 – 591.

183. Sebastian Edwards, 1986, "Terms of Trade, Exchange Rates and Labor Markets Adjustment in Developing Countries", *NBER Working Paper* 2110, http: //www. nber. org/papers/w2110.

184. Abdulnasser Hatemi-J, Manuchehr Irandoust, "The Response of Industry Employment to Exchange Rate Shocks: Evidence from Panel Cointegration", *Applied Economics*, Vol. 38, 2006, pp. 415 – 421.

185. Ana L. Revenga, "Exporting Jobs?: The Impact of Import Competition on Employment and Wages in U. S. Manufacturing", *The Quarterly Journal of Economics*, Vol. 107, No. 1, 1992, pp. 255 – 284.

186. Branson William, H., and James P. Love, "Dollar Appreciation and Manufacturing Employment and Output", *NBER Working Paper*, No. 1972, 1986.

187. Bhalla, A. S., Qiu, S., "China's Accession to WTO: Its Impact on Chinese Employment", *UNCTAD Discussion Papers*, No. 163, 2002.

188. Borjas, G. J., Freeman, R. B., Katz, L. F., "On the Labor Market Effects of Immigration and Trade", *NBER Working paper* 3761, 1991.

189. Carneiro, F. G., Arbache, J. S., "The Impacts of Trade on the Brazilian Labor Market: A CGE Model Approach", *World Development*, Vol. 31, No. 9, 2003, pp. 1581 – 1595.

190. Castro, L., Olarreaga, M., Saslavsky, D., "The Impact of Trade with China and India on Argentina's Manufacturing Employment", *World Bank Policy Research Working Paper* 4153, 2007.

191. Fu, X., Balasubramanyam V. N., "Exports, Foreign Direct Investment and Employment: The Case of China", *The World Economy*, Vol. 28, Issue 4, 2005, pp. 607 – 625.

192. Ghose, A., K., "Trade Liberalization and Manufacturing Employment", Geneva, *ILO Employment Paper*, Vol. 3, 2000.

193. Ghose, A., K., "Jobs and Incomes in a Globalizing World", *Geneva*: *International Labor Office*, 51 – 78, 2003.

194. Greenaway, D., Hine, R. C., Wright, P., "An Empirical Assessment

of the Impact of Trade on Employment in the United Kingdom", *European Journal of Political Economy*, Vol. 15, Issue3, 1999, pp. 485 – 500.

195. Hasan, R., Chen, L., "Trade and Workers: Evidence from the Philippines", *Asian Development Review*, Vol. 21, No. 2, 2004, pp. 28 – 56.

196. Lee, C., Schluter, G., "Effect of Trade on the Demand for Skilled and Unskilled Workers", *Economic Systems Research*, Vol. 11, No. 1, 1999, pp. 49 –65.

197. Rasiah R., "Manufactured Exports, Employment, Skills, and Wages in Malaysia", *ILO Employment Paper*, Vol. 35, 2002.

198. Revenga, A., "Employment and Wage Effects of Trade Liberalization: The case of Mexican Manufacturing", *Journal of Labor Economics*, Vol. 15, No. 3, 1997, pp. 20 – 43.

199. Woo, W. T., Ren R., "Employment, Wages and Income Inequality In the Internationalization of China's Economy", *ILO Employment Paper*, Vol. 39, 2002.

200. Auto, D., Levy, H. F., Murnane, R. J., "The Skill Content of Recent Technological Change: an Empirical Exploration", *Quarterly Journal of Economic*, Vol. 118, No. 4, Nov 2003, pp. 1279 – 1333.

201. Chenery H. and L. Taylor, "Development Patterns: among Countries and over Time", *Review of Economics and Statistics*, Vol. 50, No. 4, 1968, pp. 391 – 415.

202. Leon, P. "Structural Change and Growth in Capitalism", Baltimore: Johns Hopkins University Press, 1967.

203. Manning, Alan, "We Can Work It out: the Impact of Technological Change on the Demand for Low-Skill Workers", *Scottish Journal of Political Economy*, Vol. 51, No. 5, 2004, pp. 581 – 608.

204. Pasinetti, L. L. "A Multi-Sectoral Model of Economic Growth. Phd Dissertation", Cambridge University, 1962.

205. Vivarelli, Marco, "The Economics of Technology and Employment: Theory and Empirical Evidence", Elgar, Aldershot, 1995.

206. Aghion, P., and P. Howitt, "Growth and Unemployment", *Review of Economic Studies*, Vol. 61, 1994, pp. 477 – 494.

207. Chan Kan Wing, "Economic Growth Strategy and Urbanization Policies in China", *Research Paper No. 175. Center For Urban and Community Studies*, University of Toronto, 1989.

208. Chang, Gene Hsin, "China's Urbanization Lag and Its Economic Costs", *NBER Working Paper*, 2001.

209. Chang, Brada, "China's Urbanization Lag During the Period Of Reform: A Paradox", *NBER Working Paper*, 2001.

210. Luisito Bertinelli and Eric Strobl, "Urbanization, Urban Concentration and Economic Growth in Developing Countries", *CREDIT Research Paper*, No. 03/14, September 2003.

211. Mckee, D. l. &Leather, W. H., "Urbanization, Dualism and Disparities in regional Economic development", *Land Economics*, Vol. 46, No. 1, 1970, pp. 82 – 85.

212. UNDP, Human Development Report 1996, Oxford University Press, 1996.

213. World Development Indicators database 2004.

214. Alison L. Booth, Marco Francesconi and Jeff Frank, "Temporary Jobs: Stepping Stones of Dead Ends?", *The Economic Journal*, Vol. 112, No. 480, 2002, 189 – 213.

215. Anna Laura Wolf-Powers, "The Role of Labor Market Intermediaries in Promoting Employment Access and Mobility: A Supply-and Demand-side Approach", Doctoral Dissertation, Rutgers University, 2003.

216. Catalina Amuedo-Dorantes, Miguel A. Malo and Fernando Muñoz-Bullón, "The Role of Temporary Help Agencies in Facilitating Temp-to-Perm Transitions", *IZA Discussion Papers*, 2177, 2006.

217. Dale T. Mortensen, Christopher A. Pissarides, "New Developments in Models of Search in the Labour Market", *CEPR Discussion Papers*, 2053, 1999.

218. David H. Autor, "Labor Market Intermediation: What it is, Why it is Growing, and Where it is Going?", *NBER Reporter*, Fall 2004.

219. Denis Fougere, Jacqueline Pradel and Muriel Roger, "Does Job-Search Assistance Affect Search Effort and Outcomes? A Microeconometric Analysis of Public versus Private Search Methods", Institute for the Study of Labor (IZA) Papers, No. 1825, 2005.

220. Etienne Campens and Solenne Tanguy, "The Market for Job Placement: A Model of Headhunters", *Centred' Economie de la Sorbonne UMR*, 8174, 2005.

221. Fernando Alvarez, Marcel Veracierto, "Search, Self-Insurance and Job-Security Provisions", Federal Reserve Bank of Chicago *Working Paper*, 98 – 2, 1998.

222. García-Pérez J. I. and Fernando Muñoz-Bullón, "Are Temporary Help Agencies Changing Mobility Patterns in the Spanish Labor Market?", *Spanish Economic Review*, Vol. 7 Issue 1, 2005, pp. 43 – 65.

223. Helmut Rudolph and Esther Schröder, "Arbeit nehmerüber lassung: Trends und Einsatzlogik", Mitteilungen aus Arbeitsmarkt und Berufsforschung, 1/97, 102 – 126, 1997.

224. Hopenhayn H. and R. Rogerson, "Job Turnover and Policy Evaluation: A General Equilibrium Analysis", *Journal of Political Economy*, Vol. 101, No. 5, 1993, pp. 915 – 938.

225. Ichino A., Mealli F. and Nannicini T., "Temporary Work Agencies in Italy: A Springboard Toward Permanent Employment?", *Giornale degli Economisti e Annali di Economia*, Vol. 64, 1, 2005, pp. 1 – 27.

226. Ignacio J. García-Pérez and Fernando Muñoz-Bullón, "Temporary Help Agencies and Occupational Mobility", *Oxford Bulletin of Economics and Statistics* Vol. 67, No. 2, 2005, pp. 163 – 180.

227. Jonathan M. Thomas, "Public Employment Agencies and Unemployment Spells: Reconciling the Experimental and non-experimental Evidence", *Industrial and Labor Relations Review* 50 (4), 1997, pp. 667 – 683.

228. Lawrence F. Katz and Alan B. Krueger, "The High-Pressure U. S. Labor Market in the 1990's", Brookings Papers on Economic Activity, Economic Studies Program, The Bnokings Institnty Vol. 30, 1999, pp. 1 – 87.

229. Lewis M. Segal and Daniel G Sullivan, "The Growth of Temporary Services Work", *Journal of Economic Perspectives*, Vol. 11, No. 2, 1997, pp. 117 – 136.

230. Lewis M. Segal and Daniel G. Sullivan, "Temporary Services Employment Durations: Evidence from Administrative Data", Federal Reserve Bank of Chicago Working Paper WP – 97 – 23 (December), 1997.

231. Manuel Pastor, Laura Leete, Laura Dresser, "Economic Opportunity In a Volatile Economy: Understanding the Role of Labor Market Intermediaries In Two Regions", Ford Foundation Grants: 1000 – 0399 and 1000 – 0399 – 1, University of California, Institute for Labor and Employment, 39 – 106, 2001.

232. Maria W. Otoo, "Temporary Employment and the Natural Rate of Unemployment", *Finance and Economics Discussion Series*, Paper 1999 – 66, Federal Reserve Board of Governors, December 1999.

233. Martin Rosenfeld, "The Economic Theory of Institutional Change (ETIC) and the Emergence of Public Activities: The Case of Public Employment Services in Germany", *Zeitschrift fur Wirtschafts-and Sozialwissenschaften*, 117 (2), 1997, pp. 291 – 312.

234. Michael Christopher Burda, "A Note on Firing Costs and Severance Benefits in Equilibrium Unemployment", *Scandinavian Journal of Economics*, Vol. 94, No. 3, 1992, pp. 479–489.

235. Michael Neugart, Donald Storrie, "Temporary Work Agencies and Equilibrium Unemployment", Working Paper No. 02.6, Minda de Gunzburg Center for European Studies, Harvard University, Cambridge, MA, 2002.

236. Nollen, Stanley D., "Negative Aspects of Temporary Employment", *Journal of Labour Research* Vol. 17, No. 4, 1996, pp. 567–582.

237. Norton W. Grubb, 1995, Evaluating Job Training Programs in the United States: Evidence and Explanations (Technical Assistance Report, MDS-1047), National Center for Research in Vocational Education, University of California at Berkeley, CA, http://vocserve.berkeley.edu/AllInOne/MDS-1047.html.

238. OECD, "The Public Employment Service in Japan, Norway, Spain and the United Kingdom", in OECD Employment Outlook (Paris), 117–151, 1992.

239. Paul Osterman, "Securing Prosperity: The American Labor Market: How It has Changed and What to Do about It. Princeton", NJ: Princeton University Press, 1999.

240. Peter Swivel and Christoph Zaborowski, "Employment Service: Public or Private?", *Public Choice*, Vol. 89. No. 1-2, 1996, pp. 131–162.

241. Randall W. Eberts, Harry J. Holzer, 2005, "Overview of Labor Exchange Policies and Services", The Role and Function of Labor Exchange in a Market Economy, W. E. Upjohn Institute for Employment Research, 457–503.

242. Rick Melchionno, "The Changing Temporary Work Force: Managerial, Professional, and Technical Workers in the Personnel Supply Services Industry", *Occupational Outlook Quarterly*, Vol. 43 Issue 1, 1999, pp. 24–32.

243. Susan N. Houseman and Anne E. Polivka, "The Implications of Flexible Staffing Arrangements for Job Stability", W. E. Upjohn Institute for Employment Research, Staff Working Papers, 99–56, 1999.

244. Susan N. Houseman, "Temporary, Part-Time and Contract Employment in the United States: New Evidence from an Employer Survey", W. E. Upjohn Institute for Employment Research, Kalamazoo, Michigan, 1997.

245. Walwei, U., "Improving Job-matching through Placement Services", in: G. Schmid, J. O'Reilly, and K. Schömann (ed.): International Handbook of Labour Market Policy and Evaluation. Cheltenham: Edward Elgar, 1996, pp. 402–430.

246. Walwei, U. , "Performance Evaluation of Public Employment Services (PES)", ILO, Document No. 47, 1996.

247. WAPES, "The Development of Comparable Performance Indicators in Public Employment Services", World Association of Public Employment Services (WAPES) Workshop, Aske, Sweden, 20 – 22, June 1994.

248. William Clark, "Production Costs and Output Qualities in Public and Private Employment Agencies", *Journal of Law end Economics*, Vol. 31, No. 2, 1998, pp. 379 – 393.

249. Woong Lee, "Public Employment Offices and the Labor Market in the United States between 1890 and 1940", NBER "Labor Market Intermediation Conference", Working paper, 2007.

250. Yinon Cohen and Yitchak Haberfeld, "Temporary Help Service Workers Employment Characteristics and Wage Determination", *Industrial Relations*, Vol. 32, Issue 2, 1993, pp. 272 – 287.

251. Blau, D. , Robins, P. , "Job Search Outcomes for the Employed and Unemployed", *Journal of Political Economy* Vol. 98, No. 3, 1990, pp. 637 – 655.

252. Böheim, R. , Taylor, M. P. , "Job Search Methods, Intensity and Success in Britain in the 1990s", *Working Paper*, Department of Economics, Johannes Kepler University, No. 0206, Linz, 2002.

253. Holzer, H. , "Employed and Unemployed Job Search: A Comparison of Choices and Outcomes among Youth", *NBER Working Paper*, No. 1861, 1986.

254. Holzer, H. , "Informal Job Search and Black Youth Unemployment", *American Economic Review* Vol. 77, No. 3, 1987, pp. 446 – 452.

255. Holzer, H. , "Search Methods Use by Unemployed Youth", *Journal of Labor Economics* Vol. 6, No. 1, 1988, pp. 1 – 20.

256. Kazis, R. , "Improving Low Income Job Seekers' Employment Prospects: The Role of Labor Market Intermediaries", *Background Paper*, US/UK Seminar on Labor Market Intermediaries, 1999.

257. Márquez M. , G. , Ruiz-Tagle V. , C. , "Search Methods and Outcomes in Developing Countries: The Case of Venezuela", *Working Paper*, Inter-American Development Bank Research Dept. , No. 519, 2004.

258. Montgomery, J. "Social Networks and Labor Market Outcomes: Toward an Economic Analysis", *America Economic Review* Vol. 81, No. 5, 1991, pp. 1408 – 1418.

259. Mosley, H. , Speckesser, S. "Market Share and Market Segment of Public

Employment Services", *Discussion Paper*, Wissenschaftszentrum Berlin für Sozialforschung, 1997.

260. Roshchin, S. Markova, K., "Choice among Different Job Search Channels: The Evidence from Russian Labor Market", *Working Paper Series*, EERC, No. 04/05, Moscow, 2004.

261. Stevenson, B. "The Internet and Job Search", *NBER Working Paper*, No. 13886, 2008.

262. Weber, A., Mahringer H., "Choice and Success of Job Search Methods", *Empirical Economics* Vol. 25, No. 1, 2008, pp. 153–178.

263. Barbieri, G., Gennari, P., and Sestito, P., "Do Public Employment Services help people in finding a job? An evaluation of the Italian Case", *Italian National Institute of Statistics*, No. 3, Rome, 2001.

264. Benner, C., Bernhardt, A., Brownstein, B. and Zimmerman, S., "Economic Opportunity in a Volatile Economy: Understanding the Role of Labor Market Intermediaries In Two Regions", *Final Research Report*, Prepared with Funding from the Ford, Rockefeller and Russell Sage Foundations, Ford Foundation Grants: 1000–0399 and 1000–0399–1, Rockefeller Foundation Grant: RF 99015 #38, Russell Sage Foundation Grant: 85–99–11, 2003.

265. Benner, C., Brownstein, B., Dresser, L., and Leete, L., "Staircases and Treadmills: The Role of Labor Market Intermediaries in Placing Workers and Fostering Upward Mobility", *Discussion Paper*, Industrial Relations Research Association Annual meeting, New Orleans, 2001.

266. Autor, D. H.. "Wiring the Labor Market", *Journal of Economic Perspectives*, Winter Vol. 15, No. 1, 2001, pp. 25–40.

267. Benner, C. "Labour Flexibility and Regional Development: The Role of Labour Market Intermediaries", Regional Studies, Vol. 37. 6&7, August/October 2003, pp. 621–633.

268. Benner, C. "Cyber Union: Empowering Labor Through Computer Technology", Contemporary Sociology, Washington, Vol. 30, Iss. 5, Sep 2001, pp. 480–82.

269. Boehle, S. "Online Recruiting Gets Sneaky". *Training*, Vol. 37, No. 5, 2000, pp. 66–74.

270. Capelli, P. "Making the Most of Online Recruiting", *Harvard Business Review*, Vol. 79, No. 3, 2001, pp. 139–146.

271. Casper, R. "Online Recruitment", *Personnel Journal*, Vol. 64, No. 5,

1985, pp. 4 – 5.

272. CIPD, "Recruitment on the Internet", *IPD Information Note*, 1999. available at: http://www.cipd.co.uk/Infosource/RecruitmentAndSelection/RecruitmentontheInternet.asp.

273. Dysart, J., "HR Recruiters Build Interactivity into Web Sites", *HR Magazine*, Vol. 44, No. 3, 1999, pp. 106 – 110.

274. Feldman, D. C. and Klaas, B. S. "Internet Job Hunting: A Field Study of Applicant Experiences with On-line Recruiting", *Human Resource Management*, Vol. 41, No. 2, Summer 2002, pp. 175 – 92.

275. Fister, S. "Online Recruiting: Good, Fast and Cheap?" *Training*, Vol. 36, No. 5, 1999, pp. 26 – 28.

276. Frank, R. H. and Cook. J. P. "The Winner Take All Society". New York: Free Press, 1995.

277. Galanaki, E. "The Decision to Recruit Online: A Descriptive Study", *Career Development International*, Vol. 7, No. 4, 2002, pp. 243 – 51.

278. Gentner, C. "The Computerized Job Seeker", *Personnel Administrator*, August 1984, Vol. 77, No. 8, 1984, pp. 73 – 77.

279. Gutmacher, G. "Secrets of Online Recruiters Exposed!" *Workforce*, Vol. 79, Iss. 10, 2000, pp. 44 – 50.

280. Hays, S. "Hiring on the Web", *Workforce*, Vol. 78, No. 18, 1999, pp. 76 – 82.

281. Hsu., M. K. and Keng., C. (2005). "A Preliminary Evaluation of Online Job Seeking and Recruiting: The Job Market of Direct Marketing", *The Archive of Marketing Education*, October 2005. available at: http://www.marketingpower.com/content.php?Item_ID=24692.

282. Jansen, B. J. and Jansen, K. J. "Using the Web to Look for Work: Implications for Online Job Seeking and Recruiting", *Internet Research*, Vol. 15, No. 1, 2005, p. 49.

283. Kuhn, P. "Policies for an Internet Labour Market", *Policy Options*, Octorber 2000, pp. 42 – 47.

284. Kuhn, P. and Skuterud, M. "Internet Job Search and Unemployment Durations", *The American Economic Review*, March 2004, Vol. 94, No. 1, 2004, pp. 218 – 232.

285. Kuhn, P. and Skuterud, M. "Job Search Methods: Internet versus Tradi-

tional", *Monthly Labor Review*, October 2000, pp. 3 – 11.

286. Leonard, B., "Online and Overwhelmed", *HR Magazine*, Vol. 45, No. 8, 2000, pp. 36 – 42.

287. McDougall, B. "Cyber-recruitment: The Rise of the E-Labour Market and its Implications for the Federal Public Service." *Public Service Commission of Canada*, April, 2001.

288. Mortensen, D. T. "Panel: Modeling How Search-Matching Technologies Affect Labor Markets", Talk given to *the IRPP and CERF conference on Creating Canada's Advantage in an Information Age*, May 2000.

289. Nakamura, A. and Pugh, T. "Internet Recruiting: a Background Report", Paper presented to *the IRPP and CERF conference on Creating Canada's Advantage in an Information Age*, May 2000.

290. Pearce, C. G. and Tuten, T. L. "Internet Recruiting in the Banking Industry", *Business Communication Quarterly*, Vol. 64, No. 1, March 2001, pp. 9 – 18.

291. Pissaridies, C. A. and Wadsworth, J. "On-the-Job Search: Some Empirical Evidence from Britain", *European Economic Review*, Vol. 38, Issue 2, Feb 1994, pp. 385 – 401.

292. Robb, D. "Career Portals Boost Online Recruiting", *HR Magazine*, Vol. 49, Apr. 2004, pp. 111 – 116.

293. Ronald S. Burt. "Structural Holes: The Social Structure of Competition", Harvard University Press, Cambridge, Massachusetts, 1992.

294. Rosen, S. "Labor Markets in Professional Sports", NBER Working Paper #7573, February, 2000.

295. Rosen, S. "The Economics of Superstars", American Economic Review. Vol. 71, No. 5, 1981, pp. 845 – 858.

296. Williams, K. "Online Recruiting: A Powerful Tool", *Strategic Finance*, Vol. 82, No. 6, December 2000, p. 21.

297. Williams, M. and Klau, B. "10 Easy Tips for Recruiting Online", *Workforce*, Vol. 76, No. 8, 1997, pp. 13 – 17.

298. Workforce "What's up with Internet Recruiting?" *Workforce*, Vol. 79, No. 3, March 2000.

299. Zall, M. "Recruiting Online is on The Mark", Area Development Site and Facility Planning, May 2000.

300. Agosta J. "Job Coaching In Supported Employment: Present Conditions

And Emerging Directions". *Human Services Research Institute*, 1993.

301. Ann Arbor. "Benchmarking One-Stop Centers, Corporation for a Skilled Workforce Final Report", 2002.

302. Betsy Brand. "Intermediary Handbook", *Job for future*, 2001.

303. Brawley. "The National One-Stop Workforce System and Career Development Facilitator Curriculum Training for Instructors", *Careers across American Conference Proceedings*. Chicago, 2002.

304. Brian H KLeiner. "The Effective Management of Employment", *Agencies Management Research* Vol. 28. Iss: 11/12, 2005, pp. 129 – 141.

305. Brown R. I. "The Public Employment Agency in Australia-A Look at Someone Else Backyard", *Australia Journal of career development*. Vol. 13, 2001.

306. Bryan Hiebert. "Canadian Standards for Career Development Practitioners: Focus on Implementation", from http://www.career-dev-guidelines.org, 2003.

307. Charles C. Chan. "Determining Performance Standards for the Supported Employment Service in Hong Kong", *Hong Kong Journal of social Work*, 2002.

308. Company & Echeverria. "Paraprofessional in job coach roles", *Human Resource Development Quarterly*. Vol. 10, 1994, pp. 249 – 270.

309. CSGDC. "Canadian Standards and Guidelines for Career Development Practitioners". from http://www.career-dev-guidelines.org/, 2004.

310. David Hagner. "Identifying Community Employment Program Staff Competencies: A Critical Incident Approach", *Journal of Rehabilitation*, Vol. 68, 2002.

311. David Jason. "Workforce Intermediaries: Powering Regional Economies in the New Century". *The E. Casey Foundation Publication*, 2005.

312. Dunajska Streda. "Better Counseling and Communication Skills for Labor Office Advisers Counselors and Job Mediators", *Labor Office & Clients Handbook*, 2006.

313. Elvira Repetto. "Final Report to the General Assembly of the IAEVG", from www.iaevg.org, 2003.

314. IAEVG. International Competencies for Educational and Vocational Guidance Practitioner, 2003.

315. Ian Dempsey & Michael Arthur. "Characteristics and Professional Development Needs of Staff Working in Employment Service". *Journal of Intellectual & Developmental Disability* Vol. 23, Issue 4, 1998, pp. 333 – 342.

316. John Rohrbaugh. "Operationalzing the Competing Values Approach: Measuring Performance in the Employment Service". *Public Productivity Review*, Vol. 5,

No. 2, 1981, pp. 141 – 159.

317. Liou Cai & Brain H Kleiner. "Effective Human Resource Management in Employment Agencies". *Management Research News*, Vol. 27, No. 4/5, 2004, pp. 91 – 98.

318. National Standard and Accreditation of Career Practitioners Project, CICA, 2004.

319. National Steering Committee for Career Development Guidelines and Standards. "Canadian standards and guidelines for development practitioners Code of ethics". Retrieved July 3. 2004, http: //www. career-dev-guidelines. org, 2004b.

320. NBEET. "A National Training Framework for Career Coordinators", A proposal from www. cica. org, 1992.

321. NCDA. "Career Counseling Competencies". from http: //www. ncda. org, 1997.

322. NCDA. "Career Development Facilitator Competencies", from www. ncda. org, 2003.

323. Nick Parker. "The Employment Service Benchmarking Study Internal Vacancy Filling". *Benchmarking for Quality Management & Technology*, Vol. 5, No. 3, 1998, pp. 200 – 224.

324. OECD. "Career Guidance and Public Policy Bridging the Gap", from www. oecd. org, 2004.

325. Parmenter. "International Perspective of Vocational Options for People with Mental Retardation: the Promise and the Reality", *Mental Retardation*, Vol. 31, No. 6, 1993, pp. 359 – 367.

326. Peter Plant. "Career Development in Denmark". *Career Development and Public Policy*. 2002.

327. Richard Kazis. "The Role of Labor Market Intermediaries", UK/US Seminar on Labor Market Intermediaries, 2004.

328. Richard Kazis. "What Do Workforce Intermediaries Do?", *in Workforce Intermediaries for the Twenty-First Century*, 2004.

329. Rothwell W. & Kazanas. "Improving on the Job Training", Jossey-Bass, 1994.

330. Sandberg. J. "Understanding human competence at work: An interpretive approach". *Academy of Management Journal*, Vol. 43, No. 1, 2000, pp. 9 – 25.

331. Shabot & David. "Choosing a Search Consultant". *Human Resources Man-*

agement News, 1998.

332. William P. Ryan. "The Final Act: the Challenges of Implementing Workforce Development Policy Via Nonprofit Organization". *Workforce Intermediaries for the Twenty-First Century*, 2004.

333. Hillage, J. and Pollard, E., "Employability: Developing a Framework for Policy Analysis". *London: Department for Education and Employment*, 1998.

334. Knight, P. & Yorke, M., "Employability and Good Learning in Higher Education". *Teaching in Higher Education*, 2002.

335. U. S. Department of Labor, "What Work Requires of Schools: a SCANS Report for America 2000", 1998.

336. Andrew Clarke, "Survey on Employability", *Industrial and Commercial Training*, Vol. 29, No. 6, 1997, pp. 177 – 183.

337. Coate, K., Court, S., Gillon, E., Morley, L., & Williams, G., "Academic and Academic Related Staff Involvement in the Local", *Regional and National Economy*. London: Association of University Teachers. 2000.

338. Commonwealth of Australia. *Employability Skills for the Future*. Canberra: AusInfo, 2002.

339. Crebert, G., Bates, M., Bell, B., Patrick, C‑J., & Cragnolini, V. "Developing Generic Skills at University, during Work Placement and in Employment: Graduates' Perceptions." *Higher Education Research and Development*, Vol. 23, No. 2, 2004, pp. 147 – 165.

340. Fallows, Stephen; Steven, Christine, Ed, "Integrating Key Skills in Higher Education: Employability, Transferable Skills and Learning for Life," Stylus Publishing, Inc., 2000.

341. Harvey, L., Locke, W., & Morey, A. "Enhancing Employability, Recognizing Diversity", London: Universities UK, 2002.

342. Morley, L. "Producing New Workers: Quality, Equality and Employability in Higher Education", *Quality in Higher Education*, Vol. 7, No. 2, 2001, pp. 131 – 138.

343. OECD, "*Competencies for the Knowledge Economy*", Paris: OECD, 2001.

344. OECD, *Career Guidance and Public Policy*. Paris: OECD, 2004.

345. Reichert, S. & Tauch, C, "Reforming Europe's Higher Education Area: As the Fog Clears, New Obstacles Emerge", *International Educator*, Vol. 13, No. 1, 2004, pp. 34 – 41.

346. Secretary's Commission on Achieving Necessary Skills (SCANS), 1991, "*What Work Requires of Schools: A SCANS Report for America* 2000", US Department of Labor, Washington, DC.

347. Brennan, J. et al., "The Employment of UK Graduates: Comparisons with Europe and Japan". *HEFCE*, *Bristol*, 2001.

348. Department of Education, "Employability: From Framework to Practice", *Science and Training of Australian Government*, 2006.

349. Zinser. R, "Developing Career and Employability Skills: A US Case Study", *Education & Training*, Vol. 45, No. 7, 2003, pp. 23 – 34.

350. Zeng, Xiangquan; Yu, Yong. "NAIRU in China: Measurement and analyses", *Social Sciences in China*, Vol. 28, No. 1 (Spring) 2007, pp. 38 – 49.

351. ILO, "Global Employment Trends for Youth", *Geneva*, *ILO*, 2004.

352. Niall O'higgins, "The Challenge of Youth Unemployment", *Geneva*, *ILO*, 1997.

353. Katherine M. O'Regan and John M. Quigley, 1996, "Teenage Employment and the Spatial Isolation of Minority and Poverty Households", *The Journal of Human Resources*, Vol. 31, 692 – 702.

354. Gaude, J., "L'Insertion des Jeunes et les Politiques d'Emploi Formation, Employment and Training", *Employment and Training Department*, *ILO*, *Geneva*, 1997.

355. Henrik Urdal, The Devil in the Demographics, Effect of Youth Bulges on Domestic Armed Conflict, 1950 – 2000, International Peace Research Institute, Oslo (PRIO).

356. Zeng, Xiangquan, *Job Seeking of College Graduates in the Employment Environment under Transition*. Renmin University of China Press, 2004.

教育部哲学社会科学研究重大课题攻关项目成果出版列表

书　名	首席专家
《马克思主义基础理论若干重大问题研究》	陈先达
《马克思主义理论学科体系建构与建设研究》	张雷声
《中国民营经济制度创新与发展》	李维安
《人文社会科学研究成果评价体系研究》	刘大椿
《中国工业化、城镇化进程中的农村土地问题研究》	曲福田
《东北老工业基地改造与振兴研究》	程　伟
《全面建设小康社会进程中的我国就业发展战略研究》	曾湘泉
《当代中国人精神生活研究》	童世骏
《弘扬与培育民族精神研究》	杨叔子
《当代科学哲学的发展趋势》	郭贵春
《面向知识表示与推理的自然语言逻辑》	鞠实儿
《马克思主义文艺理论中国化研究》	朱立元
《现代中西高校公共艺术教育比较研究》	曾繁仁
《楚地出土戰國簡册［十四種］》	陳　偉
《中国市场经济发展研究》	刘　伟
《全球经济调整中的中国经济增长与宏观调控体系研究》	黄　达
《中国特大都市圈与世界制造业中心研究》	李廉水
《中国产业竞争力研究》	赵彦云
《东北老工业基地资源型城市发展接续产业问题研究》	宋冬林
《中国加入区域经济一体化研究》	黄卫平
《金融体制改革和货币问题研究》	王广谦
《人民币均衡汇率问题研究》	姜波克
《我国土地制度与社会经济协调发展研究》	黄祖辉
《我国民法典体系问题研究》	王利明
《中国司法制度的基础理论问题研究》	陈光中
《生活质量的指标构建与现状评价》	周长城
《中国公民人文素质研究》	石亚军
《城市化进程中的重大社会问题及其对策研究》	李　强
《中国农村与农民问题前沿研究》	徐　勇
《中国大众媒介的传播效果与公信力研究》	喻国明
《媒介素养：理念、认知、参与》	陆　晔
《教育投入、资源配置与人力资本收益》	闵维方

书　名	首席专家
《创新人才与教育创新研究》	林崇德
《中国农村教育发展指标体系研究》	袁桂林
《高校思想政治理论课程建设研究》	顾海良
《网络思想政治教育研究》	张再兴
《高校招生考试制度改革研究》	刘海峰
《基础教育改革与中国教育学理论重建研究》	叶　澜
《中青少年心理健康素质调查研究》	沈德立
《处境不利儿童的心理发展现状与教育对策研究》	申继亮
《WTO 主要成员贸易政策体系与对策研究》	张汉林
《中国和平发展的国际环境分析》	叶自成
*《马克思主义整体性研究》	逄锦聚
*《自主创新战略与国际竞争力研究》	吴贵生
*《转轨经济中的反行政性垄断与促进竞争政策研究》	于良春
*《中国现代服务经济理论与发展战略研究》	陈　宪
*《当代宗教冲突与对话研究》	张志刚
*《历史题材创新和改编中的重大问题研究》	童庆炳
*《中国抗战在世界反法西斯战争中的历史地位》	胡德坤
*《中国水资源的经济学思考》	伍新木
*《南水北调工程与中部地区经济社会可持续发展》	杨云彦
*《中国政治文明与宪政建设》	谢庆奎
*《中国法制现代化的理论与实践》	徐显明
*《中国和平发展的重大国际法律问题研究》	曾令良
*《知识产权制度的变革与发展研究》	吴汉东
*《多元化纠纷解决机制与和谐社会的构建》	范　愉
*《边疆多民族地区构建社会主义和谐社会研究》	周　平
*《数字传播技术与媒体产业发展研究》	黄升民
*《新闻传媒发展与建构和谐社会关系研究》	罗以澄
*《数字信息资源的规划、管理与利用研究》	马费成
*《冷战时期美国重大外交政策研究》	沈志华

……

* 为即将出版图书